中小学科创教育推广案例选

中国教育学会科创教育协作体 编

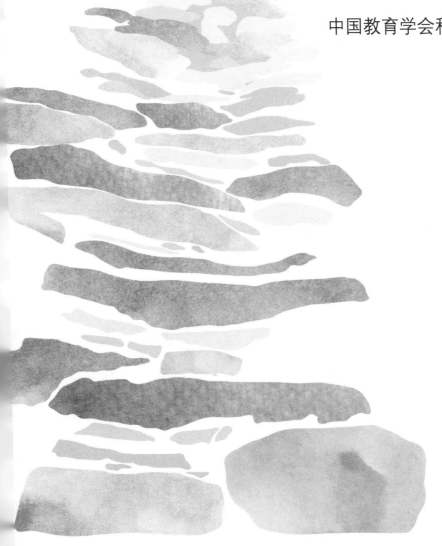

上海教育出版社
SHANGHAI EDUCATIONAL
PUBLISHING HOUSE

本书编委会

主　　编：张志敏

副主编：赵才欣　柯瑞逢

编　　委：（以姓氏笔画为序）

马丽敏　李　艳　赵才欣　柯瑞逢

徐　烂　褚克斌

序一

　　几年以前，我的一位朋友，也是资深的中学化学教研员，给我讲了一个真实的故事。一名化学成绩非常好的高三女生在帮母亲做家务的过程中，忽然剧烈咳嗽、胸闷，进而呼吸困难，经家人及时送医抢救才逐渐恢复正常。原来她在清理马桶的过程中，把"84 消毒液"和"洁厕灵"大量混用，导致严重的氯中毒。朋友说，这件事引起她的深思。我们的课堂教学难道只需教会那些书本上的知识，进而能在各种考试中处于不败之地，完全不必考虑知识在现实生活中的应用吗？如果是这样，学校除了帮助学生取得好的考试成绩以外(这位女生在平时的考试和高考模拟考试中化学几乎回回都能得满分)，还有什么意义和价值呢？

　　据说，美国加州大学医学院在若干年前尝试了一项改革：大大缩减了基础课的学习时间，以便腾出更多时间让学生结合所学的基础知识研究大量真实的病例。由于这些学生在校期间就已经接触和研究了大量五花八门的真实病例，并结合病人的具体情形消化吸收、融会贯通所学的基础知识，他们毕业后得到了用人单位的普遍好评，用人单位认为这些学生的适应能力和处理真实病案的能力远远超过历届毕业生。

　　以上两个例子说明了什么？我以为，它们生动地揭示了一个道理：知识的学习，特别是实际能力的培养，一定要与知识的应用相结合。唯有如此，学生的在校学习才真的会对他们的人生产生重大影响。那么，学校如何才能把传授既定的知识经验与现实生活中的具体问题紧密结合呢？近年来，我国不少中小学(乃至幼儿园)都在积极探索和尝试。在众多模式中大家普遍认为，项目式学习是成效最为显著的。项目式学习是将日常生活中的真实情境设置成一个完整的解决真实问题的过程，项目式学习的过程即解决问题的过程。在这个过程中不仅要掌握相关知识，更要把这些知识与项目目标任务的达成有机结合起来。在这个过程中，学习者不仅需要应用、补充和拓展已经习得的知识，而且需要把多个学科的知识融会贯通，综合解决面临的问题。这种方法颠覆了传统课堂的教学模式，克服了传统课堂里照本宣科、知识脱离实际的痼疾。此外，项目式学习一改单一的知识学习，把价值观、责任感、批判精神、合作态度，乃至多种思维方式与知识学习和问题解决紧密结合。学习者在这个过程中掌握的不仅仅是书本上的知识，获得的也不仅仅是应试能力，更是一个现代人在众多纷繁复杂的各种问题面前应具备的价值、情感、态度以及策略和方法。

　　中国教育学会科创教育协作体(原科创教育发展中心)自 2017 年成立以来，始终致力于探索项目式学习的规律，进而推动把知识学习与解决现实问题相结合、把不同学科的学习相融合，并努力在这种结合中培养学生的社会责任感、创新意识和解决现实问题的能力。经过几年的努力耕耘,已有几百所学校尝试开展项目式教学,并且取得了可喜的成效,也积累了很有价值的经验。《中小学科创教育推广案例选》推荐的这些案例是各地中小学在这方面积极探索、不懈努力的优秀成果,可供更多的致力于探索项目式学习的学校借鉴。

诚然,任何形式的成果都不是尽善尽美的,更非放之四海而皆准。它们都不可避免地带有某些地域性、特殊性和局限性。我以为,我们在研读、学习和借鉴这些案例的过程中,应当把握好以下几点。一是认真领会案例背后的教育理念、核心价值和关键要素,而不应盲目模仿、照搬。二是因校、因人制宜。防止不顾条件、不分析学生,忽略学校和学生特点,简单地"照猫画虎"。三是更新教育理念,转变教师角色。项目式学习中的教师角色不再是传统意义上的"讲授者"。他们应当"退居二线",设置好学习任务,启发学生形成解决问题的思路,鼓励学生大胆创新、锲而不舍地完成学习任务。四是改变评价的方法。项目式学习从评价角度应当更加注重解决问题的过程,而不仅仅关注最终的结果,应当把评价的着力点放在学生的情感、态度和价值观上。我以为,评价的要素至少应当包括:是否具有积极的解决问题的态度?是否具有清晰的解决问题的思路?是否创造性地运用多种工具和手段解决问题?是否在解决问题的过程中将已经习得的知识融会贯通地运用其中?是否能够准确、清晰地表达(包括书面和口头)解决问题的思路和过程?

诚然,项目式学习作为我国育人模式变革的一种尝试,无论在理论上还是实践上都还需要不断研究、探索和创新,不断发现规律和积累经验。由衷希望本书在这个过程中能够发挥很好的启示作用。

中国教育学会常务副会长

2022 年 9 月

序二

在当今快速变革的时代,科创教育是国家和民族对教育提出的新要求。大国崛起、民族复兴,本质上是代表先进生产力的科技的崛起;而科技的崛起,根本上要靠源源不断培养的创新人才。

由此,这几年国家大力倡导青少年科创教育,做了很多努力来提升青少年的创新能力和素养,学校的课程内容和校外的科创教育机制也逐渐得到完善,科创教育蓬勃发展。中国教育学会科创教育协作体的工作也取得了一系列成果。《中小学科创教育推广案例选》就是其中典型的代表,协作体团队精心策划,通过征集、整合、发展、升华,打造了具有中国特色的中小学科创课程及评价体系。

我们大家都认同,在中小学开展科创教育是非常必要的。有一个公式是这样说的:"早期教育花一公斤的气力＝后期教育花一吨的气力。"在以核心素养为主线的基础教育课程体系建设中,科创教育大有可为。

首先,科创教育从目标和方向上是指向学生发展核心素养的。科创教育是在用科学的方法帮助孩子探索未知、求知真理,让孩子学会理性、科学地思考,掌握和提升解决问题的能力。学生在科创学习和实践的浸润中,逐渐养成的素养和能力,就是学生核心素养的一部分。

其次,科创教育课程是各种学科的交叉,与数学、物理、化学、生物、天文学、心理学、计算机科学、材料学等学科密切相关,而且还是一项充满挑战的综合性跨学科学习,具有包容性、综合性和实用性的特点。科创教育课程可以帮助学生感受科学的魅力,领悟科学的原理,实现科学的应用。这与新课程方案中提倡的综合化也是非常一致的。

再次,科创教育非常强调实践。从育人的高度来看,学科的知识需要用学科的方法去学习,才能实现学科的观念、思维与价值,比如用语文的方式学习语文、用数学的方式学习数学,那么科创教育也要求学生像研究者和创新者一样思考和行动。在科创教育学习中,学生应学会如何运用科学思维、如何运用科学研究的方法:提出问题、作出假设、制订计划、实施计划、得出结论、表达和交流,将科创的思维和理念融入日常的学习和生活。

可以说,科创教育不是教育的全部,却是教育改革的前端,是走向教育现代化的必由之路。

而在科技发展日新月异的今天,作为发展核心素养、跨学科整合、注重实践的一种教育新理念和新模式,科创教育在日益受到重视的同时,却也还在实践层面有着诸多疑虑和难题。这主要体现在两大方面。

一是课程内容的建设。很多科创课程的内容还是把知识传授作为主要目标，把大学课程简单降维，忽视了科创教育对象的知识能力水平，也忽视了课程建设的问题导向和实践导向，没有把课程的内容与学生提出的真实问题和学生面对的真实情境相结合，没有让学生在问题解决中去探索新知识、新领域，而是让学生简单地复刻知识的记忆和操练。

而《中小学科创教育推广案例选》在当初策划时，就意识到了这个问题，希望寻求提出切实可行的解决方案。因此书中收录的不少案例，都是以项目化学习的方式进行，以核心素养和问题解决为目标进行设计，带领学生探索新问题、提出新思路，充分体现了当下科创教育的内涵和意义，可以为更广泛的科创课程的推进，提供经验和示范。

二是教师队伍的培养。科创教育离不开一批具有跨学科课程设计能力、项目式学习组织能力和较高科学素养的教师。但无论是师范教育还是职后教育，都还少有专门针对这一领域教师的系统性的培养方案。现在从事科创教育的教师的教育理念需要进一步更新，知识和能力也需要拓展，在培养方式上不仅要从教育内部找资源，还要充分调动教育外部的资源，从高科技企业、大学科技前沿专业、科研院所中汲取养分。

中国教育学会开展面向中西部的科创教师培训，汲取了大量社会资源来培育一批中西部和长三角科创教育种子教师，带动和影响了一批科创青年教师快速成长。也希望《中小学科创教育推广案例选》可以作为广大科创教师的工具书、参考书，由各个学校各位教师结合校情、生情，研读案例，领会理念，更好地引导和激发学生的科创热情。

可以说，协作体过去这一年最大的成果就在于，通过征集中小学科创案例推广中小学科创教育的典型经验和成果，通过开设各类培训课程发展了一批全国各地的种子教师。我相信，通过坚持不懈的努力，中国教育学会科创教育协作体会成为在全国有影响力的科创教育学术研究和实践成果发布的重要平台。

中国教育学会副会长　上海市教育学会会长
2022 年 10 月

目录

火星基地生态舱设计

——基于学校特色，实施面向未来的 STEM 课程

北京市八一学校　原牡丹

 案例背景

"科技育人"是北京市八一学校的办学特色之一。如何在新一轮课程改革中，将科技特色与国家课程改革方向紧密结合，一直是我校积极探索和实践的课题。航天工程是国家的重大战略研究方向，同时航天领域又涉及多个学科，具有天然的跨学科 STEM 课程属性。

本课程是一门针对高中一年级、二年级学生的校本选修课，属于航天类课程。学生通过"火星基地生态舱设计"项目的学习，能建构起系统观，建立对系统与环境、结构与功能的核心概念的认识。活动中，引导学生对太空环境及生态舱进行实践探索，通过方案及成果等的展示，帮助学生理性地认知太空生态建设，建构起"人—自然—社会"和谐的认知，树立探索航天的理想以及环境保护的意识，增强社会责任感。

 案例介绍

一、项目活动的内容设计

将"火星基地生态舱设计"分解为 3 个环节进行教学，课程设计思路如图 1 所示。

图 1　课程设计思路

二、教学策略与实施步骤

（一）项目启动：火星生态舱

教师以需求方的角色发布项目背景及挑战性任务："2065 年国际深空发展组织（International Deep Space Development Organization，IDSDO）决定对已有的火星前哨站进

行升级改造,将之改造为一座能供 50 名航天员长期生活的先进基地。"

学生接收任务,观看视频《太阳系行星这么多,为何人类只对火星情有独钟?》和《定了!中国首次火星探测任务命名"天问一号"》。思考:该如何设计火星基地中的生态舱(包括外观结构、内部布局、自动化设施、选择种植/养殖的生物品种),帮助基地实现自给自足?

设计意图:通过视频学习,让学生对项目背景及挑战性任务有初步了解,促进学生对解决挑战性任务的系统化思考。

(二)团队组建:项目手册

教师引导学生进行自我介绍,分析分组规则,并提供学习资源"团队合作窍门"和"如何高效开会议事",帮助学生更好地开展团队合作。

根据学生的自我介绍及项目的人员需求组成团队并形成团队公约。团队公约的内容包括:确定队名及队长人选;明确挑战性任务的开始和结束时间;约定关键事项,如讨论时间、使用工具、讨论规则等。

设计意图:团队名片是给他人的第一印象,也是学生之间增进了解的绝佳机会。通过分组活动,引导学生逐步形成团队合作能力,为后续任务的顺利完成奠定基础。

(三)项目规划:分工调整

教师引导学生分析项目各阶段的子任务,帮助学生理解合理规划对高效完成项目的重要性。让学生分组进行讨论,完成任务分工、项目分解表及项目规划甘特图。

班级:高一(5)班
我们的队名:天文 X 号
队员姓名:

子任务	产出成果	7月4日		7月5日		7月6日		7月7日		7月8日		7月9日		7月10日	
		上午	下午	上午	下午	上午	下午	上午	下午	上午	下午	上午	下午	上午	下午
任务1	了解火星特点:思考所需				■										
任务2	商讨结构					■	■								
任务3	敲定方案							■	■						
任务4	完成3D结构									■	■				
任务5	制作PPT												■		
任务6	制作海报												■	■	
任务7	制作短视频													■	■

图 2　太空基地生态舱设计项目甘特图

(四)任务研究:火星 VS 地球

教师发布对比认识两个星球的任务,要求学生至少找出火星和地球环境的 10 个不同点,并且每位队员至少贡献 2 个,如与太阳的距离、重力、大气、水、日出日落、时间、大小等。学生阅读学习资源"火星知多少"并查阅相关文献,然后进行讨论。

设计意图:通过地球和火星的类比探究,引导学生充分了解火星环境和地球的差异,明白了解火星的基本属性是设计出符合火星环境特点的生态舱的重要基础。

(五) 任务研究:生态舱功能

教师发布任务:生态舱是火星基地的一个构成模块,是为基地人员提供食物并负责部分空气、水循环的自动化生态种植/养殖单元。请你的团队设计一个火星基地生态舱,要求能满足50人的生存需求,氧气、食物自给自足。(温馨提示:如何满足人的需求? 生态舱的功能需求有哪些? 应该设计什么?)

学生观看视频《垂直农场》《月宫一号》《像工程师一样思考》,完成思维导图。

设计意图:通过对生态舱功能的分析,引导学生进行系统思考,在此基础上对自己的已有认知和待发展认知进行分析,并查询相关资料,初步形成"专家思维"。

阶段性学习成果以"思维导图:生态舱需要设计什么?"来呈现。

(六) 任务研究:能量需求

教师发布任务:50人在火星基地生活,需要多少氧气? 需要多少食物? 这些生存条件需要多少植物才能供给? 选择什么样的植物合适?

学生团队合作,阅读学习资源"如何选择和搭配火星植物""如何设计生态舱",完成需求表、植物选型及配比表。

设计意图:通过团队分工合作,促使学生寻找参考标准,计算出人的需求量及植物的选型配比,以充分满足人的营养供给;引导学生通过阅读等自主学习方式,了解太空植物选型的原则,认识到太空基地空间的宝贵,并依据空间利用率高、种类有差异等原则完成植物选型和种植量配比。

阶段性学习成果为"人的需求量有多少?""植物选型与配比量"……

(七) 项目成果:整体方案

教师发布任务:你们已经初步了解了生态舱的植物选型和配比,请设计火星基地生态舱方案,绘制设计图,并用PPT呈现。

学生根据任务要求,观看视频《太阳系真实比例》,阅读学习资源"如何设计生态舱",完成设计方案表、草图表。

设计意图:引导学生综合考虑火星环境的特点和人的生存需求,依据教师组给出的评价方案设计出生态舱方案。

阶段性学习成果以"设计方案(PPT)"呈现。

(八) 项目发布:学术海报

教师发布任务:用海报的形式表达你们的学习成果和创意设计,呈现你们的项目成果,包括探索火星环境成果、生态舱需求分析、生态舱设计方案、设计图、收获与反思等。

学生阅读学习资源"如何设计海报"和"学术海报作品欣赏",依据教师组给出的评价标准,完成海报绘制。

设计意图:引导学生用学术海报的形式,图文并茂地表达自己的学习成果和创意设计。

阶段性学习成果以"学术海报"呈现。

（九）项目发布：演讲视频

教师发布任务：你们已经完成了生态舱设计方案和学术海报。现在请你们将在火星基地生态舱设计项目中的探索成果、设计方案、学术海报、收获与思考等，通过演讲、短视频等形式展示出来。

学生根据任务要求，观看视频《未来之城——国际冠军队伍展示》，阅读学习资源"如何有效地演讲与表达"，依据评价方案和演讲提纲，通过云演讲的形式展示创意与风采，完成云演讲分工图。

设计意图：引导学生依据评价标准对整个项目进行回顾，并展示项目的关键环节。

阶段性学习成果以"演讲视频"呈现。

三、学习评价与其他说明

第一，整个项目的学习过程，既注重终结性评价也注重过程性评价，主要以量表的形式呈现。过程性评价关注火星与地球环境比较、生态舱需求思维导图、人的需求及植物种植量定量计算，重点评价学生是否按时提交、完成的认真程度、完成的合理程度；结果性评价关注生态舱设计方案、云演讲及学术海报作品、创意短视频。

第二，注重每个阶段学生的表现性学习成果的收集与呈现，给学生适时的反馈，引发学生反思。学生的团队形成过程以表格、海报形式呈现；引导学生进行不同类型的草图绘制、系统拆解图绘制等；在生态舱方案设计中系统关注工程设计整个流程与成果的呈现。

案例评析

本案例能够给读者以下启示：（1）面向核心素养及课程标准的活动整体设计；（2）基于航天发展趋势的情景设计；（3）以课程为平台的项目推进模式。

专家点评

本案例依托航天发展的背景，借助学校航天特色资源，在环境资源、课程资源、人力资源等的支持下，立足于课堂，坚持以教师引领、以学生为主体进行研究性学习，以虚拟的火星生态舱设计为项目任务，以地球生物的生长为参照进行系统架构、大数据的收集并完成最终的生态舱模型建设，较好地融入了跨学科概念与思维模式，培养了学生的综合素养。

扫码查看视频案例介绍

"智能产品设计与制作"STEAM 课程

上海市上海中学　程　林

案例背景

普通高中新课程方案更关注满足不同学生的发展需求,关注学科交叉和学科整合的要求。学校选修课程的开设需要思考如何促进学生面向真实世界问题解决能力的提升,从而明确兴趣、潜能,结合国家和社会的需要,逐步聚焦学术志趣,为学生适应社会生活、高等教育和职业发展做好准备。

本案例"智能产品设计与制作"是针对高中生的校本选修课程,学生在一个反映真实情境的问题中,通过使用不同的工具解决问题,经历确定问题、分组合作确定设计方案、搭建模型、测试、改进、再测试、展示交流等工程设计流程,理解涉及的学科大概念,体验真实产品设计过程中的跨学科融合,体验项目研究过程,提升设计思维和问题解决能力。

本案例确立的教学目标如下。

1. 设置具有挑战性的真实问题,让学生经历提出设计、权衡和评估解决方案的过程,并将方案物化,在参与项目的过程中感受人与自然、科技之间的和谐美。

2. 通过科学的手段探索复杂的真实世界,理解科学、工程和技术对社会和自然界的影响;通过学习理解相关学科概念,运用系统模型,分析并解决真实问题。

3. 引导学生树立正确的技术观及严谨的科学精神,了解科学和工程研究中的学术诚信、专利保护和职业规范等社会认知,增强社会责任感。

案例介绍

一、课堂活动的内容设计与实施步骤

本案例需要 9 课时,其中准备阶段 2 课时、执行阶段 5 课时、收尾阶段 2 课时。根据不同学生团队的基础和项目进度的差异,可以略有调整。以"智能生态鱼缸"这个主题为例,课时内容安排与实施步骤见表 1。

二、教学策略

（一）在真实问题的跨学科解决中运用跨学科大概念

"智能产品设计与制作"课程目前已开设过三个主题,分别为智能手杖、智能校园地图和

表1 "智能生态鱼缸"课时和内容安排

教学阶段	课时安排	主要教学活动
准备阶段	第1—2课时	1. 发布任务。设计并制作一款智能生态鱼缸,鱼缸可以有多种功能,如照明、恒温、水过滤、一键自动换水、自动投喂等,甚至可以增加音乐播放等娱乐互动功能,鱼缸的生态系统可以实现自动调控,使用场景为家庭、办公室等。如果项目团队的设计方案,在便捷、美观、成本等方面有更大优势,则更容易获得用户青睐。
		2. 解读并和学生一起讨论完善评价量规。给出初步的评价量规,由学生讨论决定是否增加或删掉一部分条目。
		3. 教师以一次项目经理失败的讨论场景引入:"为什么要定义用户需求?怎样站在用户的角度思考?"从而引出如何定义用户需求。要求各公司召开用户需求调研交流会,运用用户模型分析方法,提炼用户的独特需求,为用户画像。
		4. 讲解可能用到的控制器和传感器知识,以及相关网络资源的获取途径。
		5. 讲解鱼缸生态系统的构成。
		6. 各组制订研究计划。
执行阶段	第3—7课时	1. 各组代表交流调研结果,用图表、示意图等形式展示。
		2. 撰写设计方案,列出材料和成本清单,并收取学生递交的其他材料清单。对各团队进行有针对性的指导。学生需要记录每节课测量的水质指标,并根据水质变化调整自己的设计方案。
		3. 程序设计与电路搭建(教师提供相关参考资料,如传感器的技术资料和程序设计参考)。
		4. 外形结构制作(如需要切割加工或3D打印,需要教师提供一定的辅助,并注意安全规范)。
		5. 测试与调试(提供测试记录表,介绍数据分析方法)。
收尾阶段	第8—9课时	1. 撰写产品使用说明书(教师讲解说明书的特点和要求,如语言简洁、图文结合等)。
		2. 分组交流展示作品(不同领域的专家和可能的用户群体,有养鱼经验的师生、生态学专家、产品开发人员等)。
		3. 自评和互评(可在展示过程中进行)。

智能生态鱼缸。选题背景聚焦真实问题且贴近学生生活,每个问题的解决方案的提出和优化都需要综合运用多个学科的核心概念和跨学科大概念,如"工程设计是一个反复的、系统的解决问题的过程""模型可以用来预测系统的行为,但预测的精确度和可靠度是有限制的,因为模型本身有假设和近似"。以"智能生态鱼缸"这个主题为例,学生在参与实验活动的过

程中，感受生态鱼缸系统的动态平衡和生态美，体会人与自然之间的关系，贯彻"绿水青山就是金山银山"的理念，提升生态文明意识。

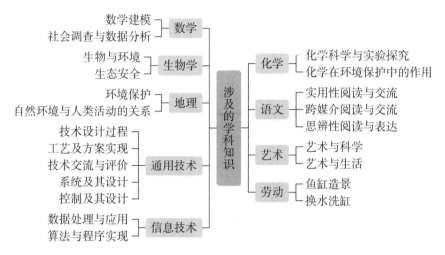

图1 "智能生态鱼缸"主题涉及的学科知识

（二）打通线上线下教学时空，贯穿课内课外教学资源

本项目通过项目化学习方式，以发展学生核心素养为本位的整体教学设计，使学生在真实情境中学习。学生在项目实施的过程中，通过线上线下交流的形式，进行产品用户测试，并结合内部测试和外部测试的反馈数据，在线上线下进行改进方案的讨论。每个学生团队均配备笔记本电脑，学生可以随时在线上查阅资料，修改模型参数，投屏分享，拓展学习时空。在课程实施的过程中，学校充分利用大学的专家资源，对学生研究过程中遇到的专业问题，如"生态系统建模"等，进行有针对性的指导。

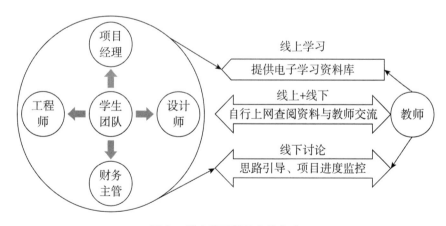

图2 线上线下相结合的方式

（三）沉浸式角色扮演，丰富学生学习经历

在项目研究全过程中，学生根据自己的特长和兴趣，扮演项目经理、软件工程师、硬件工程师、财务主管、设计师等。在模拟真实产品设计与制作的环境中，学生可从角色的视角出发思考问题，熟悉真实世界中项目组各个岗位的职能与责任，并通过讨论法和探究指导法，

充分发挥学生的自主性,丰富学生的学习过程体验。

表 2　教学方法

教学方法	内容
角色扮演法 (沉浸式增加代入感)	教师扮演投资人,学生小组合作,扮演项目团队,如设计师、项目经理、工程师、财务人员等。
讨论法 (充分发挥学生的主动性)	前期调研数据展示、分组制订研究计划、测试分析、交流与展示环节采用,有生生互动讨论和师生互动讨论。
探究指导法 (满足个性化学习需求)	在学生探究过程中,针对不同小组遇到的问题,教师及时给予思路引导和方法推荐。

三、学习评价与其他说明

评价内容包括个人评价和团队评价,均采用自评和他评相结合的方式。其中个人表现性评价见表3。

表 3　学习表现评价表

班级		姓名							
评价要素	评价标准	自我评价				小组评价			
		A	B	C	D	A	B	C	D
情感态度	• 正确认识自我,努力发展潜能,热爱劳动,坚韧乐观 • 树立正确的生态价值观 • 严谨认真的研究态度								
探究意识	• 积极主动参与探究活动 • 好奇心强,勤于动手,善于反思 • 善于发现、鉴赏和创造美								
任务管理	• 能调动跨学科知识来解决问题 • 愿意接受分配的任务 • 准确并完整地完成工作								
沟通交流	• 能够有效且清晰地表达观点 • 尊重他人,积极倾听他人的想法								
团队合作	• 能在他人需要时提供帮助 • 对于小组来说是个有价值的成员								
诚信规范	• 遵守学术诚信和学术规范 • 遵守实验室安全管理规范								
个人自我反思									

（续表）

综合评价	个人评价等级（　　） 签名： 时间：	小组评价等级（　　） 签名： 时间：
教师评价		签名： 时间：

　　团队评价包括研究过程评价和团队与作品评价两部分。研究过程评价根据实际经历选择最重要的一个部分，由学生进行自我描述与评价。团队与作品评价是展示活动完成后，由其他组的同学和评审专家进行他人描述与评价，其中过程性记录表作为"他评"的参考。表达方式有文字描述（自述、他述）和水平描述（自评、他评）两种，文字描述根据评价要素的表现进行具体描述，水平描述根据评价量规填入（见表4）。

　　评价表中他评部分包括内部评价和外部评价，其中外部评价以"产品发布会"的形式进行，参与外部评价的专家为不参与课程实施过程的第三方工程领域人士，包括电子工程领域教授、科技企业项目管理人员、用户群体代表。

表 4　团队评价表

评价内容	项目	文字描述	水平描述
研究过程评价	明确问题	自述：	自评（分数）：
	研究计划		
	设计方案		
	样机搭建		
	测试与优化		
	撰写说明书		
	评价与反思		
团队与作品评价	信息素养	他述：	他评（分数）：
	安全责任		
	功能工艺		
	分工合作		
	艺术美感		
	财务管理		
	展示交流		

案例评析

　　本方案基于真实问题情境，很好地体现了劳动、艺术、科学和技术的结合，让学生能够在参与课堂活动和项目的过程中充分运用多个学科知识解决问题。以"智能生态鱼缸为例"，学生分小组，扮演不同角色，综合各种数据与信息作出判断。在设计方案形成的过程中，结合生物、化学、技术、文化等约束条件，对水质调控系统提出符合一般设计原则和规范的多个方案，对设计方案进行多因素分析，在多个方案中选择符合设计要求的最佳方案。在控制系统搭建的过程中，学生需要自主选择控制器、传感器和结构件，从环境、经济、质量、美学等方面考虑材料应用，提升了他们的材料规划意识和工具思维，让他们在与生态鱼缸中的动植物完成互动的过程中逐步认识到生态环境保护的重要性，形成人与自然和谐相处的生态观念。

 专家点评

　　案例有着明晰且完整的工程项目实施线，阶段任务明确，评价兼顾质性描述与量化打分，关照过程和成果，评价主体多元，力求个体和团队都能得到适切评价。为实现作品的智能化，开源硬件、微控制器、传感器被有机组装，涉及学科也会因为项目任务的指向不同呈现多元且半开放的特征，符合高中学情和素养培育目标。

扫码查看视频案例介绍

定制属于你的车

上海市格致中学　　何　博

 案例背景

　　新课程改革越来越注重综合能力的培养,在这一发展趋势下,跨学科学习也受到广泛关注。跨学科学习可以强化学科的贯通,让学生在跨学科的互动和整合中学习知识、解决问题,实现学科之间的整合,有效发展学生的核心素养。如何进行跨学科的项目设计和实践,是值得深入研究和探索的课题。

　　本项目案例"定制属于你的车"是一门以"车"作为项目载体的跨学科课程,在课程设计中融入 STEAM 理念,由物理、化学、通用技术、信息技术、商学五位不同学科的教师共同进行授课,启发学生综合运动力学、机械工程学、材料学、自动控制技术、人工智能等理学及工程学知识,利用身边可以获得的相关材料,制作一辆具有一定智慧能力的个性化小型模拟车,然后提出可实施的市场策略和融资策略,进而将其商业化。该课程以项目的形式将跨学科内容进行串联,课堂内容丰富,探究活动形式多样,既能拓宽学生的知识面与眼界,又能培养学生的综合素养,提升学生的实践能力。

　　本案例是一门项目式的跨学科课程,案例确定的总体目标是学生通过学习运动力学、机械控制、智能控制、新型材料等知识,基于市场调查数据,运用相关材料设计制作一辆集外观、智慧于一体的个性化定制模拟小车,最后进行路演,实现融资。本课程旨在锻炼学生练习整合知识、团队沟通合作、解决复杂问题等综合能力,更让学生深刻意识到自主创新、文化自信的重要性。

　　本案例确立的教学目标如下。

　　1. 学会筛选、确定方案,理解产品生产过程需要不断优化;了解产品设计到生产的全过程。

　　2. 通过分析需求,初步学会从多角度提出解决问题的方案;通过头脑风暴和成果分享,培养交流、表达、评价的能力和协作意识。

　　3. 通过设计体验,感受生产产品对生活的意义,提高学习设计的兴趣;在产品制作过程中,培养创新、批判和开放的思维与认识,培养一定的经济意识和产品质量意识。

 案例介绍

一、项目的总体设计

　　这是一个以车的设计与制作为主题的跨学科科学实践案例。在这个实践案例中,主要涉及物理科学、物质科学、计算机科学、商学、工程与技术五个领域的学科核心概念：

物理科学：发动机的工作原理、离合器、传递系统、变速器、减速器、悬挂系统、刹车系统、运动力学等。

物质科学：物体的尺度、物质的形态和变化、物质的属性（物理性质和化学性质）。

计算机科学：通信控制、自动驾驶、自动泊车、图像识别、语音识别等。

商学：经济常识、工商管理、成本、收益、营销等相关知识。

工程技术：技术的核心是发明，是人们对自然的利用和改造；工程的关键是设计，工程是运用科学和技术进行设计、解决实际问题和制造产品的活动。

综上分析，涉及的跨学科概念主要有系统与模型、结构与功能、物质与能量、稳定与变化等，因此课程以项目为载体，需要整合物理、化学、通信、单片机、机械、虚拟驾驶、人工智能等知识，重点把握智能的内涵和外延，以大视野、大概念、大思维为主线，以 3D 打印技术为载体，科学、创新地将汽车原理、通信控制、图像识别等知识变换映射到中学知识体系中，横向跨学科解构到各个学科，纵向分层到基础型课程、拓展型课程、研究型课程中。整合教师资源，发挥不同教师的特长，采取"不同教师，同上一门课"的策略，实现课程内容和课程教师的跨界整合。项目的系统架构如图 1 所示。

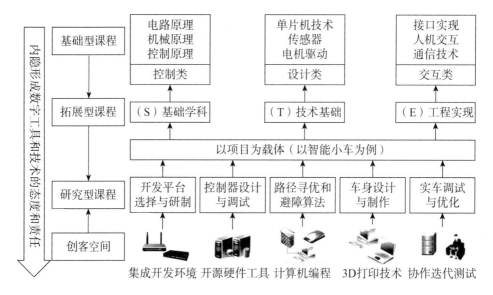

图 1　项目课程架构图

本项目贯穿一学年，实施过程中采用三步走策略：第一步，引导学生学习如何动手做，在做的过程中学习相关的知识和技能；第二步，引导学生学会思考，即进行创新意识和创新思维的培养；第三步，引导学生进一步将自己的创意变成现实，学会创造。在这个项目中还会开展一系列相关的实践活动，并介绍和引导学生通过文献检索、调查、实验探究、比较分析、行动研究等研究方法进行探究。项目课程实施安排见表 1。

表1　项目课程安排

课次	教学内容	学科
第1次课	破冰+汽车发展现状	物理
第2次课	汽车原理	物理
第3次课	运动力学	物理
第4次课	汽车材料分析	化学
第5次课	市场营销	商学
第6次课	成本分析	商学
第7次课	通信控制	信息技术
第8次课	人工智能简介	信息技术
第9次课	图像识别	信息技术
第10次课	声音识别	信息技术
第11次课	模拟驾驶	信息技术
第12次课	设计与制作	通用技术
第13次课	设计与制作	通用技术
第14次课	设计与制作	通用技术
第15次课	设计与制作	通用技术
第16次课	设计与制作	通用技术
第17次课	设计与制作	通用技术
第18次课	设计与制作	通用技术
第19次课	融资过程与路演策略	商学
第20次课	融资路演、展示成果	通用技术、信息技术、物理、化学、商学

二、项目的实施策略与步骤

本项目的实施步骤分为以下五个阶段。

（一）情境导入

这个阶段主要是破冰活动,明确项目的目标、任务及意义,主要开展以下活动:

（1）通过展示目前汽车的最新发展和研究,让学生对汽车中的"黑科技""高科技"有一个初步的印象。

（2）参观访问上海市特斯拉汽车工厂，了解汽车制作工艺等，加深对汽车生产流程的印象。

（3）调查访问汽车行业专业人士以及身边的汽车使用者，进一步理解汽车的相关发展。

（4）搜集文献，了解汽车的原理及发展，让学生产生困惑和质疑，为下一阶段的学习做准备。

通过这样的设计，引导学生有兴趣、有动力进一步参与后续的实践。

（二）知识建构

这个阶段主要是"以学定教"，根据前面资料的搜集和调查访问，对学生产生的问题进行答疑解惑，围绕主题开展教学。一方面，通过物理模块让学生知道汽车的构造、理解汽车的原理，通过化学模块让学生知道汽车的材料如何选择、如何加工以及新型材料的发展趋势，通过信息技术模块让学生知道汽车中的通信控制和智能控制的方式有哪些，对汽车中的自动化、智能化的功能有深层次的了解，并理解自动驾驶、自动泊车技术背后的原理。另一方面，在此基础上通过商学模块介绍市场调查方法和市场营销策略，让学生在实践中理解并运用相关商学知识观察客户群、定义问题，从而指导设计产品，形成商业计划。

（三）探究实践

这一阶段学生开始真正接触设计制作智能小车。在此之前，学生已经从其他模块学习了充分的汽车制作的理论知识，并且积累了自己所搜集的材料。通用技术模块的教学内容实践性强，通过动手实践培养学生的工程思维，注重培养学生的知识转化表现能力和动手实践能力。在这一阶段，学生应用 3D 设计与打印的知识，并配合运用电子相关知识来制作汽车。

（四）优化提升

前一个阶段学生设计和制作了汽车，这一阶段学生对作品进行演示和使用。教师会引导学生思考现有的设计存在什么问题，其他同学可以提出自己的建议。学生开展产品的迭代设计，最终形成创意作品。这一阶段是对上一阶段进行优化提升。学生在这个过程中会学到怎样进行科学实验的设计、怎样亲历科学的实验探究、怎样不断地改善产品，体验工程技术。

（五）应用实战

这是最后一个阶段。教师组织学生进行路演，学生根据学到的市场营销策略和路演技巧，对自己小组所设计的产品进行推销和展演，评委对其进行打分和模拟投资。学生在实战的演练中切实感受到学有所用。

三、项目的评价与其他说明

（一）项目评价

通过多元评价、过程性评价、表现性评价、社会化评价力求对学生在项目过程中的表现作出客观的评价。在项目实施过程中，利用同伴互评系统，激励学生在小组中积极参与，同时还会让学生进行自评。设计相应的评价标准对作品进行评价。该课程的成绩计算为:产品(40％)＋商业报告(25％)＋路演(15％)＋出勤和课堂表现(10％)＋自评和互评(10％)。

表2　产品评价量表

产品制作	1—2分	3—5分	6—7分
制作工艺	制作工艺粗糙	制作工艺一般	制作工艺精良
科学性	违背科学原理	基本符合科学原理	符合科学原理
智能性	智能性不突出	具备一定的智能性	具有良好的智能
创新性	结构简单无创新	基本实现功能	结构新颖有创新
美观性	外观一般	外观有所装饰	外观装饰美观

表3　商业设计量表

标准	0	1	2	3
公司介绍	没有要求的内容	仅有公司名称	包含更多内容,但不是所要求的内容	内容完全符合要求
人力资源管理	没有要求的内容	组内人员架构及分工	有部分未来计划	内容完全符合要求
财务管理	没有要求的内容	列出一些成本,但有遗漏	有较好的成本分析,但缺少内容	内容完全符合要求
市场营销	没有要求的内容	仅完成1—2项要求	完成4项要求	内容完全符合要求
生产与运营	没有要求的内容	只是粗略提及	有部分内容	内容完全符合要求

表4　路演表现量表

路演	1分	2分	3分
PPT展示能力	较弱	正常	优秀
报告内容	薄弱	正常	优秀
产品展示	较弱	正常	优秀
演讲能力	较弱	正常	优秀
投资人反馈	未能融资	得到少许人投资	得到多数人投资

（二）其他说明（学科融合、工具使用、创新表现等）

本项目的实践是一个比较复杂、系统的工程,融合了多门学科,在实际实施过程中我们设计了一系列课题让学生展开探索实践,以课题的形式推动项目的开展与实施。例如,通过课题"探究汽车中的机械控制与智能控制的实践"让学生开展探究。同时,也鼓励学生在项目的实践中衍生出新的课题去探索。

在工具使用方面,主要涉及软件和相关平台工具,如3D打印、激光切割、树莓派及各类电子元器件,以及应用程序类设计软件。

　　在创新表现方面,一是注重以真实生活中的综合性问题作为项目载体,能够更有效地达成课程目标;二是强调以课题研究为项目的抓手和着力点;三是强调以应用实践作为项目的归宿:技术是手段,创新是过程,目标是应用。

 专家点评

　　该案例以项目化学习的形式,整合跨学科的课程资源,通过学习运动力学、机械控制、智能控制和新型材料等知识,个性化设计并制作模拟小车,旨在培养学生解决复杂问题的综合能力。该案例的亮点是在实施中形成跨学科教师的合力,五位不同学科背景的教师以项目的形式将跨学科的内容进行交融。案例实施的过程既拓宽了学生的知识面,又培养了学生的综合能力。

扫码查看视频案例介绍

"荧惑探索"航空航天科技创新课程

——跨学科实践设计项目导向的科技探究思维、工程实践能力培养

上海市大同中学　李　樑

 案例背景

随着我国"嫦娥奔月""天问系列"航天项目的顺利实施,以及国产大飞机首飞成功,中华民族的飞天梦不断实现,航空航天领域的研究型科创特色项目进入基础教育阶段成为时代发展趋势。科创教育的重点从单纯的考核学生是否学到了既有的结论、掌握了既有公式,转向学生是否学到了科学与探究的思维模式、是否掌握了学科的核心知识并将其运用于情景化的问题当中。PBL项目化学习、跨学科融合等新课程方法也日渐成熟。"荧惑探索"航空航天科技创新课程,旨在运用项目化学习方法、跨学科融合、设计实践结合等多种方式,全面培养学生解决实际工程问题的科技探究思维和工程实践能力两大核心素养。

本案例确立的教学目标如下。

1. 通过航空航天科技课程与航空器自主设计项目的学习实践,融合物理、数学等多个学科的知识内容,了解常用物理实验仪器、检测仪器和现代加工工具的使用方法与基本原理,了解通过项目化学习的方式开展课题研究的过程与方法。

2. 采用项目化学习的方式,通过团队分工合作、调查研究、讨论交流等形式,设计一个符合中国"火星探索"预设情景的航空器,培养学生的实践能力,激发他们的创新素养。

3. 综合运用文献法、实验法等,掌握基本的研究方法,提升在实践中发现问题、解决问题的能力,并在此基础上进行深化,独立完成一项课题。

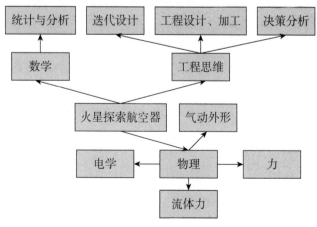

图1　课程设计目标

 **案例介绍**

一、设计原则

以解决预设火星基地各类情景下提出的实际工程问题为导向,教授学生航空航天相关的概念、知识、精神;培养学生的创新设计与实践能力;依托预设情景下的国际竞争与合作背景,培养学生的爱国主义精神。

1. 通过设计火星多旋翼无人机的相关任务,培养学生运用跨学科知识的能力。整合航空(火星低大气密度环境下升力的产生和影响、结构强度与材料影响)、物理(电学和力学原理、无线电原理)、数学(统计与分布、数据分析)、工程(工程笔记与项目规划、三视图的绘制)等方面的知识。

2. 了解航空器/航天器在火星上的用途,特别要了解火星地貌探索、移民火星需要做的准备以及对探索人员的保护,提高学生的责任意识,让他们学会关爱生命。引导学生完成设计方案和实物制作并验证试飞,提升学生的创造能力。

3. 通过项目式学习,让学生学会进行项目规划并按项目进度实施开展,学会记录工程笔记,提升时间管控能力、自我管理能力和团队管理能力。

4. 在制作过程中,为提升飞行性能须精益求精,进而培养学生的工匠精神。分组讨论开展项目,让学生在协助合作的过程中学会沟通表达和质疑反思。设计制造的航空器/航天器可以参加多项国内外赛事,提升学生的科技综合素质。

图 2　学生完成的作品

关键目标 :(1)完成火星低大气密度环境下的航空器设计制作和试飞,了解升阻比和滑行比的关系;(2)根据任务需求,提取材料的特征进行分析并选型,提高决策能力;(3)在结构不良的任务中,学会减少可变量,简化分析流程,提高设计效率,初步完成"设计—制作—测试—改进"的过程。

任务描述:设计制造一架低大气密度环境下的航空器,测试飞行距离,研究重量和阻力对飞行器滑行比产生的影响。

任务类型:设计制造一台航空器并测试飞行。

作品形式:设计草图、设计过程记录、实际制作的作品。

评价角度:飞行续航、实践、距离,以及过程记录的完整性和小组合作性。

二、实施过程

（一）环节 1：边界梳理

表 1　环节 1 的开展

活动内容	活动实施建议	活动目的
任务布置： 设计制作一架多旋翼类型的飞行器并进行试飞，研究如何使用适当的材料使飞行器拥有更好的飞行性能。	整体性：让学生对项目有整体的了解和认识。	体会"方案提出—筛选合并需求—完成详细设计—制作实物—进行测试"的闭环流程，初步学习项目过程管理。
任务分析： 1. 在可选择材料有限的情况下，如何进行有效的分析和决策。 2. 如何进行航空器气动布局的选择及设计，以便达到项目要求。	针对性：让学生对任务 1 的具体内容和要求有清晰的了解。	1. 对材料进行初步分析后，提取材料特征，并将其嵌入项目需求中。 2. 把握航空器气动布局的特性，根据有限材料和加工方式进行选择和设计。
储备新知： 1. 强度和刚性的概念。 2. 重量和阻力对飞行器的影响，了解翼载荷和升阻比的关系。 3. 火星大气环境与动力选型、布局的特征。	基础性：教师通过讲授、提供阅读资料、指导查询方法等，让学生了解完成任务需要的基本知识。	使学生能够进行材料的分析和选择，了解气动布局和飞行性能的简单关系。
调查研究： 调查各种飞行器的布局和真实场景下的应用。	开放性：由学生应用信息检索技能进行自主开放的学习。	进一步理解项目的意义，并为设计开拓思路。

（二）环节 2：研究实施

表 2　环节 2 的开展

活动内容	活动实施建议	活动目的
小组分工： 每一小组为 4—5 人，根据团队成员的特长和任务需求，合理安排分工。 参考职务：项目经理、设计师、记录分析员等。	自主性：由学生根据小组成员的特点自行安排。	发挥各自所长，提高学习效率，培养合作能力。
设计方案： 提出各类方案，进行方案汇总及初步概念设计。 结合项目需求——如何飞行载荷更大、飞行距离更远，整合、细化概念设计。 讨论材料的选择，根据航空器不同部分的不同需求进行材料选型。 结合材料特性、加工方式的可能性以及实际要求来决定尺寸和加工细节……	开放性：学生小组讨论后进行设计，任务具有开放性。	学生体验逐步确定设计方案的过程和决策，以及把目标逐步转化为行动步骤的过程，体会工程设计的流程及思考方式。体验"设计—选型—测试—改进"的工程设计流程，了解减轻重量和阻力是航空器设计的两大重点。

（续表）

活动内容	活动实施建议	活动目的
实验研究： 运用控制变量法，对影响飞行距离的因素进行测量，设计表格并记录数据。 描述实验过程及结果，并对数据进行分析归纳。 制作不同螺旋桨轴距的多旋翼航空器，尝试进行对比定性分析。	探究性：以提高工作效率为目标，探究高效的工艺流程设计方案。	将控制变量法运用到飞行器设计的场景中，学会简单分析数据并得出结论。
创意物化： 1. 选择常用材料并进行选型。 2. 完成设计，制造一架多旋翼航空器。	实践性、生成性：学生在实施设计方案的过程中进一步完善方案。	了解常用材料的特性，通过抽取材料特征以及飞行器各分段的特征进行设计和制造。

（三）环节 3：交流反思

表 3　环节 3 的开展

活动内容	活动实施建议	活动目的
研究报告： 完成过程文件的填写和工程笔记的记录。	规范性：根据研究报告的格式要求规范填写。	学会撰写研究报告的基本方法。
展示汇报： 运用文字、图示、照片、实物等材料，对设计制作过程和试飞过程等进行展示汇报。	可视性：尽量用图示、照片、实物等可视性资料进行展示汇报。	学会展示汇报的基本方法。
检验评估： 从续航时间、飞行距离、载荷情况等方面，以及方案设计实施完成度、小组合作度等角度进行对比评估。	针对性、多元性：针对评价指标进行自评、互评等多元评价。	学会根据评价指标评估学习过程和结果的方法。
反思讨论： 汇总各组飞行测量的结果，思考如何减少阻力和重量。 思考如何在尽可能减少重量的情况下对强度进行提高。 通过分段制造，谈谈如何进行项目规划，以提高团队效率。	生成性、概括性：在反思讨论中进一步启迪智慧并总结提炼。	集成各小组的思维火花，能在实践的基础上养成思考改进的习惯。

三、评价体系

本课程实施多元化和面向过程的评价，根据学校研究型课程的学分管理制度，给予学生基础学分与奖励学分。

内部评价分线上和线下两部分。线上通过登录研究性学习自适应平台记录学习过程，文献综述、团队交流、开题报告、中期报告、研究论文等均通过该平台上传。线下评价则是为每一个参与本设计的学生配备一本课题研究形成性手册,用于记录开题情况、实验数据及处理情况、设计样稿、研究进度、参赛情况等。

评价权重设置为:研究活动选题和线上开题报告占30%,中期报告与过程中的项目完成与交流占60%,实验记录情况占10%。

外部评价主要以参加比赛、展示活动、考取飞行员资格认证等形式开展,如参加上海市或全国的科技创新大赛、学校科技节展示与论文答辩活动等。

表4　火星航空器试飞评价表

评价内容	等第标准			教师评价	小组评价
	1分	2分	3分		
设计方案实施完成度	有讨论分析过程。	讨论分析过程基本完整,论证基本正确。	讨论充分,总结严密,结论有理有据,能自圆其说。		
飞行效果	按最大载荷重量/最大续航时间的比值,排名$\frac{2}{3}$以后。	按最大载荷重量/最大续航时间的比值,排名$\frac{1}{3}$到$\frac{2}{3}$。	按最大载荷重量/最大续航时间的比值,排名前$\frac{1}{3}$以内。		
分工合作	每个人都承担任务。	每个人都承担任务,组员间讲团结、能协作。	每个人都承担任务,组员间讲团结、能协作,能在规定时间内完成任务。		
总分:					

 专家点评

大同中学"荧惑探索"科技创新课程案例,聚焦航空航天前沿领域,运用跨学科整合的思路,采用项目化学习的策略,注重学生创新思维和工程实践能力的培养。

案例以"火星探测航空器"的设计与制作为学习任务,目标清晰,任务明确,评价多样,符合学生的认知实际。任务设计既有挑战性,又有可操作性。案例的实施过程充分关注学生团队合作能力的提高。

扫码查看视频案例介绍

中学化学实验室废液自动化处理

上海外国语大学附属大境中学　马　力

 案例背景

中学化学教育应结合学生已有的经验和将要经历的社会生活实际,引导学生关注人类面临的与化学有关的社会问题,培养学生的社会责任感、参与意识和决策能力;中学化学教育应倡导真实问题情境的创设,开展以化学实验为主的多种探究活动,引导学生体验科学探究的过程,启迪学生的科学思维,激发学生学习化学的兴趣,促进学生学习方式的转变,培养学生的创新精神和实践能力。

 案例介绍

一、活动开发与实施

(一)活动主题的选择

本活动选择"中学化学实验室废液自动化处理"这一主题,是基于在日常化学实验教学中的真实问题。近年来,随着中学对化学实验的愈加重视,不可避免地导致中学化学实验室废液的数量越来越多,种类也越来越复杂。若这些废液得不到合理处理便直接排放,则会对环境带来极大的危害。

面对这样的真实情境问题,融合编程教育、创客教育、人工智能教育、社会实践等,与学生共同设计有关化学实验室废水处理的探究性实验。活动中与学生一起探索解决方案,融入物质的检验分离提纯、一定物质的量浓度溶液的配制、水溶液中的离子反应与平衡、胶体与电浮选法净水、化肥、溶液酸碱性、尾气处理等多方面的知识,并初步设计一套基于Vernier数字传感器、TI系统以及Arduino开源电子原型平台的中学化学实验室废液自动化处理系统。通过技术的功能与化学学科知识的创新融合,使学生能把技术作为获取知识和加工信息、解决真实问题的有效工具。通过探究性实验活动,力图转变学生传统的学习方式,引导学生应用现代科学技术解决真实问题,提高自主探究能力,发展化学学科核心素养。

(二)活动目标设计及实施策略

围绕"中学化学实验室废液自动化处理"这一主题确定了活动目标(见表1),并根据目标选择活动实施策略(见表2)。活动目标设计时,紧扣培养学生的创新精神和实践能力的项目目标,融入育人理念。

表 1　活动目标设计

	体现的学科素养	属性	属性描述
活动目标	宏观辨识与微观探析 变化观念与平衡思想 证据推理与模型认识 科学探究与创新意识 科学态度与社会责任	知识与技能 过程与方法 情感态度与价值观	认识离子反应及其发生的条件,学会从微观的角度认识物质在水溶液中的存在形式以及所发生的反应。 　理解常见阴、阳离子的检验,学会设计实验来解决多种物质的分离与除杂;理解酸碱中和反应,知道不同酸碱性对环境的影响;初步掌握数字化实验仪器(pH、离子电极传感器,以及 Arduino 开源平台、TI 图形计算器、TI 创新者系统)的使用,提升证据推理能力、问题解决能力与创新意识。 　提高环保意识,加深对环境的理解和关注,培养社会责任感,形成可持续发展的思想。

表 2　活动实施策略

活动主题	中学化学实验室废液自动化处理		
活动时空	拓展课、兴趣小组活动、研究性学习活动(1—2 小时)		
活动水平	为什么、如何做、做得如何		
活动工具	资源	实验	器材、场所
		媒体	纸质、投影
	情境	来源	生活
		功能	激发兴趣、实验探究
实施策略	要求布置	活动单、投影	
	要求维度	方案设计、实验操作、活动记录、交流合作	
评价方案	评价者	自评、互评、师评	
	评价方式	口头评价、评价表评价	
	评价维度	方案设计、实验操作、活动记录、交流合作	

（三）活动内容设计、实践与评价要点

1. 活动内容设计

> 活动主题：中学化学实验室废液自动化处理。

> 统计并分析教材设计和实际教学中化学实验室产生的废液的类型、数量，并结合已有化学知识和小组收集的资料（如废水排放标准），思考废液处理方法以及实现中学化学实验室废水自动化处理的解决方案。

> 设计实验方案：探究调节废液酸碱性的方案，探究重金属离子的处理方法（如化学沉淀法、电解法、金属置换法），探究废液回收再利用方案，探究废液处理中产生尾气的吸收方案，探究如何形成自动化控制等。

> 利用TI、Arduino系统编程，搭建中学化学实验室废液自动化处理装置。实验探究中运用变量控制和分类的思想，对实验数据进行分析与处理、推理与归纳。

> 小组讨论交流，优化改进小组实验设计方案。形成不同废液的处理方法，归纳实验室废液的普遍处理方法与专有处理方法。

图 1　活动内容设计

如图 1 所示，学生在实验前通过统计分析，了解教材设计和实际教学中化学实验室产生的废液的类型、数量，并据此设计实验方案，进行分组实验。

（1）探究调节废液酸碱性的最佳方案

酸碱性废液是实验室中最为常见的一种废水，如果不进行必要的回收处理，直接将酸碱废液排放，则会严重腐蚀管道，甚至危害到水体的自净作用，破坏自然生态。所以，首先进行的是实验探究盐酸、硫酸、醋酸等酸性物质用于中和碱性废液的实际效果，以及氢氧化钠、氢氧化钙、氢氧化钾、氨水等碱性物质用于中和酸性废液的实际效果，并结合查阅资料、实验数据等进行分析，从经济、环保等角度探寻最佳方案。

（2）探究重金属离子的最佳处理方法

实验室中往往存在一定量的含重金属离子的废液。重金属离子直接排放，往往会因生物富集作用而进入人体，且很难排出，对人体造成危害，严重可导致死亡。实验探究加碱沉淀法、加硫化物沉淀法、电解法、金属置换法等处理重金属离子的效果，并从经济性、环保性等多方面考虑寻求最佳方案。

（3）探究废液处理中产生尾气的吸收方案

实验室废液处理过程中不可避免会产生尾气。探究可能产生废气的情况与种类，探究废气的处理与收集方案，探究如何通过控制废液 pH 等条件减少尾气的产生等。

（4）探究废液回收再利用的最佳方案

实验室废液中往往存在一定量可以循环利用的离子。实验探究一定 pH 范围的废液直接被收集作为酸碱处理液使用,或是含一定浓度硝酸根离子的废液、含钾离子的废液、高溶解氧的废液等经处理后作为植物营养液使用。从经济性、环保性等角度对阈值范围进行探索。

（5）探究如何形成自动化控制处理

运用 pH 传感器、硝酸根离子电极、Arduino 开源平台、TI 图形计算机、TI 创新者系统、TI 数据采集器等数字化设备,在 Arduino 开源平台、TI 图形计算器内编写相关程序形成自动化控制。

实验中,利用 TI、Arduino 系统编程,学生自主设计中学化学实验室废液自动化处理装置。在实验探究中运用变量控制和分类的思想,对实验数据进行分析与处理、推理与归纳。小组在实验中进行讨论交流,优化改进小组实验设计方案,形成不同废液的处理方法,并归纳实验室废液的普遍处理方法与专有处理方法。

2. 活动评价要点

基于表 3 的评价要点,教师可从活动的方案设计、实验操作、活动记录和交流合作四个维度实施评价。教师还要注重引导学生客观、科学地进行自评和互评。通过自评、互评的形式,能有效提高学生的积极性,让他们更加主动地参与到学习中去,更加了解自己的学习水平。

表 3　活动评价要点

维度	规格要求	评价要点
方案设计	1. 分组设计实验方案。 2. 探究调节废液酸碱性的最佳方案（如何更为节能环保、更为快速有效等）。 3. 探究重金属离子的最佳处理方法（化学沉淀法、电解法、金属置换法等）。 4. 探究废液回收再利用的最佳方案（一定 pH 范围的废液直接被收集作为酸碱处理液使用,一定硝酸根离子浓度的废液处理后作为植物营养液使用）。 5. 探究废液处理中产生尾气的吸收方案（如何通过控制废液 pH 减少尾气的产生等）。 6. 探究如何形成自动化控制处理。 7. 实验过程严谨。 8. 注意变量控制。	观察学生在设计实验中对控制变量思想的运用。 观察学生的实验设计能力与问题解决能力。
实验操作	1. 实验操作在 120 分钟内完成。 2. 初步掌握数字化实验仪器（pH、离子电极传感器；Arduino 开源平台、TI 图形计算器、TI 创新者系统）的使用。	观察学生能否正确使用数字化仪器规范操作实验。
活动记录	获取实验数据,并对获得的数据进行记录、分类、分析与处理。	观察学生在活动中的记录是否准确,是否能从多角度记录活动过程,是否有分类、归纳的意识与能力,是否对实验方案有反思和改进的设想。

（续表）

维度	规格要求	评价要点
交流合作	小组讨论,分工明确,实验方案优化改进后实施。	观察学生能否积极表达自己的意见,是否分工明确,是否有团队意识。

（四）活动内容实施与成果

活动具体实施时,根据探究的内容,在 TI 图形计算机和 Arduino UNO 上运行程序文件,通过传感器采集体系的数据(如 pH、硝酸根离子浓度、钾离子浓度、溶解氧、液位、浊度等),并将信息及时反馈给 Arduino UNO 以及图形计算机。经学生多次实践与不断优化,形成的全套自动化处理系统共包含 4 个单元,分别是废液重金属离子鉴别处理单元、废液 pH 自动化调节单元、废液回收处理单元、水培植物生长环境自动化调节单元。

1. 废液重金属离子鉴别处理单元

如图 2 所示,废液重金属离子鉴别处理单元的工作原理如下:

实验室废液经多层过滤进入重金属鉴别罐后,泵 1 自动启动注入 5mL 硫化钠溶液,当浊度传感器<50,则启动泵 2 将废液转入 1 号预处理罐等待后续处理。若浊度传感器≥50,则启动泵 1 继续注入硫化钠溶液,当 pH>7 时停止注入,启动泵 3 将废液转出,并经多层过滤后排放。

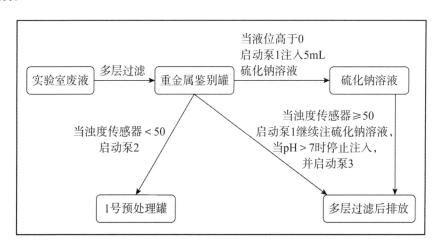

图 2　废液重金属离子鉴别处理单元

2. 废液 pH 自动化调节单元

如图 3 所示,废液 pH 自动化调节单元主要分为两步智能处理选择。

第一步智能处理选择如下:

当 1 号预处理罐中废液 pH≥12 时,1 号水泵执行智能程序系统发出的相应程序命令,自动将废液转移到碱液收集罐;当 1 号预处理罐 pH≤2 时,2 号水泵执行智能程序系统发出的命令,自动将废液转移到酸液收集罐;当 1 号预处理罐 2<pH<12 时,3 号水泵执行智能程序系统发出的命令,自动将废液转移到 2 号处理罐。

第二步智能处理选择如下：

当 2 号预处理罐中废液 2<pH<6 时，4 号水泵执行智能程序系统发出的相应程序命令，自动将碱液收集罐中的液体注入 2 号处理罐，当调节 pH≥6 时，自动停止；当 2 号预处理罐中废液 8<pH<12 时，5 号水泵执行相应程序命令，自动将酸液收集罐中的液体注入 2 号处理罐，当调节 pH≤8 时，自动停止。

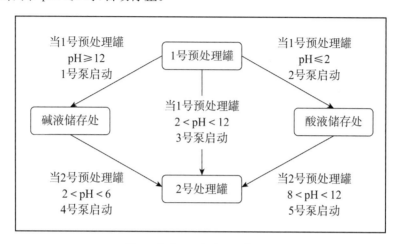

图 3　废液 pH 自动化调节单元

3. 废液回收处理单元

如图 4 所示，废液回收单元的智能处理选择如下：

当 2 号处理罐将废液处理为 6≤pH≤8 后，转入 3 号处理罐。若 3 号处理罐测得废液 $NO_3^- > 500$ mg/L 或溶解氧 DO>100 mg/L 时，6、7 号水泵分别执行相应程序命令，自动将废液收集为水培植物营养液，否则直接排放。

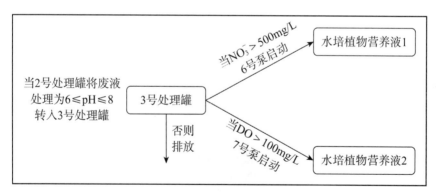

图 4　废液回收处理单元

4. 水培植物生长环境自动化调节单元

如图 5 所示，水培植物生长环境自动化调节单元的工作原理如下：

通过传感器采集体系的 pH、溶解氧和硝酸根离子浓度数据，当水培植物生长环境处于预设参数临界值以下时，水泵自动执行系统发出的相应程序命令，向水培植物体系加入调节剂进行调节，直至各参数达到目标设定值，开关自动关闭，水泵停止加液。

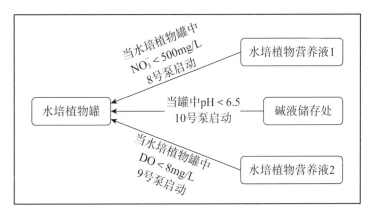

图 5　水培植物生长环境自动化调节单元

二、活动实践反思

本活动以"中学化学实验室废液自动化处理"为切入点展开,创设了真实情境,结合信息化技术形成了结构化的探究学习线索。在多个不同类型的活动中,以任务驱动形式引导学生开展动脑、动手、动口的合作学习,学生在运用已有知识解决问题的过程中增进体验,在巩固旧知的同时获得新知,深入理解与掌握相关化学原理,在潜移默化中发展化学学科核心素养。

 专家点评

本案例设计规范,内容翔实,步骤清晰,结构完整。案例设定的"中学化学实验室废液自动化处理"这一学习任务,是基于化学实验教学的真实问题。案例的设计理念不仅停留在解决化学实验废液处理的技术层面,更为关注培养学生保护环境的意识。

案例有机融合化学学科知识和人工智能技术,结合学生的社会实践活动等学习内容,设计了具有实用价值的化学实验室废水处理的技术工具,是一项有着深刻意义的探究性实验。

扫码查看视频案例介绍

超级大富翁之模拟经贸交易

上海市敬业中学　陆俊杰

 案例背景

　　本案例为高一、高二年级开设的"超级大富翁——模拟商赛"拓展选修课中的模拟经贸交易。该课程的主要目标是基于"财商"培养的三个维度（知识、能力和观念）进行相应活动模块的设计，通过逐步培训，对学生财商意识的形成与发展有些许助益。本项目的重点是让学生通过模拟经贸交易，对全球化贸易过程中的规则和方法有所了解。学生通过前期课程的学习，已对"模拟经贸交易"中的相应规则、流程有所认知，但是在实际交易中仍会存在一定问题，如剖析整体市场的供求关系、探索解决资源配置问题的有效方法。

 案例介绍

一、案例的初衷

　　1. 体验全球化经贸交易的过程；在今后现实生活中，能更多地关注贸易活动或事件；参与小组合作过程，并养成与他人分享交流的好习惯。

　　2. 分析相关贸易数据；初步找出市场资源配置的供求关系；以小组合作探究的形式进行展示，并开展一场经贸交易的模拟活动。

　　3. 了解经贸交易的规则。

二、案例的实施过程

（一）教学设计

表1　模拟经贸交易活动设计

教学环节		学生活动	教师指导	活动目标	设计意图
活动一	情境创设	1. 学生代表通过服装、道具、动作等展示一国的风土人情。 2. 学生观察展示内容，辨识相应的国家标识。	1. 提出学生展演的要求。 2. 提供必要的展演服饰或道具。	了解各国的人文背景。	渲染气氛，激发兴趣。

教学环节		学生活动	教师指导	活动目标	设计意图
活动二	数据解码	1. 观察各国战略资源计划表数据。 2. 分析数据，判断市场供求关系。 3. 小组讨论，意向性拟定交易同盟。	1. 提供各国战略资源计划总表。 2. 指导小组合作，提出分析数据表的要求。	1. 分析相关贸易数据。 2. 初步找出市场资源配置的供求关系。	引导学生观察、分析数据，并以此为依据进行小组讨论，判断市场资源配置的供求关系。
活动三	战略结盟	1. 根据数据分析，各组（代表国）进行双方意愿性沟通，阐明结盟理由，商谈交易结盟。 2. 选择交易联盟，形成以各五个国家为代表的两大交易联盟。	1. 提出各国战略结盟的要求。 2. 引导学生实现对市场资源配置的有效观察和分析，快速作出正确判断。	增强学生的领导力和判断力。	了解经贸交易的规则，基于现状快速选择有利于本组（代表国）经贸交易的同盟国。
活动四	贸易模拟	主要任务：进出口商品交易 可选任务：银行互动（贷款、关税等）；购买长期发展项目；经济 & 时政测试 交易计分	1. 提供模拟经贸交易的卡片及其相关道具。 2. 准备经济 & 时政测试题。 3. 提出各国模拟交易的要求。	以合作探究的形式开展一场经贸交易的模拟活动。	通过模拟交易，增强学生的合作意识，探索解决资源配置问题的有效方法。
活动五	分享交流	1. 观察员代表交流。 2. 各组代表交流。 3. 学生互动提问。 4. 衍生探究性课题。	1. 抓住学生交流过程中和"财商"相关的生成点，及时指导。 2. 指导学生课后探究，促进生生互动。	体验全球化经贸交易的过程。	通过经验交流，启发学生运用多元的方法解决模拟经贸交易中的资源配置问题。针对生成性问题，进行有效的课后探究，催化衍生性课题的形成。

（二）学科融合

1. 与商科的跨学科融合：基于"财商"培养的三个维度（知识、能力和观念）进行相应活动模块的设计，通过逐步培训，培养学生的财商意识。

2. 与英语的跨学科融合：鉴于活动本身涉及商务英语的内容较多，基于情境的真实性，将部分准备的教学素材和道具用英语进行表述,以增进学科的融通与实际情境的运用。

（三）评价要点

1. 计分规则见表2。

表2　模拟经贸交易活动计分规则

计分规则	分值
1. 经济提案撰写	+5
2. 地理测试（答对一题得1分）	0—10
3. 建立交易联盟	+10
4. 每个交易联盟选出一个代表队进行辩论	该队+5
5. 进出口交易 注:进口交易量总额未完成量≤10%,扣5分; 10%<进口交易量总额未完成量≤20%,扣10分; 20%<进口交易量总额未完成量≤30%,扣15分; 30%<进口交易量总额未完成量≤40%,扣20分; 40%<进口交易量总额未完成量≤50%,扣25分; 50%<进口交易量总额未完成量≤60%,扣30分; 以此类推,扣完为止	0—45
6. 交易结束后现金多于原始现金数额	+10
7. 向银行贷款（借贷并偿还一个Welcos得1分）	0—10
8. 购买长期发展卡片（一张长期发展卡得5分）	0—20
9. 赢得辩论的代表队所在联盟所有成员国得5分	+5
10. 比赛结束后,高收入国家若无兑换"Foreign Aid Grant"	—5
11. 与非同盟国家交易未支付关税的统一扣10分	—10
总计120分	

（说明:参加经济与时政测试需缴纳2个Welcos,共五题,答对一题得2个Welcos,先到先答。）

2. 过程性评价:通过摄像等形式记录学生模拟经贸交易的整个过程,便于团队反思与整理;在模拟经贸交易结束后,邀请部分获胜的代表国进行交易的经验分享。

3. 终结性评价:按照活动细则计算各团队得分,进行名次等第排序。

三、收获与体会

首先,在后续的课程安排中可以再进行一次模拟经贸交易,各代表国互换角色,增加模拟经贸交易时间至30分钟,让学生体验身处不同代表国（高收入、中等收入、低收入）如何尽最大可能完成自身的目标任务。

其次,今后可通过摄像等形式记录学生模拟经贸交易的整个过程,便于课后反思与整理。在之后的课程教学中让学生基于视频进行有效的思考与交流,让每个代表国都畅所欲言,交流自身交易中存在的瓶颈问题和有效经验,有助于增强生生互动,实现学生思考的升华。

再次,基于学生的模拟经贸交易体验,师生可建立线上线下的互动交流,针对相关经贸交易技巧与商科知识,在平台上进行师生互动,拉近师生间的空间距离,提高教学过程中的实效性与针对性。

最后,根据学生的自身需求,在模拟经贸交易中形成相应的问题意识进行课题孵化,并通过日常的教学强化学生关注贸易活动及事件的主动意识,逐步培育学生的财商意识,为学生后续的生涯规划打下一定的基础。

 专家点评

小时候的游戏在高中课堂玩出了"高级感"。通过模拟经贸交易,帮助学生了解全球化贸易过程中的规则和方法,尝试剖析市场的供求关系,探索解决资源配置问题的有效方法等,让原本抽象、难懂的概念有了具象的呈现,还顺带练习了语言,提升了思辨能力与财商,寓教于乐,一举多得。

扫码查看视频案例介绍

微生物的培养与应用

——利用准备创新、体验创新、自主创新三阶段，落实科学创新教育

上海市第二中学　朱熠韡

案例背景

"双新"背景下，学生通过学习应具备能够适应终身发展和社会发展需要的必备品格与关键能力。而基础学科知识已不能充分满足学生关键能力的提升，更需要的是学生能够经历完整的学习过程。上海市第二中学的生物科创课程便在这样的背景下应运而生并不断完善，为学生搭建起在"做中学"的平台。

"微生物的培养与应用"课程依托"上海中小学新科学新技术创新课程平台"的种子课程，以高中生物沪教版拓展教材第一章《微生物》的基础学科知识为基点，逐渐形成了适合学生发展的生物科创实验课程。

本课程拓展了基础教材中关于微生物的特点及培养技术，再延伸到微生物的实际应用，旨在引导学生进一步认识微生物与生活中各领域的关联，如食品工程、发酵工程、酶工程以及医疗领域中的微生物等。这一过程通过准备创新、体验创新、自主创新三阶段的各种主题活动达成，让学生在主题活动中习得科学创新的基本方法，经历科学创新的基本过程。

总之，课程旨在引导学生在实际生活中迁移、应用书本知识，形成创新成果或产品，解决生活中的实际问题，并最终达到提高学生生物学核心素养的目的。核心素养中的"生命观念"主要通过课堂基础知识教学达成，"科学思维""科学探究""社会责任"则主要通过主题活动达成，最终培养学生的必备品格与关键能力。

案例介绍

一、课程目标

本课程的目标细化为：

让学生掌握微生物培养的基本知识以及实验操作技能，并完成科创实验探究，学会撰写实验报告、综述、小论文。通过微生物科创实践过程，提高学生自主解决问题的能力，即具备提出问题、设计方案、实施方案、得出结论、提出新问题的能力。经历准备创新、体验创新、自主创新三个阶段，循序渐进地提高学生的科学创新能力，引导他们尝试形成微生物类科创成果或产品，并将其应用于生活。

同时，通过小组实验操作、查找资料、汇报交流等过程，培养团队合作精神与综合素质；通过科学实验的过程，培养辩证的科学观。促使学生更多地关注科学知识与社会议题，培养

社会责任感、综合素养与人文情怀，感受生命科学与生活的紧密联系。

二、实施过程

本课程分为 4 个单元，每个单元包含 3—4 个主题活动。通过理论学习与实验操作相结合的方式实施课程，遵循准备创新、体验创新、自主创新 3 个阶段，历时 2 个学期。其中，准备创新阶段与体验创新阶段在每个单元中穿插进行（单元一、二、三），完成前两个阶段后，进入自主创新阶段（单元四）。

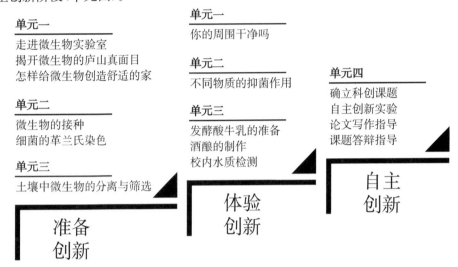

图 1 "微生物的培养与应用"科创课程单元内容提要

（一）准备创新阶段

准备创新阶段以任务驱动的活动为主，旨在习得科技创新的基本过程与方法，掌握微生物相关的基本知识与实验操作技能，包括微生物培养、染色、计数，以及微生物的分离与筛选、微生物检测技术、微生物生理生化性质鉴定等。初步训练学生的实验操作能力，以及记录实验的习惯与严谨性。

（二）体验创新阶段

体验创新阶段旨在引导学生全面参与科技创新过程。这个阶段主要是教师提供课题，学生据此设计课题方案并撰写实验报告或论文，最终完成小组答辩，为半自主创新过程。这个过程涉及抗生素抑菌实验，以及酸奶、酒酿等食物配方的研究，旨在让学生参与到微生物实际应用的研究中，感受益生菌与生活的联系，激发学生在自主创新阶段的学习兴趣，进一步训练学生的研究能力与团队合作能力。

（三）自主创新阶段

在自主创新阶段，学生自主研究课题，以小组为单位，自主确立课题、设计实验方案、进行实验研究，并撰写论文、形成创新成果。内容可以涉及生活中的微生物应用，如隐形眼镜中微生物数量的检测、洗手液的有效性检测、辣椒素和大蒜素的抑菌作用、青春痘的微生物治疗法等。教师辅助学生完成课题的同时，教授资料检索、综述与论文写作、课题答辩等基本课题研究技能。学生的科技创新能力在这一过程中得到进一步提升，并最终形成个人的创新成果。

三、课程评价

本课程主要采用核心能力水平测评以及生生互评两种方式。

（一）核心能力水平测评

核心能力水平测评，主要指教师从8个能力维度评价学生的每个主题活动，具体见图2。每个主题活动所考查的能力点也各不相同。例如：准备创新阶段中的主题活动"微生物的接种"主要考查学生的实验操作和探究能力、逻辑思辨能力；体验创新阶段中的主题活动"发酵酸牛乳的制备""校内水质检测"主要考查学生的实验操作和探究，以及逻辑思辨和团队合作能力；自主创新阶段中的确立课题、自主创新实验、论文写作指导、课题答辩指导等过程，则会更综合、全面地考查学生的调查研究、资料收集、实验操作、探究、逻辑思辨、团队合作等能力。测评形成的量表最终与学生的活动报告一同储存进档案袋。

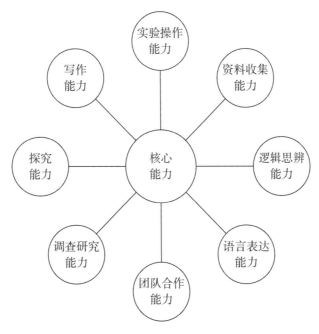

图2　核心能力水平测评的8个能力维度

（二）生生互评

生生互评是指在某些主题活动过程中学生之间互相评价。例如，在"发酵酸牛乳的制备"这一主题活动中，要求学生记录实验过程，包括牛奶的奶源、消毒方式、发酵温度、发酵时间、是否加水、牛奶与水的比例、调味方式等信息，最终形成评价表。各组学生互相品尝成品酸奶，并对其他组的创新成果进行打分和评价。再例如，学生每完成一个课题后都会以小组为单位进行答辩，答辩后由非答辩小组的学生从选题创新性、研究科学性、结果完整性、答辩清晰度等方面进行评分。在此过程中，学生不仅了解了其他小组的活动方案与研究思路，也增加了学生的课程参与感，凸显学生的主体地位。

四、学科融合

本课程虽以生物学为基础，但也会涉及其他学科领域，旨在拓宽学生的视野，给学生更多综合运用各学科知识的机会。

　　微生物生理生化鉴定包括对微生物生理特性的分析(如菌落形态、生长温度和耐热性、碳源利用、氮源利用、柠檬酸盐利用)和对微生物生化特性的分析(如氧化酶、接触酶、葡萄糖氧化发酵、牛奶分解、硝酸盐还原),这些都涉及生物学与化学的知识。

　　微生物的发酵工程、微生物与食品科学领域都涉及生物学与工程科学,即生物工程领域,如我们生活中吃到的纸杯蛋糕、用到的嫩肉粉和益生菌都属于该领域,有助于学生了解生物工程领域的前沿研究与实际生活的联系。

　　生物学与论文写作也培养学生更科学地呈现研究成果,教授学生实验类论文的撰写格式,更重要的是指导学生运用科学的方法分析已有实验数据,得出合理的实验结论,并进一步讨论创新设想,以此培养学生的分析问题的能力、逻辑能力以及严谨的科学态度。同时,课程中设计的答辩环节有助于提高学生科学表达的能力以及对实验结果的呈现能力。

 案例评析

　　"微生物的培养与应用"的课程主题为"微生物",它源于生活又高于生活。生活中各领域都涉及微生物知识。学生可通过微生物这一载体,研究生活中的问题,感受生命与生活现象中体现的科学知识,并进一步理解课本知识。

　　课程中的准备创新、体验创新、自主创新三个阶段契合学生的发展规律,为学生创设学习台阶,逐步培养起学生的科创能力,并将形成的科创能力应用于其他创新项目。最终引导学生经历科学创新过程,将书本上的知识应用于生活,解决实际问题。在培养学生科学思维能力与科学探究能力的同时,加深学生的生命观念与社会责任感,这契合生物学核心素养的培养宗旨,能帮助学生逐渐形成必备品格与关键能力。

 专家点评

　　本案例的整体设计符合高中学生的认知发展规律,通过准备创新、体验创新、自主创新三个阶段,有序推进科技创新过程,发展学生科技创新的必备品格和关键能力,从中孕育出自主课题,形成创新成果。课程中的核心能力水平测评及生生互评的评价量规,做到了客观、全面、可测,同时也给予学生更多的课程参与度。在"双新"背景下,这是一个值得借鉴的范例。

扫码查看视频案例介绍

走进星星的世界

——真实问题驱动下感受技术人文价值的体验式学习

上海市黄浦区劳动技术教育中心　杨　芳

 案例背景

如何在中小学劳动技术学科教学实践中以项目式学习的方式融合德育,体现"以人为本"的理念,提升学生技术素养,一直是我校的探索课题,也是提升劳动技术课程对跨学科综合素养培育效益的时代命题。

本案例是针对初中生的校本选修课程"星星伙伴"的一个实施单元,学生在已经学习了机器人的基本知识和简单控制的基础上,从"如何用技术帮助星星的孩子更好地融入社会"这一驱动性问题出发,走访自闭症儿童学校,通过多方调研了解自闭症儿童的真实需求,并寻找合适的技术手段尝试帮助自闭症儿童解决问题、满足需求。通过本项目的学习,学生能够感受到技术带来的人文价值、对改善人们生活的作用,以及助人为乐的乐趣。

本案例确立的教学目标如下。

1. 通过走近自闭症儿童并进行多方调研,对自闭症儿童的症状和相关治疗方法有初步的了解,感受弱势群体生活的不易。

2. 通过探究、合作,在构思、设计、物化星星伙伴的过程中,引导学生面对工程性问题时能够独立解决,提升学生的技术素养,初步培养其工程思维。

3. 通过星星孩子与星星伙伴"手牵手",感受学习知识的意义与价值以及技术对改善人们生活的作用,感受助人为乐的本质。

 案例介绍

一、课堂活动的内容设计

本项目活动组织学生完成以下四个过程性实践内容。

1. 走出课堂,发现自闭症儿童的真实需求。

2. 设计"伙伴",讨论解决问题的最优方案。

3. 物化"伙伴",寻找技术物化的实现方案。

4. 应用技术,感悟技术"以人为本"的思想。

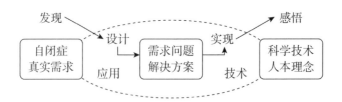

图1 "走进星星的世界"过程性内容结构示意图

二、教学策略与实施步骤

（一）"走近"星星的孩子——从一个"帮助人"的驱动性问题出发

先通过线上发布需要事先了解的关于"星星的孩子"的查阅任务。教师提出问题："同学们，在这个为期一学期的项目中，我们将会一起尝试小组合作解决一个问题：'如何用技术帮助星星的孩子更好地融入社会？'大家之前已经通过网络等渠道对星星的孩子有了一些了解，请说一说你眼中的星星的孩子吧！"随后同学们开始交流。

在交流的基础上，组织学生走近一位真实的"星星"，了解其需求——教师分发访谈方法卡片、观察方法卡片，展示一些访谈提纲和观察表案例。实际走近的对象是"彩虹之家"的小E同学，其需求是"融入社会的一项技术"。

（二）寻找"星星的伙伴"——集思广益，讨论解决问题的最优方案

教师提出任务：大家觉得可以如何用技术帮助星星的孩子更好地融入社会？

学生各有主意：可以设计制作一种鼓励他的玩具；做一个训练他们某种技能的产品；让他们学会和人打交道、交流、沟通，可以做个设备，帮助训练。

虽然多数小组已经初步有了自己的想法，但考虑到真实操作的可行性，兼顾教师管理、技术实现、材料要求等因素，教师决定让同学们从"改善交流"这个小点切入寻找解决方案，实现星星伙伴。有学生提出"我们就做一个小机器人，可以陪伴星星伙伴，说鼓励性的话语"，还说"比如星星的孩子看着伙伴，伙伴就会说鼓励性的话语；如果持续看着伙伴，伙伴就会开始讲故事；如果星星的孩子看着伙伴还和伙伴说话，伙伴就会开始手舞足蹈并进行简单的对话"。教师还提议制定一个评判作品的标准。

（三）"打造"星星的伙伴——为学生的技术实现提供学习支架

经过前期的准备，同学们终于来到了技术实现的阶段，教师组织学生对星星伙伴进行物化。教师根据教学目标、学生已习得的知识和提出的3种星星伙伴方案，设计了帮助学生更好地进行技术实现的知识手册，手册中主要包括树莓派、Arduino两款主控板的技术知识，还包括百度API技术实现。

在这一手册支架的帮助下，学生开始实践方案的要求，包括：对需要做的星星伙伴进行概念图的设计；运用原型设计的几种技术，如3D打印、激光切割；利用树莓派及各类电子元器件；复习并应用程序流程图、硬件框图设计技术。

接着各个小组分别忙碌实践。教师主要进行1对1的小组指导，帮助各小组进行原型概念图、硬件框图、程序流程图及原型的设计制作。

图2 某小组手绘的概念图

图3 某小组第一稿星星伙伴　　　图4 某小组第二稿星星伙伴

（四）星星孩子与伙伴"手牵手"——应用技术成果，感悟"以人为本"

教师带学生再次走出课堂，将小组合作设计的"星星伙伴"带到彩虹之家，给星星的孩子使用、玩耍，并根据准备的观察表，对使用情况进行客观记录；根据准备的访谈表，对星星的孩子和教师进行访谈，从星星的孩子的视角了解星星伙伴的优缺点等。在彩虹之家，各小组结合设计的观察表对星星的孩子进行观察。同时，再次访谈授课的多位教师，获取他们对"星星伙伴"的看法与建议。

三、学习评价与其他说明

（一）学习评价

学习评价方面，一是交流学习心得，二是根据量表评价。

小A同学：……虽然项目进展过程中我也遇到了很多困难，但是一想到能为那些可爱的同学们做些什么，我都以积极向上的心态去应对。正是一次次通过努力越过难关给我带来了一段难忘的回忆,做出的"小伙伴"得到了"星星的孩子们"的喜欢,也让我感受到自己这些努力的意义。我体会到:世界上任何技术的实现都应该服务于人、服务于社会,这样的技术才是有意义的、有价值的……

小 E 同学:……实践才是学习知识最好的方法,它能让我更迅速、高效地理解书本上相对晦涩难懂的知识,这一学期我和小组同学一起参与了"星星伙伴"这个项目,一起动手孵化了"星星伙伴"。我们第一次接触到了"星星的孩子",第一次真正意义上用自己学习的技术帮助需要帮助的弱势群体,我感觉非常开心……

另外,组织学生根据制定的评估量表,对项目作业开展自评和互评。

(二) 其他说明(学科融合、工具使用、创新表现等)

本案例主要根据"通用技术学科"课程标准,同时融合信息技术学科、综合实践活动课程和艺术学科等相关要求进行跨学科探索。

在工具使用方面,参见上述实践过程,主要是软件和相关平台工具,如 3D 打印、激光切割、树莓派及各类电子元器件,以及应用程序类设计技术软件。

在创新表现方面,一是注重走出校门面向真实对象,以驱动性问题为切入点开展项目,能够更有效地达成课程目标;二是注意为学生技术素养培育提供必要的学习支架;三是强调德育意识,将技术为人服务作为学习的出发点和归属点。

上海市黄浦区教育学院的王慧洁老师认为劳动技术学科的教学应注意以下方面:(1)巧设问题,激发学生自主学习,培养高阶思维能力;(2)巧创情境,关注服务真实需求,培养担当意识;(3)巧构支架,支持学生技术物化,发挥教师有效指导作用;(4)以人为本,感受技术人文价值,培养技术服务社会和人类进步、世界和谐的思想情感。

 专家点评

该案例以问题为导向,注重真实问题的解决。通过走访自闭症儿童,了解自闭症儿童的真实需求,为他们提供康复和学习的支持,培养学生关注社会弱势群体的人文情怀。

案例根据学生的认知基础,提出了挑战性的目标。在案例实施中,教师指导学生根据已掌握的有关机器人的原理知识和机器人的控制技能,以项目化学习的方式培养和锻炼学生的创造能力、动手实践能力。

扫码查看视频案例介绍

点亮智慧"芯"
——智能灯牌设计

上海市格致初级中学　张元平　王诚充

 案例背景

信息科技是素质教育背景下的一门必修课程,如何在课堂上培养学生的创新思维和创造能力,切实提升他们的综合实践能力是信息科技教学的重点。课堂教学是获取知识和技能的主要阵地,应当成为培养学生独立思考和创新精神的摇篮。目前很多教师在信息科技课堂上还只是进行形式化的教学,这样既阻碍了学生全面素质的发展,也使信息科技课程失去了本身的教育教学价值。基于该现状,笔者认为教师应从信息科技学科蕴含的核心素养出发,深刻理解信息科技课程的潜在价值,并通过适当的教学手段优化教学环节,帮助学生更好地完成学习任务,促进初中信息科技教学转型。

1. 培养初中学生的数字化学习与创新能力

培养数字化学习与创新能力是提升初中学生信息技术学科核心素养的重要组成部分,也是在学生与信息社会之间架设联通桥梁的重要举措。随着科学技术的不断发展,学生接触到的新媒体越来越多,他们所接触的事物形形色色,十分丰富。教师应当通过各种途径培养学生的创新能力。比如,本案例结合当下非常流行的"翻转课堂"对学生进行教学,把课堂的话语权交给学生,让学生自己去创造、探索,培养学生的创新能力,增强学生的自我效能感。

2. 以教学活动设计促进课堂教学的转型

信息科技学科强调学生的动手能力,学生在课堂上有大部分时间都在完成活动任务。因此,课堂的活动设计是信息教学的重要内容之一。对课堂活动进行精心设计与实施,也是培养学生创新能力的重要途径。本研究以活动设计为抓手,以项目化学习的形式促进教师从技能传授转为思维启发,从讲授主导转为辅导帮助;学生从被动完成到主动探索,从技能模仿到创意解决。

 案例介绍

本课例是课题"基于开源硬件培养学生创新实践能力的活动设计"的一次课堂实践,并结合初中信息科技第二册《新技术体验与研究》单元的相关内容设计。本案例选取 micro:bit 主板为核心硬件开展教学活动,以开发"智能灯牌"为项目设计了三个课时:第一课认识

micro:bit 和编程软件,尝试"设计灯牌"并点亮;第二课尝试各类传感器,赋予"灯牌"智能应用;第三课进行分享与交流。让学生在项目活动学习过程中掌握 micro:bit 主板相关的软件和硬件知识,并通过项目活动的体验了解基于 micro:bit 开发一个项目的基本流程,提升信息核心素养。

一、案例设计

课题名:点亮智慧"芯"——智能灯牌设计。

授课年级:预备年级。

授课课时:3 课时。

(一)教学目标

(1) 知识与技能:了解 micro:bit 项目开发的基本步骤;了解硬件处理的过程,包括输入、处理、输出;认识编程工具界面,学会基本模块指令编写并调试;使用 micro:bit 上的传感器完成亮灯任务。

(2) 过程与方法:通过完成"智慧灯牌"的项目,体验 micro:bit 项目开发的基本步骤。

(3) 情感态度与价值观:通过参与"智能灯牌"项目活动,体会简单系统工作的信息处理原理,激发对 micro:bit 开发项目的求知欲及探求的兴趣,增强信息意识,学会用信息思维来理解生活中的常见现象。

(二)教学过程

教师:前面我们做了一个关于"智能生活"的问卷,同学们对无人超市、智能教室和智能家居都非常感兴趣,我们接下来会完成其中的一个项目——"智能灯牌"。

学生:查看问卷结果,明确课堂任务。

第一课 明确项目开发的基本流程

活动 1:设计灯牌

(1) 明确需求,提出创意。

(2) 设计灯牌草图并进行绘制。

活动 2:点亮灯牌

(1) 认识 Mind+扩展积木与 micro:bit。

(2) 连接硬件。

(3) 编写脚本并上传到主板进行调试。

小结:项目开发基本流程见图 1 所示。

从一个想法构思到自己动手实践,将想法予以实现是一个体验创造、收获满足的过程,不同目标、不同功能的作品,所使用的元器件、硬件搭建的方法以及对应实现的程序设计会有不同,但其开发的基本流程是相同的。

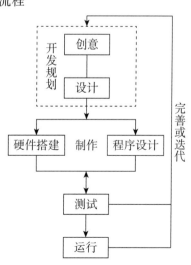

图 1 项目开发流程图

第二课　智能灯牌制作

活动1:使用"按键"点亮灯牌

适用场景:普通照明系统。

(1) 明确要求:按下A键亮灯,按下B键关灯。

(2) 连接硬件。

(3) 编写脚本并上传至micro:bit进行调试。

(4) 总结输入、处理、输出的过程。

图2　普通照明灯开发流程图

活动2:使用光敏传感器点亮灯牌

适用场景:感应灯。

(1) 明确要求:使用光敏传感器点亮灯牌,光线弱亮灯、光线强关灯。

(2) 连接硬件。

(3) 编写脚本并上传至micro:bit进行调试。

(4) 总结输入、处理、输出的过程。

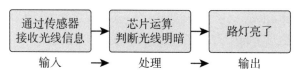

图3　感应灯开发流程图

活动3:使用加速度传感器点亮灯牌

适用场景:家具(货架)倾倒警报系统。

(1) 明确要求:使用加速度传感器点亮灯牌,加速度大亮灯、加速度小关灯。

(2) 连接硬件。

(3) 编写脚本并上传至micro:bit进行调试。

(4) 总结输入、处理、输出的过程。

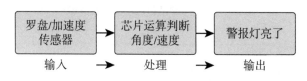

图4　警报灯开发流程图

小结:探究了三种亮灯的触发方式,它们的亮灯过程分为软件和硬件两个部分。虽然在软件上编写的脚本各有不同,但硬件处理的过程都包含了输入、处理和输出三个环节。

第三课　分享与交流

活动1：小组展示

分小组介绍灯牌的设计理念、脚本编写与实物展示。

活动2：自我评价与小组互评

根据小组展示的内容进行组内自评与小组互评。

小结：通过"智能灯牌"项目探究了项目开发与硬件处理的基本流程，学习了硬件的搭建方法与软硬件的结合方式。在下一板块"人工智能"的学习中，将进一步体会这些基本流程，使用更多样的micro：bit实现更丰富的功能，完成体验更智能的"智能生活"项目。

（三）学习成果

（1）学生在课堂上展示了自己制作的智能灯牌。

（2）学生完成学习任务单。

二、学科融合

本项目以"智能生活"为主题，基于各类micro：bit及相关开发平台，以初中信息科技教学基本要求为依托，结合STEM课程、创客活动展开教学。

本项目的重点是加强对学生五个方面的教育：一是科学素养，即运用科学知识理解自然界并参与影响自然界的过程，可以和物理、化学、生物、地理等学科融合；二是技术素养，即使用、管理、理解和评价技术的能力，可以和劳动技术等学科融合；三是工程素养，即对技术工程设计与开发过程的理解；四是艺术素养，即融入人文艺术知识，发展综合运用能力，强化艺术熏陶与人文底蕴，可以和音乐、美术等学科融合；五是数学素养，即学生发现、表达、解释和解决多种情境下的数学问题的能力，可以和数学学科融合。

以学生兴趣为根本，在解决项目制问题的过程中培养学生的科学精神、解决问题的能力等。把创新型人才的培养融入教学中，强调在"做中学"，不再以教师"填鸭式"灌输知识的传统教学方式开展教学，而是创设以学生为主体、教师启发引导的课堂氛围。

三、评价量表和工具包

（一）工具包

Mind＋编程软件、micro：bit套组。

（二）评价量表

表1　"智慧生活"项目活动过程性评价表

班级_____　学号_____　姓名_____　课程内容_____

评价要素	评价标准	自我评价				小组互评			
		A	B	C	D	A	B	C	D
信息收集与评估能力	善于进行信息需求分析，并能够根据需求采用相应的手段收集信息。								

（续表）

评价要素	评价标准	自我评价				小组互评			
		A	B	C	D	A	B	C	D
创意物化能力	积极主动参与搭建过程，动作准确合理，搭建流程条理清晰； 搭建结构既科学合理，又不失美观； 使用创客设备与工具，对型材进行加工和修改； 使用创客设备与工具时，操作规范熟练。								
团队协作能力	能与同学共同学习，共享学习资源，互相促进，共同进步； 积极参与讨论与探究，乐意帮助同学； 在小组学习中主动承担任务。								
主动探究精神	积极思考问题，提出解决问题的方法，有创新意识； 勤于积累，善于探索，思维活跃，反应灵敏，操作干练。								
目标评价	任务（作品）完成水平								

综合评价	自我评价等级		签名： 　　年　月　日	小组评价等级		签名： 　　年　月　日

教师评价	激励性评语： 　　　　　　　　　　　　签名： 　　　　　　　　　　　　　　年　月　日

 案例评析

　　近年来，我国高度重视中小学信息化建设和人工智能教育，人工智能教育也呈蓬勃发展之势。开展人工智能教育可以较为有效地提高学生对人工智能发展现状和前沿技术的认知水平，推动中小学教育的全面发展。结合时下热门的 STEM 教育与创客教育，倡导学生以数字化工具为基础进行动手实践，鼓励学生多发现问题、探索问题并解决问题，引导学生注重学习的过程，使教育的形式更多元化。与时俱进，不断完善人工智能的课程体系，提升校园智能化、信息化的建设水平，将人工智能与中学信息课程相结合，探索出新的教育创新发展路径。

1. 以"智能生活"项目设计促进学生创新实践能力的培养

学生学习信息科技不仅仅是学习如何使用技术,更重要的是成为科技的应用者与创造者。这是时代对人才培养的新要求。简单的教师演示操作然后学生模仿任务的形式已经不适合新时期人才培养的发展趋势。

在智能生活的项目中,学生能够自主搜索信息、提出问题、获取学习资源、探究和掌握信息技术工具的一般操作方法与技能。在此基础上,提升初中生使用信息技术创新性解决问题的能力以及应用信息技术服务生活与社会的意识,为将学生培养成为一个具有创新意识和实践能力的人才打好基础。

2. 以智能生活项目设计促进课堂教学的转型

智能生活项目改变了以往信息科技课堂由教师主导话语权的状况,开始重视学生在课堂中的主体性,而教师充当了引导者的角色。项目以某一智能生活场景为切入点,把教师讲授的理论知识运用于实际的操作中,锻炼了学生的操作能力,转变了学生的学习方式,学生的研究学习活动朝着探索性、创新性、发展性、合作性、科学性的方向前进,提高了学生学习的积极性以及学习效率。

 专家点评

"智能灯牌"源于信息科技学科单元内容的延伸拓展,有利于学生在基础型学科中储备足够知识的基础上开展更深入的探索。通过"做"项目来激励学科概念的"学",通过"学"来激励"思"。建议项目的驱动型问题可以更为开放,把学校教室门牌、运动会入场牌等作为设计制作的主题,便于最终将学习成果直接转化为可见的产品应用于校园中,真正应用信息技术分析解决实际问题,从而提升学生的参与感和成就感。

扫码查看视频案例介绍

探究深、浅呼吸呼出气体中氧气含量的差异
——化学实验项目学习的设计与实施

上海市第二初级中学　崔　鹏

 案例背景

为促进学生科学素养的发展,我校整合化学实验探究活动与项目学习,设计实验项目,开展基于真实情境的科学实践活动。本案例针对氧气相关的核心知识和技能进行设计。

表 1　初中学段氧气的部分核心知识点

氧气的物理性质	不易溶于水
氧气的化学性质	能够和很多物质发生化学反应,如呼吸作用、蜡烛燃烧
氧气的收集方法	排水法
氧气的用途	支持呼吸,帮助燃烧

以项目的方式整合氧气相关的知识,联通科学世界与生活世界,开展情境引领、规则带领、工具支持下的项目学习。氧气的知识与"呼吸"密切相关,能够引发学生对身体的呼吸作用过程与健康的关注。根据学生的认知特点和所利用的资源与技术,本案例的学习目标确定如下。

1. 理解氧气不易溶于水的物理性质和支持燃烧的化学性质。

2. 通过围绕一个驱动问题设计、实施实验并得出结论的过程,增强联系、运用多方面知识和技能解决具体问题的能力。

3. 通过实验探究体会化学实验的乐趣,感受化学知识与技能,以及研究方法的价值。

4. 通过体验技术支持的学习过程和数字化实验过程,感受技术的作用与优势。

 案例介绍

一、设计思路与实施策略

本案例的设计凸显学习情境、学习规则、学习工具三个要素。"学习情境"体现在把静态的情境素材加工成富有价值的、开放的问题情境,知识在情境中被活化,学生在情境的引领下深入学习。"学习规则"体现在注重师生、生生相互带领与协作的社会性实践,学生结成小

组形成项目共同体,教师通过语言与行动带领学生形成对话和实践的规则:动脑(思考)、动手(操作)、动口(表达)主动和协同,同伴间相互支持、评判,与教师平等对话,得出结论、分享成果。"学习工具"体现在注重思维外显化和反省评价的学习工具的设计与提供,信息化环境和数字化设备的支持与运用,学生在持续不断地运用各种科学方法并讨论、记录、推理、反思、评价的过程中,运用系列工具单,在知识联系、方法运用、交往互动和思维进阶等多线并进发展的立体时空里,经历知识理解的群体建构过程。

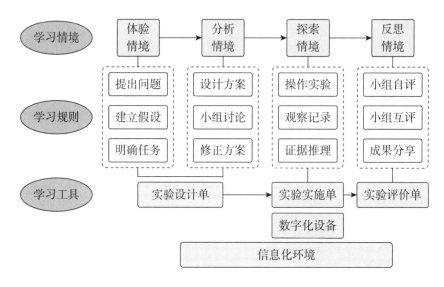

图1 学习的进程

本案例主要的学习工具是融合了知识联系、技能技术、交往互动和思维思想多维度指引的系列工具单,包括实验设计单、实验实施单、实验评价单等。

二、实施内容与过程

（一）体验情境

情境导入:

据中国呼吸科专家统计,城市中一半以上人的呼吸方式不正确。你真的会健康呼吸吗?

明确项目任务:

人体呼吸时,吸进的氧气参与人体的呼吸作用过程。深而慢的呼吸是"深呼吸",浅而快的呼吸是"浅呼吸",两者呼出的气体中,氧气的含量存在差异。师生继而提出了本项目的驱动性问题:"如何通过化学实验证明深、浅呼吸呼出的气体中氧气含量的差异"。任务随之明晰:利用给定的材料,设计和实施化学实验,探究深、浅呼吸呼出的气体中氧气含量的差异。教师提供实验设计单,启发各小组的思路,提醒实验设计的要素,指引、带领学习的方向。

（二）分析情境

1. 学生活动

小组讨论分析情境,确定呼出气体的收集装置和比较氧气含量的操作方法,填写实验设计单。各小组初步完成实验方案后,进行讨论和修正。经过不同小组实验方案的比对后,讨论聚焦到两个方面：比较氧气含量的操作方法和实验步骤表述的可操作性。各小组在利用排水法收集呼出气体的装置选择上一致，在比较氧气含量的操作上出现两种方法：有的小组认为是记录蜡烛燃烧的时间，有的小组认为是测量集气瓶内蜡烛熄灭后水面上升的高度。在实验步骤的表述上，有的小组完整翔实、体现细节，有的小组则较少有具体的操作性语言。

2. 教师活动

教师适时地参与各小组分析，用提问的方式提醒，如"该实验中有哪些变量需要控制呢""其他人阅读你们书写的步骤后，能明确实验操作吗"，引导学生预判实验项目探究的全流程和各环节，考量设计细节，形成关于实验的操作性思维。图2、图3是第3组和第4组修正后的方案。

实验方案	
实验目标	探究深呼吸和浅呼吸呼出的气体中氧气含量的差异
实验原理	蜡烛的燃烧需要氧气，氧气维持蜡烛燃烧，氧气不易溶于水
实验步骤	1. 用排水法收集一瓶深呼吸气体和一瓶浅呼吸气体。 2. 点燃蜡烛，将蜡烛放在水面。 3. 把集气瓶倒扣在蜡烛上，瓶口低于水平面，直到蜡烛熄灭。 4. 测量瓶内水位上升的高度，进行对比。
预计实验现象	深呼吸瓶内的水面高度比浅呼吸瓶内的水面高度高。

图2　第3组的实验方案

实验方案	
实验目标	探究深呼吸与浅呼吸呼出气体中氧气含量的差异
实验原理	氧气维持蜡烛燃烧，氧气不助燃。利用排水法收集气体。
实验步骤	1. 进行深呼吸和浅呼吸，收集两次呼吸的气体。 2. 点燃蜡烛，并放到水面上（深、浅呼吸收集两次）同时开始计时。 3. 迅速将集气瓶倒扣于蜡烛上，用秒表记录熄灭蜡烛的时间。 4. 比较两次的时间长短。
预计实验现象	深呼吸呼出的气体使蜡烛熄灭得更快，浅呼吸则反之。

图3　第4组的实验方案

（三）探索情境

1. 学生活动

各小组同学分工协作实施实验，有一位同学进行实验操作过程视频的录制。随时观察、发现和分析、解决问题。如何让在水面上摇摇晃晃的蜡烛"站"稳？如何使记录的时间或高度的数据更精准？学生的操作实施和实验过程与观察到的现象如图4所示。各小组分工协作完成了实验实施、记录和分析数据，并通过推理得出结论：深呼吸与浅呼吸相比，呼出的气体中含的氧气较少，更多的氧气在深呼吸过程中被人体利用。还可以增加空气中氧气含量的空白实验对照，进行富有创造性的实验拓展。

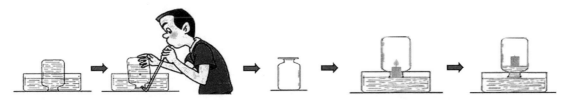

图4　实验操作与现象

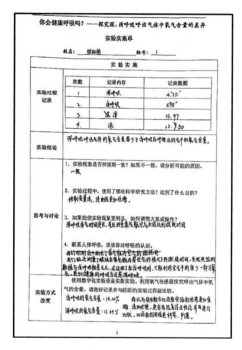

图 5　第 1 组的实验实施单

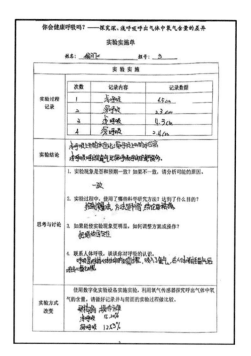

图 6　第 3 组的实验实施单

2. 教师活动

教师适时、热心地用提问的方式就操作的安全性和准确性给予提醒,就操作的目的性、合理性和有效性进行交流,就实验实施的创新性延伸进行分享和表扬。

3. 数字化设备的使用

师生一起使用氧气传感器,发现操作更便捷、数据更直观,数字化实验实现从定性到定量,体现了新技术的优势。同时,引导学生认识到传统实验也有不可取代的价值。

(四) 反思情境

1. 学生活动

师生首先在解释性对话中,就实验评价单的评价指标达成理解,达成共识。每个小组的同学通过视频一起观看其他小组的实验过程,根据实验评价单的指引给出评价。然后与本组的项目学习过程、自己的实验操作进行对照,回顾反思自己的实验探究过程。这里包含对过程的回顾:根据需要探究的问题设计方案并不断完善;包含对研究方法的聚焦:增强控制实验条件的意识,确保实验有序的规则;包含认知策略的提升:设计与实施实验不仅要理论可行,还要操作简便、现象明显……

2. 教师活动

小组互评中,教师提出各种建议,鼓励学生在评价中学习,开放的、评鉴式的课堂激发了学生的求知欲和获得感。引导学生在互评的交往互动中,明晰核心知识及其联系,掌握科学方法,提升思维层次,感受科学探究的严谨性,体验运用化学实验解决真实问题的成就感。

案例评析

1. 综合运用基本的知识与技能，轻松解决有价值的问题

主题来源于身体时刻能感受到的呼吸，运用到的知识和技能易于掌握，学生有兴趣也有能力去探究。在作为学习支架的系列工具单的辅助下，学生轻松地解决了有关于呼吸的问题，体会到实验探究的价值，丰富了对生活的体验和科学认识。

2. "以学生为中心"的实验探究过程，打开学生思维

过程以学生为中心，教师做实验探究的支持者、共同学习者。学生围绕真实情景中的"呼吸"这一切身问题进行科学探究和思考，将生活经验与活动经验结合起来。运用控制变量等科学研究的方法，体验从定性到定量的认识过程，经历反思和评价的提升过程，打开思维，培养严谨的科学态度。

3. 新技术支持，体现技术优势和方法多样化

使用信息技术简易迅捷地实现了过程记录和分享，使每位同学可以经历多次实验过程，即使是失败的实验也充满学习意义。数字化实验设备的使用体现了新技术的优势，但同时传统实验也有不可取代的价值，通过对两者的比较引导学生形成客观的判断和认识。

专家点评

本案例有四大亮点。第一，选题巧妙："呼吸"和学生自身密切相关，能极大地唤起学生的探索欲望及对自身健康的关注。第二，情境串联："体验情境—分析情境—探索情境—反思情境"，以此为主线层层递进，推动思维进阶，提升科学素养。第三，支架搭建：系列学习工具包及数字化设备，搭建起探究的阶梯，增强利用可视化证据分析问题、解决问题的能力。第四，规则提点：在每个环节注重规则意识的培养，增强实验探究的严谨性和科学性。

扫码查看视频案例介绍

迷 你 蚕 坊

——"小而不凡,大有作为",在课程中为学生打造科创乐园

上海外国语大学黄浦外国语小学　奚　悦

 案例背景

小学自然学科中有一个单元的内容是关于饲养家蚕的,在学习实践中学生经常遇到无法时刻观察蚕的生长变化情况(如蜕皮、羽化、产卵)、蚕盒不能满足养蚕条件等问题。学生自发寻找身边的材料(如纸板箱、一次性饭盒)制作简易蚕盒,但仍存在观察不便、环境不能调控等缺陷。学生的需求启发了教师创设"迷你蚕坊"课程。

课程应如何有效地培育学生的科创素养? 如何以学科融合和项目化的方式开展教学活动? 如何真实、全面地进行评价? 在探索实践中,教师凝练经验,形成路径策略。本案例将围绕以上问题,介绍"迷你蚕坊"课程的设计与实施,以及教师在开展科创教育过程中的收获。

 案例介绍

一、课程设计

(一)项目引领,学科融合

课程 1.0 阶段,教师以制作蚕盒任务为线索,安排了"设计蚕盒—认识工具—制作蚕盒"三个板块。但在编写内容时,教师意识到这些活动相对单一且重在技术训练,并不适合小学生。这样的教学虽然始终围绕主题,但"教师安排做任务"远离了让学生自主创新的初衷。

于是,教师从小学生的认知与年龄特点出发,以树立价值意识、自信意识和行动意识为目标,对课程设计进行了优化。课程 2.0 版本中,"迷你蚕坊"分割成数个小项目,融入了调查养蚕业、煮茧缫丝、养蚕实践、蚕坊推荐等内容。每个项目的内容看似独立,但又归属课程整体,且项目与项目之间存在逐级递进的关系。优化后的课程内容更加丰富多元,更加重视学生体验创新的过程。学生不是按部就班地做探究,而是有自由空间、有创造乐趣地参与到创新活动中。

此外,设计课程活动时教师还特意融合了自然科学、劳动技术、数学、美术等学科的知识与技能。例如:自然科学——运用科学的实验方法探究问题,根据现象分析原因并寻找解决问题的方法;劳动技术——使用简单工具加工材料,根据设计图制作和加工产品的工程思

维,对产品进行调试与改进;数学——开展简单调查并记录信息,汇总实验数据并展开分析,按照尺寸或比例设计产品;美术——图像识读,尝试用设计图的形式表达自己的想法,对产品进行简单的美化加工。

表1 "迷你蚕坊"课程目录

第一章　参观养蚕场	1. 奇妙的蚕宝宝 2. 准备参观养蚕场 3. 走进现代养蚕场
第二章　自制小小蚕盒	1. 小小蚕盒的功能 2. 制作前的准备工作 3. 动手制作小小蚕盒
第三章　试用蚕盒	1. 养蚕的窍门 2. 制定养蚕计划 3. 用蚕盒养蚕
第四章　设计创意蚕盒	1. 提问题和想点子 2. 怎样设计创意蚕盒 3. 绘制创意蚕盒设计草图
第五章　建造迷你蚕坊	1. 迷你蚕坊中需要什么 2. 学习缫丝 3. 布置迷你蚕坊

（二）预设过程,迭代创新

科创课程的教学过程是"非简单直线性",而是"有反馈调整的项目学习教学"。教师在设计中预设迭代,更符合真实科技创新的过程。例如,在"设计多功能蚕盒"中,学生课前观看翻转课堂短视频,在课堂上经历设计方案、试用辅件后,再完善方案并完成辅件安装。在此过程中,可能会出现学生经过多次优化后,选择不同辅件满足不同需求达到更理想的效果;也可能在后续探究过程中,学生遇到新的问题与需求,提出迭代优化方案并进行改进。

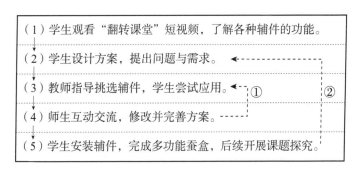

图1 "设计多功能蚕盒"教学过程

二、课程实施

（一）改变教法，转变角色

科创课程收得太紧会变成理论课，但放得太松教师又难以把控。教师应及时转化角色，明确学生是主角，教师退位成引导员和协助者。例如，在"学画设计图"中，教师没有手把手教学生如何画设计图，而是提供给学生大量不同宠物饲养设施的设计草图，引导学生通过观察模仿，掌握设计图的要素。比起直接公布正确答案，学生自己探索虽然花费了更多时间，但教师的放手与允许不成功，给予了学生更多的创造空间，也让学生有勇气去挑战有一定难度的任务。

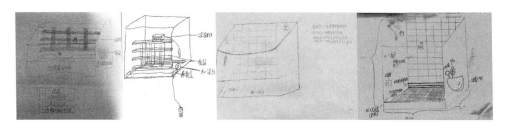

图2　学生创意蚕盒设计草图

（二）挖掘素材，巧用资源

借助信息技术，教师利用翻转课堂扩容教学，课堂中师生有了更多的互动时间，注重创新能力的训练与提升。例如，在"参观蚕场"活动中，教师提供充足的学习资料，学生课前学习相关内容，课中师生将更多时间用于信息的收集与整理，提炼改进蚕盒的想法，有针对性地锻炼学生表达问题与需求并根据需求寻找合理解决方法的能力；课后学生还能登录平台完成学习单并上传，巩固学习内容。

（三）优选器材，助力创新

教师精选操作便捷、易组合、效果显著的辅件来满足学生的探究需求。学生从制作简易蚕盒出发，发展改进为创新蚕盒，获得的结论与经验继续创造。例如，在"设计多功能蚕盒"中，教师提供给学生的辅件器材并非固定套装，学生可以根据小课题的需求自由组合搭配。从统一学具改进为辅件小仓库，能更贴合学生的活动需要，也有助于增加学生探究发现与自由创造的空间。

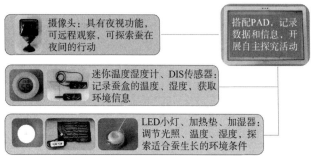

图3　教师为学生提供多样辅件

三、课程评价

（一）多元、多方式评价

教师采用学生自评、生生互评、教师评价的多元评价方式。来源于不同主体、不同角度的评价相对更加客观,学生在参与评价的过程中还能够相互启发,生成新的灵感。此外,课程的评价方式也是多样的,如研究小报告、绘制海报、拍摄短视频、产品发布会、蚕坊"show"。多方式评价能给学生提供更多的展示平台,激励学生敢于分享自己的创新成果,树立自信科创的意识。

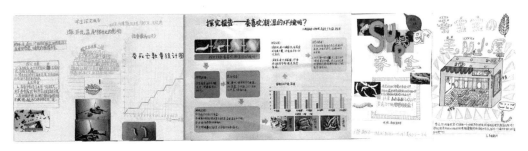

图 4　学生研究小报告与蚕盒海报

（二）明确评价指标,指引方向

通过细化与明确的标准来反映学生的创新情况,有助于教师了解学生不同阶段的学习情况,还能为学生指引改进完善的方向。例如,"学画设计图"时,教师将评价前置,并将量规设计得更简明、更易操作,罗列了结构外观合理、选择材料合适、增添功能可行、设计草图清晰这四项具体的评价标准。评价表中的量规既能作为评价点,同时也是学生开展活动时关注的要点,能帮助学生明确任务的具体要求。

表 2　"学画设计图"评价表

评价内容	评价量规	评价结果	
创新设计能力	结构外观合理	我得了（　　）★	（教师的意见和建议）
	选择材料合适		
	增添功能可行		
	设计草图清晰		

（三）玩转"评语魔方",让评语"对症下药"

不同于传统的"评语库",教师开发的"评语魔方"更具备针对性和灵活性。"评语魔方"中的关键字,可以追溯到课程目标,由它们组成评语的主干。预设的基本目标和理想目标能让评价具有层次性,而对应不同课程的活动又能让评语具有针对性。这三个维度构成了魔方的 x、y、z 轴,教师可以灵活地根据活动匹配目标来设计评语。

图 5 "评语魔方"模型

这样的评价方式紧紧贴合了课程,又让教师有据可循,降低了难度。"评语魔方"的应用,在提高评价激励作用的同时,也能一定程度上减轻教师的工作量。此外,它方便操作也具备一定的推广性,在不同学校之间、不同课程之间都能进行尝试。

图 6 课程总结教师评语

四、收获与体会

随着社会对科创素养培育的重视,学校中也涌现出越来越多的课程。多彩缤纷的课程是开展科创教育的载体,而教师在选择、设计以及实施的过程中要始终握紧"为学生的终身发展奠基"这把尺,加强学生的科创体验,帮助学生树立创新意识,提供支架引导学生逐步形成科创能力,并不断优化培育方式。

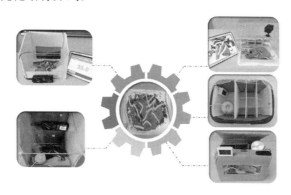

图 7 学生创意蚕盒作品

　　本课程以项目任务为引领,激发学生的科创热情;优选器材、巧用资源,助力实现创新;多元灵活评价,指引发展方向。随着学生探究的深入与迭代,蚕盒还在不断升级,从多功能蚕盒到智慧蚕盒,后续还能创造出"高定"蚕盒。小小蚕坊中,容纳的是学生无限的创造空间,课程也成为学生的创新乐园。让学生想创新、敢创新、会创新,这正是科创课程的意义所在。

图 8　课程展望

 专家点评

　　本案例从小学生的年龄和认知特点出发,以树立价值意识、自信意识、行动意识为目标,以制作蚕盒为学习任务,设计了设计蚕盒、认识工具、制作蚕盒三个实施步骤。实施的过程中,能有效处理步骤之间的探究逻辑逐级递进的关系。

　　案例整合了自然科学、劳动技术、数学、美术等学科的知识与技能,综合实践性强,实施操作性强。本案例的亮点还在于设计了开放性的评价手段,鼓励学生想创新、敢创新、会创新。

扫码查看视频案例介绍

一件益智玩具的设计及制作

——以项目化学习提升小学生的工程思维能力

上海师范专科学校附属小学　王思莹

 案例背景

在传统的小学劳动技术教育课堂教学中,往往采用以教师为主导的教学方式,着重培养学生的动手实践、技能操作等方面的能力,这导致学生的思维受到了限制,课堂氛围也变得异常沉闷。《劳动与技术教育实施指南》中提出"劳动与技术教育是以学生获得积极劳动体验,形成良好技术素养为主的多方面发展为目标,且以操作性学习为特征的国家指定性学习领域"。本案例选自上海教育出版社出版的小学劳动技术教材五年级下册中第四单元《套"银蛇"游戏》第二课时的学习内容。以学生为主体,尝试用项目化的学习方式,有效运用多元的教学策略与技术手段,丰富学生的学习体验,提升学生的工程思维能力,帮助学生逐步形成适应个人终身发展和社会发展需要的必备品格与关键能力。

图1　本案例项目化学习内容结构示意图

 **案例介绍**

一、方案设计

本案例在实施过程中以项目化的学习方式,围绕驱动性问题,以设计一件套"银蛇"装置为项目载体,将工程思维贯穿于设计制作的全过程。项目具体实施的流程如下。

驱动性问题:"双减"背景下,高年级学生动手为没有书面作业的低年级学生设计一件益智玩具。

（一）入项活动

高年级学生动手为没有书面作业的低年级学生设计一件益智玩具——套"银蛇"装置。

任务一:思考如何用日常材料改造劳技课学具,让它成为一件帮助低年级学生了解"电路"这一常识的益智玩具,并完成项目单第一部分的填写。

任务二：说一说选择材料的理由。

教学策略：生活情境，项目引领。

套“银蛇”装置项目单

姓名：______ 班级：______ 学号：______

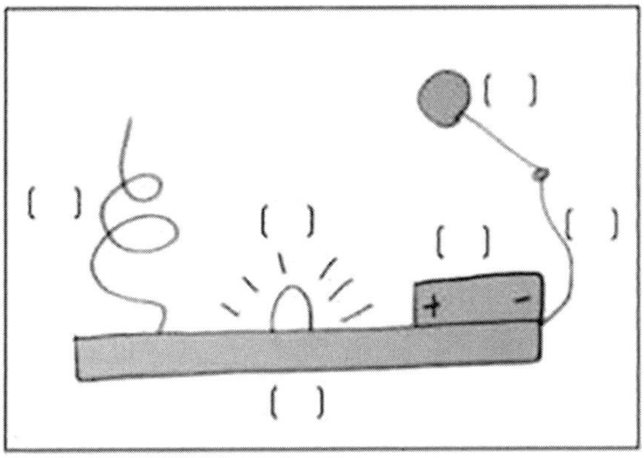

1. 材料选择（填编号）

① 纸图 ② A4纸张 ③ 金属线 ④ 导线 ⑤ 小电珠 ⑥ 木板 ⑦ 电池仓

2. 底座材料：______

加工方式：“银蛇”与底座 ______

电池仓与底座 ______

使用工具：______

图 2 活动项目单(1)

设计说明：在“双减”背景下，课堂教学中如果只是一味地以教师为主导，就不能很好地激发学生的思维活力；入项活动中，教师创设了问题情境，激发学生学习的兴趣，教师精心设计的学习单可以让学生在详细解读后了解本课的学习任务，认真思考并完成项目单的填写，初步帮助学生形成先规划后制作的意识，让学生快速投入项目化学习。

（二）知识建构

探究制作套“银蛇”装置的材料。

任务一：请你思考会发光的电子元件有哪些，说一说它们的名称。

任务二：请将思考得出的合适的底座材料的特点进行详细列举。

任务三：“盲盒挑战”，说一说你排除的不合适的底座材料是什么，以及你想选择的底座材料是什么。

教学策略：搭设支架，思维导图。

材料：木板、吹塑板、塑料盖、铁丝、电池仓、小电珠、导线 → 加工方式：铁丝连接、胶接、插接 → 工具：尖嘴钳、双面胶、玻璃胶、蓝丁胶、十字螺丝刀、十字螺丝钉

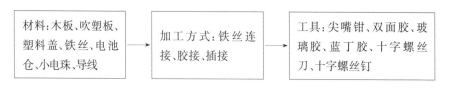

图 3　制作套“银蛇”装置的材料和工具

设计说明：在学习中，教师引导学生把学习过程中产生的想法通过思维导图的形式记录下来，以此来帮助学生建立起图像和文本式的框架，将学习过程串联起来，达到对知识点的自我梳理和提炼。

（三）设计及展示成果

制作套“银蛇”塑料装置。

任务一：请你通过同伴合作的方式加工获得的材料。

任务二：请你和同伴一起完成游戏装置的制作并完成项目单，填写活动体验。

教学策略：多维评价，合作学习。

套“银蛇”装置项目单		
姓名：	班级：	学号：
活动环节	活动要求	活动体验
活动一	我和同伴一起加工材料	☺😐
活动二	我能正确规范地使用工具	☺😐
活动四	我和同伴一起加工、组装“银蛇”装置	☺😐

图 4　活动项目单(2)

设计说明：在这一活动环节中，主要运用了“移动多媒体”软件作为主要评价手段，软件自带的分类功能可以实现对学生的分组及分项评价，有效促进了评价的个性化体现。

（四）出项活动

体验并改进游戏装置，感受游戏的乐趣。

任务一：请你和同伴一起试玩并改进游戏装置。

任务二：请你总结经验，通过方案展示板完整介绍作品。

教学策略：激活思维，创意迸发。

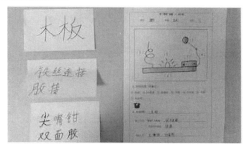

图 5　方案展示板

设计说明：在与同伴一起游戏体验的过程中，可以让学生感受到分享成功的喜悦；学生通过方案展示板的形式主动向老师或同学介绍制作的装置作品，可以再次系统地梳理思维脉络，提升工程思维的能力。

二、素养导向

引导学生在学习的过程中，逐步形成适应个人终身发展和社会发展需要的必备品格与关键能力。在本案例中着力于劳动技术学科的核心素养（技术素养＋育人素养）导向下的学习能力提升。

（一）突出技术思维

此次活动侧重对学生工程思维能力的培养，入项活动中以情景化的驱动性问题为导入："'双减'背景下，高年级学生动手为没有书面作业的低年级学生设计一件益智玩具"，旨在激发学生的学习兴趣。在进一步的学习中，学生获得了新的知识与技能，伴随深入思考，学生将脑海中的新旧知识整合，并通过系统化绘制思维导图的方式，将脑海中抽象的"信息"具体化，最后通过方案展示的方法综合性地构思、优化设计方案。工程思维能力的培养贯穿整个学习过程，学生形成了先规划后制作的意识，突出了劳技学科素养中的技术思维能力。

（二）优化技术操作

技术操作一直是劳技学科学习中的重点与难点，包含于学科技术素养中，是学生获得良好劳动体验与提升生活技能不可分割的一部分。考虑到学生的个体差异性及能力的不同，本案例中提供了一种视频自主学习的方式——不同底座材料与发光二极管的连接方式，优化传统教学中仅教师示范的单一与冗长，为学生提供了不同材料的加工方式视频，帮助学生有针对性地掌握所需技能，攻克技术上的难点，提高成功的概率。

（三）加强同伴合作

为体现劳技学科的育人素养，在本案例的学习中，学生通过同伴合作的方式来完成材料选择、方案设计、加工制作、体验改进等活动。围绕驱动性问题进行方案设计时，同伴彼此给出想法和意见，有序分工，相互配合优化整合方案，攻克技术难点，不断完善作品。这样既可以增强同伴间的默契度，还能收获让人眼前一亮的设计作品，在获得巨大喜悦感的同时能让学生明白合作的重要性，进而学会包容、互帮互助、共同成长，为今后步入社会打下夯实基础。

三、评价要点

活动评价围绕自评、互评、师评展开，具体表现如下。

第一，引导学生通过学习完成学习任务单，并且对应任务单上每一个环节的要求将学习过程用笔记录下来，准确检测自己的学习水平与掌握程度，便于及时复习巩固。

第二，同伴互评在项目化活动的探讨中有序进行，主要通过方案展示介绍环节体现。在项目化活动的后期，学生派出团队代表介绍凝聚着团队共同智慧与力量的设计方案与作品，各团队在听完介绍后选出欣赏的设计方案与作品，给予小红花支持并说一说欣赏的理由，及时为同伴送去鼓励，使其获得自信。

第三，师评环节在活动中主要运用了多媒体信息技术评价软件。软件的功能丰富，在为学生提供个性化评价的同时，还能帮助教师及时观察和统计，掌握大数据，更全面、有效地了解学生的学习掌握程度。

四、收获与体会

（一）在项目化学习中提升学科核心素养——技术素养

通过项目化学习，打破传统教学的思维固化，注入技术意识和技术操作，体现劳技学科的技术素养，建立起以劳动教育为引导、以技术教育为主干、以实际项目为载体、以各项活动为任务驱动的项目化学习。围绕驱动性任务开展的四项活动在逐步推进中，学生逐渐提升了自主学习能力、先规划后制作的工程思维能力以及团结合作的意识，构建起更为完整的知识体系。在获得良好学习体验的同时，也使他们具备更全面的技能，以适应未来生活和工作中各式各样的环境与挑战。

（二）运用技术手段提升教学效能——整合与巧用技术

在项目化学习中，巧妙运用技术手段来提升教学效能，帮助学生梳理知识脉络，构建完整的知识体系。值得一提的是运用的技术手段要结合学生的身心发展和已掌握的知识程度进行合理设计。本案例中教师设计的思维导图、"盲盒"教具、自主学习视频加工技术、学习单、方案展示板等结合几项教学活动有针对性地运用，有侧重知识体系的构建和整合（思维导图、方案展示板），有侧重复习巩固（"盲盒"教具），有针对性地掌握技术加工、攻克技术操作难点（自主学习视频加工技术），还有帮助学生记录想法以及检测掌握程度（学习单），配合多媒体评价方式，根据学生不同的能力分布数据，提供个性化的分析，让学生更清楚自己的优势，成为培养学生学科素养及工程思维的有效"媒介"。

教学模式的转变对学生来说是新奇有趣的，但对教师而言也意味着创新与挑战。在今后的教学过程中我们还需不断钻研，以多感官多途径的项目化学习方式、全方位的项目评价方式，拓展和深化学生的思维，提高学生学习的综合能力。

 专家点评

哪个孩子不爱玩具呢？玩益智玩具能益智，而制作益智玩具本身更是一件充满挑战和益智的事！本项目是对劳动技术（通用技术）相关板块内容的校本化实施，贴近学生兴趣，材料易得且成本低廉，成品具有一定的趣味性，能激发学生的参与热情和挑战欲望，具有较强的可迁移性。

扫码查看视频案例介绍

冠军，零的突破！

——"OM 启蒙"之"用地标建筑致敬中国传统文化"

上海市黄浦区曹光彪小学　骆　琳

案例背景

　　OM(头脑奥林匹克创新活动)是一项融合科技、艺术、人文的培养青少年的团队合作、创新思维的国际青少年创造力竞赛项目，也是曹光彪小学的传统特色项目。2013 年世界头脑奥林匹克决赛赛场上，曹光彪小学参赛队用"天坛故事"的解题方案脱颖而出，获赞无数，获得古典类项目的第一名。那是中国小学生首次获得 OM 世界决赛该项目的冠军，实现了零的突破。

　　为什么会选择天坛作为解题元素，这得从一堂 OM 课说起。光彪的每个学生在 OM 启蒙课上都会经历"策划城市新地标建筑设计作品展"项目活动。在这个主题的课程中，学生将走进城市地标建筑的故事，了解它们的文化底蕴并进行创意设计。一届又一届学生从活动中了解城市文化、了解城市地标建筑背后的故事、探索地标建筑如何致敬中国传统文化。

案例介绍

一、活动设计

　　学生首先借助现代化的信息手段查阅中国各大城市的相关信息，了解每座城市的文化底蕴、发展等基本情况，重要的是了解城市已有地标建筑中传统建筑的人文底蕴、现代地标建筑的文化含义，并通过海报、PPT、思维导图等形式进行汇总，获得地标建筑与城市文化、发展、环境之间关系的观点。然后，运用调查的结果，选择一个城市进行深入了解。接着，在探究城市的基础上融入自己对城市地标建筑的理解，设计一幢体现城市文化底蕴、发展创新和环境特征的新地标建筑，并利用身边的材料动手操作搭建模型。通过不断调整，解决设计与实施间的问题，如建筑的稳定性、建筑外形的美观和内部的布局等，使设计更合理。最后，通过一场"城市新地标建筑设计作品展"向观众宣讲对城市建筑的理解，展示"传承与创新"设计作品的理念、草图和模型。本项目包含"走进一座城调查""可阅读的城市地标建筑分享会""致敬传统文化设计师头脑风暴""城市新地标设计作品展"等里程碑任务。

二、实施步骤

（一）第一阶段：入项活动

任务 1：走进一座城

任务子目标：选择一座城市，了解其城市文化、人文底蕴、发展等基本情况。

评估:城市调查报告(个人)。

从下列话题中挑选一个供学生调查:城市文化、城市发展、城市人群、城市环境(自然环境、地理位置)

举行"走进一座城"分享会,让学生用 TED 演讲的形式,结合制作的 PPT、思维导图、海报等介绍自己入项活动的成果——城市调查报告。引入概念"文化底蕴",帮助学生了解不同城市在环境、文化、发展等方面的特点。

就下面的问题进行头脑风暴:

你最喜欢哪座城市? 说说你的理由。

你认为要设计一座城市的地标建筑应该调查它的哪些方面?

(二) 第二阶段:知识建构

任务 2:可阅读的城市地标建筑

任务子目标:了解某座城市的地标建筑,寻找其与城市环境、文化、发展等的关系。

评估:城市地标建筑调查报告(小组)。

将各组在任务 1 中收集整理的各城市的信息进行汇总,并将其布置在项目墙中。教师补充学生关注的相应城市地标建筑的资料,帮助他们获得对该建筑主题的大致认识,引入"建筑""设计""功能"等概念。将学生分成聚焦不同城市的小组,讨论以下问题:该城市的地标建筑有哪些? 它们与城市的特点间的关系是什么? 它们的特点是什么? 设计风格是怎样的? 功能是什么?

鼓励学生聚焦自己所在小组的城市,补充调查该城市及其地标建筑的信息。

图 1　图文并茂的海报

举行"可阅读的城市地标建筑"分享会,让学生用图文并茂的海报、简单的 PPT 或思维导图等形式介绍某城市地标建筑的特点、功能、建筑风格等。

(三) 第三阶段:产品设计及修订

任务 3:致敬传统文化设计师头脑风暴

任务子目标:设计一幢蕴含城市文化、符合城市发展特点的新城市地标建筑。

评估:城市地标建筑设计图及模型。

基于之前的任务,从城市文化、城市发展、城市环境等角度考虑,设计新地标建筑,引入"创新致敬传统文化"的概念。

教师组织学生从设计理念如何致敬传统文化、建筑功能与审美、建筑创新等方面对设计图进行评价和分析,并为学生提供评价单,帮助他们理解设计城市地标建筑需要考虑的角度。

小组合作,用海报的形式呈现设计图。确定并完善城市地标建筑设计图,包括设计理念的呈现、设计草图等。运用结构性材料,根据图纸完成城市地标建筑的搭建。

讨论以下问题:

一座城市地标建筑的设计和建成要考虑哪些因素?

回顾整个搭建过程,你遇到了什么困难? 你是怎么解决的?

（四）第四阶段：出项

任务4：策划城市新地标设计作品展

任务子目标：展演城市地标建筑模型。

评估：城市地标建筑模型展示。

介绍城市地标建筑模型，包括建筑的设计所要表达的理念与特色、搭建的亮点、宣传广告语等。

讨论以下问题：在分享项目的过程中经历了什么？（分享认知、思想上的改变以及技能上的收获）

三、活动成效

项目化学习目标设计融入致敬传统文化的元素。本案例选择了"城市新地标建筑"这一项目载体，让学生感受和体验祖国、民族、地域历史、传统文化和社会发展成果，逐渐形成民族自尊心、自信心和自豪感。

项目化学习评价设计基于目标导向，评价应与学习目标呼应。教师需要衡量项目教学离预设的教学目标还差多少，以便做出教学策略的调整。例如，本项目的项目评估在每个环节都有，以目标为导向，让学生在整个学习过程中清楚自己学到什么程度，对自己的学习结果有清晰的了解。从项目流程、分享表达、团队合作等维度归纳项目学习的流程框架。关注对学生问题解决能力和创新能力的评价。

通过项目化学习活动，发展学生的高阶思维。本项目化学习活动中，对问题的头脑风暴、对材料的整理分析、设计制作作品、对作品的反思修改等环节，都有利于学生高阶思维（如分析思维、评价思维、创造思维）的发展。

专家点评

本案例能利用"OM"平台，将中国传统文化与地标建筑进行关联，结合真实的社会实践探索，盘活学过的不同学科知识的生命力，引导学生体验基于项目化问题驱动的深度学习，开展基于系列任务目标引领习得高阶思维的活动。展现这一"冠军"的获得和实现"零"的突破均是建立在这样的探索研究之上，具有经验层面的可推广价值。

扫码查看视频案例介绍

戈德堡装置的设计与建造

上海市建青实验学校　杨兆环

 案例背景

本案例的设计源于"DI 创新思维"活动，这是一个旨在培养学生的创新精神、动手能力和合作素养的科创竞赛项目。一个偶然的机会我结识了 DI，觉得有趣，于是组织起学生团队，开始了动手动脑的愉快旅程。几年下来，学生在 DI 活动中体验将奇思妙想变成现实的快乐，经历遇到困难时的焦头烂额，感受解决难题后的兴奋激动。在活动的潜移默化中他们建立起了具有全局观的工程思维，而这无疑将使他们受益终身。带了多年比赛，获得了不少成绩和认可，我开始思考：参与竞赛的学生毕竟是少数，如何才能让更多的学生受益呢？我从 DI 竞赛的核心环节——"技术性装置的设计与制作"中获得灵感，设计了以"戈德堡装置"为载体的主题探究活动，让更多的学生参与进来。

戈德堡装置是一种经过精密设计的复杂机械组合，它用迂回曲折的方式完成一个目标。要想让它顺利运行，每个步骤设计都必须非常精准，这对学生逻辑思维的严密性要求极高。高一的学生在物理和数学等方面已经有了一定的知识储备，我认为他们有能力在教师的指导下完成项目。活动设计之时恰逢新冠疫情，于是我结合生活实际，确定以"为疫情中隔离点的人们运送生活物资"为情境主题，要求学生完成将小球（物资）送到指定位置（隔离点）这一任务。整个过程需要设计 5 至 7 个步骤。活动以工程项目的形式开展，作为一项主题探究活动，少了竞赛的条条框框，多了一些学生自主发挥的空间。

 案例介绍

一、方案设计

活动中，学生将完整地体验工程项目的实施过程：明确工程目标—方案设计—子任务搭建—子任务验收—系统集成—工程验收。建立团队负责人和小组负责人的制度，做好项目监督：团队负责人相当于项目经理，团队分为三个小组，分别承担子任务，子任务由小组长负责，团队队长负责子任务的协调和整个项目的对接。学生不仅有机会将书本上所学的知识应用到装置搭建的实践中，而且可以养成做事情要计划先行、严谨科学的习惯。同时，也能在实践中体会团队合作并不是一句口号，而是要有效沟通、相互配合，只有这样才能保证子任务与整个系统之间的成功对接。

（一）项目实施要求

1. 规则意识要求

① 养成计划先行的做事习惯。要求学生要有计划并严格按照计划做事，团队负责人对整个项目进行监控。

② 提升团队合作能力。项目开展要求采用团队合作、小组分工的形式，要想顺利完成项目，不仅需要小组成员的相互配合，更需要小组间的有效沟通。

③ 要有科学严谨的研究态度。要求学生基于已有知识进行精确计算和分析，以确保方案的可行性；遇到问题要求通过集体讨论、查阅资料、请教老师等方式深入探讨和研究。

2. 关键技能习得

① 需要考虑整个工程中的子任务与总目标的联系，注意到整个系统与各个部分之间相对独立又相互联系的内在关系。

② 需要尊重工程设计，设计的方案能够综合考虑实用性和创新性，以及一定的审美性，工程实施时要以设计为依据，不能丢掉设计另起炉灶；而动手建构是检验设计的一个重要环节，学生将会在建造中体会技术的重要性，也能感受到将设计变为现实的成功与快乐。

（二）项目实施过程

1. 准备阶段（3课时）

教师提供学习资源，让学生对戈德堡装置有一个较为全面的认识，在此基础上明确工程总目标并进行方案设计、子任务划分、制订工作计划。

2. 执行阶段（6课时）

分小组按计划搭建，组长严格根据设计图纸和工作计划进行子任务的推进，团队队长随时跟进项目进展；教师指导学生利用 Teambition 软件进行项目管理和过程记录，并对学生反馈的问题提供必要的帮助；子任务验收后进行系统的组装和调试，完成工程验收。

3. 收尾阶段（2课时）

展示汇报、答辩交流、研究小结。

二、学科融合及技术运用

本案例是一个综合性的工程实践项目，涉及物理、数学等学科的相互融合和灵活运用。比如，学生在装置中设计了杠杆、圆形轨道、光电触发电路等，运用了杠杆原理、能量转换、电路设计等知识，并涉及用运动学基础知识预测运动轨迹及位移等。此外，工程建造中的系统、设计、迭代等概念也在项目实施的过程中逐渐向学生渗透。

在项目实施的过程中，使用项目管理软件 Teambition，这是一个以"协作"为核心的高效项目管理工具。平台上会形成一个完整的项目实施记录，包括发布要求、活动记录、问题描述及解决方法、验收情况、项目总结等。教师也会根据项目进展和学生反馈给予适当的学习资源，帮助学生解决问题，在确保项目管理规范有序的同时，也为学生提供必要的学习支架。

三、动手能力的培养

学生的潜力是巨大的,作为教师,最重要的是发现和挖掘学生的潜力。在戈德堡装置的制作过程中,需要用到一些木工工具,出于安全的考虑,一开始我并没有让他们使用这些工具,而是让学生算好尺寸,由我帮助他们切割。然而学生在实践过程中除了对材料切割有尺寸上的需求外,还对形状、光滑度等有个性需求,他们更希望亲自动手实现自己的设计。于是,我对他们进行了严格的安全培训,并在几次手把手教学后放手让学生操作。事实证明,学生能自觉做好防护,规范操作,完成装置中的所有零件,包括木桩和铝合金等材料的切割。有了老师的信任,学生更容易尽情地发挥。在原设计中,轨道与支撑结构之间是使用胶水黏结的,但学生很快发现,这种连接方法虽然简单,但在后期维护和修改时非常不方便。因此,学生提出并制作了新的结构——采用卡槽固定轨道,这样既美观又方便后期的维护。学生的可塑性很强,只要给予他们正确的引导,放手给他们机会,他们就会带来很多的惊喜。创新精神、创新能力的培养必须以有自由度的实践作保证,以所学的知识为载体,以有效的引导为纽带,在实践活动中奠定,在成功的体验中巩固。

四、活动评价要点

在活动的三个阶段,分别制定了阶段性的评价要点。

准备阶段:能准确描述戈德堡装置的运行过程,清晰阐述项目需要完成的总目标;能积极参与方案设计的讨论,提供创新性的想法;能合理分解任务,制订详细的计划,在团队和小组中明确自己的角色和任务,与同伴积极配合。

执行阶段:能严格按照计划及时间节点完成任务,在搭建过程中积极动手实践;能在活动中主动认真地做好研究记录;尊重设计,严格按照图纸搭建;能在实践中发现设计中的漏洞和问题,并提出合理的修改意见;能虚心倾听同伴的意见,和团队成员互相帮助,共同完成任务;能建立系统的概念,从全局考虑问题,小组合作的同时也考虑到小组间的沟通,将子任务和总目标建立联系。

收尾阶段:能积极参与展示,将自己的经验和教训与别人分享;能对其他小组的成果进行提问,或给出一些建议和意见。

五、收获与体会

学生的创新思维和研究能力不是"教"出来的,而是"做"出来的,教师在创新教育实施过程中的角色定位应该是服务、指导和管理:(1)重视规则意识的培养,在活动中引导学生有计划、重合作、求严谨;(2)项目管理有效推进,借助 Teambition 这类项目管理软件对整个项目进行监督,同时形成完整的活动记录;(3)指导、帮助要适当介入,重视学生的思维发展。

在创新教育第一线实践多年,我始终相信人的创新精神与创新能力都是后天培养的。设计主题探究活动,给学生更多自主发挥空间,让更多的学生参与进来,在兴趣的驱动下从实践中获得创新素养，在探究中激发创新潜能，这是我的创新教育理想，也是我今后依然为之奋斗的方向。

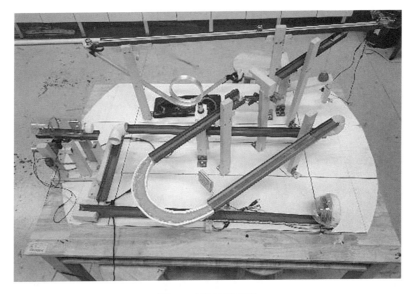

图1 完整的装置图

 专家点评

从"备赛"转向"育人"，从"面向少数"到"惠及更多"，这背后不仅仅是教师教学情怀的体现，更呈现了教师将活动课程化的智慧。通过建立制度、制订计划、角色分工并辅以项目管理软件等方式，促进有效合作、高效合作，将规则意识培育和能力培养落到实处。此外，教师在注重安全教育和培训的基础上给予学生足够的自主性和自由度，使得学生的创意被呵护，动手实践能力也得以提升。

扫码查看视频案例介绍

未 来 城 市
——海绵社区屋顶设计

上海市长宁实验小学　杨　欣　薛雯霏

 案例背景

在当今课改的大背景下,立足课程对内容进行梳理、设计与实施学习项目,引导学生围绕项目开展研究,通过研究将方法应用至生活,是加强小学学科与学科、学科与生活之间联系的重要方式。来自生活的问题易引起学生的共鸣,激发其探究欲。

"海绵社区屋顶"项目来源于学生的日常生活,学生被雨后地面积水影响,从而思考是否能改善这个情况。与教师交流后,学生发现学校附近有个海绵社区,并没有出现雨后地面积水的情况,为了弄清缘由,海绵屋顶项目组便成立了。通过项目化的学习方式,借用多学科知识,引导学生开展关于"未来城市社区改造"的探索与研究,以未来城市社区房屋屋顶的改造为切入点,围绕"减少雨水进入地下排水系统"这一问题的解决,设计具有雨水导流、收集、过滤、再利用等功能的屋顶,以及具有一定雨水储存和美化功能的绿色屋顶。

经过一系列研究摸索后,学生寻找到了答案,他们表示:希望答案不再只是答案,而是一种帮助社会变好的力量。

 案例介绍

一、基于多学科角度的项目设计

(一) 多学科视角发现问题,分析项目背景

"海绵社区屋顶设计"项目来源于自然、劳技、美术、信息、语文等多学科视角对生活问题的挖掘。学生发现生活中有"雨后屋顶地面积水"的问题,在教师的鼓励下围绕相关问题进行初步考察,于是海绵社区映入学生眼帘,就此展开深入调查。

这个来源于生活的问题,属于多学科综合性问题,适合合作开展研究,教研组对此开展研讨,决定设立主题为"海绵社区屋顶设计"的跨学科项目,以未来城市屋顶为切入点,围绕"减少雨水进入地下排水系统"问题的解决,设计具有雨水收集、过滤储存和再利用功能的绿色屋顶,使学生对城市建设工程、生态系统、资源利用等问题有所认识,增强环保的意识,有效提升学生的动手能力、设计思维能力、合作能力、问题解决能力。

(二) 立足学科概念与能力,定位项目目标

从相关学科角度对"海绵社区屋顶设计"跨学科项目的知识内容与能力要求进行分析。

知识内容包含多学科知识点,并按学科进行分解呈现(见表1)。关键能力涉及动手能力、问题解决、团队协作、数据收集分析、设计思维等。聚焦核心概念的了解和关键能力的迁移进行知识的再构建,将其应用到生活的情境中,构成项目设计的思路,指引项目目标的设计。

表1 海绵屋顶项目涉及的知识点

学科	对应知识点	对应项目内容
自然	• 地表径流、结构、材料、过滤、植物生长的条件与特征 • 城市水体污染的情况 • 传统屋顶设计的功能需求 • 具有雨水导流、储存功能的屋顶结构特点 • 雨水过滤的方式 • 材料的不同特点 • 设计制作具有雨水收集功能的屋顶和绿色屋顶 • 未来社区房屋	• 海绵社区实地考察地表径流 • 辩论赛 • 屋顶设计图 • 过滤实验与屋顶制作
劳动技术	• 沙盘模型制作的方法与技巧;能够制作完整的沙盘模型 • 各种常用加工工具的使用	• 屋顶制作
信息与技术	• 信息检索、收集的方式与途径;能够快速辨别需要的有效信息	• 资料收集与交流
美术	• 用创新的手法进行模型的美化,形成完整且美观的未来城市沙盘模型	• 屋顶设计图与制作
语文	• 设计调研方案;开展调查研究的方法 • 描述研究过程以及分享最终的研究成果的方法	• 调查报告 • 汇报与演讲

（三）基于目标导向,设计驱动问题

跨学科项目以学生为主体开展,时间跨度长、内容跨度大,在项目目标导向的前提下,需要设计问题来驱动项目的推进。这不仅是引导学生持续探索的增强剂,更是对项目的一种补充说明,能为项目的研究不断提供有意义的目的指引。来源于生活的驱动性问题能快速引起共鸣,更易培养学生的高阶思维,为项目的发展打下基础。为此,我们确定了项目的核心问题:如何建造缓解城市地表径流以及过滤污水的屋顶?从系统的角度思考驱动性问题:如何处理城市化进程与地球水体污染的关系?如何建造环境友好型的城市化社区?引导学生在研究过程中思考,如何在暴雨天解决排水系统的负荷问题以及如何减轻地表径流。

二、关注生活应用的项目实施

完成跨学科项目的设计后,学生从理论知识学习到设计制作海绵社区屋顶,经历海绵社区调研、雨水径流辩论赛、过滤装置设计实验与改进等探究活动,以小组为单位从身边熟悉的商场、博物馆、体育馆中选择对应的屋顶进行设计,改造成海绵社区的屋顶,进行模型展示。

通过分析项目的实施方案和实际实施情况,经历理论知识学习、实地调研考察、设计实验论证、模型结构设计、成品制作与展示等过程,总结出项目实施的三个注意要点。

（一）理论知识走入生活，加强实际应用

面对需求与困惑，学生通过自主学习的方式，明白了"文字上"的知识，但未深入理解概念。在此情况下，必须从理论知识走入生活，加强实际应用。于是，学生化身宣传员、小老师，向身边人讲解什么是海绵城市。为搞清细节，学生还开设了城市与乡村地表径流的辩论赛，讨论城市还是乡村更容易形成地表径流，在激烈的争辩中所学知识也慢慢被吸收。

（二）探究实践检验设想，应用回归生活

实践联系理论，检验设想，增添项目研究的乐趣。来到学生所模拟的海绵社区，就透水停车位、旱溪、透水地坪以及线性排水沟等海绵化改造项目进行比较实验，通过看、摸、浇水等动作发现铺有透水地砖的部分吸水速度快，且透水地砖摸上去相比一般地面较软，其材料和结构也与普通地面不同。

通过调查研究，学生设计了净水装置，在选择不同材料以及多次调整其位置后找到了过滤水的答案。类似这样持续的探究实践经历，给学生带来更多的经验与灵感，为后期屋顶排水结构的设计打下扎实基础。

（三）沙盘模型模拟应用，探讨生活价值

通过调查与研究，学生都有了属于自己的想法，并将各种奇思妙想体现在最后的沙盘模型中。以小组为单位，各自承包一部分内容，每个部分都有密切关联，这需要生与生之间的交流以及团队的协作。

制作海绵屋顶沙盘模型的过程虽然看上去不复杂，较侧重制作，但整个过程却是一个综合性的挑战。学生在设计屋顶时，前期调查的大量数据与多方面的经验在大脑中同时浮现，迸发出各种可能，让学生在制作时有据可依，有理可循。双层式结构设计使旁观者更能看清排水、蓄水、滤水的构造，在欣赏屋顶之美时品鉴屋顶之功用。但设计并不只是设计，制作中也包含学生对未来的生活价值观。在讲解设计理念时，学生多次强调各屋顶的功能与作用，希望海绵屋顶能投入到使用中，让模型不再是模型，而是未来发展的一种力量，一种需要通过自己不断努力去实现的价值，让发明设计最终回归生活。

三、收获与体会

通过项目化的学习，学生在提出问题和解决问题的过程中不断更新认知结构，巩固学科关键知识点。多学科协同作战，增强了学科与学科之间的关系，让学生知道学科并不是独立的，知识的运用也并非局限于一门学科。在生活中，各门学科相互关联才能更好地解决问题。

历经多方考察、实验探究、制作设计等活动，通过使用不同工具、处理各种材料、记录和交流探究的过程，学生的设计、制作、动手和动脑能力都得到提高，探究欲望和创新思维能力也逐步彰显。同时，师生互相促进，共同提高。

本次的项目也让学生深刻明白水资源的短缺与污染会对地球造成重大影响，给生活带来极大不便。各种各样的活动设计让学生不仅对生态环境的治理有了一定的思考和想法，同时也对保护环境资源有了全面的认识。

跨学科项目的实施是难度较高的系统工程，离不开精心的设计与定位，以及运用各种资源和技术解决实际问题。确保学生思维的流畅性,是项目化学习能否成功的关键。通过项目实践,我们对如何确保思维和探索流畅有了新的感悟:结构化的设计,学情分析以及细化流程。师生共进,在学习中开出新的花朵。

 专家点评

　　本案例采用项目化学习的方式,引导学生寻找社会生活中的问题,激发学生的探究意识和创新能力。案例设计的学习任务是"未来城市社区改造"的探索与研究,以未来城市社区房屋屋顶的改造为切入点,围绕"减少雨水进入地下排水系统"这一问题的解决,设计具有雨水导流、收集、过滤和再利用功能的屋顶,以及具有一定雨水储存、美化功能的绿色屋顶。

　　案例实施过程中,注重社会考察、实验探究、制作设计等活动,通过使用不同工具、处理各种材料、记录和交流探究的过程,有效提高学生动脑动手的综合实践能力。

扫码查看视频案例介绍

呼吸新鲜的空气
——空气净化与基础化学融合学习

同济大学附属七一中学　汪　臻

 案例背景

空气治理技术是控制空气污染的重要途径。本课程介绍室内空气污染物的种类及危害、代表性污染物(颗粒物和乙醇)浓度评价的基本方法、典型室内空气治理技术(过滤、吸附和光催化)的原理,并通过辅助实验让学生加深对过滤、吸附和光催化技术的深入了解。通过模仿,让学生搭建一台简易的空气净化器并对其进行分析测试,体验从技术到产品的研发过程,体验创新的乐趣,培养和提高学生的创新思维能力及对科研的热情。

本项目确立的教学目标如下。

通过调查我国室内空气质量的情况,认识到空气污染治理的紧迫性,从自身感受和社会关切出发,激起青少年积极昂扬的学习研究行动。

通过动手搭建净化模块,从观察、模仿、搭建,到测试、分析,然后改进设计,再测试、分析的一系列过程,将空气净化模块的研究作为科创研究的重要实践过程。

发展学习兴趣,拓展学习视野,在学习空气净化相关知识的基础上,认识到生活与化学的紧密关系,培养科学思维,加强环保意识,以期未来为生态文明建设作出贡献。

 案例介绍

一、课堂活动与串联线索

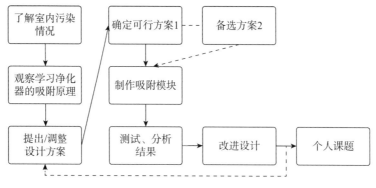

图1　课堂活动示意图

二、课堂活动设计与特色

理论基础：学习室内空气污染物的种类、净化器的吸附原理；巩固硫氧化物、氮氧化物的物理性质和化学性质；学习工业处理污染物的方法，了解污染物处理的设备。

过程性实践内容：(1)结合理论，观察空气净化器的构件；(2)确定过滤模块设计方案，制作吸附模块；(3)测试模块的吸附效果，设计改进模块；(4)进行个人课题研究；(5)展示课题，完成评价。

教学特色：本课程以污染物处理与净化器设计为主题，以基础化学知识为线索进行贯穿，基础理论涉及硫、氮、稀有气体等，基础实验涉及吸附、过滤、化学装置操作；将基础知识拓展至研究思维，落实科学素养的训练，以提高综合素质。

三、教学策略与实施步骤

（一）结合化学基础知识，认识空气净化的原理

实际教学中，先从理论入手，认识专业名词，然后联系实际，从生活中获取简单的实例。例如：教师从我国城市空气质量指数的发布引出空气质量问题，以实例体现学习内容的价值，激发学生的学习热情；选取已公映的纪录片、专家访谈等，将正确的环境保护理念传递给学生。

学习基本的室内空气净化原理，包括活性炭吸附、高效滤网吸附、静电除尘技术、负离子技术、光触媒技术等的原理。巩固化学基础知识，对硫氧化物、氮氧化物、挥发性有机污染物、胶体等知识进行物理性质和化学性质的再认识，强化对健康环境的认识，并从基本的空气净化器开始，了解空气净化器的组成，认识其核心部件。

（二）进行安全教育，认识空气净化器的构件

开展实践安全教育，要求学生严格按照实验室操作规范进行动手实践。教师演示拆解一台家用的空气净化器，让学生对净化器的部分构成进行直接观察，辨别可拆部分和可洗部分，并指导学生清洗空气净化器内的一部分构件。

（三）结合演示操作，设计并制作模块

教师讲解过滤模块的吸附原理，介绍相关吸附材料。学生以 3—4 人为一组，按规定尺寸进行过滤模块的设计。引导学生讨论吸附材料，针对污染物进行材料的调查，课后收集吸附材料并将其带回课堂。学生发现树叶、茶叶、滤纸等都有一定的吸附效果。学生自主选择材料，结合室内污染情况，运用物理方法和化学方法进行材料处理，按设计装入过滤模块，过滤模块的进气、出气也由小组讨论设计，剪裁粘贴后完成过滤模块的制作。教师检查过滤模块的尺寸、模块安全性等情况。

（四）测试过滤模块，分析测试效果

将完成的过滤模块放入检测器，在检测器内完成吸附，记录检测数据，得出过滤模块的效果。分析制作和测试过程中出现的问题、数据结果等，评价过滤模块的吸附效果，并提出改进方案。

（五）小组设计转化成个人课题，进行课题研究

学生完成基本的学习内容，进行模块制作，有了一定的研究思路后，对空气净化领域的相关问题或设计中发现的疑问进行研究，形成自己的研究课题，运用校内设备进行后续研究。

（六）展示研究课题，完成师生评价，推荐优秀课题

探讨课题研究的情况，小结阶段结果，展示设计，形成图像素材。进行多方位的评价，由教师评价、学生互评相结合，对部分课题进行进一步的辅导改进。推荐优秀课题进入社会化评价，与专家沟通，完成答辩，形成对课题内容的综合评价。

四、评价模式与活动展示

活动采取多元评价。教师评价：就制作模块的完成情况，对模块的材料、结构以及测试的分析进行评价，给出改进的建议。学生自评：对制作过程的操作、原材料的运用、实验测试情况进行评价。小组互评：就小组合作完成的模块实物进行小组间展示交流，由小组完成实物的评价，提出改进的建议。个人展示评价：将小组整体创作改进成个人设计，对个人设计进行展示，由教师与学生组成评委会进行评价。社会化评价：部分课题进入上海市教育委员会教学研究室的"新科学新技术"平台，与专家对话沟通，进行社会化评价。

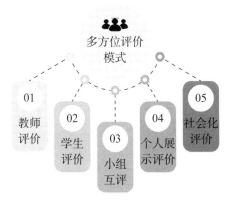

图 2　评价模式图

 案例评析

本案例通过从设计、实施到汇报展示，展现了"创意教育"特色高中创建项目校的实践理念、路径和机制。学校将其纳入科技节的汇报展示内容，凸显创意设计特质。学校举办专项"优秀"课题汇报介绍，以社会化评价来激励这类案例日趋成熟；结合科创之星评选机制，为更多学生树立科创典范，营造良好的科创氛围，鼓励学生向更前沿的领域进行探索。

案例的成效可借参与学生的感受来表达。

陶同学："随着时间的推移，空气质量问题成了人人关心的问题。我们学校开设了空气净化课程，带领同学们研究空气净化器。这门课可以让我深入研究空气净化这一热点问题，感觉很有意义，也让我的知识面又拓宽了一圈。"

刘同学:"老师使用的教学方式非常新颖,并非一味'复述'课本知识,而是通过分组及'比赛'的模式促使我们自主深入探究,利用所学知识尝试设计并制作一个空气净化器模型,在巩固加深学习效果的同时也完成了从课本到实践的跨越。最后让我们完成研究报告,依靠自己的能力更深一步进行总结表述,可谓效果极佳!"

 专家点评

本案例注意结合"创意素养"培育的办学特色,针对室内空气质量的问题,借助课程化的项目任务,即让学生搭建一台简易空气净化器并对其进行分析测试,体验从技术到产品的研发过程以及创新的乐趣,培养学生的创新思维能力和热爱科研的情感。案例聚焦课堂这个传统学习场,设计并实施了"串联"式教学过程,有助于学生创意素养培育的目标达成。

扫码查看视频案例介绍

扫 帚 的 烦 恼

上海市静安区和田路小学　　倪哲宇

案例背景

　　劳动创造世界，劳动创造幸福，人类的幸福生活建立于辛勤劳动之上。习近平总书记在全国教育大会上号召"劳动最光荣、劳动最崇高、劳动最伟大、劳动最美丽"，明确了新时代学校劳动教育的新定位；《关于全面加强新时代大中小学劳动教育的意见》中指出"劳动教育是国民教育体系的重要内容，是学生成长的必要途径"，具有树德、增智、强体、育美的综合育人价值。作为基础教育起点的小学，在新时代背景下，贯彻落实相关精神，把握学校劳动教育的正确方向，切实开展学校劳动教育，具有重要意义。

　　为培养面向未来的新时代劳动者，劳动教育的方式和内容都需要创新变革。本案例以科创设计探究过程为活动载体，以项目学习的方式进行劳动教育，将劳动教育与科学创造融合起来，旨在突破传统的劳动教育模式，在生活劳动中融入更多科创要求，通过改造劳动工具、优化劳动过程、唤醒学生的劳动意识，丰富学生的劳动认识，让学生亲近劳动，在劳动中发现问题、解决问题，引发学生持续不断的学习需求，让学生在劳动中领悟创造之美，养成创造性思考的思维习惯，从而提升学生的创新思维和创造力。

案例介绍

　　在日常生活中，保持环境的清洁卫生非常重要，当一些地方被弄脏之后该如何解决呢？窗子可以用抹布，地板可以用扫帚，马桶可以用刷子……但是这些劳动工具真的很好使用吗？比如，扫地的扫帚。它有没有什么使用烦恼呢？我们又该如何解决？

一、劳动教育贯穿科创方案设计

　　本活动以三年级为授课年级，4 个课时，活动主要内容旨在解决扫帚由于静电粘头发的现象。

　　（一）创设情境，体验共情

　　太阳当空照，今天我当家，做个清洁小卫士，帮助爸爸妈妈一起来打扫，擦了桌子擦椅子，叠完衣服来扫地。可是，掉在地上的头发好难清理哦！房间的各个角落都有，浴室的地砖上有、厨房的下水道口有、床上也有……到处都是头发。

　　活动伊始设计情境体验环节，为学生创设真实的生活环境，让他们体验在实际生活中遇到的困难:到处都有头发,难以清扫,难以去除。从而引发学生对这一现象的思考:用扫帚扫? 用拖把拖? 掉在地上的头发被清理了,可是清洁工具上也粘了一团团头发。如何才能方便地去除粘在扫帚上的头发呢?

(二) 驱动问题,搭建研究支架

围绕"如何自制简易工具清理地上的细小垃圾"这一核心问题,教师引导学生开展第一阶段的研究:不同的垃圾用哪种清洁工具打扫效果最好? 学生运用问卷、采访等形式了解日常细小垃圾的种类及其产生的原因,观察区分不同细小垃圾的特点,并根据前期分析的情况,确定快速收集细小垃圾的初步解决方案,选择合适的材料设计制作清洁工具,通过测试清洁工具是否有效,调整自己的设计。

在活动阶段二中,教师引导学生仔细观察扫帚,围绕"为什么我的扫帚上容易粘上头发"这一问题,作出一些自己的假设或解释,并开展研究;记录静电实验的过程和结果,解释头发粘在扫帚上的原因;通过交流资料与信息,关注生活中的静电现象。

在活动阶段三、四中,引导学生发现扫帚粘头发的原因,从不同角度思考解决问题的方法,运用工程设计流程解决实际问题。首先,学生成立小组讨论解决问题的方案,在学习运用"加一加"的方法后,选择合适的材料并对材料进行创造性的组合使用,分工合作,完成对清洁工具的创造性设计与改变,以此来解决扫帚粘头发的现象,并将小组的研究成果以创新的形式进行展示;其次,小组之间互相学习,教师给予各小组有针对性的指导,围绕"能快速、方便地清理扫帚上的头发的清洁工具"设计评价量规,并进行相应的评价。

二、学科融合助力探究学习活动

本案例尝试设计相应的探究环节,引导学生通过活动研究发现生活中劳动时遇到的问题,尝试用有创造性的方法解决实际问题,树立尊重劳动、热爱劳动的价值观,培养劳动兴趣和劳动习惯,学习用智力劳动创造劳动价值。

通过研究运用不同劳动工具清扫地面的技能,尝试运用工程设计思维解决劳动工具粘上头发的问题,初步了解工程设计的流程,运用美术、科技、数学、创意写作等学科知识与技能设计解决"如何创造性地清除劳动工具上附着的头发"的生活劳动问题,并对研究成果进行不断修正,最终解决生活中的劳动问题。

三、技术支撑提供探究互动基础

"扫帚的烦恼"以激发学生兴趣、训练学生动手能力为基础,在各个探究环节充分运用"捆扎、粘贴、裁剪"等常用技能进行劳动工具的创造性改变;以工程设计为主要探究环节,引导学生以"组合团队—设计方案—制作物理模型"的形式,环环相扣进行探究,并根据其他小组的意见或建议不断进行调试与修正,最终解决生活劳动中的实际问题。

四、动手能力保障探究合作进程

本案例注重对材料与工具的创新性使用。在探究环节"如何方便地去除粘在扫帚上的头发"中,教师引导学生运用"和田十二法"对普通材料和工具进行创造性改变,使之具有新的功能。例如:运用"加一加"的技能,簸箕加上筛子后,成为可以去除头发的清洁工具;运用"反一反",思考如何不让静电产生的方式。探究活动中也为学生提供了常见材料,根据小组设计的方案选择材料并对材料进行创新性改变,如吸管被剪开作为捆扎的工具、牙签作为筛子对去除头发非常有效、珍珠棉质地柔软适合用于各类簸箕的组装……通过科创活动,学生的思维方式得到提高,动手能力得到训练,创造力得到激发。

五、评价量规关注探究创新表现

本案例围绕学生"解决问题能力""团队合作能力""沟通表达能力""组织领导能力"和"劳动技能掌握"这五个综合能力的掌握与提升进行评价,关注学生在整个科创项目活动中的创造性表现。

(1) 围绕运用身边的材料或工具对去除粘在扫帚上的头发这一问题的全身心投入,关注学生如何创造性地解决实际问题的研究过程。

(2) 在探究活动中让学生学会听取他人的意见或建议改进自己的方案,并不断调整,直到达到劳动技能或方法适合,或达到劳动效果和标准。

(3) 根据评价量规要求学生学会团队合作,在探究过程中能与其他成员相处融洽,相互配合完成任务。

(4) 在探究过程中能采用创造性的方法完成作品展示,并成功吸引同学的注意,激发他人参与活动的意愿。

(5) 部分学生能对团队完成工作起到引领的作用,成为团队的核心队员,在探究过程中起表率作用。

整个科创项目活动更注重评价的创新:师生从重评价结果到重评价过程,关注每一位学生在探究活动中的点滴进步;从单一的积分评价到多元的可视化评价,激励学生积极参与探究活动;从制定标准到商榷量规,充分发挥学生自主学习的主体地位;从技能掌握到思维训练,全方位评估学生创造力的提升。

 案例评析

教育即发现,发现即创造。

本案例以创新项目学习的方式,对小学阶段的学生进行创造性的劳动教育,尝试将劳动教育与科创活动相结合,用创新项目研究的方式让学生在劳动的过程中发现问题、解决问题,使劳动本身的效益提高;培养学生发现科学问题的能力,在创造性项目研究中深入学习,培养劳动意识、劳动能力、劳动习惯和劳动技能,尝试在劳动教育中开展科创项目学习方式的突破。

整个科创活动以"同理观察—发现问题—建立联系—探究解决—成果呈现—创意评价"引导探究的过程,帮助学生理解"如何方便地去除粘在扫帚上的头发"这一问题的性质与关键信息,对问题的解决形成初步印象,继而运用实验设计与操作,为解决问题提供有力的科学原理与证明。创造性地利用材料与工具,设想解决问题的方案,反复测试与验证,检验方案的正确性和有效性,使学生创造性解决实际问题的能力得到提升。

在探究活动中尝试将劳动教育贯穿到科创活动中,从现象发生的本质原因着手解决问题,有助于提升学生的科学素养,帮助学生养成健康人格和创造精神,养成一定的劳动观念。

 专家点评

俗话说"一屋不扫,何以扫天下",但要智慧、高效、清洁地"扫一屋",亦非易事!看似是解决扫帚的"烦恼",实则是在考验学生对日常生活(劳动场景)的观察,对相关理化知识的理解和运用,对装置进行创新却又不失实用性的改装……项目指向明晰、切口很小,材料简单易得,改装过程也不复杂,却是培养学生劳动意识、提升劳动技能、鼓励创新劳动的良好载体。

扫码查看视频案例介绍

"少年派的漂流记"之探秘"水"科学
——沉浸式自然科学现象探究活动

上海市普陀区青少年教育活动中心　徐晟翀

 案例背景

　　普陀区青少年教育活动中心是一个开放性的综合教育平台,是以科学教育为重心的区青少年快乐成长体验中心,是现代公民"格物致知"认识论构建的有效场所。我们模糊校内外界限,打造的是跨学科的情境性实践场域,把课堂知识放在情境中讲授,让知识与生活建立直接联系,让知识与能力、情感得到同步发展。在活动课程设计的过程中,我们围绕一个个核心主题,以项目化学习的方式,通过互动体验探究和实验,利用现代信息技术来学习,赋能每一个学生的创新创造和实践成长。

 案例介绍

　　沉浸式自然科学现象探究学习平台通过多媒体交互技术的运用,打造出一个模拟自然科学现象的沉浸式体验空间,运用叙事化表达的手法,结合交互体验模块,将庞大、复杂、抽象的水循环现象进行分解与重构,将其转化为具象的视觉、听觉、触觉、嗅觉等可感知的内容。充分调动感官体验的同时,聚焦模拟蒸发、水汽输送、降水、径流等环节,嵌入多学科知识点,构建起兼具体验广度与学科深度的探究学习体验平台,使学生在探究体验时既能打开感性的开关又能启发理性的思考,感受自然现象的奇妙与震撼,探究其背后蕴含的规律与原理。

　　围绕水这个主题,探究水的物理性质和化学性质,水与生产生活的关系,水与生命的关系(动物、植物、微生物),水与地球的各个系统(大气、生态、地质、气候、土壤、热力),水资源研究(淡水、污水处理、灌溉、净化、污染、再利用);水资源管理(水坝、节水、发电、引水、现代农业、雨水收集),水与社会、经济的相互作用(价值观、城市、运动、信仰、治水、航行、运输、运河、起源、"一带一路"、国家边界、迁徙、战争),水与文化的共生(艺术、语言、风俗、音乐、茶艺、庆祝活动、诗歌、摄影)。帮助学生寻找真实生活中有趣的话题,如"一滴水能淹死考拉""如何不用水杯喝水""如何在任何环境中都拥有干净的水",帮助学生建立对核心主题的认知,介入不同探究方法,引导学生解决问题。因此,我们打造的是具有学科深度与体验广度的探究学习体验平台。例如:底楼通过多媒体交互技术的运用,打造了沉浸式自然科学现象探究学习平台,将庞大、复杂、抽象的水循环现象进行解构;一楼的科普体验馆,打造的是寻水场景、滤水装置、水利工程科学探究平台、无土栽培实验平台,通过水利、寻水、水培等课程,引领学生进行深度探究。

一、教学策略

每场约 200 名学生,分为 A、B、C、D、E、F 6 个小组,分别完成 4 个体验活动,在学段、学科及体验动线的基础上,设置 6 组体验活动,每组 4 个内容。

13:00—13:30:A 组——滴水的旅行与顺水推舟;B 组——净水探秘;C 组——自制小船;D 组——航海地图;E 组——寻水;F 组——房子里的水。

13:35—14:05:A 组——自制小船;B 组——水电交织;C 组——房子里的水和一滴水的旅行;D 组——滴水的旅行和房子里的水;E 组——小院士长廊和临展参观;F 组——滤水和海洋生态瓶。

14:10—14:40:A 组——房子里的水;B 组——一滴水的旅行和顺水推舟;C 组——滤水和海洋生态瓶;D 组——自制小船;E 组——净水探秘;F 组——航海地图。

14:45—15:15:A 组——小院士长廊和临展参观;B 组——寻水;C 组——水电交织;D 组——顺水推舟;E 组——一滴水的旅行和房子里的水;F 组——临展参观和一滴水的旅行。

二、教学步骤

(一)提出驱动问题

1. 什么是植物的蒸腾作用?

2. 云有哪些类型?

3. 降水是如何形成的?

4. 长江和黄河发源于哪里?

5. 通过什么方法可以找到水源?

6. 井里的水是从哪里来的?

7. 为什么说过度开采地下水会造成严重的生态危机?

8. 水龙头中的水从何而来?

9. 水箱中的水是如何冲马桶的?

10. 如何控制马桶的抽水与冲水?

11. 丢进大海里的垃圾都去了哪里?

12. 为什么小船能够漂浮在水面上?

13. 如何让小船承载更多的重量?

(二)活动实施开展

沉浸式自然科学现象探究学习平台聚焦"水利""寻水""水培""滤水"和"房子里的水"五个方面。

水利——水利场景。以水利工程科学探究平台为基础模块,在其中设置不同的地形、水利设施、居住区域、水流速度以及水量变化来模拟"地上悬河""南水北调""建坝筑堤""防洪工程""农田水利""航道整治"等水利难题,让学生体验相应水利工程设施的建设活动。

寻水——寻水场景。以"地形找水"和"电位找水"为主要探究手段,学生将进入搭建的寻水场景中,运用地形地貌知识和寻水仪器,探测地下是否存在水源,进一步在反馈中学习总结寻水的规律和科学原理。

水培——利用墙面的无土栽培养殖实验平台,观察水与营养液的运输方向,清晰且直观地展现出植物在其中的生长状态。同时,在科普植物水培区和蔬菜再生水培区,学生亲自体验将不同蔬菜或同一蔬菜的不同部位进行水培后的结果。

滤水——以三级滤水装置为基础展开探究活动,通过分组、接力、组合等方式,体验污水变清的过程与原理。

房子里的水——房子里的水场景。聚焦建筑的给排水系统,通过家庭用水系统组件模型和建筑给排水组件模型展现生活用水的相关知识和原理。以小球作为可视化反馈装置,清晰直观地呈现与"家里"的水、日常生活的水相关的问题,如:马桶是如何隔绝异味的? 什么是中水? 家中的水从哪儿来,又排去了哪里?

三、学习评价

沉浸式自然科学现象探究学习平台倡导的教育评价是以学生为出发点,促进个体和谐发展的发展性评价,其核心特点是过程性评价。因此,在设计评价单时遵从过程性评价,体现出评价主体互动化、评价方式动态化、评价内容多元化——"少年派的漂流记体验护照",包含九大板块课程内容的体验挑战、体验记录和活动感悟等(一滴水的旅行与顺水推舟、房子里的水、寻水、滤水、海洋生态瓶、自制小船、水电交织、净水探秘、航海地图)。

 专家点评

本案例最大的特色是创建了沉浸式自然科学现象探究学习,即情景化、做中学、体验式、项目化。聚焦水利、寻水、水培、滤水和房子里的水五个方面展开课程设计。围绕一个个核心主题,以项目化学习的方式,贯通各个相关学科领域,通过互动体验来感受,通过实验来探究,通过现代信息技术来学习,赋能学生创新创造和实践成长。普陀区青少年活动中心打破了以往参观学习浮于表面的活动形式,真正做到在广泛体验的同时引领学生开展深度学习。

扫码查看视频案例介绍

校 园 创 想 家

——"极智创客"基于真实问题解决的项目化学习

上海市曹杨中学　袁胜轶

 案例背景

"极智创客"校本课程属于"3+2"环境素养培育特色课程群——"环境·科技"类课程中的"创·未来"系列课程,面向高一年级学生开设,每轮约 30 课时,持续一学年,每轮选修人数约 24 人。

学校校本课程体系

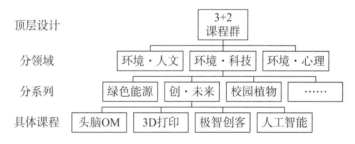

图1 "极智创客"课程与学校校本课程体系之间的关系

课程内容包括从创意到设计再到制造最后到分享的创客过程,让学生体验将创意变为现实,积极与周边环境互动,让生活变得更加美好的乐趣。经过课程实践,学生在学习中可以较好地掌握硬件结构搭建和软件程序编写,根据要求完成一些装置作品的制作,但是对于如何发现生活中的相关需求,挖掘创意,自主设计作品这一流程,往往只是靠效率比较低的讨论以及"拍脑袋"确定,于是"校园创想家"这一项目化学习应运而生。学生小组在教师的引导下,经历创客的各个阶段,完成一个在校园中学生日常使用的文具或工具的改进产品,能够从中学习科学地发现问题,并以此设计可以解决问题的装置的方法,从而更好地体验团队合作的价值,进一步掌握创客中有关硬件及软件的技能和创新思维方法。

本案例确立的学习目标如下。

1. 通过设计并制作一个在校园中学生日常使用的文具及工具的改进产品,进一步掌握创客中硬件结构搭建和软件程序编写的知识与技能。

2. 通过经历一个产品从创意到设计再到制作最终到发布的过程,初步学习科学理性地挖掘生活中的问题,并提出设计制作类解决方案的创新思维方法。

3. 通过小组合作,分工完成产品从无到有的过程,体验团队合作的价值以及自主创造的成就感。

案例介绍

一、学习活动的内容设计

根据学习目标,结合真实情境中一个产品从无到有的设计生产过程,关注学生创新思维方法的习得。本案例活动共安排 8 个课时,每课时 70 分钟,并且学生可以将部分活动延伸至课余时间。

8 个课时包括团队成员组队、产品创意挖掘、用户需求调查、产品功能设计、产品结构设计、设计方案修订、创客产品制作、成果交流展示等内容。

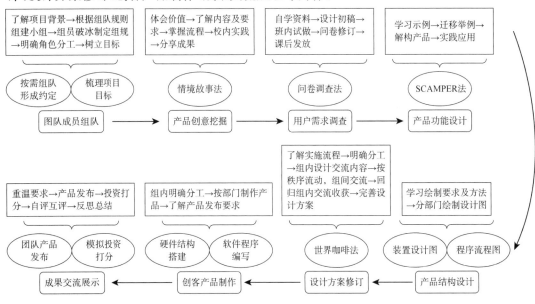

图 2　学习内容结构图

二、教学策略与实施步骤

(一)组建团队

了解如何拆分项目,并根据需要组建合适的团队。教师介绍项目背景,公布组队要求,学生按照规则完成组队,制定小组规则,明确角色分工,梳理项目目标。组队的规则接近于选秀形式,先随机抽签决定临时队长,之后明确告知接下来的任务需要团队里面有具备哪些能力的成员,让队长依照先顺序再逆序最后顺序的方式挑选队友,并且规定团队中不能全为同性或同班同学,限制熟人抱团,以免受限于情面,导致一事无成。这既让小组的人员搭配尽可能趋于合理,又增加了一定的趣味性,调动起学生的积极性。组队规则抽签决定 2 名 Lucky Dog 以及 6 位临时队长;6 位临时队长按照顺序先依次挑选一名队员;再逆序依次挑选一名队员;最后一轮依旧顺序,但是如果小组现有 3 名成员是同性则必须挑选异性,是同班同学则必须挑选其他班级的学生;Lucky Dog 在其余 6 支队伍组建完毕后,自行选择一支加入。队伍人员推荐配备：拧绳者、程序员、工程师、演说家。

（二）产品创意挖掘及用户需求调查

初步学习理性挖掘创意、进行产品定位的方法。教师从讲故事的价值出发，引出情境故事法，之后介绍其基本要素，让学生进一步了解情境故事法的基本流程和任务，然后让学生在校园内实践，用平板电脑在校园中拍照，拍摄完毕后回到创新实验室进行梳理，明确主题，阐述议题，完成活动单并将其改编成故事，在班级中分享交流，最终挖掘出用户需求，确定产品方向。

在问卷调查用户需求时，考虑到学生在初中阶段大多有过相关的学习经历，即便没有这样的经历，学习能力也有所提高，所以采用的教学策略是提供学习资料，学生自主学习其中的要点和要求，之后通过回答问题及课堂内设计问卷初稿的方式检验学生的自主学习效果，接着进行小规模集体试做，修订问卷，确保问卷终稿的信效度。终稿则在课后于问卷星平台进行发放，并进行数据收集和分析。

（三）产品功能及结构设计

运用科学设计工具合理设计产品。教师总结阶段性成果后介绍 SCAMPER 法及相关示例，在过程中穿插学生初步尝试对其中的各个方法的引申，并解构一些成功产品背后所对应的方法，帮助教师了解学生的掌握程度。学生结合之前的产品定位，运用 SCAMPER 法设计产品的具体功能及实现方法。

表1　SCAMPER 法

Substituted(代)	替代。组分、材料、人员等可否被"取代"，或进行功能整合？
Combined(结)	组合。可否与其他材料、功能等合并为一体？
Adapt(应)	调整。原有材料、功能、外形、结构等是否需要调整？
Modify(改)	改变。可否改变原物的某些特质，如大小、颜色、声音、形式等？
Put to other uses(他)	其他用途。可否供其他场合或非传统的使用？
Eliminate(去)	消除。可否将原物变小或浓缩或省略，使其更完备、更精致？
Rearrange(重)	翻转。可否重组或重新安排原物的排序，或位置对调？

接着教师展示常见的结构设计图，让学生自行寻找其中的要素，引出结构设计时的要点和简易设计图绘制要求，并结合信息技术课上的程序流程图的相关知识，通过问题链的方式，引出其绘制方法。学生小组内分为工程部和程序部，分别负责设计装置结构及程序流程图，并在部门间交流需求。在实践中，初步掌握功能与结构相适应、硬件和软件相统一的工程设计思维，并学习计划先行的正确项目开展过程，体验设计装置中部门内部及跨部门的团队合作。

（四）设计方案修订及创客产品制作

体验工程项目分享、迭代与落地。教师从传统的分享创意的形式引入，让学生寻找其中的优劣之处，通过氛围紧张、互动性较弱、无法保证全员投入等问题，引出"世界咖啡法"。学生在教师引导下,自主学习"世界咖啡法"的实施过程和要求,归纳团队中的角色分工及各自的任务。之后根据设计的活动单,明确组内角色,制定为"来访者"展示设计方案的内容提纲,然后正式进行 5 轮轮转,每一轮"桌长"为到访的其他小组成员介绍本组的设计方案,并回答他们的问题、倾听他们的建议。轮转结束,所有人回到原始组,交流彼此的收获,在此基础上修订设计方案。

方案迭代完成后,教师回顾项目进程,重申组内分工要求,之后学生组内以程序部及工程部的方式分工合作,根据设计方案正式开始制作校园创客产品。

（五）成果交流展示

通过虚拟产品发布会激发学生的学习兴趣,完成项目闭环。每组学生根据要求进行 5 分钟的"产品发布",介绍小组的产品,每组学生也需要分别根据"公司"的产品评价标准,以"投资"的形式在 6 个方面为其他小组的产品进行打分,教师计算分值,评选相应奖项,最后学生开展自评互评,进行总结,项目结束。

在产品发布会中,为了增加真实感并让学生获得专业人士的建议,特意邀请学校负责采购的总务处主任担任专家,对学生的产品进行点评和指导。

三、学习评价

本案例综合过程性评价和终结性评价。

（1）每一课时根据具体学习目标,均设计过程性评价指标,分为优秀、良好、合格,课后综合学生自评、组内互评和教师评价三个方面给出相应等第。

（2）终结性评价主要针对最终小组制作的校园创客产品。评价标准分为 6 个维度,并根据重要性设置不同占比。此终结性评价作为"公司"的评价标准,在项目开始之初就告知学生,并将其作为最后模拟投资的互评依据。具体见表 2。

表 2　创客产品评价表

评价内容	分值
产品完成度高,所有的设计均已实现	25 分
产品功能实用,具有现实价值	25 分
产品结构科学,造型美观	15 分
产品原理逻辑严密,便于使用	15 分
产品成本适当,性价比高	10 分
产品具有创新性	10 分

案例评析

本案例基于特色课程实施,在学科融合、工具使用、创新表现等方面表现出如下特点。

在学科融合方面,主要涉及通用技术、信息技术 2 门学科,同时需要学生综合运用物理、艺术、数学、社会学等跨学科的知识与技能,共同解决实际问题。

在工具使用方面,包括学校磨砺坊创新实验室中的手动工具、电动工具、金属结构、单片机、电子模块等。

在创新表现方面,一是引导学生关注身边的实际问题,并运用所学知识与技能去尝试解决,让校园生活变得更加美好;二是授人以渔,让学生在实践中体验完整的产品设计开发过程,了解更系统的创新思维方法。

 专家点评

案例展现了一个创新的校园学习空间,为学生提供了支持"创客成长"的实践方案。案例的主要亮点均能体现面向未来的趋势,如提倡团队合作和互动发展、运用创新法则引导工程设计、学习内容注意生成并将学科知识与探究方法相整合、实践成果以展示和推介的思路提升学生的"创客"素养等,努力将一个校园之"创"做到极致,实践了五育融合在科创教学活动中的应有之义。

扫码查看视频案例介绍

指尖上的蜻蜓

上海市江宁学校　毛伟勇

 案例介绍

一、活动目标

1. 通过课前的试玩和查阅资料,列举出一些重心玩具的名称,说出相关专业词汇的概念,并尝试分析重心玩具的结构和工作原理。

2. 通过"让铅笔头站起来"的实验,探究静态平衡的规律,并将其应用在指尖蜻蜓的调试过程中;使用热熔胶枪"二次黏结"的方法,探究蜻蜓翅膀的方向和角度,体现"理论联系实践"和"技术支持活动";帮助学生逐步养成团队合作、乐于探索的精神。

3. 综合运用掌握的科学、物理、数学、语文等学科知识,应用木工加工技能,经历"指尖上的蜻蜓"设计、制作和调试的过程,体会精益求精的工匠精神,感受成功的快乐。

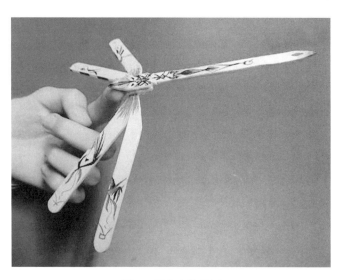

图 1　指尖上的蜻蜓

二、活动设计

"指尖上的蜻蜓"由五个活动组成,以劳动技术学科为核心,融合了相关的科学、物理、数学、语文等学科知识,共四个课时。

表1　活动设计

活动	活动内容	活动要点	工具材料
活动一： 认识各种各样的重心玩具	1. 玩重心玩具,观察其外形和结构。 2. 查阅相关专业词汇的概念,尝试分析重心玩具的工作原理。	重心玩具的结构和简单工作原理。	指尖蜻蜓、双锥体模型、不倒翁、平衡鸟等。
活动二： 让铅笔头站起来	1. 明确实验要求。 2. 构思、设计方案并交流。 3. 通过实验进行探究。 4. 交流归纳,得出规律。	探究静态平衡的规律。	铅笔头、彩铝丝、超轻黏土。
活动三： 指尖蜻蜓设计制作	1. 绘制图纸,确定尺寸。 2. 画线。 3. 锯割。 4. 打磨。	用木工技能进行设计和加工。	冷饮棒、直尺、铅笔、小锯床、砂纸。
活动四： 指尖蜻蜓组装调试	1. 学习热熔胶枪的使用,尝试黏结。 2. 根据静态平衡规律,探究调整蜻蜓翅膀的方向和角度。	学会工具使用。 探究蜻蜓翅膀组装的位置。	热熔胶枪、热熔胶棒。
活动五： 交流展示	1. 展示作品,从平衡、稳定、美观等方面进行评价。 2. 交流制作中的困难以及解决的方法。 3. 进一步改进,如美化、装饰、增加底座等。	进行客观公正的评价,大胆表达,积极改进和创新。	/

三、实施步骤

（一）入项活动

（1）活动内容:认识一些重心玩具。

（2）活动意图:通过重心玩具的试玩,说出这些重心玩具的名称和玩法,产生探究重心玩具的原理的兴趣;经过资料查找,说出重力、重心、平衡、支点等专业词汇的概念,尝试进行重心玩具原理的分析,养成严谨的科学态度。

（3）活动成果:填写词汇表,解释概念的含义,具体见表2。

表 2　词汇表填写

词汇	重要内容(参考答案)
质量	质量是物体所具有的一种物理属性,是物质的量的量度,它是一个正的标量。
重力	物体由于地球的吸引而受到的力叫重力,重力的方向总是竖直向下。物体受到的重力的大小跟物体的质量成正比,计算公式是:G＝mg。
重心	物体各部分所受重力之合力的作用点。规则而密度均匀的物体的重心就是它的几何中心。不规则物体的重心,可以用悬挂法来确定。物体的重心,不一定在物体上。
对称	图形或物体相对的两边的各部分,在大小、形状和排列上具有一一对应的关系。
支点	起支撑作用固定不动的一点。
平衡	两个或两个以上的力作用于一个物体上,各个力互相抵消,使物体成相对静止的状态。
静态平衡	作用于物体上的合力或合力力矩为零时,物体没有线加速度和角加速度,此时物体保持平衡、静止或匀速运动。静态平衡时物体的静力矩是 0。静态平衡时物体的重心在支点(接触点)的正下方。

（二）知识与能力建构

1. 让铅笔头站起来

（1）活动内容:"让铅笔头站起来"实验。

（2）活动意图:通过"设想方案—进行实验—反复调试—总结规律"的过程开展"让铅笔头站起来"的实验(如图 2 所示),探究影响静态平衡的因素,形成科学探究的习惯;经历"让铅笔头站起来"的探究过程,养成乐于探索、仔细观察、细致分析、归纳总结的实验精神;小组合作过程中能敢于表达自己的想法,分工协作,团结互助,共同进步。

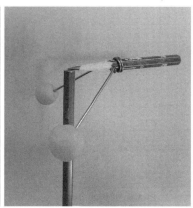

图 2　让铅笔头站起来

（3）活动成果:填写实验单,具体见表 3。

表3 "让铅笔头站起来"实验单

班级:		组长:		组员:		

| 实验前 | 设想方案: |

	实验1	实验2	实验3	实验4
实验中	用"√"表示: 稳定站立 （ ） 偶尔能站立（ ） 不能站立 （ ）	用"√"表示: 稳定站立 （ ） 偶尔能站立（ ） 不能站立 （ ）	用"√"表示: 稳定站立 （ ） 偶尔能站立（ ） 不能站立 （ ）	用"√"表示: 稳定站立 （ ） 偶尔能站立（ ） 不能站立 （ ）

| 实验后 | 改进方案: |
| | 实验结论:
［参考答案:铅笔头能站在指尖上是因为铅笔头的重心在笔尖的正下方,这时大部分质量集中在彩铝丝两端的超轻黏土上,这就让重心比笔尖低而且低于指尖,此时铅笔头处于静态平衡状态,重心在支点(接触点)的正下方,力矩为0。］ |

2. 指尖蜻蜓设计制作

（1）活动内容:确定尺寸,绘制图样;锯割;打磨。

（2）活动意图:通过"绘制图样→锯割→打磨"的流程体验木工加工的一般过程和方法,学会小锯床、砂纸的使用方法,制作时规范操作、认真细致,形成质量意识和"工匠精神"。

（3）活动成果:"指尖上的蜻蜓"半成品。

3. 指尖蜻蜓组装调试

（1）活动内容:学习热熔胶枪的使用,尝试黏结;根据静态平衡的规律,探究调整蜻蜓翅膀的方向和角度。

（2）活动意图:通过使用热熔胶枪进行"黏结"和"二次黏结",认识热熔胶枪的结构,初步学会热熔胶枪的使用方法,体验热熔胶黏结的便利性;在调试蜻蜓翅膀的过程中,进一步了解影响静态平衡的因素,在探究过程中加强理论联系实际,提升技术解决问题的能力,享受成功的喜悦。

（3）活动成果:"指尖上的蜻蜓"作品。

（三）探索与形成成果

（1）以小组形式通过玩重心玩具、查询词汇等,认识相关物理概念,激发对身边事物进行探究的兴趣,并尝试探索其中的规律。

（2）在"让铅笔头站起来"的小组实验中,探索、改进实验方案,从而归纳出影响静态平衡的条件。

（3）在组装和调试的过程中,探索热熔胶枪的使用技巧,完成作品的制作。

（四）评论与修订

（1）活动内容:交流经验,总结规律。

（2）活动意图:通过"指尖上的蜻蜓"和"让铅笔头站起来"两者的比较,找到影响静态平衡的因素,加深对概念的理解。在调试的过程中,交流成功的经验,归纳出多种调试的方法,是"理论联系实际,在实践中检验真理"的真实写照,既运用了所学的知识和技能,也体现出发展和创新。

（3）活动成果:填写经验总结表,具体见表4。说明:表中括号内的内容为参考答案。

表 4 经验总结表

	对称物	支点	重心位置		调整重心位置
让铅笔头站起来	（彩铝丝、超轻黏土）	（笔尖）	（笔尖正下方）	调试方法	（1.调整彩铝丝的方向、角度;2.调整超轻黏土的质量。）
指尖上的蜻蜓	（翅膀）	（蜻蜓嘴尖）	（嘴尖正下方）		（1.调整蜻蜓翅膀的方向、角度;2.增加配重块的质量;3.增大翅膀尺寸;4.缩短腹部尺寸。）

（五）公开成果

（1）从知识与能力方面对个人成果和团队成果进行评价。个人成果:工具的使用、工序的设计、功能、工艺质量、美观程度;团队成果:实验过程的合理性、科学性和实践性。

（2）小组设计制作海报,讨论给幼儿园小朋友做一次科普小活动的方案。

（六）反思与迁移

（1）交流制作过程遇到的困难以及解决的方法。

（2）进一步改进,如美化、装饰、增加底座等。

案例评析

1. 有利于挖掘程序性知识（技能）背后的概念

项目化学习会促进学生程序性知识的获得，但挖掘这些操作背后的概念知识才是设计项目化学习的起点。真实世界中，不存在只运用单一技能的纯粹环境，如果仅仅让学生按部就班地制作一个作品，他可能只习得了制作的步骤和流程，没有理解为什么要这样做的原因。如果让学生理解作品背后所蕴藏的概念，他们就会将这种理解迁移到其他环境中，创造出自己独特的作品。

2. 有利于学科核心知识网的构建

项目化学习需要寻找从核心概念到关键概念再到知识点的一整套知识体系，这一整套知识体系就是这个项目化学习的核心知识。通过参考《普通高中通用技术课程标准（2017年版 2020 年修订)》《中小学劳动技术单元教学设计指南》《上海市初中劳动技术学科教学基本要求》等书籍，根据知识点和学生的迷失概念进行自下而上的构建，或者从课程标准、抽象的学科和跨学科概念进行向上而下的构建。

3. 有利于教学模式和学习方式的改变

教师要用课程的视角来重新审视自己的教学，需要不断澄清自己最终的课程目标、核心知识、关键概念和其他知识之间的关系，本学科与其他学科之间的联系，本学科与真实世界之间的联系等，并将所有的设计元素在一个相对较长的时间里进行呈现，完成更为合理的单元设计。通过项目化学习，能促进学生的大脑发育，让学生的学习更关注、更具主动性和投入性，同时会让学生对关键概念的理解更为透彻和持久，也更容易在新情境中进行概念迁移。

 专家点评

"指尖上的蜻蜓"突破了传统的劳技教学，融合了科学、物理、数学、语文等学科知识，以项目化学习的方式开展，引导学生在玩中学，在学中悟，在悟中做，在做中学。整个项目寓教于乐，往复循环，探寻科学原理，不断迭代优化，设计加工制作，最终形成成果。教师的学习单设计也颇有亮点，鼓励学生重复实验，反思优化，总结经验。评价兼顾了个人与团队、知识与技能，项目的产出方式更是考量了学生的综合素质，体现了科学性和严谨性。

扫码查看视频案例介绍

防震减灾 STEAM＋
——基于情境设计的体验式科普课程探索

上海市曹杨第二中学附属学校　赵　敖　李　冬　曹　超

 案例背景

"防震减灾 STEAM＋"课程属于地球物理学科领域，总学时 60 课时，授课对象为六、七年级的学生。课程内容包括初步了解地震的成因、防御措施和监测方法等，使学生学会使用正确的方法自救互救，增强科学推理能力和应急处理能力，提升防震减灾的意识，增强社会责任感和爱国主义情怀。

上海市曹杨第二中学附属学校作为"国家防震减灾科普示范学校"，在各级各类防震减灾科普知识大赛中取得了一定成绩。但是，在辅导的过程中发现，由于上海相较于其他地区属于少震弱震地区，所以学生普遍对防震减灾的知识停留在浅层次认知，同时相关的宇宙空间、地质地理等系统性知识也比较缺乏。

地震科普的教学实践对于生命教育的实施具有重要意义。但是应如何将其开发转化成学生较易接受且能激发学生学习兴趣的课程呢？经过思考和学习，我们联想到近年来在科创教育领域大显身手的"STEAM"。因此，本案例在防震减灾科普教育活动中加入 STEAM 理念，引入丰富的校外资源，将艺术、数学、工程和科学相整合，开展防震减灾生命教育科普教学活动。

本课程确立的教学目标如下。

1. 通过活动的设计与实施，让学生在项目学习的过程中初步掌握地震的发生原理，了解地震避险、防护等相关知识。

2. 通过编写并出演抗震减灾科普剧及科普讲解，帮助学生开展"发现问题—研究问题—解决问题"的科学实践，促使学生的艺术创作、语言表达、问题解决、合作交流等能力得到提升。

3. 通过探究与反思帮助学生形成爱护生命、珍惜生命的价值观，锤炼团队协作意识。

4. 通过教学内容的拓展，进一步挖掘课程实施的内涵和外延，不断提升课程的丰富性，实现科创课程的可持续发展。

 案例介绍

一、课程实施的内容设计

关注学生对地震地质学相关知识学习的需求，有效借助地域资源（如上海地震局），以项目化学习为载体,实现提升学生科学素养的目标。

  1.原理探究,规划课程帮助学生掌握地震科普知识。

  2.现状思考,借助模拟体验强化防震减灾科普体验。

  3.探索创新,多学科多角度整合实施防震减灾科普活动。

二、教学策略与实施步骤

表1 教学方法

活动阶段	活动名称	STEAM 教学点	设计思路
原理探究	上海会不会地震?	S:上海的地理环境与地质条件; T:了解地震烈度的概念; E:探索校安工程的作用; M:调查统计近年来周边地区地震对上海的波及影响。	以上海会不会地震这一问题为主线,介绍地震产生的科学原理以及地震烈度的概念,感知上海是一座容易受地震影响的城市。
现状思考	地震来了怎么办?	S:了解地震来时可以采取的避险措施; E:抗震模型探究; A:场景模拟不同地点遇到地震时如何避险; T:设计简单的评价体系,包括自评、互评、师评。	在避震手段的教学设计中有效融入,让学生分小组设计课本剧来演绎地震来时如何避险,利用多种材料制作抗震模型,进一步运用避震减灾的知识。
	震前震后怎么做?	S:地震前后的准备和应对; T:学校应急避险通道的绘制和地震避险应急预案的说明; A:制作学校应急避险紧急疏散说明视频; M:调查学校防震设备。	讲座,实验与实践活动:了解面对地震"未震绸缪"的重要性,调查校园内防震设备的情况,形成学校防震设备清单。
	地震的预警和预测有什么区别?	S:地震预警的作用,地震预警与预测的区别; T:对电磁波和地震波的认知; M:电磁波和地震波传播速度的比较,通过简单计算了解预警对减少人员伤亡的意义。	了解地震预警对减少人员伤亡的意义;通过学习初步知道预警与预测的区别;通过计算了解预警的工作原理。
探索创新	要地震啦!你信还是不信?	S:地震信息发布的规则和要求; A:编排科普剧《等待地震》。	围绕地震发布的规范,通过场景再现,编排科普剧让学生学用结合,巩固知识。

（续表）

活动阶段	活动名称	STEAM 教学点	设计思路
探索创新	围绕防震减灾你还能做些什么？	S：围绕防震减灾的科普知识，分小组编写科普课本剧； A：开展防震减灾科普剧表演比赛； E：研究抗震的建筑模型，将建筑工程设计和科普知识学习相结合，进行相关科学展品展示。	在学习的基础上，围绕地震科普开展剧本创编及搭建科学展品，巧妙融合语文、美术、音乐、工程等教学内容，设计有趣的课本剧表演活动，增强学生的团队意识和合作能力，培养学生善于表达、动手实践、想象与创新的能力。

除以上固定内容外，学校还定期组织学生参与上海地震局的体验活动和上海地震科普馆的科普实践活动，并将地震科普知识与国家和上海市相关科技竞赛内容整合，不断增强课程的体验性。

三、学习评价与其他说明

（一）学习评价

活动中和活动后都要对学生的表现进行评价，以衡量该活动的实施效果。本课程的评价具体设计如下。

1. 单次小组活动后进行自评与小组互评。

2. 教师通过观察与收集资料进行分析，开展过程性评价。

3. 教师通过对成果的分析进行结果性评价。

具体设计的评价量表见表 2 和表 3。

表 2　小组自评量表

组长				组员	
活动起止时间					
小组合作情况评价					
组长所做组织工作	很好		一般	须努力	
小组合作情况	很好		一般	须努力	
小组活动中遇到什么困难，如何克服：					
小组活动中谁在哪些方面表现最突出，其突出之处是什么：					
小组活动中存在哪些不足，对于以后有什么启发：					
简要分析小组的成绩和不足：					
对于本次活动的感想：					
组长签名： 组员签名： 日期：					

表3 小组成员活动表现评价量表

班级_____ 姓名_____ 小组名称_____

评价内容		自我评价	小组评价	教师评价
团队 合作	按时完成小组探究任务			
	实验和观察时遵守组内规范			
	团结组员,服从安排,共同完成项目			
科学 知识	初步掌握地震相关的地质知识			
	能运用防震避险知识完成科学探究任务			
	能运用统计、调查等方法帮助学习			
学习 态度	在小组活动中认真、合作、互动			
	认真倾听同学的发言			
	能把自己的发现和体会告诉小组同学			
学业 水平	制作成果			
	设计操作			
	案例分享			
收获 与 希望				
总评				

（二）工具使用

1. 学材:上海市地震局主编的《震相大白》《地震防灾小常识》及中国地震局主编的《地震宝宝的游历》《地震探秘记》《防震减灾纵横谈》,以及学校自编教材。

2. 防震减灾系列微课。

3. 课本剧剧本及录像、课件。

4. 地震生存急救包、防震建筑模拟材料包、地震形成模拟工具包等。

 案例评析

1. 高阶思维下的深度学习成为现实

学生大部分时候是通过参与防震减灾知识竞赛、校园文化长廊建设及校园应急演练等方式学习防震减灾的相关知识,学生对此的认识往往停留在记忆、理解和运用的层面,而分析性思维、批判性思维和创造性思维这些高阶思维则运用较少。本案例的高阶思维训练体现在科普剧创编及工程设计环节。例如:学生在创编脚本的过程中要对剧中所需要的知识进行分析、审阅,保证脚本的知识性、科学性及趣味性;在工程设计环节,如抗震结构的搭建、城市建筑模型的教学,使学生高阶思维下的深度学习成为现实。

2. 创设真实情境与跨学科高度融合

强调在科学教育中设置问题情境,产生认知冲突,从而展开科学课程的学习,同时也有意识地在学习过程中培养学生运用已有的知识和经验去解决生活中的实际问题的能力。本案例基于地震这个学生都不陌生的自然灾害,满足学生真实体验的需求和学生发展的环境需求,跨学科融合,打造无边界课堂,将防震减灾科普教育创造性地与工程、艺术、文学相结合,形成富有鲜明特色的科创课程体系。

3. 整合校外资源,丰富科创教育内涵

通过课程的学习增进学生对防震减灾知识的了解,并在上海地震局和应急局的支持指导下利用科普资源主推"双减"工作,开展互动教育资源的构建,培养学生对科学、地理、地球物理及数学的兴趣,帮助学生建构跨学科的知识体系。同时,作为"国家防震减灾科普示范校",基于自主研发的校本课程展开了一系列特色活动,课程活动形式多样,以科普剧、科普讲解及科学结构设计展品为载体,提升学生的科学素养,努力提高学生的防灾意识和减灾能力,增强学生的科技创新能力。

 专家点评

该案例依托学校"国家防震减灾科普示范学校"的办学特色,设计了"防震减灾 STEAM+"项目,通过了解地震的成因、防御措施和监测方法等,使学生学会使用正确的方法进行自救和互救,增强学生的科学防范和应急处理能力。

案例设计从原理探究、模拟体验、综合防灾三个维度呈现,学习目标明确,内容逻辑清晰,实施步骤合理,体验活动多样,评价量表科学。

扫码查看视频案例介绍

小小吸管，创意无限

——Strawbees 娃娃机

上海市民办宏星小学

 案例背景

Strawbees 源自瑞典，是一种设计巧妙的吸管连接件，它能够将吸管和连接件以不同角度用各种方式连接起来，从而创造出任何可以想象的物化模型。每个小朋友都有一个创客梦，他们有着强烈的表达愿望，"Strawbee 吸管创意"校本课程能有效地将学生的创想转化为现实，使学生的想象直观地呈现出来，以创造促进学生创新能力的发展。

为了丰富学生的科创活动，我校与上海师范大学 CidLab 教育实验室联合设计了"Strawbees 娃娃机"项目。本项目以探究式学习的模式进行分组授课教学，引导学生使用 Strawbees 套件材料对娃娃机抓手的结构进行思考、探究和尝试，让学生置身于充满趣味性与未知性的探究氛围中，在完成作品的基础上给予每个学生自我探索的机会。

 案例介绍

Strawbees 的使用非常简单，它的功能类似于关节或支架，它的形状就像一个带有圆孔的钥匙，通常有四种规格：一头钥匙、两头钥匙、三头钥匙和五头钥匙，还有大锁和小锁，这些小塑料片能够组成各种联结方式，搭配吸管就能做出各种物体。在二年级的探究课堂上，学生已经可以将一根根吸管完美地组合起来，创生出丰富多彩的作品。听说要用 Strawbees 造抓娃娃机，学生都兴奋不已，这意味着他们将继续展开天马行空的创意，让自己的作品更加灵活有趣。怎么样能让 Strawbees 动起来，实现抓手的"开合"功能呢？

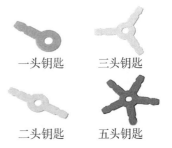

图 1　四种规格的 Strawbees

一、入项阶段：基本部件变身雨伞

教师首先设计了"超级大变身"的话题，"同学们你们观察一下。这个三棱锥是怎么用钥匙搭建出来的？需要几头的钥匙？怎么样使一头钥匙组成三头钥匙？"有学生回答："可以用四个一头钥匙制作出一个三头钥匙。"这样的假设能否成立呢？学生动手操作后，验证成功，而且还是一个可以活动的三头钥匙。这个环节承前启后，为搭建立体的雨伞结构打下基础。

在搭建雨伞结构的环节，首先让学生手持雨伞，通过控制雨伞的收拢和打开，让学生观察并思考:人们通过什么来控制雨伞的收拢和打开?"伞骨和伞柄","要通过移动中间那个棒子上的关节支架","制造一个活动的连杆装置,上端固定不动,另一端可以沿着中间的伞柄移动"。

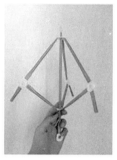

图2　搭建雨伞结构

在教师的引导下,通过对雨伞结构的分析与讨论,学生尝试用钥匙和吸管来制作一把简易的雨伞。其中重点突破的技术难点是"伞中棒",它是控制雨伞开合最主要的部分。通过实践探索,学生发现雨伞的撑开和收拢可以用三头的钥匙上下移动,上面可以用一个一头钥匙和一个三头钥匙进行固定,做一个伞顶,这样雨伞就完成了。但是并不是所有的学生都完成了雨伞的开合。这与什么有关呢?学生通过进一步实验发现"改变伞骨处吸管的长度"会影响雨伞的开合。就这样,学生在试错中了解了吸管长短对结构的影响。

二、第二阶段:完成雨伞到抓手的转化

通过"抓铲挖掘机"的视频,让学生观察并思考抓手的外形特点和运动特点,初步感受动力杠杆和省力杠杆的差别,同时让学生认识到制作一个便于控制操作的抓手对于一个娃娃机的重要性。

前面做的雨伞模型与抓手有什么关联?它们结构的相似之处在哪里?如何才能将雨伞改装为抓手?一系列问题让学生不断生成对现象背后原因的思考。有学生说:抓手和雨伞一样是一端固定,另一端沿着一根轴移动,带动爪子的张合;雨伞向上的时候,有一个向上的推力,使整个伞面向上撑开,可以在伞骨上方加一个爪子,这样向上推的时候,这个力可以让爪子抓东西。在教师的巧

图3　雨伞到抓手的转化

妙引导下,学生对物理结构的分析非常敏锐严谨、有条理、有逻辑,一个个自信满满的小表情,分析得头头是道,俨然就是一个个小小物理学家。这样的课堂有序、有效而且还有趣。

三、第三阶段:修修补补抓手升级

学生制造抓手用到的吸管有长有短,有的学生制作的抓手开合效果并不理想。怎样的抓手开合效果最佳?箭头指向的两根吸管可以调换位置吗?它们的长短有什么关系?你认为还可以是怎样的长度?通过观察开合效果好和不好的作品,学生发现不同之处就在于这两处抓手吸管的长度比例,并且对构成爪子的吸管长度也是有要求的,构成每个爪子的两根吸管要内短外长效果才最好,这样合拢的爪子更容易抓取物体。基于此,学生在小组合作中对吸管的长度不断进行调节与尝试,完成了他们喜爱的个性化抓手。

图4　抓手升级

在成果检测中，通过"试一试"和"比一比"环节，学生从优秀作品中找差距，从自身问题中找原因，在不断迭代改造中优化自己的抓手。

四、第四阶段：抓手的控制——气动装置

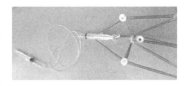

通过视频向学生简单介绍气动装置的知识，让学生了解气动装置的工作原理，做好理论铺垫。同时，视频中利用针筒改造的装置，展现出省力、安全、准确、有趣的效果，这给予了学生一些思考与启发：如何为我们的抓手安装一个自动控制器？学生表现出极大的兴趣，分分提出自己的改装意见，不少学生提出利用针筒进行改装，并对如何使用针筒对抓手

图5　用针筒对抓手进行控制

进行控制说出自己的想法。在教师演示针筒控制抓手的开合和抓取后，学生跃跃欲试，迫切想为自己的抓手装上控制器，接着每个小组使用针筒进行实际操作并验证。最终每个小组都能借助气动装置控制抓手的开合。

在高年级同学的帮助下，学生用纸板箱制作了娃娃机的外壳。一台台自制的校园娃娃机诞生了。在宏星创客嘉年华活动中，其他年级的学生跃跃欲试，纷纷尝试这个"神奇的娃娃机"，并且不少同学开动脑筋，猜出了其中的原理。

案例评析

随着科技的进步和时代的发展，社会对人才的需求也发生了变化。在上海市教育委员会2020年出台的《义务教育项目化学习三年行动计划（2020—2022年）》中，将创造性问题解决能力作为计划的导向，对学生的创新、创造能力提出了新的要求。

我校在Strawbees吸管创意课程中，融入设计思维的元素，有益于学生主动学习，学会从解决问题的需求出发，多角度地寻求创新解决方案，并创造更多的可能性。

项目活动的设计在课堂上充分调动了学生的积极性，让学生真正参与到学习中，学生通过有目的地观察、操作、比较、分析、讨论，从直观到抽象，从感知到内化，主动建构自己的认知和经验，将静态的知识结论变为动态的探索过程。通过教师的引导，真正意义上发挥了学生的主体作用。Strawbees科目作为培养学生创新思维与设计思维的载体，可以说是很合适的解决方案。

专家点评

将日常小物件（吸管、钥匙）转化为Strawbees娃娃机，将学生置身于充满趣味的探究氛围中。本案例探究的主题、选取的材质、实施的方式都符合小学生的特质。整个设计循序渐进，从平面到立体、从雨伞制作到抓手转化、从抓手迭代到安装控制；同时融入设计思维的元素，使低年龄的小学生也能像工程师一样搭建、像程序员一样书写，从而大大激发起他们思考、探索、尝试的欲望及创造的潜能。

基于工程模型的高中生跨学科学习模式
——以"会拐弯的小车"为例

上海理工大学附属中学　顾凌燕

 案例背景

　　"双新"背景下,高中阶段跨学科课程建设与实施越来越受到重视,基于高中学段的实际需求和学校工程素养培育的特色,"工程模型的创意设计与研究"校本选修课程应运而生。该课程为学生搭建自主探究的学习平台,聚焦培养高中生的问题解决和创意物化能力,创设模拟工程问题情境,开展创意模型设计与制作,通过充分研究与打磨形成模型成品,促进学生形成工程思维,提高动手能力,感悟工匠精神,提升面向工程实践活动时所具有的潜能和适应性。

　　课程采用团队合作的形式开展实践,提出了"需求—建模—研讨—共享—完善"的迭代研究模式,重点激发"创新意愿",归纳"设计方法",促进培养"合作意识",进而使学生能有创意、有步骤,更高效地解决实际问题。"会拐弯的小车"是课程的第三单元,该项目从生活实际出发提出问题,依据课程研究模式有序开展,侧重培养学生良好的思维习惯,并在精心打磨细节的过程中提高学生对工匠精神的认识和理解。

 案例介绍

一、教学步骤

　　本项目的具体实施步骤如下。

　　1. 发现问题。从生活中的车辆拐弯问题引发思考,并在教师的指引下转化为室内模拟场地,从而明确车模任务要求(即要在内径 3m 外径 5m 的同心圆轨道内,从 20cm 高的斜坡上滚下,运行尽可能远来获得高分)。引导学生思考、发挥创想,初设解题思路。

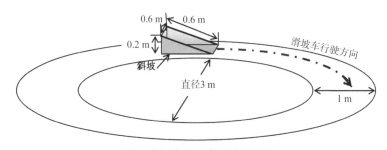

图 1　会拐弯的小车场地布置图

2. 初步建模。建立在学生初步讨论以及课后与学科教师讨论、资料收集的基础上，确定小车的模型方案并制作，初步实践，记录相关数据。这个过程中学生可以运用数学建模方法，把立体的小车运行情况转化为平面进行分析，利用相似三角形原理，比较车轴、车轮大小的关联性，从而确认车辆的规格范围。

3. 实践研讨。从每个人的第一个车模的运行情况中发现问题：即便是相同规格，小车运行的距离、弧度还是会不一样。通过讨论进一步发现细节，小车的运行情况和小车质量、手工艺制作、实际规格、黏合材料差异、斜坡放置位置等诸多因素有关。于是再分组设计研究方案，对不同的影响因素采用对比实验的方式进行更深入的分析检测。

4. 成果共享。学生将从实验中获得的经验分享给全体同学，共同形成关于影响小车运行因素的综合分析报告，从实践现象出发，结合理论（包括物理的能量转化、力学分析、化学材料性质与反应等因素）给出更好完成小车的意见和建议。跨学科教师在线提供学科专业指导。

5. 模型完善。每个学生基于手工制作研究的成果，在辨析过程中更加明确影响小车运行情况的因素的主次，借助 SolidWorks 软件仿真运行，再次改良小车的设计参数。

6. 解决问题。完成小车方案综合优化并实践完善，最终提交小车成品，争取能在既定轨道内跑得尽可能远。

二、教学策略

跨学科课程有别于传统课堂，项目推进要注重"真实""落地"，因此本项目融合工程设计思维，采用以下教学策略。

1. 情景激发策略。引起学生的学习兴趣，从实际出发指导学生做到能够依据情境清晰全面地理解问题，并从中尝试更多提问，发现问题的突破口。

2. 模型建构策略。在设计解决工程结构问题之初，初步制作一个结构模型作为研究的基础对象，将基础模型与理想的问题解决状态进行对比，寻找差距，再从差距中分析原因，提出完善方案，从而寻求更好解题的可能性。

3. 分组研究策略。在整个跨学科学习的过程中，主要采用多人组合的方式，每个成员合理分工，分配适切的任务，团队内部进行有效沟通，从而提高合作效率。

4. 项目验收策略。在完成项目后要对团队的研究成果，特别是实物成果进行验收，对比任务目标进行客观评价，参照任务发布时提出的评价标准验收实物成果。

三、学科融合

项目的推进需要综合运用各学科的知识，有的是课堂上已经学到的，有的则需要课外自学补充。将知识融会贯通地应用于实践，对学生而言也是不小的考验。

1. 数学。运用数学建模，对场地、小车的参数进行综合分析，呈现车轮适宜规格的理论范畴、车轮车轴相对关系等。

2. 物理。研讨能量转化、力学影响因素等对小车运行的影响。

3. 化学。研讨材料性能、黏合剂的反应等对小车运行的影响。

4. 工程。注重理论与实践的结合，经历工程化的研究流程。

5. 劳动技术。侧重实物的转化,通过精心打磨完成成品。

四、评价要点

遵循项目化学习形成性、个性化、激励性的评价原则,在项目实施中期或结束阶段对设计方案、研究报告、研究结果等进行展示、交流或答辩。评价内容包括以下三个方面。

1. 注重过程性评价。关注学生的个体差异和发展变化,鼓励学生发掘潜能,自觉地调试认知和行为,促进学生发展。

2. 收集学生的过程性资料。包括方案设计、实验记录、作品成果及研究报告、反思体会等档案材料。

3. 专项制定项目验收报告。参考工程验收的方式,模拟进行小车验收。

五、资源配置

工程特色课程的特点是需要配置对应的物资和场地,更需要充足的师资力量保驾护航,具体包括以下几方面。

1. 教学物资。保障师生所需的各类材料、工具、设备。项目任务书、实验记录表、评价量表等;小车模型制作材料:不同尺寸的纸圆片、纸条、卡纸、502 胶水、白胶、固体胶、制作说明书等;制作工具:剪刀、美工刀、尺、护目镜、围裙、手套等;个性化研究设备:Brother 裁切机、小型激光雕刻机、电子天平、米尺、摄像机等。

2. 活动场地。建议适配专用实验室,主要提供结构制作所需的工作台和较为灵活的教学空间。本项目需要一个正方形的空旷空间,确保地面平滑并铺设项目专用地贴,一个木质斜坡;还需要实验室配置电脑(装有 SolidWorks 软件)、投影仪等常规教学设备。

3. 师资力量。除专人教师负责项目执行外,跨学科教研组提供组合式教学的师资支持,本项目还和大学合作,邀请机械工程有关的教授、讲师和相关专业的大学生参与辅助教学。

案例评析

项目注重跨学科融合,让学生体验研究全过程,引导学生进行知识迁移和应用,拓展自学能力,促使学生掌握学习与研究的方法,注重培养学生的系统思维以及实践创新等能力,真正给予学生发挥的空间。

1. 探索基于工程模型的选修课程学习模式

"会拐弯的小车"是一个适合高中生研习的项目,侧重以工程模型为研究基础,用工程思维方式和研究策略进行思考与实践。当学生面对一个全新的问题时,往往存在手足无措的情况,问题在学生眼中会显得很"大",因此设计的"建立模型"环节就好比是一级台阶,给了学生向上攀登的垫脚石。学生进行模型制作,会对项目问题有一个基本的思考方向,又从自身和同伴的"试水"经验中观察现象、发现差异,进一步激发学生的研究兴趣,随后有的放矢地循序渐进,在细化研究的过程中学生更易变得主动,乐于寻求更佳的解决问题的方案,这也是本选修课程学习模式的探索和实践。

2. 充分运用跨学科合力促进核心素养提升

就像在"会拐弯的小车"项目中看到的,面对现实生活中出现的实际问题,不可能像物理学中那样"不考虑其他影响因素"。学生的跨学科素养不是靠教师教出来的,而是需要学生自己学出来、做出来、悟出来。在本项目的推进中,学生必然要运用到物理、数学、化学、工程技术等方面的知识,而且是在研究中主动调用,从而实现跨界融合,寻求问题的突破口。课上跨学科教师也共同参与学生的研究学习过程,及时给出必要的指导,成效尤为显著。

 专家点评

该案例凸显学校工程素养培育的办学特色,以"工程模型的创意设计与研究"为主导,搭建学生自主探究的学习平台。案例通过创设模拟工程问题情境,开展创意模型设计与制作,提升学生的工程思维品质和实践动手能力,感悟工匠精神。

案例设计了"需求—建模—研讨—共享—完善"实践研究的进阶系统,注重激发学生的创新灵感,形成多元设计方法,培养团队合作精神,提高了学生跨界融合、有效创新的能力。

扫码查看视频案例介绍

智能控制项目设计与开发
——以技术解决真实生活问题的定制化项目式学习

上海市闵行中学　苏宇彤

 案例背景

　　案例的初衷是以解决市民日常生活中的问题为契机，培养学生跨学科的设计、制作和动手能力，让学生体验一个完整的项目学习周期。考虑到科技竞赛一般是开放性的，不限学科的，所以常以参加科技竞赛作为出发点，并以此来规划项目的时间节点。现在的中学生从小接触电脑，是数字时代的原住民，对电子设备比较熟悉，但通常动手能力、物化能力、设计产品的能力欠佳。同时，考虑到易获得性、安全性、易于扩展性等，我们选用开源硬件单片机作为核心，视项目场景选添加 3D 打印、木工制作、激光雕刻，乃至移动开发等。

　　从 20 世纪 80 年代起，我校就涌现出一批优秀的校本课程，如"无线电电子技术"。从 2009 年开始，我校就开展单片机校本课程。2013 年，上海市科技艺术教育中心主办的第一届单片机应用活动比赛在我校举办，通过单片机竞赛和以单片机为核心的科创项目的比赛，我校在青少年中开展单片机教育的实践在社会上有了一定的知名度。随着教学改革的深入，学校也开设了"开源硬件项目设计""移动应用项目设计""3D 打印"等多门科创课程。

　　为了解决真实世界中的问题，经常涉及跨学科知识，因此我校开展项目式学习，整合部分内容，开发出"3+3"定制化模式课程——"智能控制项目设计与开发"。

 案例介绍

　　本案例从历年参加的"青少年科技创新大赛""明日科技之星""赛复创智杯"等得奖项目中，精选具有一定前瞻性，且适合青少年动手实践，各要素（如控制部分、执行部分、外观、软件）齐全的项目。这些项目都来源于真实生活，既有学校、家庭场景，又有社会场景，创新主旨是为了人们更好、更便利地生活，营造出美好的未来。

一、实施步骤

　　做项目的先修任务有初级任务和进阶任务。前者教授电子技术和单片机的基本知识、基本技能，如属于模电的电容、电阻、电源、电压常识和万用表使用等，属于单片机的有点亮 LED 灯等的简单编程。进阶任务有焊接和搭建简单的模拟小电路、传感器和单片机的连接、执行机构和单片机的连接。初级和进阶任务完成后，学生自由分组，可以是两到三人一组，也可以是个人项目。随后进入自主任务的环节。

项目学习指引：为了达到课程的规范性和体验的完整性，一般分以下八个步骤实施。

（一）提出想法

开展头脑风暴，教师启发学生寻找日常生活中不满意的或是效率可以提高的地方，或是一个有趣的创意。根据以前的经验，有的可创新场景来自学校或家庭。例如，小 Y 同学开发的电子体育记分册，需求的来源是体育老师在现场用秒表记录成绩，回去后还要用 Excel 统计，于是小 Y 同学就想到了用单片机做一个专用手持机。又如，小 L 同学开发的共享单车雏形，当时的主要场景是自行车防盗，但后来发现其基本原理和共享单车一样，但这比社会上出现共享单车要早两年。

有的想法来自社会，必要时需要去做社会调查，如小 T 和小 Z 做的"医院智能病人监护系统"就要到医院做社会调查。又如，小 Z 同学开发的超市自动购物结算系统，场景是减少超市收银员的工作量，现在很多超市已经有这样的系统，但我们想出这个主意要比社会上早三年。

也有课题不是来自日常生活，而是来自一种新技术的应用。如人工智能图像分类是先有这个技术然后再去寻找数据集，于是我们到辰山植物园拍摄各种花卉，以便学习人工智能。

（二）初步设计

根据提出的主要功能设想：研究需要测量什么数据？采用何种方法可以获取测量的数据？信息呈现的方式是用哪种？是否需要多个模块？如需要测量人体的姿态可以采用加速度传感器，信号显示则可以选择串口监视器、LCD、OLED 等。小 T 和小 Z 做的"医院智能病人监护系统"能对老人进行跌倒检测，还需要把各个病人的数据传送到总控制台，初步设想是需要多个单片机联网。

（三）选择器件

同一功能可以通过不同器件来实现，选择器件前应先了解、比较各类硬件产品的型号、规格、应用场合等，根据初步设计的输入、信息处理、输出的特点，结合工程实际来选择。例如：需要用什么传感器采集数据？对单片机的算力有什么要求？"医院监护系统"在人体端要考虑接口方便、体积大小和算力足够，于是选择 Arduino nano 单片机和 mpu6050 加速度传感器；在监测中心端（总台控制端）考虑到软件编程方便和较强算力，选择带操作系统的树莓派。

（四）可行性验证

可行性验证一般是把总体的功能分拆成单一功能，分别设计编程进行验证。例如，"超市自动结算系统"用到了扫描枪，就从网上下载扫描枪的库函数，对扫描枪的代码进行验证。

（五）详细设计

可行性验证过程中，若器件不能实现预期的功能，则需要更改器件或调整初步设计方案；若能，就可以构建系统的详细设计方案。例如，创新作品"zigbee 无线火灾报警器"综合运用了 cc2530 zigbee 模块、51 单片机、12864 液晶屏、继电器和喇叭等硬件，以及 AT 指令编程等软件。

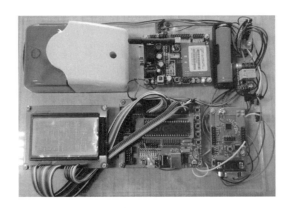

图 1 zigbee 无线火灾报警器

（六）制作原型

结合学校的校本特色，如单片机、木工制作、3D 打印、激光或机械雕刻、移动应用等，制作原则。体育记分册手持机原型采用 32 位单片机、RT-Thread 国产操作系统，采用激光雕刻的专用定制键盘，以及自定无线通信协议的主、从设备，有较大的液晶屏显示菜单。

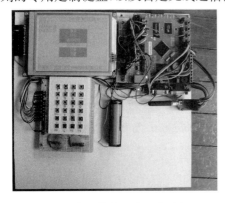

图 2 电子体育记分册主设备

图 3 电子体育记分册子设备

（七）编写程序及测试

智能控制的机电一体化的作品，一般有编写程序的任务，中学生大多会熟练操作手机等电子设备，也在信息技术课上学了一点程序设计的基本语句，但工程编程和信息技术课中算法的学习又有不同，工程上的编程要求可靠，代码量往往很大，注重调试等技能，不能有 bug 等，而算法课注重解题技巧，所以这也是一个很好的学习契机。另外，如选择 Arduino 作为智能控制核心，则可以参考 Arduino 的大量内置例程，这些例程都是最有用的代码片段。

商品软件开发完后的测试过程花的时间有时比软件开发本身的时间还长。中学生做创新作品也要尽量做好测试，至少要保证比赛时功能演示成功。这也可以为学生将来从事相关工作打下基础。

（八）外观设计及优化

一般能把主要功能做出来就很不错了，对外观没有太大要求，但要求固定牢固，连线最好焊接而不是用杜邦线插接，因为这些作品经常需要拿去比赛，如果连线焊接不牢固的话，到现场功能可能就演示不出来了,所以电气连接牢固和机械结构的牢固是最起码的要求。另外作品经常需要展示或演示,对美观度也有一定要求,如果能做出 3D 打印的外壳是最好的。

二、成效评价

项目的评价采取教师评价和交流学习心得为主的学生小组自评的方式,重点关注过程性评价。例如:小 Y 同学在做完作品后写到"师傅领进门,修行在自身";后来考上上海交通大学的小 S 同学在做完作品后写道:"我运用了控制变量法研究及测量了投影仪成像大小与距离的关系,并建立了模型,通过类比自主学习 XNA,最终完成了整个装置。"

教师设计实践评价量规,考查学生在项目活动中运用多样的数字化工具完成项目的程度和动手能力的表现。还有的加分项是能在项目化学习中灵活运用学科中的知识,如数学、物理知识。如小 T 同学在做"电动爬楼梯机"时就用高中数学解析几何的知识计算结械结构的运动轨迹。

科技竞赛的得奖奖状,也是项目式学习的重要评价依据。

案例评析

本案例从历年得奖项目中精选的案例,有相当的一致性:都有一个智能控制核心外加机械结构的机电一体化的原型产品;课题都来源于生活。学生花一学年左右的时间体验整个过程,帮助他们跨越"最近发展区",培养科学精神和工匠精神,也为他们高中毕业后进入高一级学校学习选择专业提供参照。

专家点评

本案例通过项目化实施统整三个模块,在实施过程中融入相关的学科知识;通过初级、进阶、自主三个阶段性任务,最终实现挑战性项目。"3+3"模式(即 3 个模块+3 个阶段)符合学生思维发展和能力提升的规律,促进学生从"单一知识的学习到综合性知识的学习,再到跨学科知识的学习",经历"从方法训练到科学研究,再到项目开发的过程",从而提高学生解决真实问题的能力。"3+3"定制化模式形成了学校独具特色的科创培养路径。

扫码查看视频案例介绍

项目化学习视角下教学小卫星载荷改进的实践研究

上海市闵行第三中学

 案例背景

2021年3月,上海市闵行第三中学成为上海市第一所以航空航天为特色的高中,引起人们对航空航天与高中教育融合发展的关注。2020年8月,闵行三中卫星测控创新实验室与上海航天合作共建正式启动,由共建方上海航天提供教学小卫星,教师指导项目小组放飞卫星,进行测控,分析卫星数据,提出问题,得出结论,促进了学生航天素养的提升和学校航空航天特色教育的发展。在多次实践和研究的基础上,我们发现现有教学小卫星也存在诸多不足,如搭载传感器有限、测量范围狭窄、测量成果应用价值不大等。针对这些问题,闵行三中卫星测控创新实验室在大量的校园和闵行区域内调查的基础上,提出了对教学小卫星进行载荷改进的研究方案。

本项目研究将"航天闵行"与学校"舞动星空"课程紧密结合,服务于区域发展和学校需求。闵行三中为促进学校航空航天特色深入发展,需要在现有教学小卫星测控和应用的基础上,改进小卫星载荷,使之能够为师生所用。学生需要知道教学小卫星的发展特点,了解想要改进和测量的教学小卫星的特质。另外,学生还必须根据他们所处的闵行区的区域发展和学校航空航天特色来作出决策,只有这样他们的改进才能产生价值。结合现有小卫星的载荷传感器的实际应用与局限,师生与技术人员合作改进载荷,探索新型传感器的可行性,使之广泛应用于区域环境保护、健康指导、学科教育等,实现教学小卫星的技术升级、载荷更新和应用扩展,最终实现培养学生的科创能力、促进学生学科学习的目的。

 案例介绍

一、方案设计

本案例的研究包括两个阶段,具体见图1。

第一阶段,进行教学小卫星的测控。闵行三中卫星测控与卫星遥感创新实验室与上海航天合作共建,由共建方上海航天提供教学小卫星;教师指导项目小组放飞卫星,进行测控,分析卫星数据,提出问题。本阶段主要培养学生对航天技术的认知,通过"发射"、测控等过程,学习其中的地理、物理、化学、生物、数学等学科知识;激发学生的想象力和创造力,提升学生的科学素质,培养他们的科技探究能力。

第二阶段,进行教学小卫星的载荷改进实践研究。在第一阶段教学小卫星测控的基础上,结合现有小卫星的载荷传感器的实际应用与局限,师生与技术人员合作改进载荷,探索新型传感器的可行性,使之广泛应用于区域环境保护、健康指导、学科教育等,实现教学小卫星的技术升级、载荷更新、应用扩展,最终实现培养学生的科创能力、促进学科学习的目的。

图1 方案设计

二、学科融合

地理:区域自然环境和社会、经济环境。

物理:小卫星结构、载荷与功能;卫星测控。

科学:研究方法、数据分析、报告撰写等。

美术:绘图等。

三、利用技术

卫星测控技术:主要由上海航天提供测控技术指导。

卫星测控数据分析技术:利用测星软件分析数据。

制图技术:利用办公软件和专业地理制图软件完成,如 Excel 和 ArcGIS。

四、动手能力

学生近空飞星、测星,形成报告书;通过设计调查问卷,开展访谈,形成调查报告;通过头脑风暴和区域调查确定载荷改进方案,撰写方案稿;走进上海航天,与技术人员共同"造星",举办说明会;实践测量,分析数据,形成报告;举办成果展,撰写报告。通过项目化学习,学生的动手能力得到了充分锻炼。

五、教学策略

以问题式教学为核心,以项目化学习为实现形式;广泛选用好的教学资源,充分利用上海航天强大的资源助力教学;充分开展实践教学;发挥地理信息技术的功效。

六、教学步骤

第一,挖掘真实情境,激发驱动问题。

第二,小组合作探究,开展项目化学习。

第三,项目成果的可视化、展示和应用。

第四,项目学习的评价。

具体步骤,见表1。

表1 教学方法

课时内容	组织形式	课时
入项活动: 近空飞星	分组放飞;实践体验。	1
知识与能力建构: 遥控测星	真实情境,小组测星;小组探究与汇报;形成卫星测控与应用报告书。	1
驱动性问题: 卫星问题	依据报告书讨论核心问题,确定驱动性问题。 组织学生讨论,提出驱动性问题:如果你是一名卫星专家,现在学校需要教学卫星服务于特色高中发展,你如何改进这颗具备新的载荷并能实现一定教学功能的卫星,以便让师生都有机会"舞动星空",让卫星能服务于闵行区的环境保护、居民健康和学科教学等?	1
探索与形成成果: 论证造星	区域调查:学生分组运用"KWH 表"设计调查问卷,开展访谈,调查作为上海市第一所航天特色高中,闵行三中师生对教学小卫星的认知和使用现状,寻找师生期待的教学卫星,计划实现哪些功能。团队小组对资料进行整理,形成有关教学卫星的"KWH 表"调查报告。 头脑风暴:一种具有载荷改进且具备实现新功能的可行性又能实现师生使用的教学卫星是怎样改进出来的? 应如何开展实验测量,最终服务于生产、生活和学校教育教学? 探讨合理的方案:新型传感器,成本适中;实验测量可操作性强;能应用于区域环境监测,能服务于课程教学。 确定载荷改进方案,撰写方案稿。	1
探索与形成成果: 载荷造星	走进上海航天,小组成员与技术人员论证可行性,共同加载新型载荷传感器,举办新型载荷传感器小卫星说明会。	1
探索与形成成果: 实验测量	实践测量,在校园、闵行化工区、闵行开发区、莘庄交通枢纽、居民区、闵行体育公园等地开展实验测量。	1
公开成果: 区域环境问题、健康指导、 学科教育	小组分析数据,得出区域环境问题的结论,提出建议,绘制地图;总结与地理、物理等学科的结合应用,形成报告。	1
	举办教学小卫星成果展;撰写报告并呈递给区域环境和街道相关部门;在学科教学中使用公开成果。	1

表2　教学小卫星"KWH"调查表

关于教学小卫星应用于学习,我知道了什么?	我期待未来小卫星还能为生活和学习带来哪些服务?	运用这些小卫星服务功能可以解决怎样的问题?
① 提升对航天技术的认知,激发想象力和创造力。 ② 提升科学素质,培养科技探究能力。 ③ 形成航天科学教育课程体系。 ④ 卫星组装、发射、测控等可以渗透地理、物理、化学、生物、数学等学科知识教学。	① 能有助于学科知识的理解和灵活应用。 ② 能服务于区域环境保护。 ③ 能应用于学科教学。	① 学习卫星测控的学科知识。 ② 区域环境污染具体监测。 ③ 通过与学科相关的卫星课题研究,促进学科知识与能力的培养。

七、评价要点

本课程采用多元化的评价方式,充分尊重学生的个性,发挥学生的主动性,包括学生的自评、学生间的互评和教师的评价。评价采用过程性评价和终结性评价相结合的原则。

表3　个人和同伴评价量表

活动时间		活动地点	
小组成员		指导教师	
活动内容记录			记录人:
自我评价			等第:
小组同伴评价			签名:

（备注:评价等级为优秀、良好、一般、有待进步。）

表4 教师评价量表

载荷改进思路			
载荷改进小组			
评价项目	评价要点	评价内容	等第
活动过程	测星	① 放飞是否成功； ② 熟练掌握测控软件； ③ 数据的分析能力； ④ 团队发现问题的能力； ⑤ 团队合作情况； ⑥ 报告书编制合理、可行。	
	造星	① 头脑风暴参与程度和表达； ② 设计调查表的能力；调查数据分析的能力； ③ 载荷改进方案的合理、适用； ④ 讨论、发言的质量； ⑤ 团队合作情况； ⑥ 对产品的解释和说明是否合理、有效。	
	用星	① 提出实验方案和实施能力； ② 实验测量规范、科学； ③ 数据分析能力； ④ 应用报告撰写的能力； ⑤ 实验和分析中的团队合作情况。	
成果应用	① 布置展览并引导参观和体验； ② 成果在区域环境保护和居民健康中的应用价值； ③ 成果在学科教学中的应用价值； ④ 继续改进设想。		
总评			签名：

八、收获与体会

第一，创新学校教育与航天部门合作，发挥各自的应用与技术优势，激发学生的想象力和创造力，提升学生的科学素质，培养他们的科技探究能力。

第二，通过教学小卫星的技术升级、载荷更新、应用扩展，探寻提升学生的科创能力的路径和方法。

第三，实现科创成果应用于区域环境保护、健康指导、学科教育等领域，产生实用价值。

专家点评

　　该项目乍看"高大上"得有些"不接地气"，但在这所有着十多年航空航天特色课程积淀的特色高中实施似乎又有一定的必然性和可行性，在一定程度上也为实现我国的"航天梦"提前孵育人才。课程层次和进阶性明晰，评价量规细致，有航天专家、专技人员和教学小卫星加持，希望能成为点亮航天教育的火种。

扫码查看视频案例介绍

关注学生创新素养的规范校本课程开发与实施

——七宝三中"智慧机场"创新实验室建设

上海市闵行区七宝第三中学　胡洁婷

 案例背景

2021年6月,国务院发布《全民科学素质行动规划纲要(2021—2035年)》,明确指出在"十四五"期间实施青少年科学素质提升行动,"提升基础教育阶段科学教育水平""培养学生爱国情怀、社会责任感、创新精神和实践能力"。为有效落实相关要求,以"立德树人"为根本任务,立足"五育并举",七宝三中以"智慧机场"项目为载体,聚焦航空主题,综合利用各类社会资源,开发和实施"智慧机场"创新课程,引导学生综合运用学科知识进行实践体验和设计活动,让学生在设计和研究实践的过程中动手实现自己的想法,不断提升自己的创新素养。

 案例介绍

一、基于项目活动的创新实验室课程设置

创新素养的培育是跨学科、跨领域的,因此我校创新实验室课程开发团队从满足学生个性化需求的角度出发,聚焦创新素养培育,围绕航空和物联主题,充分挖掘和整合校本资源,采用拓展、社团、探究型课程等多种形式相结合,形成具有学校特色的"智慧机场"校本课程框架,为学生的个性多元智能发展搭建平台,让学生在课程中主动联系生活,自主运用学科知识解决问题,实现育人目标。

"智慧机场"创新课程的内容划分为机场建模、机场工程、机场物联、科学探索四个大主题,每个主题内包含若干个子课程,形成覆盖六年级至八年级的课程框架,具体见表1。整个课程主要以项目活动的形式开展,根据学生的能力水平分为普及和进阶两个层次,分层级培养学生的动手实践能力、设计应用能力和发明创造能力。

表1　七宝三中"智慧机场"创新课程框架

主题	年级	层次	子主题
机场建模	六年级	普及	机场构成初探
	七年级	进阶	机场纸模型初构
	八年级	进阶	机场模型之三维建模
	六/七/八年级	进阶	模型社团

（续表）

主题	年级	层次	子主题
机场工程	六年级	普及	mini 机场我设计
	七年级	普及	无人机初识
	六/七/八年级	进阶	模拟飞行社团
机场物联	六年级	普及	机场中的人机交互
	七年级	普及	旅客乘机之人脸识别
	七/八年级	进阶	旅客乘机之物联应用
	六/七/八年级	进阶	创客社团
科学探索	六/七/八年级	进阶	研究性课题

二、遵循规范流程的创新实验室课程实施

围绕"智慧机场"课程框架，我校创新实验室课程开发团队针对具体课程进行设计与实施，从最开始的单门课程开发到每一门课程的实施完善，我们在实践中逐步摸索出校本课程的开发流程，如图1所示。

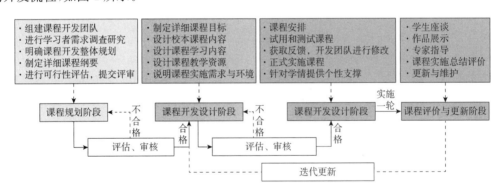

图1 七宝三中校本课程的开发流程

课程规划阶段：主要是建设团队、确定课程实施方案和制定课程纲要。

课程开发设计阶段：制定课程目标，在此基础上确定课程内容及教学需求，并设计、整合学习素材，形成配套教学资源。

课程实施阶段：选择班级进行试点，对课程实施过程中出现的问题进行汇总，统一修改后再评估审核，成熟一个普及一个。

评价与更新阶段：通过听取学生的反馈和专家建议并结合自身的实施总结，对整个校本课程的开发进行真实的评价，促进教师不断优化课程设计和实施。

下面以"机场中的人机交互"这一主题课程为例，具体介绍该主题的开发和实施。

1. 课程规划阶段

我校2名信息科技教师和1名美术教师组成本课程的开发团队，他们根据学情分析制定课程科目纲要，几经修改后，通过课程专家组的审核。

2. 课程开发设计阶段

课程开发团队制定总目标和细化分解目标,并根据课程内容框架设计探究主题以及配套学习资源。

(1) 制定课程目标。总目标:以图形化编程软件 App Inventor 为载体,面向六年级学生,通过情境创设、案例学习、项目驱动等教学活动,学习基本 Android 应用开发的能力,并初步形成计算思维。

(2) 设计七个探究主题。

图 2 "机场中的人机交互"探究主题

(3) 围绕探究主题设计制作学习资源。课程开发团队根据探究主题和教学内容分别设计制作电子书、学习单、微课、交互课件等学习资源。

3. 课程实施阶段

课程从编制到课堂实施是一次跨越。我们先选定一个班级作为实验班进行试用,通过课堂观察,我们发现人机交互概念的学习放在电脑教室中实施效果并不理想,如果直接讲述这个概念,学生可能会知其然而不知其所以然;如果只是单纯罗列多种交互方式,学生可能知其多样却没有深入挖掘交互方式的差异,在制作 App 人机交互作品过程中选择合适的交互类型就会遇到困难。

于是我们将这一环节调整到电子书包学习环境中进行教学,利用 iPad 设计不同交互方式的体验案例,通过小组讨论和教师引导,比较不同案例流程图中的相同点,总结出人机交互的流程。在具象化人机交互发展历程的基础上,引导学生填写人机交互方式对比表,促使他们进一步加深对人机交互的理解。这样在下一阶段进行交互作品设计时,学生可以根据人机交互方式的特点选择合适的交互方式实现作品设计。

在实验班级使用和微调的基础上,我们将这门课程在六年级的其他班级进行普及,同时这门课程中所有生成的资源和过程性评价都记录于校本资源库中,有效落实综合素质评价,让学生学习的每一个瞬间、每一次进步都有所体现。

4. 评价与更新阶段

(1) 学生评价。我们结合课程目标制定评价量表,通过过程性评价、综合作品评价等方式对学生进行考核,了解学生活动的情况。

表 2 过程性评价表

评价指标	评价标准	自我评价	组内评价	教师评价
课堂表现	• 认真倾听,参与活动; • 积极参与活动,踊跃表达。			
合作沟通	• 完成组内分配的任务,参与讨论; • 领导小组活动,协调组内外沟通。			

（续表）

评价指标	评价标准	自我评价	组内评价	教师评价
思维意识	• 有反思重建意识； • 有批判思维，创新想法。			

表3 综合作品评价量规

评价指标	评价标准	优秀 90%	良好 75%	合格 60%	须努力 <60%	权重	得分
功能实现	• 所有功能正常运行； • 合适的时候有提示，充分体现交互； • 用户易上手使用。					40	
界面美观	• 界面布局合理、清晰整洁； • 界面文字清晰、配色合理； • 素材搭配合理并与主题匹配。					30	
自我创意	• 功能使用有创新点； • 界面设计有创新点。					20	
附加分	其他特色点酌情加分。					10	
总分							

（2）课程质量评价。通过听取专家的建议以及课程开发小组对课程实施中的总结和自评，对本门课程开发进行评价，并从学习资料的丰富、编程环境稳定性等方面确定下一轮课程优化的方向。

三、促进学生综合素养发展的创新实验室建设成效

参与创新实验室项目实施，教师会不断主动地学习最新的教育理念与研究成果，积极运用新技术进行思考，寻找有效的解决办法和策略，也会拥有更多可以和专家、同行进行交流和分享的机会。其中，胡洁婷老师围绕"智慧机场"校本课程开设的"我们的素材适用吗"一课荣获全国中小学创新课堂教学实践评比一等奖，沈怡璐老师荣获国际少儿航空绘画上海赛区优秀辅导教师，开发教师先后有60人次获得全国和市、区级奖项。

创新课程的实施让每一位学生都能经历"提出问题—分析问题—解决问题"的学习过程，从而提升学生的问题解决能力，激发学生投身科学、数学、工程和设计的热情。同时，学校鼓励学生积极参与各项竞赛活动，在模拟飞行、无人机、创新大赛的赛场上都可以看见我校学生积极拼搏的身影。各个年级组对学生参与科技比赛非常支持，任课教师利用课后服务时间开展个性化辅导，获奖学生的综合成绩在学校也名列前茅。学校模拟飞行社团被评为上海市首批100个科技创新社团，2020学年共有学生73人次获得全国、市、区等各级科创类奖项。

智慧机场创新实验室项目的开展为学生创新素养的培育提供了途径，我校将坚持为学生创造更多的体验实践，以创新育人，尝试让学生在数字化实验、模块化教学、个性化体验中

提升实践能力和创新素养。这是面向未来,关注学生全面发展和终身发展的事业,我们将继续努力,持之以恒,不断前行。

 ## 专家点评

　　该案例聚焦创新素养培育,围绕航空和物联主题,引导学生联系生活实际,充分挖掘和整合校本资源,采用拓展学习、社团活动、探究型课程等多种形式相结合,形成具有特色的"智慧机场"实践案例。

　　案例设计了机场建模、机场工程、机场物联、科学探索四个任务,以项目化学习的形式开展。案例实施过程中,能够根据学生的能力水平分为普及和进阶两个层次,体现了科创教育的挑战性。

扫码查看视频案例介绍

鲜切蔬果保鲜的奥秘
——提升基于真实情境的问题解决能力和创新思维

上海市七宝中学附属鑫都实验中学　吴文英

 案例背景

上海市七宝中学附属鑫都实验中学是一所秉承七宝中学办学理念、育人目标和管理模式的高起点公办完中。学校以科技创新为特色,鼓励学生参与各类科技创新活动,体验科学探究的过程,学会科学探究的方法,感悟科学探究的精神,提高科学素养,提升创新思维。现阶段我们的学生可以通过探究性课程的实施掌握一般科学探究的方法,然而在学生的创新能力培养方面始终是一个痛点,特别是在创新性地解决问题方面,还有很大进步空间。希望通过本课程的实施,优化教学策略,变革学习方式,促进学生全面而有个性的发展。

"鲜切蔬果保鲜的奥秘"是在STEM＋课程的基础上设计的。目前,沪上STEM＋的课程内容主要以科学实验为主。不同于以往学生做实验是为了证明课本上的理论和结果,用相同的方法和仪器希望得出相同的结果,我们的案例贯穿了科创思维,是跨学科的多种素养协作。这样的设计,不仅能让学生掌握跨学科的知识和能力,还能潜移默化地帮助学生理解学习和生活是息息相关的。

学校在STEM＋课程开发和实施的过程中遇到的首个问题是跨学科的综合应用能力,这对师资队伍的建设要求较高,特别是对授课教师自身的综合素养及创新能力要求较高。因此本项目参与教师中有两位教师是植物学专业和生态学专业毕业的,都对STEM＋课程有相当浓厚的研究兴趣,具备一定的学科素养和研究能力。

依据我校的办学特色,结合本校学生的实际情况和教师本身的特色,希望通过本课程的实施,提高学生基于真实情景的问题解决能力。以鲜切蔬果保鲜为例,从发现鲜切蔬果保鲜中存在的问题,到设计实验,再到运用科学探究的方法解决生活中的实际问题,最后能够清晰地表达自己的观点。这样的过程不但能够提高学生创新解决问题的能力,还能提高学生的逻辑思维表达能力,提高学生的综合素养。

本案例确立的教学目标如下。

1. 通过问卷调研、实地考察等多种手段,了解现阶段鲜切蔬果保鲜的实际情况;查阅相关文献研究,了解蔬果保鲜的材料和方法。

2. 通过一系列科学实验,使学生理解采摘后的蔬果可能发生的物理反应或化学反应,从而对影响蔬果保鲜的原因进行科学推理和探究,进而了解并研究各种鲜切保鲜技术,帮助学生开拓思路和了解新技术,培养学生的探究能力和创新设计能力。

3. 通过工程制作实物来进行蔬果的保鲜并测试其功能,最后通过演讲的形式展示作品。

4. 在平时实验教学的过程中加入科创课题研究的思路和方法,以鲜切果蔬的保养为主线,引导学生科学规范地设计实验,明确实验设计的基本法则,为后续的科创课题研究打好基础。

 案例介绍

一、案例实施

(一) 阶段一:提出问题(基于真实情境,了解鲜切蔬果的保鲜现状)

引导学生从生活中发现问题,进而解决问题。这部分内容以密切贴近生活日常的鲜切蔬果保鲜为例,如疫情期间的屯菜行为会导致果蔬变质,食用后还会导致身体不适。教师引导学生对习以为常的鲜切蔬果进行科学观察和探究,并设计问卷调研现有的鲜切果蔬保鲜情况,从而帮助学生深入认识鲜切蔬果中存在的一些问题。

该阶段要求学生具有敏锐的观察力,可以从生活情境中发现问题,具有探究精神。生活中除了鲜切蔬果保鲜的问题外,还有许多其他问题亟待解决。要求学生学习"创新十二法""文献查阅法"等创新学习的工具,从生活中发现问题。每位学生至少发现生活中存在的 10 个问题,并与同学们进行交流。

(二) 阶段二:设计实验(查阅文献并设计实验,探究鲜切果蔬的保鲜技术)

学习科学探究及实验设计的一般方法,为解决问题做准备。以鲜切果蔬的保鲜方法为切入点,通过一系列科学实验的设计和实践,使学生理解采摘后的蔬果可能发生的物理反应或化学反应,从而对影响蔬果保鲜的原因进行科学推理和探究,进而了解并研究各种鲜切保鲜技术,包括低温、气调、化学保鲜剂和生物保鲜剂等。

该阶段要求学生掌握科学探究的一般方法和实验设计的原则,能够在设计实验时充分考虑到单一变量原则,知道自变量和因变量之间的关系。

图1 学生做水果拼盘(鲜切蔬果保鲜预实验)

(三) 阶段三:解决问题(实物工程设计和制作、测试并改进)

该阶段主要侧重问题的解决方式,结合前阶段理论知识和保鲜技术的学习,设计并制作鲜切蔬果保鲜器来延长蔬果保鲜时间。学生在掌握实验原则的前提下,学会准确客观地记录实验数据,并学会用简单的数据分析方法得出结论,体验科学探究的严谨性、准确性和客观性。该阶段会根据学情适当加入工程设计和实践。以鲜切蔬果的保鲜器为例,学生将基于工程设计流程,设计、制作、测试、改进和展示鲜切蔬果保鲜器。

该阶段要求学生在有限的实验材料下设计并制作蔬果保鲜器,然后试用设计的作品,记录好实验数据并进行分析,改进保鲜器。

图 2　鲜切蔬果保鲜器

(四)阶段四:表达交流(通过多种形式展示并交流项目成果、分享经验)

该阶段主要是项目成果的展示和答辩,让学生学会如何将成果准确、清晰地表达出来。以鲜切蔬果保鲜器的推广为例,教师需要对项目和学生的展示进行评估,帮助学生互相学习,开拓思路和了解新技术。

该阶段主要锻炼学生的交流表达能力、小组团队合作能力、展板或 PPT 的制作技能、演讲技能等。

二、案例启示

(一)学生课程体验评价

L 同学:吴老师开设了"新鲜蔬果保鲜器"课题,以教学视频和现场实验相结合的方式完成相关教学。通过先分组讨论再进行实践实验的方式,让我们了解并掌握使蔬菜水果保存时间更长的实用小妙招。变枯燥的物理、化学知识为生动有趣的实验,促使我们思考和探索,将课本里的知识转化为创造性思维以解决生活中的相关问题,培养了我们的创造力。

W 同学:通过"鲜切蔬果保险器"拓展课,我主要收获了以下三方面:

第一,学习了蔬果保鲜的方法。主要包括通过乙烯、气压、微生物等方法来探究蔬果保鲜的可行性,同时学会了如何分辨蔬果的新鲜度;了解到建议购买蔬果的场所,以及如何测量水果甜度。此外,我还学到了哪些蔬果能够放在冰箱保鲜,以及一些蔬果的储存环境。

第二,掌握了课题研究的方法及思路。在课堂上需要记录填写实验表格,理解了课题研究的严谨性和科学性。

第三,通过小组讨论的形式以及最后分工合作展示实验成果,我的团队合作能力随之得到提升,也增强了沟通能力和动手能力。

Q 同学:通过学习鲜切蔬果保鲜,我收获了很多。第一是关于蔬果的基本知识,让我的实验符合常理;第二是对许多科学实验常用工具的使用,让我的实验减少误差;第三是学到了如何设计实验,确保这个实验有科学性、严谨性、实用性和完整性,迈出了我入门科学的第一步。另外,希望老师在给同学们补充科学知识的同时也要多活跃课堂气氛,让同学们学得更好。

Y 同学:通过一学期的学习,我学会了如何完整地完成一个科学实验,比如实验材料的准备、实验过程的设计,以及糖度计和微生物测量试纸等工具的使用、实验日志的记录,了解到许多关于蔬果保鲜的方法。建议课题涉及面可以更广一些,参与性和趣味性更强一些,小组管理方面希望老师给予更多的帮助和指导。

(二) 教师授课反思

本案例的设计初衷是希望在拓展课的基础上,将科创相关的内容和方法融入整个教学环节。让学生知道如何基于真实情境解决问题,从身边事出发去发现问题,进而创新性地解决问题,并学会正确设计实验的方法。同时在教学过程中注重创新思维的开发,希望这门课也能成功为学生孵化科创的课题。此外,本案例也注重培养学生的逻辑表达能力,提高学生的综合素养。

从学生的课程体验感受来看,本课程基本达到了预期的效果。学生表示在各方面都有所提高,课程的实施让学生很真切地感受到了一个真实情境的解决方案需要运用多方面的知识去解决。学生也通过课程的学习,成功孵化了科创课题研究,孵化率为 50%,已经远远高于其他同类课程的课题孵化率。

在工程实物制作环节,选用了相同的实验材料,不同小组设计、制作不同的蔬果保鲜器并比较其性能,更强调设计结构的合理性。在日后的实施过程中,我们还将尝试把观察的场所放在学校固定实验室,这样观察效果更好,也会让实验的变量更统一。同时,任课教师会适当增加一些微生物实验以增强趣味性,在小组管理方面也会给予更多建议。

 专家点评

该案例是基于 STEM+课程的基础设计的,以现实生活中蔬果的保鲜问题为学习任务,运用科学实验探究的方法,培养学生基于真实情景的问题解决能力,提高学生的综合素养。

案例的实施步骤清晰、合理。通过问卷调研、实地考察等综合手段,对影响蔬果保鲜的原因进行科学探究,尝试运用新技术,培养学生的探究能力和创新设计能力。

扫码查看视频案例介绍

数字音乐之声"薇"乐团
——一次综合性项目学习体验

上海中医药大学附属闵行蔷薇小学

 案例背景

上海中医药大学附属闵行蔷薇小学(以下简称蔷薇小学)的教育宗旨是"使每一位学生得到个性化创新发展"。学校在"易学、易教、易融"的易校园的办学基础上,持续发展以"绿色、低碳、环保"为核心理念渗透的"易"文化内涵建设,以育德树人为根本,以建设"智慧校园"为愿景,以信息技术为抓手,突破传统校园的时空限制,创设"教室无处不在""教师无处不在""课程无处不在"的教育环境,形成"课程即社会,活动即生活"的数字化学习形态,变革教学方式,培育学生的科技创新意识与能力。

学校将生活、美育、创客融为一体,开设"薇"乐团课程,包含艺术、劳技、编程等内容。通过丰富多彩的活动形式,让学生感悟生活之美、创造之美、合作之美。

 案例介绍

学校坚持以"育德树人"为根本,音乐作为艺术门类在教学中首先肩负的便是美育的功能。音乐教育能使学生感受美、欣赏美,提升学生的审美素养,让学生在感受美的过程中、在美的熏陶中塑造完美的人格和个性。同时,音乐教育能促进大脑发育,全面开发学生的智能。有实验表明,人的左半脑逻辑思维活跃,右半脑形象思维活跃,而右脑的记忆潜能是左脑的 100 万倍。音乐教育是打开右脑思维和记忆知识宝库的钥匙,可以促进左右脑的协调发展。

2018 年,教育部在《教育信息化 2.0 行动计划》中提出要推动落实各级各类学校的信息技术课程,并公布了新课标,将编程、算法思维纳入必修课内容。我校自 2008 年起,一直探索智慧校园建设,有着坚实的信息技术力量。因此,音乐与信息技术的融合学习,将是一场综合性的学习体验,也是一门有助于学生各方面能力培养的创新性课程。

一、课程目标

本课程旨在通过乐器的手工制作和基础乐理知识的学习让学生拓展音乐知识,学习更多的乐器,同时增加课堂乐趣。课程中还加入简易的连线启蒙,循序渐进地让学生得到编程逻辑的基础启蒙学习。课程目标还体现在以下方面:培养学生的综合实践能力,让学生能使用学到的知识完成项目学习;培养学生的科创素养,让学生能将创意通过编程等手段实现出来;培养学生对美的鉴赏能力和创造能力,提升学生在生活中对美的追求;培养学生的动手能力,让学生能够创造完整的作品;培养学生的团队精神和合作能力,让学生学会互帮互助、团结合作。

二、课程资源

为了加强综合性项目学习体验,学校开设了 Tinkamo 智能创意编程课程。Tinkamo 采用可视化图形连线编程,学生可以从工具栏里拖动、点击图标到编程画布上,像画一个"家庭树"一样简单完成编程,并观察智能积木产生的反应。通过软件模块中的音乐模块距离映射不同的音高实现演奏,可演奏旋律、和旋多音色,可设两个八度。

图1　目标展示

三、课程实施

（一）走进乐团

通过音乐欣赏和乐队表演的展示,让学生感受乐团的魅力。"薇"乐团的目标就是利用信息技术与编程的优势,让学生和小伙伴一起玩音乐,一起分享快乐。

教师通过智能积木和 Tinkamo 编程软件,展示数字乐器带来的音乐效果,可以和学生一起互动。通过轻松愉快的方式,解决音乐教学乐器种类少的问题,拉近学生与乐器之间的距离。

（二）创造乐器

通过智能积木和编程软件,学生自由尝试进行编程,选择自己感兴趣的乐器,创造属于自己的音符,并与小伙伴分享。首先需要学生挑选积木元件,任何物体都可以成为乐器,利用身边的物体,借助积木发音的原理,设计并制作一个属于个人的独一无二的乐器。接着学生可以根据智能积木的功能特点,对乐器的外观进行设计创想,让其拥有各种各样的造型。由于学生已经具备了不同软件的编程基础,学校的音乐课程也让学生掌握了一定的乐理知识,因此学生具备自主探究的能力。我们鼓励每个学生选一种自己喜欢的乐器,借助编程软件尝试让积木发出自己想要的音符,并将探究成果分享给小组的其他成员,请小伙伴提出更好的建议。

活动中,学生们互相感染,越来越勇于尝试。他们在互相交流的过程中,迸发出新的火花,在共同解决问题的过程中,团队精神也越来越强。在学生探究过程中遇到困难时,教师及时给予帮助和指导,让探究活动能够更好地完成。

图2　模块展示

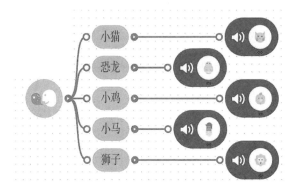

图3　连线编程展示

图4　乐器展示

（三）乐器演奏

乐团的演奏是否成功取决于个人的演奏是否过关、成员之间的配合是否默契,每一个都很重要。

在这部分内容的学习中,除了对乐谱的学习以外,需要教师对每一个学生进行有针对性的指导,唱谱与演奏需要互相配合。在这个过程中,学生不仅能感知音乐之美,更重要的是培养精益求精的精神,不断追求完善。乐队表演是乐团的一个总结,是对学生这段时间学习的展示。

在"薇"乐团实践过程中,乐器的制作完成后,学生需要在教师的指导下先学习演奏自己所制作的乐器,通过不同节奏的演奏练习熟悉自己所做的乐器。然后,在此基础上选定合作的乐谱,并将其分为独奏和合奏两部分,通过练习和磨合最终完成乐队合作一首曲子。这样的过程既有趣味性又有挑战性。

图5 过程梳理

（四）课程评价

学校遵循重过程、重应用、重亲身体验、重全员参与的原则开展课程评价。根据每一课的内容设置评价要点，采用质性评价的方式，注重对学生技能掌握与成果的评价。其中，吉他的赋值区间为0把至5把，具体见表1。

表1 课程评价量表

评价量表	4—5把	2—3把	1把	0把
	优秀	良好	一般	须努力
	通过自主或合作的方式完成课程任务，且有对应的学习成果。	通过帮助可以完成部分课程任务，且有对应的学习课程成果。	通过帮助可以完成部分课程任务，但无对应的学习成果。	无法完成课程任务，且无对应的学习成果。

具体评价单设计见表2。

表2 课程评价单

活动	评价要点	自评	师评
活动一	通过音乐鉴赏找到自己喜欢的乐器，并了解了该乐器的基本演奏方式。		
活动二	学会了用 Tinkamo 可视化图形连线基础编程。		
活动三	会做"发声"的积木。		
活动四	制作了自己所选乐器的外形，并加上装饰。		

（续表）

活动	评价要点	自评	师评
活动五	挑选了简单的乐谱，并进行简单的乐曲演奏。	🎸🎸🎸🎸🎸	🎸🎸🎸🎸🎸
活动六	参加了乐队演奏，完成了合乐。	🎸🎸🎸🎸🎸	🎸🎸🎸🎸🎸

案例评析

在课程教学内容的设计上，始终贯彻 STEAM 教育理念，融合多学科，实现跨学科综合性整合。培养学生的问题解决能力与动手实践能力，激发学生爱科学、爱音乐的积极情感。

在信息技术上，运用 Tinkamo 编程软件让教学更加清晰、直观、可靠、高效。利用神经网络式反应，直接验证逻辑。通过音乐调动学生的多维感官，增强课堂的趣味性与互动性，有效提升课堂学习效率，提升课堂的有效交互。

"薇"乐团是"科创＋美育"的精彩融合，学生能利用身边随处可见的事物，演奏出美妙的音符。不仅解决了音乐器材少的问题，更拉近了学生与乐器的距离，让学生感兴趣、易参与、能创作。在整个学习过程中，学生需要动用美术、数学、编程、表演、团队协作等多方面的能力，利用工具包内的创豆智能积木，把发明创造和编程变得像搭积木一样简单有趣。通过这种无线物联技术支持下的综合学科能力培养，锻炼了学生的自主探究能力和团队合作能力，贴近学生的生活，使学习充满乐趣。通过激发学生的创造力和想象力，让学生成为学习的主人，也让学生感受到生活处处都是学习。

专家点评

"薇"乐团贴近校园生活，创意编程易操作且可视。最终将创作电子乐器、组建乐团演奏作为本项目的产出，大大激发了学生的艺术性、创造力和想象力；课程内容遵循"鉴赏—探索—创造—分享"的逻辑，符合学生的认知规律；以吉他赋值作为评价的量尺，表现型评价描述清晰易理解；教学过程中教师更是关注学生在美术、数学、编程、表演、团队协作等多方面的能力培养。这是一个科创与美育精彩融合的典型案例。

扫码查看视频案例介绍

最好的课堂是实践
——"小鲁师傅"STEAM 科创案例

上海市七宝实验小学　王　瑾

 案例背景

　　教育部在《中小学综合实践活动课程指导纲要》中强调要加强"培养学生综合素质的跨学科实践性课程,打破学科界限,选择综合性活动内容,鼓励学生跨领域、跨学科学习",使学生不断获得发展。为此,我校尝试进行跨学科课程的创意设计,"小鲁师傅"课程便是将语文、自然、信息技术、劳动技术、美术多门基础型课程相关的教学内容进行合理分类,并按照课程标准分为不同层级,形成一个适应不同年龄阶段的孩子的课程阶梯,构建新时代、新技术下的"小鲁师傅"课程图谱。

　　我们将课程分为"4+1"模式,即 4 个基础阶段和 1 个进阶阶段,课程内容几乎可以涵盖学生发展核心素养的要求。"小鲁师傅"将传统木艺制作和现代 VR 信息技术相融合,结合STEAM 教育模式,以实践为主,把学科知识融入课程中,帮助学生加深对数学、物理中一些概念的理解,提升思维能力。

 案例介绍

一、优化课程管理

　　（一）采用"链式结构"的课程管理流程

　　"小鲁师傅"通过课程统整的探索,打破原有的以分科为主的课程体系,把相关联的学习领域统整在一起,实现新课程结构,解决教什么（学什么）的问题。"小鲁师傅"的课程重点是将多门基础课程进行统整,并进行校本化学生创新素养培养的实施。课程实施采用"链式结构"的课程管理流程,每一个单元的课程设计都在不同层面上形成学科统整,为学生创新素养的培养提供有效支持。

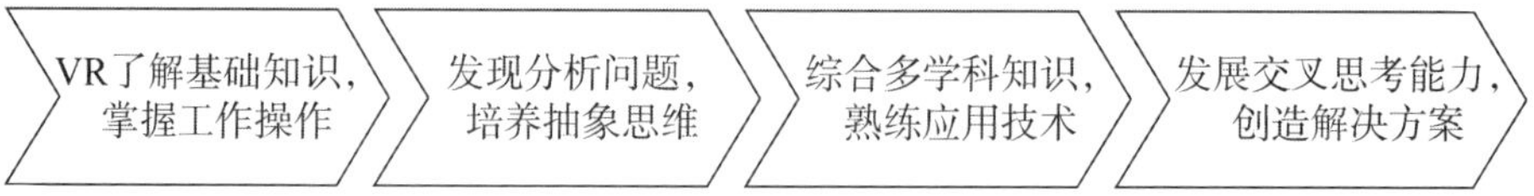

| VR了解基础知识,掌握工作操作 | 发现分析问题,培养抽象思维 | 综合多学科知识,熟练应用技术 | 发展交叉思考能力,创造解决方案 |

图 1　"链式结构"的课程管理

（二）构建 OPCC 教学模式

本课程根据木工教育特有的 OPCC 教学模式进行教学。OPCC 是由观察、规划、沟通、创造这四个词的英文首字母组成的。OPCC 教学模式就是对这四个方面进行有意识的预设和引导,在实践过程中一步步帮助学生建立有效的学习方法和习惯,提高他们思考问题、分析问题的能力,培养综合素质。

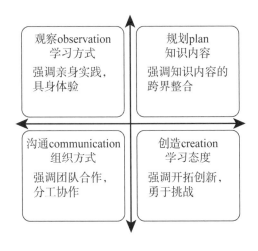

图 2　OPCC 教学模式

课程采用多样的、活跃的学习方式,如行走学习、圆桌学习、众筹学习、项目学习、场景学习……但凡孩子们在生活世界里精彩纷呈、活跃异常的"学习"方式,都是课程实施与学习的可能方式。"整个世界都是教室",重视孩子们直接经验的获得,让孩子们亲近自然、走进社会,通过一系列的实践活动,扩充和丰富孩子们的经验和见识。同时,我们还利用 VR 进行教学演示、实验等,通过信息技术为学生提供个性化的教学服务,为学生的创新能力培养提供个性化的发展空间。

二、凸显学科融合

课程内容的重组是一个有效优化的过程,在这个过程中我们更注重学生创新素养培养的全面性和科学性,避免学科内容的重复性和单一性。利用和整合学校内外丰富的课程资源,构建生成符合学生需求、具有校本特色的课程资源。"小鲁师傅"课程以特定资源为主题,多学科、多活动聚焦,以加强学生与社会生活多学科关联与整合,引导学生跨学科学习,以可持续发展的方式发展学生对生活的理解、创造和实践能力。具体教学内容见表 1。

三、量化课程评价

新课程标准中对教育教学的评价是重过程的评价。"小鲁师傅"课程根据学生发展需要,在评价中实施过程与结果相结合且重过程的评价。星点评定、指标分解的做法,将评价点和评价时机在相对分散的基础上适当集中,体现过程性原则。

表1 教学内容设计

板块	单元内容	设计目的	关联课程	成果呈现
基础阶段	创意木皮画	用各色木皮、横竖纹理,拼贴出栩栩如生的图案,还能激发他们的动手能力、创造力和审美,进行自然与艺术启蒙。	自然、劳技、美术	制作一幅木皮画。
基础阶段	笔下春秋	学习和体验笔杆处理和装套笔头这两道制作工序;毛笔的诞生是中国文化持续发展的一个重要因素,它与时代共同起伏,这份宝贵的文化遗产值得我们去守护和继承。	语文、劳技、书法	制作一支毛笔,完成一幅书法作品。
基础阶段	尤克里里	学会木材表面抛光处理、测量画线、木材黏合等木工基础知识。	音乐、劳技、美术	制作一把尤克里里,并学会简单弹奏。
	时间显示器	学习木材连接的方法、胶水和钉子的配合使用、木工快速计算的方式。	数学、劳技、美术	制作一个时钟。
进阶阶段	VR制作木碗	体验三维动态视景和实体行为的系统仿真木碗制作过程,零距离地接触当代科学研发的前沿技术,感受科技的魅力所在。	美术、劳技、信息	制作一个模拟木碗。

课程评价参考标准简要概括为"四大板块,15项评价指标50个星点",定性与定量考核评价相结合。四大板块,包括创新品质、创新知识、创新技能、创新成果,体现评价过程的层次性和渐进性。15项评价指标更是将评价分解为不同的评价点,让学生有更多的机会开展实践和反思,充分体现评价过程的规范性和完整性。

 案例评析

学校在构建"小鲁师傅"课程时不仅要思考多门基础学科内容的内在关联性,还要对学习环境、学校设施、自然资源、社会资源、家长资源、学生来源、教师队伍等进行系统评估,确定"小鲁师傅"课程内容构建的优势领域,为科创课程体系化发展奠定基础。

"小鲁师傅"课程紧紧围绕"真实问题,确定主题""开放思维,分工合作""学科融合,深度探究""技术辅助,综合提升"的理念进行整体构建,并通过OPCC教学模式来实施课程。

"链式结构"构成了"小鲁师傅"课程操作与实施的整体框架,也确保了课程常态高效地实施,创建了跨学科融合科创的课程范式。

 专家点评

案例聚焦跨学科课程"小鲁师傅"的创意设计,整合语文、自然、信息、劳技、美术多门基础型课程,按照任务目标,形成适应不同年龄阶段学生实践体验的进阶系统。

案例目标清晰,设计规范,任务明确,安排合理,操作性强。案例设计力求涵盖学生发展核心素养的要求,以传统木艺制作和现代 VR 信息技术相融合,把学科知识融入课程中,培养学生的实践动手能力。

扫码查看视频案例介绍

自制气象生活小贴士

上海市闵行区七宝镇明强小学　程育艳

 案例背景

　　我校是全国气象教育特色学校,拥有气象校本课程、校园气象站、风空间等气象资源,师生在日常生活中也会接触大量的气象数据,如天气预报等。那么如何利用好这些气象资源和气象数据,使之更好地服务于我们的学习与生活呢? 这便是项目设计的初衷。

　　在学校相关课题的指引下,我们创设了"自制气象生活小贴士"项目。项目主题来源于与学生生活联系非常密切的气象文化。气象校本资源支持学生收集真实、有效的气象数据,开展气象主题探索。探索成果可通过校园电视台"气象播报秀"栏目分享给每一位师生和家长,也可通过科技节等活动多元展示,如图1所示。

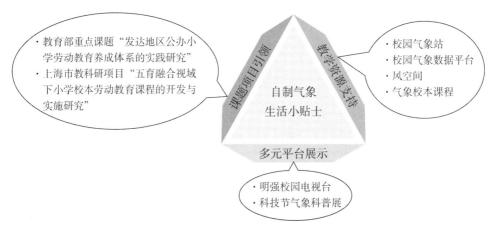

图1　"引领—支持—展示"于一体的项目关系

 案例介绍

一、项目内容设计

　　基于气象数据,探索数据组织和可视化呈现,最终的呈现结果以气象生活小贴士的形式应用于生活。让学生在真实的问题情境中感受到数据对于人类日常生活的影响,学会用数据说话,体会运用信息技术工具解决生活实际问题的一般过程。本项目包含 5 个课时,具体内容安排见表1,项目内容中跨学科知识点梳理如图2所示。

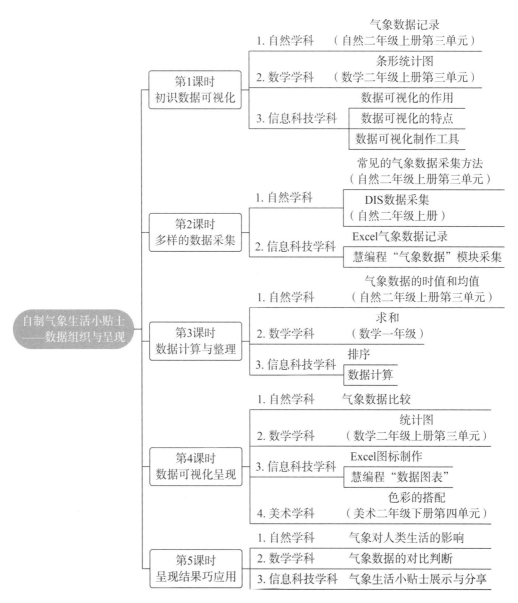

图 2　项目内容跨学科知识点梳理

表 1　项目内容具体安排

项目课时安排	主要活动内容
初识数据可视化	了解数据可视化在生活中的作用，探索数据可视化的不同形式及其特点，通过活动体验，体会数据可视化的一般过程；确定气象生活小贴士的主题，如穿衣贴士、运动贴士、安全贴士等。
多样的数据采集	借助气象设备、校园气象站的数据平台，采集真实、有效的气象数据；通过传感器或图形化编程平台，采集气象数据。

（续表）

项目课时安排	主要活动内容
数据计算与整理	根据需求,对前期收集到的气象数据进行排序、计算等整理。
数据可视化呈现	用电子表格、在线编程等信息技术工具实现气象数据的可视化呈现,体会基于气象数据有效表达观点的过程。
呈现结果巧应用	综合前几节课的数据分析与可视化呈现,联系气象对人类生活的影响,完成"气象生活小贴士"的制作,并进行展示和分享。

二、教学策略设计

首先,本项目采用导向深度学习的问题解决教学范式,即"创设情境,提出问题—协作探究,分析问题—分析数据,构建方案—实践体验,验证方案—评价方案,知识延伸"。不仅教会学生知识内容,而且教会他们学习方法,渗透问题解决的思维路径。

其次,本项目密切联系学生生活实际,以便他们在探索过程中顺利地对接学习和生活,能迁移已有的认知和思维方法,联系生活深度学习,培养应用、分析、创造等高阶思维。

三、项目推进步骤

第 1 课时,初识数据可视化。首先发现问题"大量的气象数据如何直观呈现、易读易用?",分析问题后确定借助数据可视化技术帮助问题解决(见表 2),并了解问题解决的一般过程。随后从第 2 课时开始展开学习和探究,团队协作,经历"采集气象数据—整理气象数据—可视化展示气象数据—气象数据分析和应用提示"这一过程,逐步解决问题,形成项目成果。成果指向信息的生活应用,为生活服务,让整个项目探索变得有价值、有意义。

表 2 "气象生活小贴士"学习单

学号:45

活动一: 确定主题 和对象	1. 我要把贴士送给: ☑同学 ☑老师 ☑家长 ☐其他:_____ 2. 我的贴士是: ☐穿衣贴士 ☑雨具贴士 ☐安全贴士 ☐运动贴士 ☐其他:_____ 3. 我需要的主要气象数据是: ☐温度 ☐风速 ☑雨量 ☐能见度 ☐其他:_____ 4. 我需要用( )的数据。 ☑几小时 ☐一天 ☐一周 ☐其他:_____

四、项目评价设计

本项目以成果为导向，每一课时都会有阶段性成果，它们是项目评价的主要内容。项目过程中的小组合作、积极主动参与、科学有序地开展实地探测等也是评价要点，具体见表3。

表3　项目评价表

	评价内容		达成则标☆
问题解决	初识数据可视化	1. 明确气象生活小贴士的主题。	
		2. 可视化设计方案翔实、具体。	
	多样的数据采集	1. 会用电子表格记录气象数据。	
		2. 会用慧编程工具采集气象数据。	
		3. 能借助气象设备采集数据。	
	数据计算与整理	1. 会用电子表格对数据进行排序。	
		2. 会用电子表格将数据求和。	
	数据可视化呈现	1. 知道数据可视化的一般过程。	
		2. 选择的可视化形式能展示所需数据关系。	
	呈现结果巧应用	1. 包含生活应用的提示。	
		2. 作品清晰美观。	
学习习惯		积极主动参与学习	
		有效开展小组合作	
		规范采集所需数据	
附加项		有项目拓展产品	

五、项目成效

（一）学生素养方面

学生经历完整的数字化项目学习，学习力、问题解决能力、创新能力都有所提升。部分学生在科技节气象科普展中，运用数据可视化技术制作了科普展板（见图3）；钟同学撰写出气象研究报告《考虑气象因素的上海市小学生校服穿着建议》（见图4），也是运用了数据可视化技术协助验证观点。

图 3　学生气象科普展板

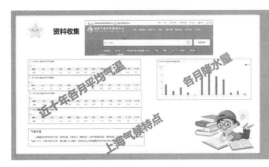

图 4　学生研究报告《考虑气象因素的上海市小学生校服穿着建议》

（二）项目产品方面

项目产品可通过电视台"气象播报秀"栏目（见图 5）展示和分享，被全校师生和家长广泛应用，服务于生活，可谓取材于学校资源，又反哺学校和家庭的生活应用，让大量的学习和劳动产生价值。

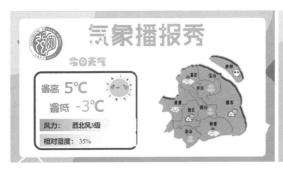
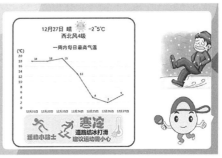

图 5　校园电视台"气象播报秀"栏目展示

（三）辐射推广方面

该项目教学得到市、区信息科技学科专家的高度认可，也受到气象部门专业人士的赞赏。其中"初识数据可视化"一课面向上海市全体信息科技教师进行教学展示，起到很好的辐射推广作用。

六、收获与体会

（一）探索融合教学，提升核心素养

通常在解决真实问题的过程中，需要多学科知识和思维方法的支撑。本项目融合信息科技、自然、数学、美术等学科，并采用导向深度学习的问题解决教学范式，培养学生高阶思维；遵循小学生的思维特点，借助可视化图示工具帮助学生将隐性的思考过程显性表达，培养良好的思维习惯；通过活动内容、形式上的创新，让学生有更多机会去实践探索，将碎片化的认知借助项目中问题的解决和产品应用得以整合，同时有机会锻炼设计思维、创造思维，让知识习得、思维发展同步实现，最终提升学生的核心素养。

（二）顺应时代要求，培养数字公民

当前正处于信息化、智能化飞速发展的时代，数字化学习与创新、信息化应用等能力是未来人才所必需的。本项目推进过程中，非常关注创设信息化学习环境，引导学生利用新型的技术工具和平台进行探究学习，如智能化数据平台、在线编程平台、多样的技术软件等，培养学生利用信息技术解决生活问题的能力以及面向未来的学生学习力。同时引导学生认识到数据在信息生活中的重要价值，通过数据组织与呈现技术应用，增强他们用数据说话、用数据解决问题的意识，提高数据应用效能，培养面向未来的数字公民。

（三）丰富活动体验，促进深度学习

基于校园气象资源的项目探索，学生有更多机会去实践探索，知识习得、思维发展同步实现，促进深度学习。借助校本特色资源及图形化编程等技术平台开展丰富的实践活动，依托校园电视台展示成果，激发学生探究热情和学习动力，丰富学生的学习体验，在真实的生活情境中，为学生提供机会去创想、创新乃至创造，培育学生学习力。

 专家点评

见过不少学生做的气象站项目，但本案例的侧重点及成果呈现方式让人耳目一新。数据可视化的背后其实体现了学生对数据内涵的理解、对数据坚持不懈的采集、数据分析的思路以及对数据应用的创新性呈现，甚至体现对目标人群的关怀及受众视角。有了这些素养，学生更能适应未来生活并创造更多价值……

扫码查看视频案例介绍

水文化与激光造物

上海市闵行区华坪小学　邵益民

 案例背景

中国水文化源远流长,无论是文人墨客的词赋诗画,还是待人接物的处世之道,都与水息息相关。从古至今的水利设施、用水器具更是反映了中国人民的聪明智慧。华坪小学是水教育特色学校,开展水教育已有近30年的历史,逐渐形成的"和乐"文化中不断衍生出新的内涵,那就是"水火相济、理情互启"。我们以此引导教师将"和谐热情、快乐合作"的"火的热烈"与"坚持不懈、以柔克刚"的"水的沉静"有机统一起来。学校水教育内容涉及水与传统文化、水与环境教育、水与科技创新三个维度,也先后建设了水科技探索体验馆、创意水工坊、水博士创客训练营等创新实验室,在校园中营建各种寓教于乐的水教育活动设施,为学生开展水活动搭建了广阔的平台。但是,我们也发现学校水教育在水环境、水科技两个维度的活动成效明显要高于水文化维度,前两个维度的内容在相应的课程建设、设施设备保障方面也更强。水文化活动的开展仅限于在语文等学科及一些展示活动中,设施、设备、课程开发相对较少;而学校科创教室中的各种先进加工设备用途却仅限于创新发明、制作等方面。为了解决这一矛盾,同时提高学生学习水文化的兴趣和热情,培养学生的创新和动手能力,也为了进一步提高科创设备的使用率,我们把水文化教育与现代激光雕刻技术整合起来,开设了"水文化与激光造物"课程。

 案例介绍

一、课程设计

"水文化与激光造物"课程的目的是让学生在学习激光知识并初步运用计算机制图的基础上能通过诵读经典、开展节水实践等活动,经历知识学习、实验操作、信息收集、想象设计、创意制作、成果展示等过程,以各种文创作品或科创作品的形式展现出来,涵养学生的如水品性,提升他们的创新能力与实践勇气,并在传统文化与现代科技的结合中培养家国情怀与国际视野。

本课程包含"激光雕刻与切割技术""节水知识小课堂""节水标志设计""水韵诗画""能工巧匠话水利"五个单元,依托项目化学习方式,运用探究性学习策略开展教育教学活动。

二、教学策略与实施步骤

按照本课程的五个单元模块，教学流程从基础到实践再到运用，教师在教学中综合运用文本阅读、问题提出、动手实验、信息收集、设计作品、创意制作、展示交流等探究性学习方式，并自然而然结合节水教育和中国传统文化的学习。除基础模块外，其余模块可采用项目化学习方式，给出真实的情境问题，然后再引导学生开展解决问题的探索过程，学生的合作交流能力、问题解决意识、想象与创新能力都可得到锻炼。每个单元模块都有各具特色的创意作品呈现，学生在过程中容易获得成就感，这更好地激发了学生的学习实践兴趣。本课程可在综合实践活动课或探究型课程中以学生整班制上课形式落实，也可利用社团活动开展。假如以社团形式开展，可适当增加计算机绘图教学的课时，可采用 PPT 绘图或 AI 入门课程等。课程实施流程、探究内容与教学策略如图 1 所示。

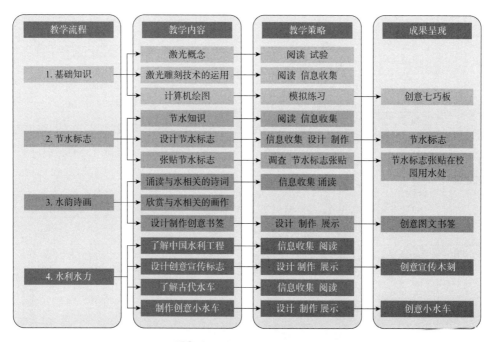

图1　课程实施流程、探究内容与教学策略

三、课程特点与学科融合

本课程可作为小学阶段的综合实践类活动课程，涵盖语文、美术、劳技、科学、信息技术、环境教育等多个学科。其中，古诗词诵读作为语文学科范畴；绘图、设计、名画欣赏可作为美术学科范畴；实验、制作、信息收集及水利工程与水力运用的学习等可作为科学研究课程；文创作品与科创作品的制作与打磨也属于劳技课程；计算机绘图、激光雕刻等属于信息技术课程范畴；节水教育则作为环境教育课程。学生最终成果主要以各种水文化文创作品和科技创新作品呈现。因此，本课程充分体现了多学科融合、创新实践、文化素养提升等多维度目标培养的学习新样式。

四、评价要点

本课程评价以过程性评价为主、成果评价为辅,注重学生科创成长过程的培养和文化素养的提升,着重从规则意识、探究技能、文化素养、成果与展示四方面展开测评,评价方式为自评、同学评、教师评,具体评价内容及标准见表1。

表1 评价内容及标准

一级目标	二级目标	表现标准
规则意识	团队合作	在组内完成自己的角色任务,主动与同学友好合作;为了达到共同的目标愿意做出必要的妥协;为协同工作共同承担责任。
	计划先行	对项目有合理的规划,在项目开始之前先制订具有操作性的计划,并在实践中完善计划。
	知识产权	拒绝各种抄袭行为和盗版商品,尊重和保护知识产权,会利用知识产权进行创新。
	科学严谨	树立科学严谨的探究精神,知道要用科学的方法发现问题、解决问题。
探究技能	提出问题	有较好的问题意识与质疑能力;能辨别并筛选条件,提出有探究价值的问题,并确定研究主题。
	收集信息	能运用多种方法收集信息,能把收集到的信息进行整理、加工。
	创意设计	在进行作品设计时有自己的想法,体现创新性。
	实验制作	能按照正确的操作方法,规范、有序地开展实验和制作。
文化素养	节水文化	了解节水宣传行动与文创设计,能制作初步的节水创意作品。
	传统文化	了解与水相关的中国古诗词,熟悉一定数量的作品并设计制作简单的文创作品。
成果与展示	创意作品	作品符合主题,美观、有创意。
	展示交流	能运用多种方式较完整、准确并有创新性地表达自己的探究成果。

五、所需工具包

本课程所需工具包主要包含以下材料和设备:《水文化与激光造物》校本阅读材料、激光笔等实验器材、2—3mm椴木片、竹片、有机玻璃、吊坠、台式或笔记本电脑、Makeblock桌面激光雕刻机及软件。

六、收获与体会

激光雕刻机是科创课程中一种科技含量较高的设备,本课程能把计算机绘图和激光雕刻技术同水环境教育、中国传统文化教育有机结合起来,并以生动有趣、富有创意的文创作品呈现出来,让学生在学会对技术运用的同时进一步收获文化、美学、想象力、创新力和环境意识的培养。

我校在实施这一课程时主要采用两种方式:一是利用四年级的探究型学科实施课程,整班教学,每次 70 分钟,两周一次;二是利用社团课进行,每次 60 分钟。整建制班级上课普及率高,但是深度不够,适合在计算机房进行教学,学生作品优秀率较低。同时,由于激光切割设备只有一台,所以只能有一部分学生的作品才能被打印切割出来。而采用社团教学时,学生人数少,动手能力相对较强,因此更容易出较优秀的作品。但是,无论是哪种方式,教学的难点在于"基础绘画能力"和"文创设计能力"两方面,因此在教学中选择适当的计算机绘图软件并增加课时,加强创意设计的指导是本课程要重点解决的教学内容。为此,我校结合"全国城市节水周"宣传活动向高年级学生布置了"设计节水标志"的活动任务。我们从学生的设计稿中挑选出优秀的作品重新利用计算机绘图软件进行绘制、修饰,并利用激光切割机雕刻出来,展示最终的作品并将其张贴在学校用水设施旁。

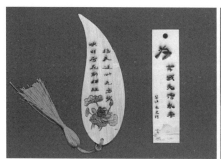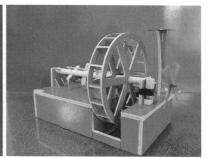

图 2　学生创意作品:书签、水动力模型

 专家点评

"水文化"系列课程是学校耕耘多年的特色,而今又看到了新的"增长点"。激光雕刻机的引入使课程载体、学习成果呈现更多元的可能性、更为精美的技艺和潜在的实用性。反过来,因项目的引入和课程文化的引领,激光雕刻与切割技术的教学也不再是纯粹的技艺学习,转而成了宣传节水、实现节水的方式和手段,相辅相成,这未尝不是一种教学创新。

扫码查看视频案例介绍

技术赋能"非遗十"

——以吴淞中学十字挑花传承为例

上海市吴淞中学　李秀英

 案例背景

以技术融合艺术的形式对非遗进行传承,不仅仅是对非遗项目物理性的继承,更是对非遗内在文化基因的创造性传承,融合了美育、劳动教育、信息技术教育等,是学校对五育融合的实践性探索。

吴淞中学利用创新实验室,探索了数码机器、软件等与非遗传承的创新融合,研发了上海宝山罗泾十字挑花项目和技术赋能"非遗十"的跨学科课程。在实践探索过程中形成了中华优秀艺术传承的"教—研—展"模式,在深化传承本地非遗文化的同时提升了学校育人效果。

 案例介绍

一、案例概况

在《关于全面加强和改进新时代学校美育工作的意见》指导下,"非遗"进校园是实施中华优秀传统文化教育来落实立德树人根本任务的重要抓手。以非遗为代表的中华优秀传统文化教学中存在课程资源贫乏、学徒制模式单一、效率低、成果慢等粗放传承的难点[1],吴淞中学在原有常态化非遗项目基础上,以学生艺术素养和综合素质发展为目标导向,引进了享誉国际 PR10、(蝴蝶)X60、软件等数码技术,融合美术教材开发了技术赋能十字挑花传承的跨学科课程(见图1),对本地域非遗进行了创造性传承与创新性发展。

二、课程设计与实施

(一) 课程设计的基本思路

1. 科技与非遗传习融合,焕活传统非遗主题新任务

学生在教师指导下进行田野调查、数码创意设计等过程中发掘非遗传承中的现实问题,

---

① 孟青,杨帆.中华优秀传统文化教育课程化实施策略[J].教育评论,2018(5):136-140.

探索科技与非遗传习融合促进传统非遗在新时代焕发新的活力,并践行"五育并举·技术赋能"的理念。

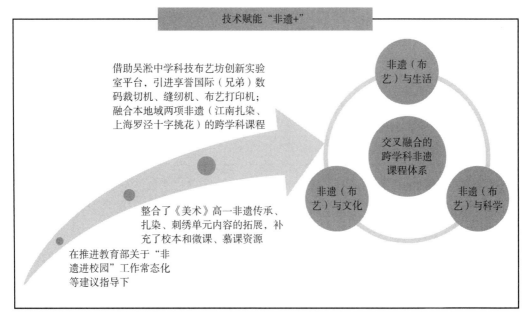

图1 "技术赋能'非遗+'"课程

2.绣花机"走进"非遗,提升学生课题研究等综合素养

围绕立德树人、激发兴趣、传承创新的教学目标,引进 PR10、X60 数码绣花机进课堂,结合 PS 软件、PE-DESIGN 10 进行编辑生成非遗图案刺绣数据,创建十字挑花数据库,衍生出众多原创的非遗文创作品,提升学生的研究和动手、创意、创新能力等综合素质。"现代'大机器'社会下非遗的传承与创新的可行性探究——以宝山罗泾十字挑花为例"等研究性课题也孕育而生。

3.高校、企业协同建设,开辟传统文化传承跨学科新路径

本课程建设借助高校、企业技术力量,拓展传统文化单一性的传承路径,学生以小组合作学习方式,运用多学科知识解决方案,并在软件、机器上进行实践探究,锻炼交叉学科的融会贯通能力,让传统文化的形与魂在技术的介入下得以传承。

(二)课程目标

本课程通过罗泾十字挑花艺术保护传承,让学生掌握挑花技艺;将机器编程、数码刺绣等技术运用到挑花文创作品中,提升学生的审美、动手、创新等综合能力;让学生体验文化传承的历史价值和面向未来的现实意义,坚定文化自信。

(三)课程内容

课程核心内容为"如何利用机器编程、数码等技术提升非遗传承的效果和效益,实现非遗形与魂的双传承"。

表1 "技术赋能'非遗十'"课程基本信息

课程时段	艺术(美术)学科 高一、二年级
课程名称	现代"大机器"背景下非遗的传承与创新——上海市吴淞中学技术赋能"非遗＋"教学 PR 绣花机展示
课时名称	1. 罗泾十字挑花的前世今生 2. 走进老房子,拜访非遗传承人 3. 罗泾十字挑花初体验 4. 非遗也时尚——十字挑花的传承与融合

三、"非遗也时尚——十字挑花的传承与融合"案例

(一) 教学目标

1. 了解十字挑花的总体面貌,知道不同时期十字挑花、非遗传承人代表作品及其艺术特色,理解挑花主观表达与情感传递。

2. 通过视频学会用软件进行图样编程处理,小组合作尝试用数码智能机器进行主题表达。

3. 感悟罗泾十字挑花的审美与人文精神,体验图样的色彩和技法美感,感受其独特魅力,激发对自然和生命的热爱,增强文化自信。

(二) 材料准备

1. 电脑、软件、PR 绣花机等。

2. 十字挑花图样、刺绣材料。

(三) 教学过程

1. 视频导入

教师活动:播放小组探访非遗传承人陈奶奶的视频,感受罗泾十字挑花的悠久的人文历史,赏析非遗传承人代表作品。

学生活动:再次感受十字挑花自然古朴、精致细腻的总体面貌。

2. 复习挑花针法

教师活动:演示行针、绞针、"蛇脱壳"三种基本针法。

学生活动:认真观察,利用手中材料以自主、探究的方式复习针法。

3. 创作挑花帽子

教师活动:微视频展示设计、自动刺绣操作过程,呈现对十字挑花快速、趣味的创意表达。

小组合作:

(1) 将手绣十字挑花的数码图片保存于电脑桌面。

（2）打开 PE－DESIGN 10 导入图片进行编辑，如十字挑花可自动生成十字绣针迹，也可进行人工勾线。

图 2　手绣"八角花"　　　　图 3　"八角花"数据生成

（3）展现设计好的布满十字针迹的图案数据。

（4）将数据保存在 U 盘中，拷入数码绣花机的电子屏上，选择鞋、帽及彩线，按提示创作。

（5）开始绣制，或进行一些自定义的文字编辑。

（6）等待绣花机的制作，5—8 分钟后一顶十字挑花帽子制作成功。

图 4　固定帽子　　　　　图 5　穿线　　　　　　图 6　挑花帽子

教师小结："笔墨当随时代变化"，手绣要 3—4 小时，机绣"八角花"只需要 5—8 分钟，提高了效率、增加了趣味性，但美观程度和背面针迹走向有差别。（见表 2）

表 2　手绣、机绣对照表

方式	绣制"八角花"的时间	花样的精美度	有无内涵	有无创新	适用范围
机器绣制的图样	5—8 分钟	正面工整，但背面的杂线较多，脱线严重，需要修剪；在花样的走线上，由于机器会使布料撑开，或多或少会影响它原来的走向。	机器制作的物品在情感的表现上存在一定空白，只能体现出物品的外在层面。	机器的文创产品遍及各种物品，包括现在流行的小白鞋等。	不分布料，不管是传统的有经纬分布的土布、粗布，还是皮革、纱布、丝绸都可以。

（续表）

方式	绣制"八角花"的时间	花样的精美度	有无内涵	有无创新	适用范围
传统手工挑制的图案	3—4 小时	正反两面都很工整，背面呈极具代表性的一字点状；每过四孔为一线，清楚分明。	带有非遗独特的文化底蕴和温度。	一般都局限于传统的手工品，例如鞋垫、钱包、香囊等。	由于手工挑花需要进行经纬的排列，所以常用的还是走线分明的土布、粗布。

（四）学科融合

利用机器进行十字挑花的创意设计及制作的过程融合了艺术教育、信息技术教育、劳动教育、道德教育等不同学科知识，锻炼了学生利用跨学科知识解决现实问题的能力。

（五）课程实施流程

本课程实施流程如图 7 所示。

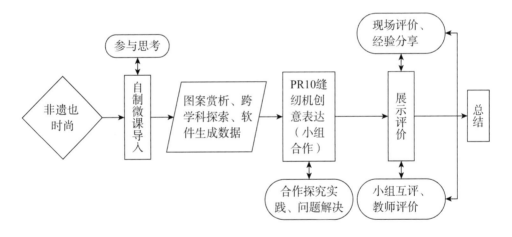

图 7 "非遗也时尚"实施流程

（六）课程评价

本课程建立了与课程标准相适应的评价体系，观察和分析学生在非遗学习中的客观行为，对学生的参与意识、合作精神、操作技能、探究能力、认知水平以及交流表达能力等进行综合评价、档案袋评价。具体评价内容见表 3。

四、课程的创新成果

上海宝山罗泾十字挑花是在土布上"挑花插线"的民间手工技艺，是上海首批非物质文化遗产名录项目。"科技＋非遗"的跨学科融合课程实践，创新性回应学校提出"让每一位

表3　学生评价数据采集指标与分值

类别分值	一、挑花发展史了解(10分)	二、挑花能力(20分)	三、PR10 设计技巧(20分)	四、绣花机使用技巧(20分)	五、小组创意合作(30分)
数据采集内容	了解十字挑花发展的概况,能辨别挑花的类型。	学会三种以上挑法,如绞针、"蛇脱壳"等针法的运用。	初步掌握 PR10 设计方法和技巧。	掌握商用绣花机的使用方法与技巧。	能够小组合作进行探究,组与组之间配合完成创意刺绣作品。

学生都有一次科学研究的经历,让每一位学生充分领略一门高雅艺术"的课程目标。

（一）建构新途径:高校普通高中互动,贯通育人途径

吴淞中学积极与同济大学创意设计学院、上海师范大学美术学院合作。一方面,将高校的技术资源引入学校;另一方面,高校教师直接参与到非遗传承课程的实施中,指导学生进行非遗传承的课题研究,把科技创新人才的素质培养植入对学生培养的全过程中。

（二）探索新模式:创建了"教—研—展"链条式教学模式

以"教—研—展"链条循序渐进模式为学生学习提供支架。第一,非遗传承人和教师、企业科技人员共同对学生非遗传承、数字转化进行讲解和示范。第二,设立相关研究课题,让学生通过小组讨论、网络交流、社会调查、实验研究等突进,在亲身体验中激活学生创造性思维。第三,通过展览、活化、售卖等活动,在过程中锻炼学生的多元能力。

（三）创建了新环境:优化了更艺术、更个性、更智慧的学习环境

学生综合素质的形成和培养离不开良好的教育环境,伴随着教育理念的深刻变革和学习方式的加速革新,我们创建并迭代了更艺术、更个性、更智慧的非遗创新实验室,打造融教学、展示、活动为一体的"技术赋能非遗＋"艺术体验馆。

五、总结与展望

（一）课程总结

本课程学生作品在国家级、市级比赛中多次获奖,微课获市级一等奖、区优秀班组奖。学生作品及工作坊曾在上海展览中心、普陀区文化馆、西岸美术馆、东方绿舟等进行展示。连续五年举办"吴淞中学杯"非遗嘉年华,让数以万计的学生了解传统文化和罗泾十字挑花及其新时代内涵,让古老的非遗焕发生机和活力。

（二）未来展望

1. 推动对十字挑花的深度传承

在取得初步成效的同时,我们将进一步加大保护传承及发展的力度。希望增加学生的

实践活动,促进大中小一体化普及、提升、推广。

2. 建设技术赋能非遗传承课程群

在进一步推进技术赋能十字挑花的基础上,探索在更多非遗项目传承中加入新科技及AI技术,探索突破非遗传承中的性别差异、地区限制等因素的技术赋能非遗传承模式。

3. 进一步扩大课程成果对外交流

在已有非遗传承联盟基础上进一步深化合作内容与方式,积极与市内、国内乃至国外其他学校进行交流,积极学习与借鉴更为先进的技术、路径与模式,从而推动本课程不断迭代、优化。

 专家点评

案例中的课程整合了民间手工技艺及现代科技,把中国传统文化巧妙地融合于技术中,使其赋予新的活力。整个课程把科学技术、人文、美学及劳动教育巧妙结合,并充分利用各类社会资源,让学生能有充分的时空参与体验及实践,了解及掌握十字挑花的技艺,在技术赋能下设计制作产品,培养了学生的实践创新能力。

扫码查看视频案例介绍

智能运输小车

上海市宝山区高境镇第三中学　刘志远

案例背景

"智能运输小车"是一门既有趣又有意义的课程。课程中的实践活动是研制具备智能行驶功能的运输小车,涉及方案设计、机械装配、计算机编程等领域的知识和技能。课程基于智能运输小车的整体研制方案,由易到难,循序渐进地设计了不同功能、不同部位的研制任务,帮助学生完成自己的智能运输小车。

课程设计的初衷旨在聚焦生活问题与需求,以"大型物流仓库中如何节省人力"这一驱动性问题为切入口,指导学生学习运用新科学、新技术设计研制一辆具备自动循迹行驶与自动卸货功能的智能运输车模型,并在模拟车展活动中交流展示。希望能以此项目为基础,不断激发学生新的创意,让他们积极主动地投入未来智能车或人工智能创新运用的探索实践中。

本课程是以引导学生聚焦生活、关注未来,将传统车模与人工智能相融合,建构模型解决生活问题为目标,使学生在真实世界中借助多种资源,学习与运用多学科知识技能开展探究学习与创新实践,并在一定时间内通过五个有逻辑关系的单元任务,模拟完成真实任务的综合实践项目。它将有效促成学习状态、学习内容、学习方式以及学习结果等方面的变革,发展学生兴趣,促进学生个性发展。

图 1　智能运输小车

案例介绍

一、方案设计

"智能运输小车"主要针对初中六、七年级对车辆模型和人工智能感兴趣的学生,是以一个学期为教学周(共有 16 课时),以社团的形式将三位学生分为一组开展学习的项目。本课程配备了学习资源,如项目学习手册/学材、教学设计、数字课程、教学 PPT、学习单、评价表。在课程开展过程中对于场地及设备有一定的要求,如需要较大、能布置小车运行场地的教室,需要电脑以及螺丝刀、车轮、车轴、底板、小电机、开源硬件(开发板、传感器)等工具材料。部分用于车身的创意研制材料需要学生自行准备,如废旧包装盒、废旧木板等。

通过本课程的学习,希望学生能够获得以下四个方面的发展。(1)通过小组合作的形式,创意设计制作一辆具有自动循迹行驶与自动卸货功能的智能运输车模型;(2)通过项目的学习与探究,运用开源智能硬件驱动小车,运用图形化编程软件设计和编制小车循迹自主行驶等程序;(3)在团队合作实践活动中发展对车模与人工智能的兴趣爱好,提升发现问题与解决问题的能力;(4)通过整个项目化的学习过程提升他们的创新意识与创新能力。

本课程设计了五个具有递进关系的探究任务,分别是运输车的智能创意、制作程序控制小车、探索小车自主行驶、研制小车载货车身和智能运输小车展示会。在智能运输小车研制项目的整体设计基础上,对不同功能、不同部件分别研制,由简到难、循序渐进,最后组合完成项目任务。在具体章节中按"提出问题—梳理思路—探究发现—实践任务"的逻辑展开,让学生在问题解决中实现学用合一。

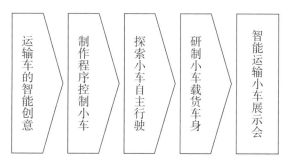

图 2　课程递进式的探究任务

二、学科融合

"智能运输小车"作为物理、数学、艺术、信息技术、劳动技术等多学科的融合,其学科融合主要有以下六个方面的表现。(1)生活化。"智能运输小车"的设计与制作任务来源于生活,是基于科技的发展、聚焦生活中的实际问题而展开的项目化学习。(2)探究性。指导学生在真实世界中借助多种资源开展探究活动与创新实践,使学生学习运用人工智能解决问题,促进创新实践与思维能力发展。(3)趣味性。项目涉及的车辆模型和人工智能都是当代青少年非常感兴趣的内容,通过学习实践能进一步培养、激发和发展学生的兴趣爱好,开发学生的潜能,促进学生个性、特长的发展。(4)实践性。强调动手操作实践,重视感受经历体验,让学生通过"运输车的智能创意、制作程序控制小车"等五个有逻辑关系的实践任务,综合"创见"智能运输小车,培养创新精神,增强实践能力。(5)综合性。将传统车模与现代科技融合,围绕"智能运输小车"的设计与制作这一富有挑战性的大项目,整合多学科知识技能,创设综合学习与实践平台,促进学生综合理解,实现学生的综合发展。(6)创新性。虽然项目活动使用了部分套材,但"研制小车载货车身"中引导学生根据不同种类的运输货物创新设计相应的载体,学生在这种开放的学习过程中一定会收获凸显个性与创新的学习成果,发展高阶认知。

三、所用技术与动手能力

"智能运输小车"每一章的任务都强调学生的实践创新,建议充分运用数字化、网络化的学习手段,延展学生的学习时空,即课外指导学生自主查阅资料、观看数字课程、完成相关讨论与制作,并通过网络交流群实时交流探讨,课内则重点学习核心知识技术与解决主要问题等。

"智能运输小车"在每章节的动手能力培养上,通过不同的核心目标制定不同的核心内容和核心活动。(见表1)

表1 任务目标与内容

章节名称	核心目标	核心内容	核心活动
运输车的智能创意	能发现问题和辨别有价值的需求;能通过调查获取信息并整理信息;能大胆提出合理设想。	掌握智能运输车的基本结构与主要功能,以及设计的方法。	设计智能运输小车的研制方案。
制作程序控制小车	能根据要求装配程序控制小车;能设计和编制简单程序控制小车运动。	掌握程序控制小车的结构和部件,掌握图形化编程和简单驱动程序。	装配程序控制小车并编程控制小车运动。
探索小车自主行驶	能收集和整理有关车辆自主行驶的信息;能设计和装配循迹小车;能编写循迹运动的程序。	掌握检索车辆自航的方法,以及循迹小车的原理和应用。	装配智能循迹模块并编程控制小车循迹行驶。
研制小车载货车身	能调查和分析运输需要;能依据需要设计车身;能依据设计制作智能运输车模型。	掌握运输车车身的设计与制作,达成智能运输目标。	研制满足不同需要的智能运输车车身,组装智能运输小车。
智能运输小车展示会	能创意制作展示材料;能提出小车迭代发展目标。	掌握小车展示的实践,进行小车的迭代发展研讨。	制作展示介绍材料,参加展示交流活动。

四、评价要点

"智能运输小车"的评价方式主要是体现学生的主体作用,注意过程评价,坚持激励性评价,关注差异性评价和个性特色评价。评价的主要内容包括信息收集、问题发现、交流表达、创意设计、合作实践等。分别针对小组在每项小任务中的具体表现进行评价,课程结束后汇总各小组的评价总成绩,择优表彰。评价的方式做到两个结合:形成性评价与终结性评价相结合,自评与他评相结合。

个人评价表

评价内容	自评	他评	还须努力之处
合作：积极参与小组活动，主动表达观点，尽力完成任务	☆☆☆	☆☆☆	
编程：认识编程软件，对编程感兴趣，能编写控制小车运动的简单程序	☆☆☆	☆☆☆	

小组评价表

评价内容	自评	师评	还须努力之处
合作：合理分工，遇到问题或分歧时能主动协商解决	☆☆☆	☆☆☆	
研制：合作完成小车的装配，能按要求编程控制小车	☆☆☆	☆☆☆	

图3 课程评价示例

五、收获与体会

"智能运输小车"重点是发展学生的三项创新意识和五项创新能力。其中三项创新意识指的是创新有意义（价值意识）、我要创新（行动意识）和我能创新（自信意识），五项创新能力是指提问、调查、设计、研制和推介。

本课程的创新点主要通过五个方面来达成：（1）通过发现问题和辨别有价值的需求，完成调查，获取信息并整理信息，大胆提出合理设想；（2）根据要求在装配程序控制小车的同时为小车设计和编制简单程序，控制其运动；（3）根据收集和整理的有关车辆自主行驶的信息，设计和装配循迹模块，通过编写循迹运动程序让小车完成循迹操作；（4）根据调查和分析运输需要设计车身部件，以实现不同载体的运输与卸货；（5）通过自主设计并制作展示材料，提出小车迭代发展目标。

专家点评

案例将传统车模与现代科技相结合，通过循序渐进的五个探究任务，引导学生将车"造起来"，继而"跑起来""能认路"，再到"能载物""展出来"，随着小车功能的不断迭代升级，学生能力也随之不断提升，实现从想创新、愿创新到能创新、善创新！

扫码查看视频案例介绍

折纸团扇的制作和探究

上海市宝山区呼玛路小学　孙　筠

 案例背景

　　随着"五育融合"教育思想的引领,学科跨界、融合、融会、融通已势在必行。在融合中丰富学生的学习内容和方式,在跨界中提升学科教育教学内涵与品质,已成为教育工作者的共识。

　　本项目基于当下热门的"STEM+"课程理念,从中国传统民间艺术——扇入手,以常见的折纸团扇作为媒介和桥梁,通过三个层面、五个环节活动,整合多学科知识,以亲子活动为抓手。项目不仅让学生感受了中华传统扇艺的魅力,更是寓传统民族艺术于现代科学设计制作中,激发了学生的活动热情,同时开发学生的智力,提高其动手能力、反应力、创造力,培养学生主动学习的兴趣和感受创造的魅力,促进学生自我实现和创新精神的发展,增进学生、家长、教师之间的感情,扎实推进提升"STEM+"主题探究教育活动的品质,拓展传承辐射的影响力,力争打造学校科技教育活动的新模式。

 案例介绍

一、活动目标

　　由浅入深,以"STEM+"教育为切入点,以常见的"折纸团扇"作为媒介和支架,通过相应的主题探究活动,使学生知道"折纸团扇"的基本结构、类型、制作方法及材料等方面的知识,引导学生提高对扇文化的兴趣,促进学生将所学知识和方法进行生活化的实践与延伸,让现代科技与传统艺术完美地结合,打造科技教育活动的新模式。

　　让学生在了解中华传统文化的基础上,能够用自己的创意想法通过多学科的融合,制作完成创意折纸团扇,提高学生应用科学方法和技能的能力,从而让学生乐于动手、主动探究,培养学生的动手能力、创造能力、探究能力、表演能力、互动能力以及关爱社会的能力,全面丰富学生的课余文化生活,让更多的学生参与科艺活动,让更多的家长关心孩子的全面成长,让全社会关注孩子的科技教育。

二、具体内容

　　本活动从三个层面展开,具体内容如图1所示。

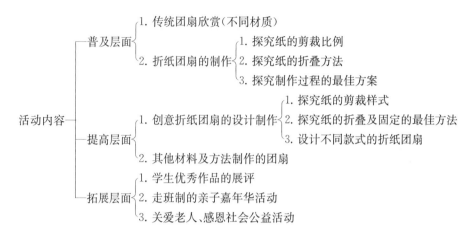

图 1　活动具体内容

三、实施流程

（一）准备阶段

实施准备阶段，成立了活动领导小组，具体负责并组织活动的开展。

（二）实践阶段

【系列活动一】"赏听结合"齐学习

聘请非遗项目的教师对师生和家长开展集体讲座。用讲座互动的方式向更多的人群传递扇知识及折纸团扇的基本制作步骤，唤醒其对民族文化的喜爱，进一步夯实大家的科技知识和人文素养，共同搭建充满希望的科创未来。

【系列活动二】"你做我创"大比拼

分年级开展折纸团扇的制作主题探究活动。

1. 学习折纸团扇每个基本制作步骤的要领

（1）基本制作步骤一：裁纸

探究的内容：纸的长宽比例的设定标准。

涉及的学科：数学。

包含知识点：圆周率的基本概念。

探究的方法：长宽比例不同纸的制作实验。

（2）基本制作步骤二：折纸

探究的内容：①折纸基本方法及宽度；②对折时要注意的基本要领；③制作用纸的选择。

涉及的学科：工程、技术。

包含知识点：①向里、向外折的基本要领；②对折的要领及后续的调整；③一般选用80克左右的纸张。

探究的方法：不同克数（厚薄）纸的折叠制作实验。

（3）基本制作步骤三：固定黏合

探究的内容：①固定的位置与固定的材料；②扇面黏合的方法；③扇柄的长短、样式及材质。

涉及的学科:工程、技术、数学。

包含知识点:①根据折叠后的厚度,寻找最佳的固定材料及固定点;②扇面黏合的顺序;③根据扇面的半径长度、折叠的宽度,选择扇柄的长短、样式及材质。

探究的方法:不同固定材料和黏合方法制作实验。

2. 学习创意折纸团扇基本制作的要领

(1) 有花纹变化的折纸团扇(低年级)

探究的内容:①设计花纹位置的计算;②各种款式花纹的技术;③双层折纸团扇的材料选择。

涉及的学科:工程、技术、数学、艺术。

包含知识点:①根据对称原理和折叠的层数,计算花纹的位置;②各种款式花纹所包含的技术;③选择双层折纸团扇的材料的原则。

探究的方法:设计不同花纹的折纸团扇制作实验。

(2) 有外形变化的折纸团扇(中、高年级)

探究的内容:设计外形剪裁位置的计算。

涉及的学科:数学、工程、艺术。

包含知识点:根据折叠的层数,计算外形的剪裁方法。

探究的方法:设计不同外形的折纸团扇制作实验。

(3) 可收缩式便携折纸团扇(高年级)

探究的内容:①纸的长宽比例的设定标准;②扇面固定的位置及方法;③收缩式便携折纸团扇的结构设计及扇面收缩的原理;④可收缩式便携折纸团扇制作工艺。

涉及的学科:工程、技术、科学、数学、艺术。

包含知识点:①根据扇面的圆周,计算纸的剪裁的比例;②扇面固定的位置计算;③基础的力学原理知识;④管状抽拉式的外形结构。

探究的方法:可收缩式便携折纸团扇制作实验。

【系列活动三】"大手小手"一起行

每个班确立展出主题,并进行两次展示,从中挑选出班级优秀作品,同时评选出班级的三星小达人参加学校展示,参与学校的制作小达人、创意小达人以及最佳班集体等奖项的评选。

以家庭为单位,设摊进行现场表演和制作指导,其他学生、家长以走班的形式到各班级与他们互动,切磋技艺,增长见识,形成学生之间、家长之间互学互助的氛围。

【系列活动四】"我吟你演"齐表现

学生手持"创意折纸团扇",在舞台上边走秀边吟诗(与扇有关的诗),让参加吟诵的学生感受手持"创意折纸团扇"吟诗时给我们带来的美好意境。

【系列活动五】"扇行天下"献爱心

学生带着亲手制作的扇子,送给养老社区的老人,表达一份爱意。

(三) 活动总结阶段

在活动的总结阶段,评选活动优秀班集体及单项的优胜班级,学生层面评选了十佳制作小达人、十佳创意小达人、十佳巧手家庭;各班也评选了一星小达人、二星小达人、三星小达人,并给予表彰。学校把学生的作品汇编成册,作为礼物发放给大家,以此留念。

四、成效与评价

(一) 对整体活动的评价

活动在普及的基础上,以校本课程的形式开发完成扇子的制作等实际应用方面的研究,争取有所突破;同时带动学校的整体扇艺科技活动及其他科技工作的进一步开展。

(二) 对教师的评价

在活动实施过程中严格遵守学生自主学习和活动的原则,不能代替学生完成相应的任务。始终关注学生活动的进展情况,关心每一个学生,做好活动实施效率解读,采用相应的措施提高效率。通过市级竞赛、学校教导处评价、教师自我评价、学生座谈等形式进行评价,了解教师在活动实施过程中的投入程度和专业水平的提高程度。通过学生座谈,了解学生对活动项目的喜爱程度及需求,及时反馈给教师,及时修正活动的内容与目标。

(三) 对学生的评价

对学生的评价更多是对学生在活动中表现出来的强烈求知欲、积极思考、踊跃参与、善于发现等给予肯定,注重过程,兼顾结果。

评价原则分为激励原则、自主性原则、多元性原则、注重过程原则,对学生的参与程度、合作精神、探究能力、知识技能、发展情况等进行全面、客观的评价。

表1 学生个体评价单

指标	序号	评价标准		评价等第		
		完成项目状况描述	五星标准	自评	组评	师评
参与程度	1	我积极参与并在活动中享受到乐趣。	积极参与每次活动,在活动中享受到乐趣。			
	2	我共参与完成了_____件探究作品。	参与完成两件以上的探究作品。			
	3	我共提出或发现了_____个问题,有_____个得到了老师的肯定。	有浓厚的探究兴趣,提出三个以上有价值的问题。			
	4	在探究过程中,我遇到了_____个难题,通过自己的努力解决了_____个。	有良好的自主学习的能力和顽强的探究意志。			

指标	序号	评价标准		评价等第		
		完成项目状况描述	五星标准	自评	组评	师评
合作精神	5	能大声讲出自己的不同意见。	能大胆表明自己的观点。			
	6	我共收到了别人_____条不同的建议。	能虚心听取别人的意见。			
	7	我配合完成了_____项活动。	能服从分工并完成任务。			
	8	我为别人提出了_____条建议。	能热心帮助别人进行研究,具有团队合作精神。			
探究能力	9	我共记录了_____种材料在制作中的应用。	两种以上,说明有良好的观察和思考的能力。			
	10	我提出了_____个奇思妙想。	有发现和提出问题的能力。			
	11	我完成了_____项创意扇的资料的汇总。	三项及以上,说明有收集和整理信息的能力。			
知识技能	12	我能制作一把折纸团扇。	利用纸进行较熟练的制作。			
	13	我能让折纸团扇改变造型。	会利用多种技能进行制作。			
	14	我学会制作创意团扇。	会用多种材料及工艺制作。			
	15	我会吟诵与扇有关的____首诗词。	会吟诵两首以上。			
发展情况	16	逻辑推理能力、综合能力有增强。	能根据已有知识进行演绎推理、综合判断。			
	17	我将自己的作品赠送给了_____。	活动中懂得感恩,回馈社会。			
	18	能和家长一起参与这个活动。	活动中始终和家长一起互动参与,得到家长的支持。			
	19	具有团队协作精神和勇于探索的精神。	活动中服从安排,能主动质疑、释疑。			
综合评价	我的感受:					
	组长评价:					
	教师评语:					

五、收获与体会

（一）充分利用学校资源，选择适合的主题及内容，让活动专业性更强

我校作为上海市非遗项目基地学校，有完善的扇艺校本课程，通过非遗传习教师的专题讲座，让大家走近非遗，走近扇艺，提高学生、家长对扇艺的了解度，让学生、家长主动投入扇艺作品的探究、制作中，并通过学生、家长这一最具活力和影响力的社会群体，影响和带动周围群众，进而辐射全社会，调动全社会参与的积极性。

（二）设计的活动和生活紧密联系

活动的设计紧扣"折纸团扇"的主题，让学生意识到再平常不过的折纸团扇原来还包含着数学、工程、技术、科学等知识原理，让学生懂得"科技改变生活"的道理，增强"生活处处有科技"的意识，从身边的小事做起，从自己做起，践行"科技助力成长，创新引领未来"的理念，激发学生爱科学、学科学、用科学的兴趣，让他们在活动中充分体验学习科学的乐趣，提升科学文化素养。

（三）丰富的亲子活动增进情感交流

活动让家长与孩子进行零距离沟通，学校搭建这样一个亲子活动的平台，有利于增进家长和孩子之间的情感交流，更有利于孩子身心的健康成长。走班式的亲子嘉年华活动，让每一个孩子既是组织者又是参与者，有利于孩子结交新朋友。看到孩子有进步是家长欣慰的事情，而亲子活动就是给孩子一个激发潜能的机会。

（四）"STEM+"教育理念的引入，力争打造科技教育活动的新模式

动手动脑的科技实践是"STEM+"教育的一大特色，本案例通过主题探究活动整合多学科知识，不仅能寓教于乐、寓知识于科学制作中，同时还能开发学生的智力，提高其动手能力、反应力和创造力，使他们在德、智、体、美、劳各方面得到全面发展。

 专家点评

纸是最常见易得的材料，但在学校的设计与运用下，焕发出了别样的风采：华丽变身成了形色各异的团扇，加深了学生对尺寸、结构的理解，促进了亲子交流互动，拉近了学生与传统文化和非遗技艺的距离，还传递了对社区老人的关爱……课程亦如纸一样，看似简单、低结构，却呈现出了丰富的延展性。

扫码查看视频案例介绍

社会科学创新探究

上海市嘉定区第一中学

 案例背景

《全民科学素质行动规划纲要(2021—2035 年)》中习近平总书记指出:"科技创新、科学普及是实现创新发展的两翼,要把科学普及放在与科技创新同等重要的位置。没有全民科学素质普遍提高,就难以建立起宏大的高素质创新大军,难以实现科技成果快速转化。"这一重要指示精神是新发展阶段科普和科学素质建设高质量发展的根本遵循。

"社会科学创新探究"是针对高中学生研发的一门为期两学期共 60 课时的项目式学习课程。课程以上海市青少年科技创新大赛为抓手,通过带领学生了解课题研究的流程与方法、分析经典科创案例、头脑风暴构思选题、学习相关人工智能技术、开展课题研究,让学生从现实出发,发现生活中的问题,通过项目式的学习探究及动手制作解决问题,呈现真实可见且具有社会价值的成果。课程旨在培养学生大胆假设、谨慎求证的理性思维,提升学生发现问题及解决问题的能力,发展学生团队合作与沟通交流的能力,使学生具有人文关怀及社会责任感。

该课程更多的是自主学习模式,教师通过授课引导学生学会进行社会科学探究,指导学生开展社会问题的调查,培养学生从社会科学的背景出发,通过教师的指导,走出课堂,走出校园,主动了解、探究社会现象。课程目标包括以下四个方面。

1. 通过课题研究,发展逻辑分析的理性思维、发现问题与解决问题的能力。

2. 通过产品制作,了解常用的科技手段,培养工程思维。

3. 通过小组合作,学习团队合作和沟通交流的能力。

4. 通过发现解决问题,增进人文关怀与社会责任感。

 案例介绍

一、方案设计

课程以项目式学习的方式展开,通过对真实的、复杂的问题进行探究,以小组合作的方式进行项目实施,最终以产品形式呈现,学生在参与过程中逐渐建构知识网、掌握必备技能、实现综合发展。过程中采用小组合作、头脑风暴、实验探究等方式,以学生为主、教师为辅,完成课题研究,如图 1 所示。

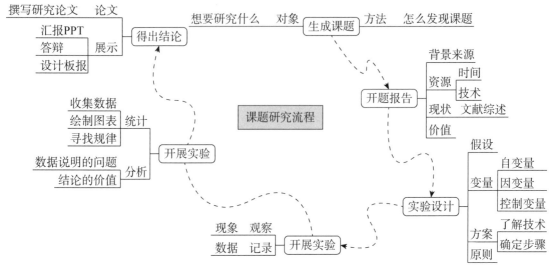

图 1　课题研究流程

二、学科融合

"社会科学创新探究"是一门综合性、实践性、探究性的项目式学习课程。课题选择丰富广泛，来源于生活，又服务于生活，既可以是贴近学生学习生活、校园生活的课题，也可以是社会时事热点，还可以是当前人类关注的重大问题。具体课程实施时以开源硬件、调研报告作为实践教学载体，开展硬件操作、软件编程、社会调研、设计制作、调试优化等多项实践教学内容，让学生接触材料科学、信息技术、生命科学、社会科学等多个跨学科知识，充分激发学生对科研领域的兴趣和认知，培养和增强高中生的综合实践能力，同时也对多学科交叉教学进行有益的尝试与探索，打破学科之间的壁垒，融通不同的学科知识和能力，共同指向真实情境中的问题探索与解决。

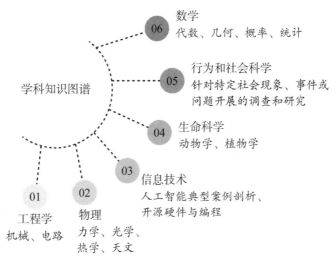

图 2　学科知识图谱

三、能力素养

该课程中,针对提出的问题或项目目标,学生组成探究小组开展原创性研究。在研究过程中,学生要将以往书本上或教师给定的学习任务转化成解决某个问题而必须完成的任务,可以有效提升学生学习的兴趣和主动性。课程通过案例分析、头脑风暴、方案设计、分析报告、产品制作、调试优化等内容,培养学生各个维度的能力素养。

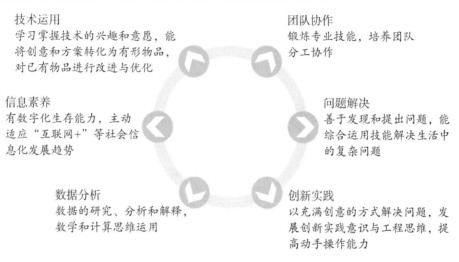

技术运用
学习掌握技术的兴趣和意愿,能将创意和方案转化为有形物品,对已有物品进行改进与优化

团队协作
锻炼专业技能,培养团队分工协作

信息素养
有数字化生存能力,主动适应"互联网+"等社会信息化发展趋势

问题解决
善于发现和提出问题,能综合运用技能解决生活中的复杂问题

数据分析
数据的研究、分析和解释,数学和计算思维运用

创新实践
以充满创意的方式解决问题,发展创新实践意识与工程思维,提高动手操作能力

图 3　课程能力素养

四、评价策略

本课程采用学生表现性评价,学生需要准备课题研究日志、项目作品,以及项目的三折页展板,并参与最终的答辩,根据答辩情况对学生进行综合评价。表1、表2为学生课题和作品的评价量表。

表 1　评价量表(1)

评价维度			分值
个人项目	创新性	项目的立意、提出的观点以及研究的方法等方面有新意、有创见;分析问题、实验设计、技术路线、数据处理方法独特。	最高 30 分 □优秀(25—30 分) □良好(15—24 分) □一般(15 分以下)
	科学性	项目的选题符合客观科学规律,有科学依据,立论明确,论据充分;研究方法合理,技术方案合理;科学知识、科学理论掌握运用准确。	最高 20 分 □优秀(15—20 分) □良好(10—14 分) □一般(10 分以下)
	完整性	项目研究达到一定阶段,有最终的研究成果或阶段性研究成果;有足够的科学研究工作量(调查、实验、制作、求证等);申报资料丰富、齐全,研究和分析数据充分,有说服力。	最高 20 分 □优秀(15—20 分) □良好(10—14 分) □一般(10 分以下)

（续表）

评价维度			分值
个人项目	实用性	项目成果能够进行制造使用或实际应用，并且能够产生积极效果，能够进行推广。	最高20分 □优秀(15—20分) □良好(10—14分) □一般(10分以下)
	展示交流	展板内容齐全，设计新颖别致，有一定制作工作量；展示资料齐全，形式多样，作品展示效果好；选手综合素质较高，应变能力强，语言、形体得当，礼貌待人。	最高10分 □优秀(8—10分) □良好(5—7分) □一般(5分以下)
团队项目	科学性	项目的选题符合客观科学规律，有科学依据，立论明确，论据充分；研究方法合理，技术方案合理；科学知识、科学理论掌握运用准确；项目成果能够进行制造使用或实际应用，并且能够产生积极效果，能够进行推广。	最高30分 □优秀(25—30分) □良好(15—24分) □一般(15分以下)
	完整性	项目研究达到一定阶段，有最终的研究成果或阶段性研究成果；有足够的科学研究工作量(调查、实验、制作、求证等)；申报资料丰富、齐全，研究和分析数据充分，有说服力。	最高20分 □优秀(15—20分) □良好(10—14分) □一般(10分以下)
	展示交流	展板内容齐全，设计新颖别致，有一定制作工作量；展示资料齐全，形式多样，作品展示效果好；综合素质较高，应变能力强，语言、形体得当，礼貌待人。	最高10分 □优秀(8—10分) □良好(5—7分) □一般(5分以下)
	团队合作	课题完成包括了每个成员的任务和贡献；每个成员对课题的所有方面都很熟悉；项目成果是所有成员共同努力的结果。	最高10分 □优秀(8—10分) □良好(5—7分) □一般(5分以下)

表2 评价量表(2)

1. 你的项目选题是怎样发现的？怎么形成现在的研究课题？
2. 在项目实施过程中你本人做了哪些工作？遇到过什么挫折？
3. 你的项目研究创新点是什么？研究项目的意义是什么？
4. 在项目实施过程中，有没有一些令你终生难忘的事情发生？
5. 哪些研究机构提供了帮助？如果有科学家或专家进行指导，你从他们身上学到了什么？
6. 你的指导老师在项目实施过程中帮你做了哪些工作？起到了什么样的作用？
7. 如果给你机会，你将对项目进行怎样的改进和深入研究？
8. 拓展问题：涉及项目及其研究领域的基本常识和专业知识有哪些？

五、收获与体会

（一）培养学生的综合能力

课程以培养学生的综合能力和核心素养为主要目的。引导学生发现现实生活中存在的问题，并积极探究问题存在的原因；在分析问题原因的过程中提升文献检索能力，从文献中分析问题，总结现有方案的缺陷和空白；善于发现事物发展的规律，并利用规律解决问题，提升理性思维的能力；正确看待社会中存在的问题，提升人文关怀和社会责任感。

（二）课程具有鲜明的科创特色和严谨的科学性

课程以全国青少年科技创新大赛为抓手，让学生通过开放的科创命题和严谨的科创流程去学习探究。学生天马行空的想法为科技创新插上一双翅膀，同时科创作品的产出规范了学生研究的科学性与严谨性。

（三）项目式教学与真实世界的紧密连接

课程以学生生活中的真实问题为场景，有利于激发学生的认同感，帮助学生塑造发现问题、分析问题、解决问题的科学思维习惯，养成服务社会、帮助他人的道德观。课程中可能涉及数学、物理、化学等各科知识，可以有效促进对关联学科的理解与学习。

（四）优化教学理念与方法，侧重创新能力培养

在"知识、能力、品格"三位一体教学理念的基础上，创建"观察—发现—提问—实践—创新"环环相扣的教学法，加强对生活中现象和问题的分析；通过分析问题和实践操作，使学生关注生活，关心他人，关注社会；同时，采用启发式与讨论式相结合的互动式教学模式，由学生自主开放地进行创造，使学生在学习的同时，向"发现问题"与"自主创新"两个方向延伸。

"社会科学创新探究"以社会问题改善为目标，要求学生从公民身份出发，积极参与社会事务，运用创新思维对某社会问题提出政策建议或改进方案。在学习该课程的过程中，学生通过社会探访、信息收集和处理、文献阅读等方法，自主探究更广泛的社会公共生活问题。在整个课程的学习过程中，学生了解社会生活现状，运用唯物辩证法的观点和方法，观察和分析社会现实，参与社会建设，增强社会认同。为了进一步推进高中生的研究性学习，本课程研究性学习的学习成果及其评价作为"创新精神和实践能力"板块的重要评价内容，也会被纳入学生综合素质评价的整体框架中。

 专家点评

案例所呈现的教学过程具有十足的开放性，课题源于学生对真实生活的观察和身为公民的责任担当，注重对方法和思维的培育，自然关联多学科、促进跨学科；评价有量化评分，更有对研究过程的质性追溯，成果有青少年科技创新大赛等作为输出和展示平台；符合高中生的认知，更为其了解社会、融入社会、服务社会以及树立正确的人生观、价值观打下基础。

FAST 模拟飞行

——基于航空模拟飞行软件多交互综合实践课程

上海市嘉定区封浜高级中学　胡月明

 案例背景

上海市嘉定区封浜高级中学以"空天素养"促进学生核心素养的发展,把学生培养成适应未来社会需要、创造美好生活的时代新人。2021 年,经上海市科技体育运动管理中心考察认证,学校成为上海首家航空运动模拟飞行训练申办基地,将培养和输送航空预备人才作为学校新的使命与责任。在上海市科技体育运动管理中心的指导和监督下,学校引进实践了"FAST 模拟飞行"课程,面向高一、高二年级学生开设,每学期 30 课时,持续一学年。通过开展小组、班级、校际间的对抗活动,对接国家级竞赛标准,让学生积极参与其中,在实践中培养专业爱好和未来职业向导。

Freedom
以学生为中心,将学习的自由充分还给学生

Technology
掌握核心技术,反复实践培养学生的专注力

Aesthetic
着力提升学生对美的发现、感悟和表达的能力

Spirist
唤醒学生的闲暇意识,培养学生的科创意志

图 1　"FAST 模拟飞行"课程设计理念

"FAST 模拟飞行"课程将真实飞行中会遇到的各种情境,如空气动力、气象、地理环境、飞行操控系统、飞行电子系统、战斗飞行武器系统、地面飞行引导等,综合在计算机中进行仿真模拟,并通过外部硬件设备进行飞行仿真操控和飞行感官回馈。

本课程确立的学习目标如下。

1. 通过飞行器展示与演示,了解飞机的发展简史、机型等基本常识,了解飞机在历史战争中以及日常民航飞行中的应用与发展。

2. 通过互动实验教学平台,了解航空仪表认读与使用的方法,学习空中领航方法、航空气象、机场与航空管制、飞行空间定向等基础知识。

3. 通过实地(真实地图、地理情况)模拟飞行操作,学习直升机、战斗机、民航飞机的基础飞行动作原理、起落航线飞行原理、特技飞行动作原理与模拟飞行,学会三类模拟飞行系统的使用。

4. 通过飞行时间、空间、速度三种知觉,飞行操纵的动作稳定性、双手协调性和动觉方位辨别能力等水平测定,以及飞行基本心理测评,让学生对未来从事航空事业进行自我评估。

5. 帮助学生培养国防意识,增强对现代科技的兴趣,提高实践创新与团结合作的能力,为参加全国性飞行科普知识竞赛及模拟飞行竞技活动奠定基础。

 案例介绍

一、学习活动的内容设计

本课程分为三个阶段。第一,初级阶段:学生结合真实飞行案例,分析得出飞机飞行时受到的飞行因素影响与环境影响,并掌握模拟飞行软件的操作,完成一阶到四阶的任务飞行。第二,中级阶段:该阶段结合飞行手册与飞行仪表,完成六阶到八阶的任务飞行,并在内部开展模拟飞行比拼。第三,高级阶段:结合真实飞行环境,模拟危险飞行航线,完成特技飞行。具体内容见表1。

表1 "FAST 模拟飞行"学习内容

阶段	课程进阶	科目	主要内容	课时安排
初级	一阶	朗利特穿越气柱竞速(4 圈)	学习航空科普史,学习杆与舵的操作。	4 课时
	二阶	穿越气柱竞速(10 个障碍门)	学习飞机结构,学习各项飞行姿态的操作。	4 课时
	三阶	固定翼飞机稳定爬升与转弯	空气动力学基本原理,识读六块主要仪表。	4 课时
	四阶	塞斯纳 172 飞机起落航线	学习跑道标识、助航灯光、基本助航设施。	4 课时
	五阶	参加模拟飞行比赛与活动	模拟飞行比赛与活动。	4 课时

（续表）

阶段	课程进阶	科目	主要内容	课时安排
中级	六阶	本场无动力迫降科目	学习飞机手册中的相关数据，完成无动力迫降。	4 课时
	七阶	本场侧风下的起落航线	学习不同气象境对飞行的影响，学习飞行中风的修正方法。	4 课时
		SU－33 航母着舰训练	熟知现代战机 SU－33 舱内相关仪表的使用，完成 SU－33 航母着舰。	6 课时
	八阶	夜航本场侧风下的起落航线	学习夜航下的助航灯光，学习夜航飞行。	6 课时
		DCS KA－50 直升机飞跃障碍	学习直升机的原理与仪表，掌握基本操作。	6 课时
	九阶	参加模拟飞行比赛与活动	模拟飞行比赛与活动。	6 课时
高级	十阶	LS 盲降进近、VOR DME 进近	系统学习飞机的仪表、仪表和目视领航、陆空通话、转场飞行。	8 课时
		空中格斗与机编队的特技飞行	熟练掌握现代战机的火控系统和多种武器的性能，学习多机编队的特技飞行。	8 课时
	十一阶	飞行潜能测评	进行 2 小时运动类初级飞机实飞培训，获得个人飞行潜能测试评定报告。	2 课时

二、教学策略与实施步骤

（一）团队成员组队——新学员互相帮扶，老学员帮扶新学员

教师介绍项目背景，公布组队要求，学生按照规则完成组队，制定小组公约，梳理项目目标。采取老学员帮新学员的办法，并以此类推进行滚动培养。

（二）概念形成——结合真实案例，梳理飞行原理，掌握基础理论

采取情景故事法，以真实飞行案例揭示飞行奥秘与原理，激发学生的学习兴趣，引导学生以小组的形式，利用器材和资料，借助多媒体资源解决问题。

采取实物演示法，直观讲解飞机的结构组成与飞行原理，让学生利用工具、器材等搭建简易飞行装置，模拟实际飞行，锻炼学生的项目处理和动手能力。

（三）行为练习——以飞行任务为目标，掌握模拟飞行操作

根据三个阶段和十一阶的飞行任务，参照全国青少年模拟飞行锦标赛的规章制度，明确飞行目标与对应的飞行成绩，具体见表2。

表2　飞行任务的阶段目标

阶段等级	阶段目标
初级阶段	在任务模式下完成朗利特穿越气柱竞速，参考前机飞行引导，不适用氮气加速，每十五分钟进行一次成绩测试（联飞模式），每阶四圈，目标时间：220s。
中级阶段	完成四圈飞行，且无撞柱罚时，目标时间：200 s；平飞时打开氮气，转弯时关闭氮气，目标时间：180 s。
高级阶段	转弯时打开氮气，平飞时关闭氮气，若有多余的氮气平飞时也可以打开，合理使用氮气加速，目标时间：150 s。

（四）自我管理——针对目标实施自我决断、自我指导、自我管理

"FAST模拟飞行"社团以学生为中心，通过自主管理，教师适当指导，实现学生德智体美劳全面发展。社团自主管理具体策略：老带新的默契合作，人人都有相应任务，协作一环接一环，任务有序开展，高效、保质、保量地完成空天素养培育任务，为未来发展奠定坚实基础。

（五）成果交流展示——开展模拟飞行竞速赛，反映真实学习成果

每个学习阶段末开展内部模拟飞行赛，全员参赛，随机抽签决定飞行任务，教师按标准评价学生，内部进行交流与成果展示。为增加专业性和严谨性，学校特邀请航空协会专家与模拟飞行专家担任评委进行点评指导。

三、学习评价

过程性评价包括三个方面。一是把握内涵，实施精准评价，对学生学习和训练中存在的问题和不足提出有针对性的改进建议。二是基于项目的多学科融合和真实情境的特点，注重驱动问题的科学性和系列性，让学生进行航空指挥、地勤保障、航班机长等不同的职业体验，提升学科专业知识，形成跨学科素养。三是根据评价的规范和要求，设计过程性评价指标，分优秀、良好、合格，综合学生自评、组内互评、教师评价给出相应等第。

总结性评价分六个维度，根据重要性设置不同权重，以此作为优秀飞行人才的评价标准，在项目初始就告知学生、引导学生，实现评价的导向作用。

表3　学习评价的维度与分值

序号	评价维度	描述	分值
1	思辨	能够将真实飞行因素结合模拟飞行情景进行思考，得出相对应的结论。	20
2	表达	有自己的想法并有理有据，能够在班级中阐述个人想法，力求得到他人的支持。	20

（续表）

序号	评价维度	描述	分值
3	知识	掌握飞机的基础知识与飞行原理，做出对应的飞行实验。	10
4	操作	按照飞行要求结合飞行竞赛的规章制度，完成相对应的飞行任务，在班级内部排名前五位。	30
5	态度	遵守纪律的同时积极参与课堂。	10
6	合作交流	能主动发言并主动引导小组分工合作。	10

 案例评析

本案例基于特色课程实施，在学科融合、专业器材使用、创新表现等方面体现出如下特点。

在学科融合方面，主要涉及物理、地理学科，同时需要学生综合运用数学、英语、气象学等跨学科的知识与技能，共同解决实际飞行问题。

在专业器材使用方面，充分发挥学校飞行实验室中飞行摇杆、飞行原理套材、飞行模拟舱等的作用。

在创新表现方面，一是引导学生关注身边的航空热点话题，运用所学知识与技能去思考，让校园文化实现多元化；二是授人以渔，让学生在实践中体验飞行员的成长，引导学生规划个人的未来职业发展。

 专家点评

本案例以"为孩子逐梦未来提供力量"为理念，以"空天素养"为特色目标，对标相关国家要求，建设特色社团课程，将国家民族大业与学生的个性发展进行有机关联，激励有特色发展需求的学生群体向未来进发，助其基础性、发展性、创造性能力的提升，为学生播种梦想，是一个较好的校本课程建设案例。

扫码查看视频案例介绍

GeniusGo Doggie 走进生活

上海市嘉定区真新小学

 案例背景

2017 年 7 月,国务院颁布了《新一代人工智能发展规划》。人工智能不仅成为业界的宠儿,也成为教育界的主题词,如何将人工智能带入学校成为热门话题。真新小学作为上海市创客联盟校、嘉定区科技特色学校,科技教育氛围浓厚,拥有自己的科技品牌特色。如何将最新的科学技术融入科技教育课程体系,让学生感受科技魅力? 带着科技赋能教育的初衷,学校引入人工智能课程"GeniusGo Doggie 走进生活"。

本课程以当下火热的"机器狗"为教具,内容结合了人工智能的基本概念、技术和方法,旨在通过学习让学生了解人工智能研究与应用的新进展和新方向,开阔知识视野、培养工程思维,通过学习提高解决问题的能力。

本课程确立的教学目标如下。

1. 了解人工智能技术。学生基于主题情境,在教师的引导下,通过分析、比较、类比等方法,探究机器狗的运动原理、步态算法、传感器原理、智能语音和视觉识别的基本过程。

2. 提升学生综合素养。学生通过项目式学习,在解决实际问题的过程中,提升创新思维和实践能力,培养信息化思维和信息素养。

3. 启发学生思考与创新。通过体验 AI 技术,激发学生对 AI 的兴趣,引导学生思考人工智能发展对生活和社会的影响,认识到人工智能在信息社会中的重要作用。

 案例介绍

一、内容设计

(一)课程内容设计

针对目标指向,借助教具"机器狗",设计了如下内容。

第一单元:初识 Doggie。了解人工智能的应用、GeniusGo Doggie 及其主要硬件;学习简单编程,操作 Doggie,使其行动和"说话"。

第二单元:Doggie 才艺。进一步学习编程,通过操作和观察理解 RGB 阵列、按钮切换、代码块等的功能,实现让 Doggie 进行才艺演出的任务。

(二)课堂活动设计

在具体教学过程中,教师通过引导,让学生在观察、发现、思考、操作、分享中习得新知,感受人工智能 Doggie 带来的乐趣。

1. 问题提出，发现现实生活中的真实需求。

2. 课程讨论，寻找解决问题的最优方案。

3. 实践探究，体验科技赋能生活的乐趣。

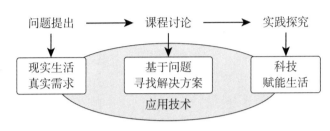

图 1　课堂活动设计

二、教学策略与实施步骤

（一）教学策略

1. 通过项目式学习，在解决实际问题的过程中，提升创新思维和实践能力，培养信息化思维和信息素养。

2. 通过体验 AI 技术，激发对 AI 的兴趣，思考人工智能发展对生活和社会的影响，理解人工智能在信息社会中的重要作用。

（二）教学步骤

学生基于主题情境，在教师的引导下，通过小组合作探究，利用所学人工智能知识，自主编写程序。通过分析、比较、类比等方法，探究机器狗的运动原理、步态算法、传感器原理、智能语音和视觉识别的基本过程。

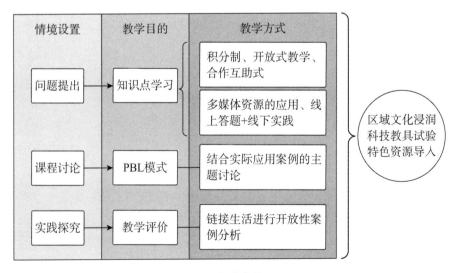

图 2　教学步骤图

三、教学案例说明

（一）认识 Doggie——问题提出，发现现实生活中的真实需求

人工智能技术不断发展，使得机器人技术得到很大应用。生活中不断出现新型功能性机器人，代替人类完成复杂少次和简单多次的任务。无论是家用机器人还是工业机器人，都已经成为人类生活中不可替代的一部分。

随着社会的不断进步和发展，不出门也可以买到想要的商品、吃到想吃的美食，上门配送是物流业的重要环节。目前的上门配送大多依靠人力，成本高且效率低，近些年一些骑手影响交通、"无处不骑"造成的事故数不胜数。目前国内外已经有很多公司开始研制无人配送技术，但仍然存在很多不足。很多公司为了送货上门提出了智能机器狗的概念。本次活动围绕智能配送的问题展开，引导学生思考如何运用机器狗帮助解决智能配送的问题。

（二）走进 Doggie——课程讨论，寻找解决问题的最优方案

确定完需要解决的具体问题后，教师引导学生进行小组讨论，制订智能配送机器狗的配送方案。引导学生从配送场景、配送途中可能会遇到的情况、遇到情况时的解决方案、快递到达目的地后如何通知消费者取件，以及消费者以何种方式取件等角度完善自己的智能配送方案；并且引导学生利用所学的相关人工智能知识，让 Doggie 实现部分功能。最后，将讨论的最终方案和功能记录在学生手册中，以小组的形式展示自己的方案并说明设计原因。

过程中学生通过小组分工合作完成项目，经历工程设计的一般过程（提出问题—问题调研—设想方案—实施计划—构建原型—测试功能—改进优化），从中培养工程思维，提高解决问题的能力。

（三）运用 Doggie——实践探究，体验科技赋能生活的乐趣

经过前期的引入和小组讨论，每个小组都有自己创新的"智能配送"方案。如何用人工智能技术赋能机器狗顺利完成配送，是每个小组必须思考的。

在实践过程中，每个小组利用不同的传感器，例如有些小组使用红外热释电传感器来判断是否有人，有些小组使用超声波传感器来躲避障碍物。学生在不断尝试的过程中体验人工智能的乐趣，感受科技赋能的魅力。在学习的过程中结合真实情境，从实际到实践，感受AI 时代对生活和社会的影响，由浅入深地学习 AI 基础知识。

图3　学生实践探究

四、学习评价与其他说明

（一）评价方式

本课程重视学生的学习体验,评价分为过程性评价和学期末的总结性评价。

1. 每节课前教师下发评价表,并在下课前完成师评和自评。

表1 评价手册

等级 维度	优秀(A)	不错(B)	还须努力(C)	自我 评价	教师 评价
知识掌握	能把知识应用在实践中。	充分理解课堂知识。	对课堂知识有印象。		
编程能力	能根据需要的功能编写对应的程序。	能按照给定步骤完成编程。	很难自己完成编程任务。		
科学探究	能独立发现问题,制订计划并使用科学方法进行探究。	能在引导下发现问题,使用科学方法进行探究。	不思考,不爱学习和发现问题。		
作品呈现	呈现优秀的作品。	基本完成作品。	不能完成作品。		
合作交流	能主动发言并主动引导小组分工合作。	能积极参与讨论并配合完成任务。	无心参与活动并很少进行讨论交流。		
情感态度	充满好奇心和求知欲,渴望探索AI领域。	对AI或编程有一定兴趣。	对AI或编程不感兴趣。		
教师评语					

2. 通过"AI微认证"平台实现多元评价,如讨论归纳、动手操作、发现问题、独立思考、相互帮助、小组协作、展示作品、交流学习、作品评价、自评互评等,促进学生主动发展。

3. 学前、学后测评对比。在学生参与课程前和完成一学期的学习后,分别参与AI素养测评,根据学生的答题情况给予整体评价,并通过两次测评数据的分析,总结、归纳学生的学习变化,了解学生的成长情况,为后续的教学提供依据。

（二）评价原则

科学性原则:对课程的评价要运用科学的评价方法,提高评价的效度和信度;可操作性原则:评价方法要简单可行,可操作性强;素质培养原则:对课程的评价要注重考查学生各方面素质的提高,培养学生的创新意识和创新能力;参与性原则:对学生的评价注重校本课程的参与情况,将其作为学生等级考核的依据;全面性原则:对教师的评价既要考虑教师课程目标的实施情况、学生能力水平的提升,又要考虑教学资料的编写质量标准。

（三）其他说明（学科融合、工具使用、创新表现等）

1. 学科融合。课程中涉及跨学科知识,包括数学、语文、信息科技、自然科学、物质科学等学科知识,使学生能够创造性地利用跨学科知识来产生新的理解,做到举一反三。

2. 所需工具包见表 2。

表 2　活动工具

项目教具	笔记本电脑、GeniusGo 机器狗
软件工具	IDE 图形化编程软件
配套教学资源	教师用书、学生手册、课件

3. 课程创新点包括以下两个方面。

第一，课程理念新颖，紧扣科技前沿。随着视觉识别、图像识别、运动控制等新兴人工智能技术的日渐成熟，AI 机器人产品也开始如雨后春笋般层出不穷，AI 教育机器人也开始从小众的"极客玩物"走向大众消费领域。本课程以 AI 教育套件"uKit 控制器"为教学载体，以现实实例为项目背景，紧密围绕人工智能应用技术和编程思维展开，学生通过学习真实体验了人工智能的魅力。

第二，课程内容童趣化，学习"零"门槛。本课程是一门针对零基础的学生设计的，知识点层层递进、深入浅出，且采用浅显易懂的图形化编程软件开展的轻松、有趣的人工智能课程。学生通过拖拽积木块的方式就能创作出有趣的游戏和动画作品，还能对机器人进行编程，实现软硬件相互控制的虚拟现实效果，使自己的编程思维与创造性解决问题的能力得到显著提升。

 专家点评

学校紧跟时代命题，以智能"机器狗"为教具，以实现"智能配送"为目标，带领学生感受人工智能应用场景、掌握人工智能实现技术、辨析人工智能应用过程中的伦理和价值取向，并通过前测和后测追踪学生人工智能素养的发展水平，帮助学生更好地适应未来社会发展的要求。

扫码查看视频案例介绍

"智慧数字空间——AI 上格雷普庄园"系列课程

上海市嘉定区马陆小学

 案例背景

上海市嘉定区马陆小学以"科学精致、自然灵动、品质为上"为办学目标,以"亲近自然、纵情书香、涵养气质"为办学理念,努力让每一个孩子成长得更科学、更自然。为丰富学校课程体系内容,提升学生科学素养,在原有"格雷普(Grape)庄园"课程的基础上实现突破和跨越,学校开发并实施了智慧数字课程。开发此课程主要基于以下方面的考量。

第一,响应"双减"政策,落实"五项管理"的需要。为响应国家"双减"政策,落实教育部"五项管理"的工作要求,结合学校实际情况,我校围绕深化教育教学改革,完善教育评价机制,提高教育教学质量,拟建设"智慧数字空间——AI 上格雷普庄园"系列科创课程。课程从四个维度(数字艺术、无人机操控、实践编程、物联网项目)寓教于乐、动静结合,吸引学生广泛参与,促进学生科学素养的提升。

第二,响应"全民科学素质行动规划纲要"的需要。习近平总书记指出:"科技创新、科学普及是实现创新发展的两翼,要把科学普及放在与科技创新同等重要的位置。没有全民科学素质普遍提高,就难以建立起宏大的高素质创新大军,难以实现科技成果快速转化。"这一重要指示精神是新发展阶段的科普和科学素质建设高质量发展的根本遵循。

第三,支撑特色成为学校发展"新引擎"的需要。课程是实现学校教书育人的主要载体,构建适合学生发展的特色课程,最大限度地适应学生发展需要,建设开放性、动态性、多元化的特色课程是新时代背景下教育的需求。本课程结合马陆的区域特色,借助现代技术手段,培养学生对自然的感受力、观察力和领悟力,使学生与周围世界建立和谐的亲密关系。

 案例介绍

一、方案设计

"智慧数字空间——AI 上格雷普庄园"系列课程是融合人工智能与特色葡萄内容开展的系列课程,利用不同智能技术从环境、植保、设施、文化等方面进行课程重构,旨在变革教学方式,采用启发式、探究式、开放式教学,保护学生的好奇心,激发他们的求知欲和想象力。

系列科创课程中的"人工智能时代下的庄园守护者"课程,让学生通过无人机的巡航操作,借助"葡萄庄园"的概念,了解现代农业的处理方式。在"物联网下的美丽庄园"课程里,学生可参与物联网技术在葡萄种植中的应用,如土壤湿度的检测、空气温湿度的检测、自动浇灌装置的设计。在"我为庄园做设计"课程里，学生可大胆发挥想象，结合所学知识和技能，利用 Photoshop 技术为庄园的某个角落、某个设施甚至是整个庄园的规划设计属于自己的电子海报，将抽象的概念和创意具象化。

利用AI技术对葡萄庄园进行未来创想，通过编程结合"碳中和"等概念设置系列创意游戏，畅想未来绿色农业的发展。同时，在课程中加入搭建活动，模拟构建出未来绿色与科技并存、创意与现实结合的新型智慧庄园

用AI打造生态庄园

在物联网技术的支持下，课程设置包含自动灌溉、AI自动识别、AI智能天气预报、全屋智能管理等，构建物联网下的美丽葡萄庄园

物联网下的美丽庄园

主要利用悟空机器人+人工智能技术实现对整个葡萄庄园的介绍、参观指引及人机互动等，体现专业性与趣味性

庄园里的小帮手

数字艺术课程，课程中学生大胆发挥想象并结合所学知识技能，利用Photoshop技术为庄园的某个角落、某个设施甚至是整个庄园的规划设计属于自己的电子海报，让创意从脑海中跃然眼前

我为庄园做设计

利用无人机实现葡萄智能植保、环境巡检、异常勘测等功能，用人工智能技术守护庄园，让葡萄苗壮成长

人工智能时代下的庄园守护者

（图中：02 AI编程　03 AI创新　01 AI生活　04 AI传承　06 AI应用　05 AI探索）

图 1　课程设计

二、学科融合

"智慧数字空间——AI上格雷普庄园"系列课程，融合了信息科技、自然、劳动技术、美术、数学、语文等学科，在项目中学生将综合应用多学科的知识和技能来解决问题。

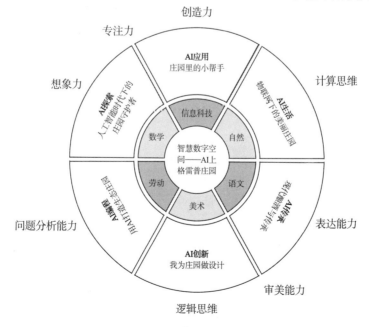

图 2　学科融合

三、利用技术

在系列科创课程中的"人工智能时代下的庄园守护者"课程里,学生通过学习能够了解航天航空的发展,并能熟练操控无人机飞行;通过 RMTT 无人机与 Mind＋编程结合,配合红外传感器、二哈识图传感器、火焰传感器,采用一键自动起降、自主巡航的无人机代替传统的人工巡检,通过集成高清摄像机、无线图传、采集现场实时图像、图片数据等进行数据存储与分析,可快速完成葡萄庄园的巡检任务并及时有效地发现异常状况。

在系列科创课程中的"物联网下的美丽庄园""用 AI 打造生态庄园""现代酿酒与传承"课程里,学生可参与物联网技术在葡萄种植和加工里的应用,如传感器在土壤湿度的检测、空气温湿度的检测以及自动浇灌装置的设计中的应用;学习图像化编程;利用种植结果,体验酿酒技术、微生物观测技术等。

在系列科创课程中的"我为庄园做设计"课程里,学生可大胆发挥想象,利用 Photoshop 技术为庄园的某个角落、某个设施甚至是整个庄园的规划设计属于自己的电子海报。利用 Adobe Illustrator 和 Adobe Photoshop 的技术领域及功能,在设计与创作中认识并探索海报的特点,认识色彩搭配的重要性,同时需要使用 Mugeda 软件完成简单的庄园宣传交互动画,让学生可以通过自己的设计制作相关动画选项,最终完成交互效果。

四、动手能力与劳动教育

各类课程中的劳动教育目标,不仅仅是劳动习惯和劳动技能,更重要的是未来必备的创造性思考和创造性劳动。激光雕刻机、智能拼搭、各类传感器、数字化科学教学平台、3D 打印机、3D 打印笔等实践技术是智能化时代背景下的劳动教育。

"智慧数字空间——AI 上格雷普庄园"系列课程以现代科技为实施手段,要求学生掌握丰富的编程、三维模型建立等相关能力,并能对所学知识进行迁移和整合。在"学习—问辩—实践—探索—创新"的环节中,锻炼学生的抽象思维,享受把小创意变为现实的成就感。同时,针对学生个性化的需求,配备专业"双师"进行有针对性的指导,实施跨学科、项目化分层教学的理念,有效提高学生创造性的劳动能力。

五、评价要点

(一) 课程目标的达成度评价

明确评价观察指标,课程设计是否有助于学生核心素养的提升。

(二) 课程实施过程的评价

注重评价的多样性和动态性,实现生生评价、师生互评、小组互评等,从不同角度评价学生的学习效果,帮助学生了解自己的不足,引导学生从不同的角度进行提升。

(三) 课程相关学习素材的使用性评价

多媒体素材、编程教具、编程软件等的使用评价。

（四）学生学习效果与成长的评价

表1　过程性评价表

评价项目	单项指标	等级			自评	互评	师评
		优秀	良好	待提升			
参与态度							
技能学习							
能力提升							
成果呈现							
教师评语：							

表2　展示性评价表

评价项目	单项指标	等级			师评
		优秀	良好	待提升	
		10分	7分	5分	
设计思路					
美观程度					
理论应用					
实际成效					
总分	100分				
教师评语：					

案例评析

课程开发实施以来,从学校课程生长和学生成长两个方面来说都收获满满。

1. 丰富了学校课程的内容

本课程设计突出学用结合,项目化教学有利于发挥学生的主体作用。课程以知识应用为目标,以问题解决为导向,以发现问题、解决问题的可行性研究及微报告编制过程为教学主线,激发学生学习的积极性,提升学生的知识应用能力。

2. 更新了学校课程的理念和方法

激发创新意识:在知识、能力、品格三位一体教学理念的基础上,创建了"观察—发现—问题—实践—方法—创新意识"六环相扣的创新教学法,加强对生活中现象和问题的分析;通过分析问题和实践操作,使学生学会关注生活、关心他人;同时,采用启发式与讨论式相结合的互动式教学模式,由学生自主开放地进行创造,使学生在学习的同时向"问题发掘"与"自主创新"两个方向延伸。

3. 强化过程性评价,注重学生实践能力和创新能力的培养

教学过程中利用多媒体,借助马陆的地理优势以及产业优势,采用真实环境参观、真实问题环境模拟等多种手段,将理论知识与实践相结合,提高学生的学习热情,培养学生科学的思维和创新的能力。积极开展校企合作,通过开展"大咖进校园"活动、企业实践、认知实习等方式,拓展学生的视野,培养学生解决实际问题的能力。

"智慧数字空间——AI上格雷普庄园"系列课程,提升了学生发现问题、分析问题、制订方案、解决问题的能力,逐步实现学校"科学精致、自然灵动、品质为上"的办学目标,努力让每一个孩子成长得更科学、更自然。同时,系列课程打通了学校课程建设的又一路径,成为学校人工智能数字化育人的重要载体,拓宽了学校的课程内涵和外延。

 专家点评

学校盘活地域资源,结合马陆葡萄特色,借助智能技术,开发系列科创课程。在"双减"背景下,为学生提供更多课后探索的时间和空间,搭建起亲近自然的桥梁,在促进学生健康成长的同时也提升他们的科学素养。系列课程融合多学科知识,在学习过程中重在引导学生综合应用多学科知识和技能来解决问题,同时培养学生的劳动习惯和劳动技能,并帮助他们发展创造性劳动的能力。

扫码查看视频案例介绍

3D 打印技术人文价值的体验式学习

上海市香山中学　朱彦炜

案例背景

在美育和发展学科核心素养的大背景下,如何将 3D 打印技术、AR、VR 等多种电子信息技术手段和传统的美术教学相结合?如何体现"科技以人为本"的技术人文价值?这是我校"以美立校,立美育人"办学理念的探索课题,也是传统绘画课程对跨学科、跨技术综合素养育人的时代命题。本项目主要基于学校的美育社团课程"家居设计,美化生活"开展,学生学习并运用 3D 打印技术进行家居创意设计和建模练习,包括使用 sweethome 3D 软件设计家居环境,使用 123 Ddesign 软件建模,最终利用 3D 打印机打印出成品并进行组装。通过本项目的学习,学生能够感受技术带来的人文价值,提升对家居设计和美化人们生活的乐趣。

本项目确立的教学目标如下。

1. 利用 3D 打印技术,优化教学模式,构建立体感教学,有效实现多元化教学,进一步优化传统美术教学模式,使高中美术课程在教学过程中更加丰富多彩。

2. 通过探究、合作、构思、设计、实践等过程,培养学生的想象能力、创造能力、动手能力和合作能力,培养学生独立思考的习惯,使学生的科学技术素养得到培养。

3. 利用 3D 打印、VR 技术,以"家居设计,美化生活"为主题开展学习,充分激发学生的学习兴趣,使学生感受学习的意义和价值以及技术对改善人们生活的作用,引导学生发现科学技术的美。

案例介绍

一、课堂活动的内容设计

针对目标指向,通过对 3D 打印技术相关内容的介绍,构建基础建模系列课程;采用 3D 打印技术,以家居设计为学习载体,对高中美育课程进行拓展研究。活动具体内容如下。

1. 介绍 3D 打印技术"打印什么":对 3D 打印技术进行介绍(认知层面)。

2. 介绍 3D 打印技术"怎么打印":以家居设计课程为学习载体,实现对 3D 打印操作的初步掌握(实践层面)。

3. 展示利用 3D 打印技术完成的美术作品:借助学校信息中心的资源,通过建立 VR 云展厅和个人分享等方式,对 3D 打印的相关作品进行展示。

4. 总结分析:感悟科学技术与教育发展相互促进的意义,体验 3D 打印技术中的人文价值。

二、教学策略与实施步骤

(一) 问题驱动

结合学校的美术特色,针对"用绘画手段在纸上呈现出来的作品能和 3D 打印作品媲美吗"这一问题,运用对比法展示手绘家居设计作品和 3D 打印的作品,让学生对照两类作品发表自己的想法。然后运用信息技术,引导学生寻找解决问题的任务。学生在信息了解上渠道非常多,知识面非常广,所以对 3D 打印技术的发展及特点的讲述以学生的讨论发言为主,把学习的主动权交给学生。教师主要从科技引领时代变迁的角度给学生分享自己的所见、所闻和所想,学生了解这些后自然也会明白 3D 打印技术可以为我们未来的生活做点什么。

(二) 体验 3D 打印技术"怎么打印"

上一环节解决的是"打印什么",这个环节是在课堂上学习"怎么打印",请专业的教师对 3D 打印机的操作及相关的专业知识进行授课,对 3D 打印机的工作原理进行分析,并举例阐释 3D 打印机与熔积成型的关系。在对新鲜事物的好奇心的驱使下,学生期盼能自己动手,以此激发他们的兴趣。3D 打印的具体步骤如下:

第一,拆分打印。对设计的模型图案的每个面进行拆分打印,先画出构架,再进行色块填色。第二,立体组装。将打印好的面按照主次的顺序进行排列,按照顺序进行组装。第三,包裹保护。利用透明胶将组装好的作品进行加固、保护。第四,叠加修饰。对组装好的作品的外观进行调整,使其更加美观。

在建模的练习和 3D 打印制作的过程中,强调基本功的重要性,更需要学生沉着冷静的处事态度。学生以小组合作的方式进行家居创意设计并对其命名,然后一起进行组装,并设计一条具有创意的作品宣传标语。在教师的帮助下进行 3D 打印制作,提高学生的想象能力和动手能力。

(三) 为学生的技术实现提供学习平台

经过前面的学习后,有学生发现学习过程中的困难不少,于是教师组织学生认真梳理知识脉络,寻找学习资源,介绍建模的相关软件学习网站,利用课堂内外的时间掌握好必要的技术。同时,结合传统绘画的手法进行构思,观看现有的作品。这样的方式使学生信心大增,让他们逐渐掌握学习的主动权。

(四) 应用技术成果,感悟"以人为本"

作品完成后,教师带领学生进行课后拓展学习,鼓励学生在未来的生活、工作和学习中利用信息技术手段大胆创作,设计出更加有美感的作品,并本着科技以人为本的理念对现有技术存在的缺点展开思考和讨论。教师对主题活动进行总结和分析，对学生的学习经历进行点评，同时做好相应的知识回顾，加深学生对课程的印象，同时为每个学生建立成长档案。

三、学习评价与其他说明

本项目的学习评价包括两个方面：一是交流学习心得，二是根据量表进行评价。

同学A：在本次课程学习中，第一次近距离接触3D打印技术，觉得很神奇，很有意思，而且主题又是自己比较喜欢的家居设计。我们通过团队合作的方式很快熟悉了3D打印并参与到3D打印作品的设计中，是一次印象深刻的体验。

同学B：通过理论结合实际的方式，能够帮助我更快地将美术课中学习到的素描、色彩、雕塑等知识与3D打印技术结合在一起。课程丰富了我的眼界，提高了我对科技改变生活的认知。

同学C：第一次近距离接触3D打印机，学习创意建模并为团队中的作品提供创意元素，我觉得很有成就感。将我们的作品放置在VR云展厅中，真的有一种"梦幻未来"的体验。

另外，组织学生根据制定的评估量表开展对项目的自评和互评。

 案例评析

本案例在学科融合、工具使用、创新表现等方面展现出以下特点。

学科融合方面，项目主要根据高中美术课程标准，在落实学科核心素养渗透美育的同时，融合了信息技术学科、综合实践活动课程和艺术学科等相关要求，进行跨学科探索。工具使用方面，通过采用3D打印技术对未来家居进行设计，激发学生的学习兴趣，丰富学生的眼界。创新表现方面，一是将3D打印技术与美术传统绘画课程进行整合，以兴趣为动力实现跨学科探索，同时培养学生的技术素养；二是为学生锻炼动手能力、发掘创意潜能提供必要的学习平台；三是强调德育和美育意识，将技术以人为本作为学习的出发点和归属点。

 专家点评

本案例体现的是对"以美立校，立美育人"办学理念的实践探索，是回应传统绘画课程对跨学科、跨技术综合素养育人的时代命题，是一所特色高中面向未来的迭代发展的体现。案例以教学目标为导向，在内容设计、步骤流程设计及其实施、学习评价等教学环节上的一致性有较好体现，运用学生感受展现案例实施的成效也具有一定说服力。

车行世界，笋芽研车

上海市浦东新区竹园小学　冯　蔚

 案例背景

新课标对小学科学课程有新的要求：面向全体学生，立足素养发展；聚焦核心概念，精选课程内容；科学安排进阶，形成有序结构；激发学习动机，加强探究实践；重视综合评价，促进学生发展。尤其是"探究实践"更加强调"做中学"和"学中思"，强调技术与工程问题的规范性，让学生养成通过"动手做"解决问题的习惯，培养学生的探究实践能力。我们不断尝试在"小学科学课程"和"科创"之间寻求平衡并融合德育，体现"以人为本"的理念，提升学生的综合素养，培养学生的创新能力。

汽车为生活带来巨大的便利，了解汽车的相关知识，对我们的学习和生活都很重要。汽车中的物理、机械等技术工程知识更是包罗万象，非常具有研究价值。在上海小学自然（科学）课程五年级下学期中有一部分关于交通工具的学习内容，于是我们以此为契机，设计了"研车"课程。

本项目确立的教学目标如下。

1. 通过研究学习，进行信息搜集，了解车、船、飞行器的发明和发展历史；知道交通工具对扩大人们的活动范围起了非常重要的作用，感受发明创造对人类社会进步的巨大影响。

2. 了解交通工具的各个基本组成结构，尤其要了解交通工具动力能源的种类。

3. 通过探究、合作、制作，呈现未来的交通工具，培养独立解决工程性问题的能力，提升技术素养，初步形成工程思维。

 案例介绍

一、设计思想

以"一次课本学习"作为启动，"一次场馆参观"作为方式，"一次微型讲座"作为任务，"一次未来汽车设计"作为成果，"一次未来汽车产品发布会"作为展示，开展"一次"科创活动的研究性学习。

1. 一次课本学习：从教材出发，教师通过小学自然课本中"交通工具"这一单元的学习内容创设情境，激发学生的兴趣。

2. 一次场馆参观：学生通过参观汽车博物馆，自主学习，深入了解汽车的基本组成结构。参观博物馆是一种学习方式，也是本次科创学习的支架。

3.一次微型讲座:学生将自己参观汽车博物馆所学的基本知识"讲述"出来。这是参观场馆的任务和目的,也是展示学习成果的一种方式。

4.一次未来汽车设计:学生以"我心中的未来汽车"为设计主题,团队合作创想汽车的未来发展,同时利用身边的材料,尝试制作一辆"未来汽车"。这是创新的过程,也是动手制作的过程。

5.一次未来汽车产品发布会:学生将自己制作的"未来汽车"以"发布会"的形式进行介绍。这是一个表达的过程。

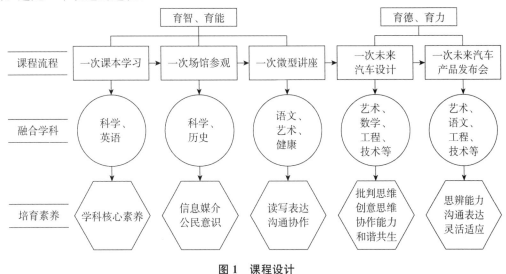

图1　课程设计

二、教学策略

本科创活动主要采用支架式教学策略和协作学习策略。

第一,支架式教学策略。当学生对交通工具的发展有了一定的了解并产生兴趣时,教师设计导学单,引导学生通过导学单自主展开信息搜索。导学单上的关键问题也可以引导学生在众多的信息中筛选出有用的信息。当学生参观汽车博物馆时,教师提供研学单,引导学生有目的地观看博物馆中的模型,获取关键信息,避免参观时走马观花。学生进行微型讲座时,教师精心设计展学单,学生根据展学单中的思维导图有层次、有条理地介绍自己在汽车博物馆的收获。

第二,协作学习策略。学生自主形成小组,进行讨论、研究、学习、参观、汇报、制作。

三、教学步骤

本活动的教学步骤如下。

1.搭"脚手架"——围绕五年级自然学科中的"交通工具"这个学习主题,根据最近发展区的要求建立概念框架。

2.进入情境——通过"交通工具的发展是怎么样的"这一问题将学生引入探究交通工具发展的问题情境中。

3.独立探索——通过导学单让学生独立探索关于交通工具发展的问题。学生自主汇报探索的问题,然后让学生自己去分析,探索过程中教师适时提示,帮助学生沿着概念框架逐步攀升。教师要引发学生对未探索的内容产生思考,体验协作学习的必要性。

4.协作学习——进行小组协商和讨论。学生通过研学单和展学单进行小组合作学习。学生带着共同的目的和问题去参观场馆,让原来多种意见相互矛盾的问题变得简单明朗。然后,小组共享集体思维的成果,达到对当前所学概念的正确理解,最终完成对交通工具知识的建构。

5.评价效果——包括学生个人的自我评价和学习小组对个人的学习评价,以及教师对小组和学生个人的评价。有对学习过程的评价,也有对学习成果的评价。

6.产品发布——通过各组表决,对最有创意、最有可行性的未来汽车开展产品发布会,让学生感受探究成果之后的自豪。

7.交流反思——以小组为单位进行合作学习后的成果交流,包括问题探索、改善方法交流等,让学生对自己经历的学习过程进行反思。

四、学习评价

本活动的评价方式包括对学习过程和对学习成果的评价。

（一）对学习过程的评价

过程评价包括学生个人的自我评价和学习小组对个人的学习评价,以及教师对小组和学生个人的评价。评价内容包括学习习惯、自主学习能力、对小组合作学习所作出的贡献等。

（二）对学习成果的评价

成果评价包括对学生的导学单、研学单、展学单等记录性成果的评价,以及对小组的微型讲座效果、未来汽车模型等展示性成果的评价。评价内容包括成果完成度、成果效果、成果受欢迎度等。

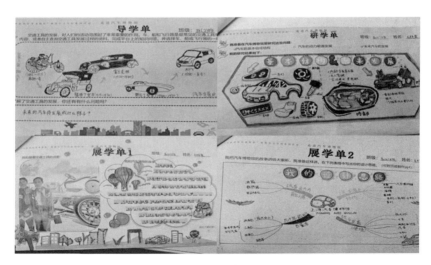

图2　导学单

 **案例评析**

1. 来自课本，让科创教学自然发生

"教材"是学习的基础，也是研究的源头，从教材出发，有助于进行科学规范的学习。"交通工具的发展"和"简单机械"是五年级《自然》下册的教材内容，同时在英语 5BM4U1 Museum 一课中也出现了汽车博物馆。

2. 场馆研学，让探究活动打破空间局限

走进场馆是为了让学生有丰富的知识储备，教师以研学单的形式，引导学生在汽车博物馆进行团队合作学习，结合驱动性问题中的讲座内容，分成三个研究团队，分别为：汽车的基本组成结构、汽车的动力能源发展、未来汽车的发展。

3. 动手制作，让探究实践落地开花

除了学习交通工具相关的知识，还将重心放在学生对"未来汽车"的创意设想和制作上。通过思维导图、文字说明、图画手绘、动手制作等呈现方式，一辆辆神奇微妙的未来汽车模型横空出世，在这个过程中充分锻炼了学生的综合素养。

 专家点评

本案例的设计能够将"科创"落实在科学课程中，注意融合德育，体现"以人为本"的理念，将提升学生工程素养和培养创新能力相整合；落实过程能够以五个"一次"为基础，以"未来汽车"为主题，将交通问题、能源问题、社会问题分析和参观学习获取信息、合作探究开展实践、制作物化锻炼能力等进行融合，形成以"研学"为特质的整体，实现工程思维的培养和技术素养的提升。

扫码查看视频案例介绍

探索电动机的奥秘

——真实任务驱动下的研究性学习

上海师范大学第二附属中学 王 龙

 案例背景

本案例以"组装电动机"为实践任务,紧紧围绕"探索电动机的奥秘"这一问题开展研究性学习。以小组合作的形式,在完成组装任务后,分析电动机的转动原理,对影响电动机转速快慢的因素以及能量转化的问题进行科学探究,引导学生设计探究实验方案,对电动机在生产生活中的应用进行交流。通过学习,激发学生对科学的兴趣,促使学生增强科学认识、理解科学方法、提高科学素养。

本案例确立的教学目标如下。

一是通过组装电动机,初步了解电动机的构成和各个零部件的功能;二是通过探究、合作,在构思、设计科学探究方案的过程中,面对问题能够独立解决,提升科学素养,初步培养科学思维;三是通过交流电动机在生产生活中的应用,感受学习知识的意义与价值,增强责任感。

 案例介绍

一、学习过程

本研究性学习活动包括以下四个核心内容:(1)电动机的组装与调试;(2)电动机的原理;(3)影响电动机转动快慢因素的研究;(4)分享电动机在生产生活中的应用。研究性学习过程结构如图 1 所示。

二、教学策略与实施步骤

(一)亲历制作,初步体验——分析与理解任务,激发兴趣

教师提供学习材料,学生两人一组,阅读说明书后组装电动机,依据组装速度和质量进行评价。教师发布指令后,学生兴趣盎然、跃跃欲试,很多小组很快就完成了电动机组装。教师发布调试电动机的指令后,学生争先恐后地装上电池,测试电动机能否运转。遇到问题时,小组密切配合,也能很快解决。完成组装任务后,进行小组展示,通过学生自评与互评进行成果评比,以此激发学生的学习兴趣和团队协作精神。

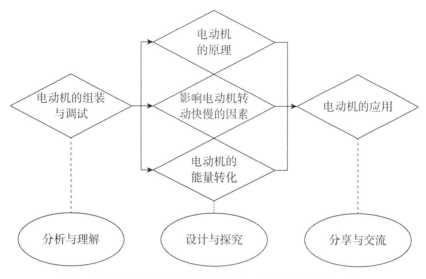

图1 "探索电动机的奥秘"研究性学习过程性内容结构示意图

（二）深度体验，激活思维——设计与探究任务，深度学习

教师提出新挑战任务：请大家继续接通电动机，尝试新的玩法。每个小组仔细观察，经多次实验设计后，设计了新的玩法，具体情况如下。

第一组将磁体S、N极对调，电动机会反转；第二组接入滑动变阻器，移动滑片，电动机转动快慢有变化；第三组将电动机正负极对调，电动机反转；第四组取出磁铁，放在电动机装置的侧面，电动机依然能够转动，但转动较慢；第五组在电动机装置的两侧各放一块磁铁，若放的都是同名磁极则电动机不转。

教师充分肯定了学生的表现，并提出新任务：思考磁场力相关的因素有哪些，并说明理由。学生在深入思考后得出了答案，并进行交流。最终，师生共同得出结论：磁场力与磁场的强弱和方向、电流强弱和电流流向以及导线的长度和导线与磁场方向的夹角有关。此后，教师继续提出挑战任务：请接通电动机，让线圈制动，过一分钟后摸一下线圈有什么感觉，并解释此过程的能量是如何转化的。

（三）拓展联想，联系生活——分享与交流收获，发展素养

明白电动机的原理和能量转化之后，教师请学生分组交流学习感受，并进一步探讨电动机在生产生活中有哪些应用。学生经过合作讨论，联系生活实际，最终得出电动机在交通运输、家用电器、信息处理、国防等领域均有重要应用，感悟物理来源于生活，同时服务于生活。

三、学习评价

本活动主要采取两种评价方式：一是交流学习心得；二是根据量表进行测评。

小Z同学：本节课老师先让我们动手组装电动机，激发了我们的兴趣，还让我们探讨电动机的原理……虽然在探究的过程中遇到了一些困难，但同伴给予我很大的支持，让我以积极向上的心态去应对，团队的精神鼓励我勇往直前，这样的学习氛围轻松惬意。老师的适时指导也激活了我们的思维，习得的知识和方法令我印象更深刻，同时也让我认识到物理与社

会、生产、生活和环境都息息相关。

小 W 同学：……体验实践是学习知识最好的方法，能让我更迅速高效地理解书本上相对晦涩难懂的知识，在实践中提升自己的动手能力，在交流表达中提升我对事物认识的水平，在科学探究中提升团队的协作能力……

在组织学生交流心得的基础上，请学生根据制定的评估量表，开展对项目作业的自评和互评。

 案例评析

在教学过程中融合五育，以"劳育和体育"为切入点，学生通过对电动机的组装和调试，手脑并用，这个过程又融合了"智育"。组装完成后，在评价环节，通过小组展示，学生自评和互评，对真实情境问题进行评价，提升了学生对公共事务的责任感。这个过程融合了美育和德育，从而实现"五育"的融合。

在创新表现方面，一是以驱动性任务为切入点，在"做中学"，让"思维的翅膀"插在"制作、调试和体验"之上，让深度学习真正发生；二是整个学习氛围轻松，教师适时给予必要的学习支架，帮助学生有效地达成学习目标；三是注重对学生的表达能力、证据意识和团队意识的培养。

本区教育学院的教师则认为本案例具有四个特点：第一，精心设计任务，激发兴趣；第二，教学实施过程中，突出在实践中学习，"实践—认识—再实践—再认识"的过程让深度学习自然发生；第三，精心指导，为学生提供必要的学习支架；第四，联系实际，感受物理来源于生活，服务于生活。

 专家点评

本案例以实践任务驱动切入，突出"做中学"的理念。在案例实施中，教师根据学生的认知基础与素养要求，提出了阶梯式的挑战性目标。学生在活动过程中，在教师指导下投入探索实验，并用科学规范的语言来表达，以研究性学习的方式培养和锻炼学生的创造能力和动手实践能力。同时还以评价量表引导学生以综合实践活动课程目标主动提升自我，实现科创育人的功能。

扫码查看视频案例介绍

以"桥"为梁，集多学科之力融合育人

上海市金山区学府小学　谭淑婷

 案例背景

素质教育背景下，学生综合实践能力的培养十分重要。然而在真实问题情境中常常涉及多学科内容，单一学科的授课模式不足以提供解决问题所需的知识与能力。我校尝试围绕问题情境进行跨学科教学，从而提升学生的综合实践能力，实现融合育人。

在学校劳动教育实践活动的背景下，开展"为学校附近的河流，设计一座合适的桥"综合实践活动。通过分析问题，对解决问题所需的基础知识与能力进行罗列，发现"桥"综合了力学、美学、建筑学等诸多学科知识。因此，以"桥"为主题开展的跨学科学习，涵盖了自然、探究、美术等学科，引导学生通过多种方式开展探究活动，在解决问题的同时，提升自主设计、合作实验、主动表达、合理选择、学会欣赏等能力，同时感受科学与工程技术相融合的魅力，产生热爱家乡的情感。

 案例介绍

一、主题实践活动的内容设计

由"桥"这一主题驱动的核心问题"为什么要建造桥"进行问题链分解，借助跨学科融合教学，设计"桥"主题综合实践活动，活动流程如图1所示。

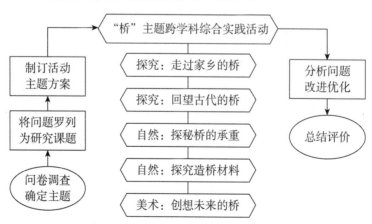

图1　"桥"主题综合实践活动流程

二、主题实践活动的目标

主要从以下四个方面制定本次"桥"主题综合实践活动的目标。

（一）价值体认

通过对家乡的桥的调查、归纳、总结，认识家乡多样的桥，了解桥的发展历程，发现桥的基本结构特点、功能及种类，掌握桥的不同分类方法，提升阅读、归纳、总结的能力，产生热爱家乡的情感。

（二）责任担当

通过小组分工、合作探究，能明确自己的责任并认真履行，具有积极参与探究任务的意愿。

（三）问题解决

第一，通过假设、设计等科学方法，探究影响桥梁、桥墩的承重本领的主要原因，掌握对比实验的设计与实施要点，形成尊重科学事实的研究态度。

第二，通过课前查阅资料和课上分析对比，对几种造桥材料进行分类，简单说出不同材料用来造桥的特点，了解造桥材料的选择是由人的需求决定的，提升阅读资料、思考和分析问题的能力。

（四）创意物化

通过动手实践，初步掌握手工设计与制作的基本技能，能对设计、制作过程与成果作出合理评价，提升欣赏能力。

三、教学策略与实施步骤

（一）探究：走过家乡的桥，激发探究兴趣

教师示范该从哪些方面介绍自己最熟悉的桥。学生聆听老师对家乡以及最喜爱的桥的讲解介绍后，以小组为单位交流课前自己搜集的一座家乡著名的桥的特色，包括桥的名称、桥的特色以及历史等，借助搜集资料掌握自己家乡的桥的特征并使其跃然纸上，大胆分享自己的作品。然后通过投票的方式选出大家最喜欢的桥，对其他同学家乡的桥做到心中有数，扩展对各个地方的桥的知识。

（二）探究：回望古代的桥，提出探究问题

简要梳理古代桥的发展历程，从桥的时代、材料、结构等方面将四个发展阶段的桥的特点进行梳理和对比，认识到不同类型的桥的产生与人类的生存条件、发展需求以及社会的科学技术发展等息息相关。组织学生阅读有关桥的历史的相关材料，让学生了解一些著名的桥，初步了解其材料、结构、用途及历史意义等。师生共同交流桥的用途，通过已有生活经验感知桥的作用，提出桥为什么不会倒塌、桥为什么能承受车辆行驶、桥的承重能力与什么有关等问题，为探秘桥的承重埋下伏笔。

（三）自然：探秘桥的承重，提升探究能力

1. 讨论探究思路，掌握控制变量

桥的承重能力与其结构有着密切的联系，在初步了解桥的结构的基础上，提出影响桥承重能力的因素的猜测，并作出假设。遵循控制变量的科学探究方法，交流探究活动的思路。

2. 设计验证方案，进行初次实验

针对各组猜测的影响桥承重的因素，设计对比实验。以验证桥梁的形状和结构是否对桥的承重有影响为例，每人设计一种形状结构的桥，画在"记录单一"上，然后按照自己的设计用一张A4纸制作纸桥，要求长度一致，不能有纸张浪费，保障桥的质量一致；测试自己小组不同形状结构的纸桥能够承受的砝码数量，并记录。

3. 分析优化设计，进行再次实验

对各小组的数据进行汇总、交流和结果分析。部分小组存在实验失败的情况，于是对初次实验中存在的不足进行优化改正。每人改进一种形状结构有别于第一次设计的桥，画在"记录单二"上。按照自己的设计用一张A4纸重新制作纸桥，再次测试改变形状结构后的纸桥能够承受的砝码数量，并记录。

4. 汇总分析数据，得出探究结论

对再次实验的数据进行汇总，结合第一次的实验数据，先以小组为单位进行分析和交流，对比两次实验的桥承受的砝码数量，讨论产生差异的原因。然后，结合全班数据进行分析、交流，初步得出桥梁的形状与结构对桥的承重能力是有影响的。

（四）自然：探究造桥材料，引发持续探究

与探究课程中不同类型的桥进行衔接，根据课前查阅的资料，说出各种用来造桥的材料，并对其进行分类。以不同环境特征的地点为背景，发挥创造能力，同时通过自己的设计、思考，发现满足某一特定场合需求的桥的材料。在总结、交流中，知道材料的选择依据是人类的需求，人类不断产生的新需求促使了材料的不断更新发展。

（五）美术：畅想未来的桥，课堂走向生活

在认识桥的起源、作用、组成、历史的基础上，教师以一个桥的故事、一首关于桥的歌，让学生对桥有更深刻的认识。分小组用不同材料制作创意桥，锻炼学生的动手能力，培养学生创造的能力，激发学生对桥梁探索的热情。同时进行拓展延伸，继续进行桥资料的收集，并完成一份与桥有关的思维导图。

四、实施效果与过程性评价

针对小学生好奇心强、坚持能力差的特点，本项目采用校本"五彩梦想集"过程性评价的方式进行评价，学生通过自评、互评、师评的方式在探究活动过程中获取相应数量的五彩星，积累到一定程度可以换取五彩梦想证书插入"五彩梦想集"，以激发学生坚持长期探究的积极性。同时，教师针对过程性评价结果及时调整探究策略，有针对性地采取有效措施，提升效率。

案例评析

1."实验失败"重于"精美数据"

在学生自主探究的过程中,得出了很多组不同的数据。为了快速达成教学目标,教师常常会对实验中较为成功的数据在全班进行分析,得出所需的科学结论。实际上,错误的数据能更有效地培养学生的科学素养,结合跨学科的育人教学,更能体现历史人文情怀,达成情感、态度、价值观的更深层的目标。首先,在不同小组的数据中有很多具有代表性的误差数据,通过这些数据能够帮助学生反思探究过程中存在的问题,进而去设计优化实验,达成完整的科学探究。其次,科学探究必须注重真实性,错误数据反映的也是真实存在的科学现象,学生可以借助这些数据发现更多的科学真理,使科学探究不再局限于课堂。最后,将情况归于历史长河中,在科学技术还不发达的时期,对当时的人凭借智慧与辛劳克服重重困难造桥产生敬仰之情,增添热爱家乡的情感。

2."各抒己见"优于"听科学家说"

课堂教学的实施往往是为了得到每节课预定的科学知识,学生逐渐习惯于"听课",对待生活中的问题会以"本来就是这样的"为自己解答。如在本次"承重的桥"的探究活动中,对于桥能够承重的问题,鲜有学生能自主对"桥为什么能承重?桥为什么不倒塌?拱形桥是靠什么力在相互支撑?"等问题产生疑惑并开展探究。因此,学生很少对科学问题进行质疑,缺少自主探究的动力,从辩证角度分析问题的能力较为薄弱,不擅长表达所见的科学现象。所以,在日后的教学中,需要更多地把"老师说"转变为"学生说",减少理论干预,让学生在相互交流的过程中发现问题、解决问题。

专家点评

本案例以"综合实践活动"课程的素养目标为引领,做大关于"桥"的探究文章,打破校内外和古今等时空局限,让学生的学习经历得以丰富,思维与动手得以结合,能较好地培育学生的科创素养。

扫码查看视频案例介绍

创意灌溉小能手

上海市金山区朱泾第二小学　吴　润

案例背景

为了加强学生的实践教育,弘扬劳动精神,我校以"七彩苗菜菜园"创新实验室为抓手,计划开展"探秘苗菜成长"项目,从中培养学生的综合能力,树立正确的劳动价值观。在活动中,学生亲自动手种植苗菜,观察记录苗菜的生长变化。然而,一些粗心的学生常常会忘记给苗菜浇水,导致苗菜生长不好。为了解决这一问题,我校的自然教师组织四年级的学生成立了科创小队"创意灌溉小能手",就此展开了讨论和研究。

案例介绍

一、方案设计

"创意灌溉小能手"主要引导学生发现问题,从而引出自动灌溉装置,来改善无法及时给苗菜浇水的问题。学生通过查询资料,了解自动灌溉装置的工作原理,并尝试利用实验选择合适的材料,设计、制作简易的自动灌溉装置,运用在苗菜种植上;懂得用智慧改进劳动,能遵循植物的生长规律,学会珍惜植物、尊重生命。学生再由此联系到农业中的庭院灌溉,学习庭院灌溉装置的组装方法,了解如何操作"华维庭院灌溉"手机 App,给学校苗圃定时浇灌,并为学校的小菜园设计灌溉装置图,让现代化的自动灌溉进入校园,提升科学创新的意识。详细的教学策略及步骤见表1。

表1　方案设计

创意灌溉小能手	
简易自动灌溉	庭园灌溉系统
1. 调查问卷与反馈	1. 认识庭园灌溉装置
2. 认识简易灌溉装置	2. 设计庭园灌溉装置组装图
3. 设计简易灌溉装置图	3. 组装庭园灌溉装置
4. 实验寻找合适的灌溉装置材料	4. 实验庭园灌溉装置
5. 制作简易灌溉装置	5. 调整灌溉装置
6. 试验简易灌溉装置	6. 绘制海报交流成果
7. 调整灌溉装置	

（一）认识简易灌溉装置

学生通过分析调查问卷，提出驱动性问题"如何避免忘记给苗菜浇水"，并进行反思与讨论，启发制作自动灌溉装置的创意。

活动中，组织学生观看视频《什么是灌溉》，知道传统灌溉和现代灌溉。交流曾在生活中使用过或见过的简易自动浇灌装置，讨论它们的使用方法以及优缺点。接着，利用网络查询不同的自动浇灌装置的工作原理，明确简易自动灌溉装置的设计方向，也提升了信息检索与整理的能力。最后，制作"绽放的牙签星"、观看虹吸现象的实物演示，直观地认识到毛细现象和大气压强的神奇。

（二）设计、制作简易灌溉装置

学生选取生活中常见的可吸水物品，有纱布、棉线、餐巾纸、A4纸等，自主思考、设计、安装实验装置，开展对比实验。实验时，先将几种材料处理成长、宽（粗细）大致相同的长方形，再架在同一高度上，同时浸入带有颜料的水中，随后同时取出。比较水在不同材料中上升的高度，以此为依据寻找出合适的材料作为简易自动灌溉设备的吸水材料。通过分析实验现象与数据，提升学生的实验设计能力、观察能力、数据分析能力。

然后，各小组利用空塑料瓶，根据大气压强及毛细现象原理，自主设计简易灌溉装置，并按照图纸进行切割、组装。完成装置制作后，利用该装置对苗菜进行灌溉。利用一周的时间对装置的使用情况、苗菜的生长状况进行监测，发现其中的问题。

（三）改进简易灌溉装置

一周之后，各小组交流、反馈简易自动灌溉装置的工作情况、苗菜的生长情况，根据各自装置存在的问题，针对性地提出改进意见，设计修改装置，并根据图纸制作新装置或改进旧装置。用改进后的简易自动灌溉装置浇灌苗菜，观察苗菜的生长情况以及装置的工作情况。在观察、记录的过程中，组内同伴协调各自的时间，坚持记录设备的工作情况和豆苗的生长情况，学生在活动中体会到了坚持的含义。在反馈的过程中，学生乐于向伙伴介绍情况，积极地与组内的同学交流、沟通彼此的想法，学生的沟通能力得到了很好的锻炼与提升。

（四）学习组装庭院灌溉装置

在制作简易灌溉装置的基础上，指导教师为学生展示现代农业中庭院灌溉系统，使学生认识其工作原理及优点，感受现代农业中庭院灌溉系统的便捷性与科学性，明白科技助力劳动生产。在学习了庭院灌溉装置各零件的用处和基本连接方法后，学生进入学校的小菜园，测量菜园尺寸，设计并组装合适的庭院灌溉装置，学会运用简单的符号进行设计。在一次次的尝试中，小组成员互帮互助，积极交流，不断试错、改错，沟通彼此的想法，有效提升了交流能力和动手能力。

（五）改进庭院灌溉装置

学生将组装好的装置放入小菜园中进行尝试，发现问题并尝试进行改进。比如，水管的长度是否合适，滴箭的数量和位置是否合适。从中明白设计并非靠理想化的想象，而是需要为实际生活服务，要尽量使设备的利用高效化。

（六）项目学习成果展示

本活动主要内容是学生通过设计海报，汇总展示"制作简易自动灌溉"项目学习成果与收获。

经过一学期的活动，学生有很多收获和感悟。指导教师组织学生回顾项目学习的全过程及关键问题支架，抓住"什么是自动灌溉""自动灌溉有什么优点""什么是庭院灌溉系统"等核心问题，结合自己制作简易自动灌溉装置的体验与感受，绘制出成果海报并进行展示与评价。

二、其他方面的说明

（一）学科融合

"创意灌溉小能手"融合了信息技术、劳技、自然、美术、数学等多学科知识与技能，来解决生活中的实际问题。其中所涉及学科的主要知识点有：

1. 自然：了解自动浇灌装置的工作原理和优点；通过对比实验，找到适合做吸水绳的材料。

2. 信息技术：学会上网查阅资料。

3. 美术：能设计自动灌溉装置的图纸。

4. 劳技：运用各种工具，如剪刀、美工刀、热胶枪，完成简易自动灌溉系统的外部加工。

5. 数学：能用测量工具进行测量，能用计时工具进行计时。

（二）利用技术

指导教师需要学会使用"华维庭院灌溉"手机 App，来控制庭院灌溉系统。其中可以根据植物的需水量，设置灌溉的时长和频率。让现代化的自动灌溉技术进入校园，用智慧创造劳动。

（三）动手能力

本项目课程所需要的工具材料包有矿泉水瓶、竹签（或一次性筷子）、吸管、吸水绳（弹力绳、棉线）、剪刀、美工刀、透明胶、双面胶、豌豆苗种子、育苗盆、庭院灌溉装置材料包等。

除了学会如何种植、培育苗菜之外，在活动中，学生小组合作，根据实验选用合适的材料制作自动灌溉装置，组装庭院灌溉系统，提高动手能力。

（四）评价要点

1. 能灵活应用多学科的知识，来解决生活中的实际问题。

2. 能与同伴合作完成简易自动灌溉装置，并懂得欣赏同伴的创意作品。

3. 学会组装庭院灌溉装置，掌握 App 的操作方法，体会科技的先进与便捷。

三、收获与体会

通过"创意灌溉小能手"的学习，学生开展小组合作，在教师的指导下，搜集资料，做到了将创意物化，并依据实践，不断改进工艺，集成团队的力量，成功解决了苗菜浇水的问题，逐渐养成团结合作的意识和科技创新的能力，以劳动教育促进综合素养的发展。自动灌溉也是节水灌溉,学会科学种植苗菜的同时,也明白了节约用水、爱护环境,感受科技助力劳动,学会珍惜植物、尊重生命,用智慧创造劳动。

此外,在活动过程中,学生能逐步学会应用信息技术、劳技、自然、美术、数学等多学科知识与技能,来解决生活中的真实问题。学生需要将课堂中学习的多门学科知识,加以融合、运用。在思考和实践中,对现象不断进行分析、评价与创造,逐渐养成创新意识,拓展高阶思维,使综合能力不断得到提高。

 专家点评

案例以建设"七彩苗菜菜园"创新实验室为抓手,开展"探秘苗菜成长"活动,培养学生的实践动手能力,树立正确的劳动观。在项目实施的过程中,注重培养学生综合运用信息技术、劳技、自然、美术、数学等多学科的知识与技能,来解决生活中的真实问题。

案例针对学段的特点,因地制宜,就地取材,简便易行。实施过程中,学生的参与度高,实践性强,获得了学会珍惜植物、尊重生命,用智慧创造劳动的真实体验。

基于工程制作为本的项目化学习案例设计与实施

——以航天系列"智能月球车"为例

上海市松江区青少年活动中心　钱信林

 案例背景

中国学生发展核心素养框架确立了人文底蕴、科学精神、学会学习、健康生活、责任担当、实践创新六大素养。实践创新有助于发展学生的核心素养。如何在工程制作教学活动中培养学生的实践创新能力？近年来，各种工程制作教育活动受到国内外的关注，旨在通过工程制作活动培养创新型人才。但在实践中不难发现摆在教师面前的较大难题是工程制作教学案例如何设计。为此，本文以"智能月球车"为例设计了基于工程制作为本的项目化学习案例，分析其教学实践研究过程，试图在工程制作理念指导下构建学习环境，并在此环境下设计教学案例，以期进一步提高创新教学方法的应用，促进学生实践创新素养的提升。

工程制作即制作模型或者实物为最终成果，主要以培养设计思维、编程能力、材料选择能力、动手能力等模型制作相关素养为目标。项目化学习是指学生在一段时间内对与学科或跨学科有关的驱动性问题进行深入持续的探索，在调动所有知识、能力、品质等创造性地解决新问题、形成公开成果中，形成对核心知识和学习历程的深刻理解，能够在新情境中进行迁移。项目化学习倡导学生在应用所学的数学和科学知识来应对真实世界挑战时，通过创造、设计、建构、发现、合作并解决问题。

 案例介绍

一、选定项目

2021 年是中国航天史上特殊的年份，空间站天和核心舱点火升空，标志着中国空间站在轨组装建造全面展开。此后天舟二号货运飞船、神舟十二号及十三号载人飞船都成功发射，这些大事极大地提升了民族自豪感，每个人都感受到国家航天事业的强大。在此背景下，作为一名科技教师，应当给学生搭建广阔的学习舞台，普及更多的航天知识，如长征火箭、神舟飞船、空间站、嫦娥号月球车、祝融号火星登陆器等，我们因此逐步设计了航天系列项目化教学内容，以供学生校外课外学习，"智能月球车"是其中之一。

开展"智能月球车"项目活动设计是为了让学生在学习中提高逻辑思维、计算思维、数字化作品设计、团队合作、创新精神与实践能力，逐步养成爱科学、学科学、用科学的兴趣。学生在教师的引导下，通过前期查阅资料了解月球车组成结构和基本功能，并在小组合作中完成草图设计,再通过 3D One 软件设计月球车模型,拓宽了设计思维,展示学生的个性,最终通过 3D One AI 将月球车智能化,可以将组件配成任务中需要的虚拟传感器,运用到电子工程的结构、流程、系统、控制等方面的知识。通过该项目的学习,学生能够运用所学的知识动手制作出智能月球车,并对它进行创新设计。

二、制定策略

"智能月球车"由绘制一款月球车和制作智能月球车两大部分组成。制作月球车模型前要了解月球车的结构组成、工作原理,先通过草图进行绘制,画出三视图,进入 3D One 软件制作月球车零件,最后进行传感器的配置和相关脚本设计,使月球车智能化。教师引导学生对月球车进行系统的探究学习,学习中会不断遇到新的挑战,生成新的问题,通过教师讲授、自学、小组讨论的学习方式,逐步完成项目任务。在工程制作为本的背景下采取的策略如图1 所示。

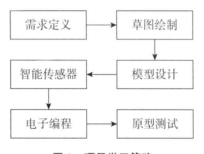

图 1　项目学习策略

依据策略,"智能月球车"的学习过程由两部分构成。

第一部分:绘制一款月球车草图。该阶段,学生在具备兴趣的基础上,明确需要学习的内容并规划学习方向,通过资料收集、实验、教师讲授等多种方式获得跨学科知识、技能和素养。

表 1　绘制一款月球车

学习任务	绘制一款月球车。
学习目标	能够通过文献查找和网上搜索分析和筛选月球车信息,获取信息,对信息进行组织加工,并进行分享;能通过分析对比,甄别出月球车的结构组成和基本功能,并绘制草图;通过月球车的绘制,体验设计的乐趣,提高动手实践能力、对生活的感知能力、对过往经验的分析与总结能力。
活动步骤	查阅相关资料,了解月球车结构组成和原理,小组进行草图绘制,制作一个月球车样例,鼓励有能力的小组不断修改完成三视图,各小组进行成果交流、经验分享、评价。
活动安排	学习时间:5 课时;地点:创客实验室。
作品制作	每小组完成一款月球车的草图制作,学有余力的继续完成三视图。
交流评价	分享绘制经验,提出改进思路。

第二部分:用 3D 软件设计月球车,将其智能化。学生在体验科学探究的过程中建构基础性科学知识,如月球车结构、月球车工作原理等,增强学生的科学探究能力,包括观察、提问、猜想、假设、实验、表达、反思、评价等。

表 2　制作智能月球车

学习任务	制作智能月球车
学习目标	学会使用 3D One 软件中长方体、球体、圆柱体等工具,通过加、减等运算,设计月球车基本结构,在设计智能化过程中,知道需要借助一些特殊的传感器,并能解释电机、距离传感器、视觉摄像头等主要工作原理; 能将电子配件设置为电机、距离、视觉、灰度等虚拟传感器,描述右手法则; 在程序设计中能理解条件语句、选择语句、循环语句,在程序设计中会熟练使用; 在学习中养成保持好奇心、尊重实证的科学态度,自主探索、不怕失败的科学精神和批判怀疑、多元思考的科学思维,提升合作交往、语言表达等能力以及丰富的人文情怀、审美态度和社会担当。
活动步骤	熟悉 3D One 软件组成界面,制作月球车基本结构进行组装,使用相关电子配件,进行结构虚拟化、变成相应的传感器,并进行脚本设计,完成相应的任务,各小组进行成果交流、经验分享、评价。
活动安排	学习时间:10 课时; 学习地点:创客实验室; 学习软件:3D One、3D One AI。
作品制作	制作月球车模型,将月球车智能化,并能在仿真界面进行测试。
交流评价	交流分享,不断优化。

三、工程制作活动探究

学生在科学探究的基础上,根据问题定义需求,利用所学的数学、科学、艺术、电子编程及机械相关学科的知识,完成项目模型的制作,让学生掌握工程设计的一般流程和一般工具的使用方法,包括手工绘制、软件制作、计算机编程、物理仿真等,具体过程如下所述。

(一)探究一:设计一款月球车

1. 核心问题

(1)梳理出设计一款月球车需要哪些前期知识准备。

(2)分析月球车的结构(移动结构、控制结构、功能结构),通过假想进行结构和功能的再创新。

(3)绘制月球车草图。

(4)学习 3D 软件进行月球车的设计制作。

2. 学生活动

(1)小组成员通过调查、文献阅读、网上搜索,了解至今登陆过月球的各国月球车,收集相关图片,通过相互讨论、对比、请教教师后,对月球车的基本功能和造型有一个清晰的认识,初步建立月球车空间结构模型。

(2) 小组讨论,以中国玉兔号月球车为例,揭秘玉兔号月球车有哪些功能,含有哪些部件,特别从重量、能源、防御、性能、操控、任务等属性上进行深入分析,后续去模仿、想象,增加新的功能设计。

(3) 在草稿纸上利用尺规,画出月球车模型,通过教师指导绘制三视图(正视图、侧视图、俯视图)。

(4) 学生跟随教师学习 3D One 中基本实体的操作方法,如球体、长方体、圆柱体、圆环体、椭球体等,基本会应用加运算、减运算等对模型进行组合,基本掌握用 3D One 绘制月球实体模型的方法。

(5) 学生实战操作,设计一款未来月球车,通过交流、评价、改进、再设计、再改进,最后展示交流。

(6) 学生设计的月球车在教师的帮助下,可以通过 3D 打印机打印。

(二) 探究二:月球车智能化

1. 核心问题

(1) 以一款基本的月球车为例,如何使它智能化。

(2) 月球车如何驱动——关节活动化。

(3) 如何循路,需要什么传感器;如何识别颜色,需要什么传感器;如何判断与前方障碍物的距离,需要什么传感器;如何识别语言,需要什么传感器。

(4) 将大任务分解成若干个小问题,逐一分析解决。

2. 学生活动

(1) 小组成员以自己设计的月球车为例,在物理仿真环境中配置关节、电机,设置左右前后轮,通过右手法则,设置电机方向和基本参数。

(2) 通过循环语句和条件判断语句进行脚本设计,使用四个键控制月球车前后和左右移动。

(3) 配置颜色传感器,通过颜色值识别前方物体颜色。

(4) 配置距离传感器,配置电机参数,通过距离侦测到障碍物的距离,以某个值为临界值,控制运行与停止。

(5) 配置视觉传感器,再程序设计,实现自动循路效果。

(6) 配置语音识别模块,再通过程序设计,实现语音控制效果。

(7) 综合评价,优化程序,实现相应功能。

四、评价与反思

"智能月球车"项目以培养学生自主学习、发现与解决问题的意识为目标,多维度评价,体现过程性评价与终结性评价相结合的原则。

(一) 明确各环节的评价标准,覆盖学习全过程

基于工程设计的表现性评价量规贯穿整个学习过程,从识别问题、创建设计、建立模型、加工表达等维度,让教师衡量课堂教学离预设的目标还有多远,以便作出基于证据的

教学决策;让学生在整个学习过程中清楚自己学到什么程度,对自己的学习结果有清晰的了解。

表3 教师评价表

问题	1	2	3	4
我选择的主题适合该年龄段的学生探究				
我引导学生在该主题的学习中解决了实际问题				
我激发了学生的兴趣和主观能动性				
我帮助了学生与主题相关联知识的获取与拓展				
我促进了学生探究能力的提高				
我促进了学生动手实践能力的提高				
我促进了学生跨学科知识、技能与素养的提高				
我促进了学生合作学习能力的提高				

(说明:1—4为完成程度,1为须努力,4为最好)

表4 学生个人学习评价表

问题	1	2	3	4
我能够说出_____				
我能够在草图上画出模型				
我能够使用3D One软件进行简单模型设计				
我与小组成员合作完成了月球车设计				
我能够使用3D One AI进行虚拟电子传感器配置				
我能对虚拟传感器进行脚本设计				
我和小组成员合作完成了智能月球车				
在小组活动中表现出_____				

(说明:1—4为完成程度,1为须努力,4为最好)

(二)设计多元评价,注重全程评价引导

过程性评价与终结性评价相结合贯穿整个项目化学习过程,通过学生自评价,引导学生联系具体学科或领域的专业知识进行思考,让高阶学习发生。

 案例评析

基于工程制作为本的"智能月球车"项目化学习是一种符合教育规律的教学尝试,能帮助学生增长见识,培养学生的自主学习能力和工程探究能力。在整个活动中,学生学有所获,学有所乐,使"学中做、做中创"成为一种全新的学习体验。在项目教学实践中,学习者同时也是创造者,学习过程也是创造过程,而学习成果将想法变成了现实。

专家点评

"智能月球车"教学案例的设计以工程制作为学习任务,为学生搭建了具有挑战性的学习平台,在普及航天知识的基础上,重在培养学生的设计思维、编程能力、材料选择能力、动手能力等相关素养。

案例设计合理,符合学生认知水平。通过查阅资料、草图设计、制作模型等步骤,综合运用电子工程的结构、流程、系统、控制等方面的知识,动手制作智能月球车。

扫码查看视频案例介绍

基于 AI 的校园彩虹卡分类整理系统

——人工智能教学中的"做中学""用中学""创中学"

上海外国语大学松江外国语学校　温胜利

 案例背景

在新颁布的《义务教育信息科技课程标准(2022 年版)》中,人工智能与智慧社会作为与时代同步发展的板块已纳入新课程中。如何借助这一新主题,创新教学方式,渗透课程新理念,以真实问题驱动项目,通过"做中学""用中学""创中学"引导学生经历原理运用过程、计算思维过程和数字化工具应用过程,建构知识,提升问题解决能力? 这一问题需要信息科技教师在教学探索中开启新课题的研究。

本案例是面向初中六或七年级学生,以"校园彩虹激励卡校园流通效率低"作为研究的驱动问题,组织学生通过调查了解校园激励卡的流动情况,根据调查结果确定造成流通效率低的核心问题,并通过寻找合适的技术帮助学校少先队设计一套"基于 AI 的校园彩虹卡分类整理系统"。该项目帮助学生理解人工智能与生活的关系,并且能够根据学习与生活需要,合理选用人工智能,在自主动手解决实际问题的过程中,掌握人工智能核心技术的原理,并且了解人工智能对信息社会发展的作用。

本案例确定的教学目标如下。

1. 通过校园调查发现校园彩虹激励卡校园流通效率低的原因,从而了解社会调查这一科学研究方法的使用过程及意义。

2. 根据表格"确定核心问题与产品",讨论构思"基于 AI 的校园彩虹卡分类整理系统"解决方案,促使学生思考表象问题背后的原因,找到问题的"症结"之后寻求解决之道,从而明确定义出最终要解决的问题。

3. 通过《智能垃圾分类》学习智能机器的感知(图像识别、语音识别)、智能机器的学习、智能机器的交互三方面的人工智能核心概念及技术。

4. 通过程序、工程等设计,制作彩虹卡分类整理系统模型产品,在项目实践中感悟计算思维在用人工智能解决真实问题中的过程与方法。

5. 测试、优化模型,制作产品使用手册,并通过产品发布会公开成果,以此对学生的学习过程及产品成果进行项目反思及正面激励。

 **案例介绍**

一、内容设计

在上海外国语大学松江外国语学校校园生活中,各学科教师会通过彩虹激励卡的形式,奖励学生的优秀表现,学校少先队小干部们承担着管理、回收彩虹卡的任务。但是由于各种原因,彩虹卡不能在校园里高效流通,因此激励卡承载的教育意义不能被充分发挥。因此本项目的驱动问题是:为解决学校少先队"校园彩虹激励卡流通效率低"这一问题,请智慧机器社团的同学们帮助,能否借助信息技术设计一个解决方案,从而提升校园彩虹激励卡流通效率。

项目任务包括:

任务一:通过问卷调查发现校园彩虹卡流通过程中的问题,并根据调查结果,聚焦待解决的问题。

任务二:探究学习智能机器的感知(图像识别、语音识别)、智能机器的学习、智能机器的交互三方面的人工智能核心概念及技术。

任务三:构思并制订关于"彩虹卡分类整理系统"的解决方案。

任务四:设计、制作彩虹卡分类整理系统模型产品。

任务五:测试、优化模型,制作产品使用手册。

任务六:以产品发布会形式公开成果。

该项目适用六至七年级学生,时长8周,共16课时,涉及信息科技、科学、社会科学、语文等学科。

项目流程如图1所示:

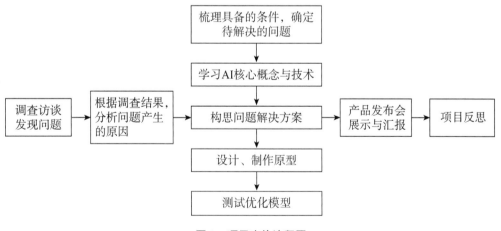

图1 项目实施流程图

二、教学策略与实施步骤

第一,项目启动。(1课时)

为保证项目过程学习及预期项目成果的最终效果,在开展项目之前,根据项目成员情况调查问卷了解参与学生的特质;学习过程中采用混合分组的策略,将异质和同质分组相结合,保证学习风格、知识水平、学习目标和兴趣爱好具有相似性的学生划分到同一组,同时考虑到活跃度和性别差异对学习效果的影响,进行合理分组。

同时,为了促进学生合作,在项目学习过程中,通过 AI 项目团队评估表,对小组及其成员进行评估激励。

第二,提出驱动问题,调查校园彩虹卡的流通使用现状并确定研究问题。(1 课时)

项目开始,教师提出驱动问题"校园彩虹激励卡校园流通效率低",需要学生通过问卷星调查,了解真实的校园彩虹激励卡在流通过程中存在的问题并分析原因。教师提供学习材料《社会调查方法》,指导学生如何开展校园调查,学生通过表 1 确定核心问题及产品,聚焦待研究的问题,通过小组分享,分析讨论问题原因。

表 1　POV 表格确定核心问题及产品

我观察了	(请写下你观察的用户)	
我发现了	(请写下你新奇的发现)	核心问题的四个维度
我猜想这可能是因为	(请找出问题背后的真正的原因,写下你的猜想、假设、推理)	1. 人:为某用户思考 2. 物:能用产品的形式解决
因此我要解决的问题是	(我们该如何,为谁,做点什么,以解决什么问题)	3. 真实:问题与场景相关,真实存在 4. 目标:有考虑最终目标

第三,探究学习智能机器的感知、智能机器的学习、智能机器的交互三方面的人工智能核心概念及技术。(6 课时)

在探究学习 AI 环节,学生以"智能垃圾分类"这一生活问题入手,通过"会听"的垃圾桶、"会说"的垃圾桶、"会看"的垃圾桶三个主题学习与探究,理解人工智能的全貌,综合运用人工智能知识,进行相关系统的设计和实际问题的解决。具体设计见表 2。

表 2　智能垃圾分类教学设计表①

课时	主题	内容要点	设计目的
课时 1	垃圾分一分	生活中的垃圾	垃圾分类背景知识
		垃圾分类的标准	
		垃圾分类的困境	
课时 2	"会听"的垃圾桶	为什么一定要用语音识别技术?	构建人工智能核心概念感悟计算思维
		语音识别技术是什么?	
		语音识别技术的伦理道德	

---

① 引自北京师范大学未来教育高精尖创新中心案例。

（续表）

课时	主题	内容要点	设计目的
课时3	"会说"的垃圾桶	为什么一定要用语音合成技术？	构建人工智能核心概念感悟计算思维
		语音合成技术是什么？	
		综合语音识别和语音合成进行设计	
		语音合成技术的伦理道德	
课时4	"会看"的垃圾桶	为什么一定要用图像识别技术？	构建人工智能核心概念感悟计算思维
		图像识别技术是什么？	
		图像识别技术的伦理道德	
课时5	"会看会听又会说"的垃圾桶	会看又会说	实践与应用
		会看会听又会说	
		拓展任务	
课时6	复习总结	复习所有内容	复习深化
		反思与讨论	

第四,构思并制订关于"彩虹卡分类整理系统"的解决方案。(1课时)

在具备人工智能核心概念及技术的基础后,师生复盘表1,梳理现有资源,确定以越疆机械臂、AI实验平台为工具,以小组为单位,以"基于AI的校园彩虹卡分类整理系统"为方向,设计解决方案,根据表3"方案设计"评价量规,绘制解决方案手绘草图,并进行组内分享。教师指导学生从计算思维的角度将复杂问题分解为可解决的小问题,再清晰定义小问题,构思最终产品方案。

在学习过程中,需要教师重点指导两个方面:一方面在构思解决方案时,引导学生把脑子中的想法"拿出来",进行"可视化"的表达;另一方面引导学生站在"听众"的角度,思考"如何让听众更容易理解"。

表3 "方案设计"评价量规

维度＼等级	熟练水平	合格水平	新手水平
呈现方式	通过图像、文字、表格等多种形式呈现,呈现方式清晰、具体,便于他人阅读与理解。	能够用图文结合的方式呈现,但是较为简单,他人获得的信息量有限。	呈现方式单一,如只有绘图,没有文字说明,比较潦草。
呈现内容	呈现内容考虑周全,能够从真实问题出发,对产品的设想、材料、分工等方面进行全方位、多角度呈现。	内容较为简单,没有全面呈现产品设计的各个方面。	呈现内容过于简单,只考虑到产品设计的某个方面。

等级 维度	熟练水平	合格水平	新手水平
可实现性	可实现性强，通过对方案的解读和材料准备，设计的项目能够付诸实践，变成现实的产品模型。	有一定的可实现性，但是从方案里不太能看出来。	可实现性差，方案里几乎看不出来。

第五，制作彩虹卡分类整理系统模型产品。（4 课时）

根据前期学生解决方案设计，学生借助 AI 实验平台与越疆机械臂，边学边用，制作产品模型。在制作过程中，学生会遇到很多问题，教师要及时进行指导和点评，跟进每个小组的进展。

第六，测试、优化模型，制作产品使用手册。（2 课时）

模型产品制作好后，学生在测试的过程中会发现新的问题和需要完善的地方，根据表 4 "产品制作"评价量规，找出产品的优点和不足，进行迭代改进，并设计制作产品使用手册。

表 4 "产品制作"评价量规

评价维度	一级指标	二级指标	分值（1—5 分）
人工	功能	能够充分考虑用户的特点，产品使用符合年龄特征。	
	需求	能够解决用户的真实需求，不带来新的问题。	
科学		讲解员能正确、清晰地讲解产品所用到的科学知识。	
技术	核心	能合理使用人工智能——视觉智能、听觉智能等技术，达到产品效果。	
	质量	产品各组件结构稳定，整体制作扎实。	
艺术	设计	产品有使用手册，能让使用者快速学会产品的使用。	
创意		市场上无同类产品。	

第七，以产品发布会形式公开成果。（1 课时）

为了对学生的学习过程及产品成果进行正面激励，教师结合学校科技节活动组织社团开展"产品发布会"的汇报评比，鼓励学生能够创意地表达设计成果。学生根据表 5"产品展示"评价量规，介绍并演示成果以及学习过程，并分享在整个项目化学习中学到了什么。可设置"最佳设计奖""最佳实用设计奖"，以评比的形式引导学生梳理、总结学习成果。

表 5 "产品展示"评价量规

评价维度	具体指标	分值（1—5 分）
演讲表现	声音适度，举止大方，吐字清晰，注意演讲礼仪。	
过程展示	能够图文并茂或者以多种形式讲述项目化学习的探究过程，包括遇到的困难和问题等，能积极应对用户提出的挑战性问题。	
小组合作	小组分工明确，配合默契，团队氛围温暖。	

三、学习评价

"基于 AI 的校园彩虹卡分类整理系统"项目以鼓励学生"做中学""用中学""创中学"为目标,培养学生自主探究学习能力、运用计算思维发现解决问题的意识,注重提供各环节学习支架,并且借助评价量规引导学生探究,体现过程性评价与终结性评价相结合的原则。

案例评析

本案例根据学生生活经验及认知水平,结合本校的技术条件,以人工智能大概念统整的项目式学习,在信息科技、科学、语文等多个学科均有所实践。

1. 挖掘校园真实问题,结合新技术,激发学生探究学习、解决问题的学习欲望。

2. 来源于生活的"智能垃圾分类"学习支架,从智能机器的感知、学习、交互、伦理道德方面,让学生在"做中学""用中学"中了解人工智能的全貌;"基于 AI 的校园彩虹卡分类整理系统"的产品制作让学生在"创中学"中运用计算思维解决复杂问题。

专家点评

本案例关注校园真实问题,设计流程清晰,目标明确,在每个阶段任务中,聚焦核心问题开展学生活动。在项目化学习过程中,教师运用多种学习工具搭建学习支架,如学习资源、参考案例、团队建设机制、工程设计的表现性评价量规等帮助学生开展自主探究。通过引导学生科学调研了解现状、聚焦问题分析原因、运用技术解决问题、设计方案形成产品、测试优化分享成果,真正"做中学""用中学""创中学",培养学生的高阶思维。

扫码查看视频案例介绍

探索飞行知识，体验飞行乐趣

——基于 STEAM 教学理念的无人机研学活动课程

上海师范大学附属外国语中学　翁崇涛

 ## 案例背景

中小学无人机课程作为创客教育的重要组成部分，正成为开发学生航天思维、创新能力、实践设计、优化聚合、问题解决的重要载体，进一步推动着学生的自主创新、团队合作、责任担当的价值构建。我校自主开发的"探索飞行知识，体验飞行乐趣"科创方案，在学校科技节上开展，受到全校师生的一致好评。无人机课程以培养具备动手实践、跨界融合、创意"智"造的未来创新人才为目标。教学过程采用项目学习、协作学习、任务驱动学习、问题解决学习等多样化学习方式，致力于中国未来创新人才的培养和服务。

无人机被称为"空中机器人"，主要用于军事和民用特种任务。无人机系统由飞行平台、动力系统、飞控导航系统、链路系统、任务系统、地面站等组成，主要是为了完成特定任务，追求的是系统的任务完成能力。无人机从设计、组装到操控技术，作为新兴技术，属于高新前沿科技产业。随着信息化的发展和社会的进步，无人机必将成为培养孵化中国未来创新人才的重要阵地。

科学探究不仅涉及逻辑推理和实验活动，同时还是一个充满创造性思维的过程。科学知识是全人类，特别是科学家探究活动的结果，它是人类智慧和劳动的结晶。"无人机"是一种实践性很强的实用技术，学生在运用已有学习经验的同时，通过亲自操作与理论联系实际，认识事物间的联系和物体的结构关系，了解一些简单的机械结构原理，掌握一些工具的使用方法等。开展"无人机"研学课程可以培养学生的观察力、思考力、动手操作能力，从而不断促进学生形成技术素养、科学素养，乃至科技创新的素养。同时，培养他们具有尊重科学、实事求是的科学精神和最基本的科学探究方法，为学习其他学科的知识和终身学习打下基础。

本案例确立的教学目标如下。

1. 通过无人机课件讲解及相关视频，了解什么是无人机、无人机百年发展史、无人机的组成及应用领域、无人机操控及飞行原理等，畅想未来无人机人工智能技术及场景应用案例。

2. 通过无人机模型制作、实操练习、小组展示交流等活动，了解力学结构知识、传感器原理、卫星定位系统等设备；学会搜集、分析与整理信息，学会合作解决问题，并能用多种方式展示学习成果，培养在原有技术原理、结构原理的基础上进行重新组合、大胆创新的能力。

3. 通过编程任务、飞行竞赛、创意航拍和航空飞行等系列化的项目学习和活动体验，采取自主操作与合作探究相结合的活动方式,激发内在的研究热情,增强创新思维,增强动手能力,展现自我,提升创新素养。

 **案例介绍**

一、课程设计思路

初高中学生对新生事物抱有好奇心,自我认知强,勇于表现自我,善于提出创新型观点。"无人机"是一项非常吸引人的项目,结合 STEAM 理念和项目化学习能够引起学生浓厚的探究兴趣。学生在科技制作中的地位不仅体现在主动参与和探索、主动在实践中学习和运用知识,而且还表现为学生可以是制作活动的组织者,参与从制作到评价的全过程。

"无人机"研学课程以培养具备航天思维、动手实践、跨界融合、创意"智"造的未来创新人才为目标。围绕这一目标,设计相应的理论学习、实操练习、编程任务、飞行竞赛、创意航拍和航空飞行活动,在教学过程中采用项目学习、协作学习、任务驱动学习、问题解决学习等多样化学习方式,让学生掌握"无人机"的基础理论和基本操作,学会编程无人机程序和电脑端模拟飞行的参数调节,了解航空事业名人和著名航空器,并形成科技强国的感情。

表1 "探索飞行知识,体验飞行乐趣"研学活动内容框架

主题(单元)	活动名称	活动目标	课时
理论学习	基础原理	1. 通过 PPT 讲解无人机的定义、分类和飞行原理,用多款无人机进行应用表演,达到增强学生兴趣的目的。	2 课时(校内)
	结构介绍	2. 通过 PPT 和视频讲解四旋翼无人机的结构及对应部件的功能介绍。	
实操练习	拆解组装	1. 通过无人机模型的拆解与组装,提升学生的动手实践能力。	半天(基地)
	飞行展示	2. 教师进行飞行展示,并讲解飞行过程中要注意的细节问题。 3. 学会阅读地图,能利用地图完成规定的路线的定向越野。	
	飞行训练	4. 通过对飞行基础操作理论学习、稳定悬停练习和定点移动练习,使学生初步掌握精准的手动操作飞行。	
编程任务	程序编辑	1. 通过飞行程序任务流程解析的讲授,学生自主完成程序结构编辑。	4 课时(校内)
	模拟飞行	2. 调试模拟飞行器遥控参数及校准和多旋翼无人机模拟飞行操作练习,使学生初步学会在程序出错时应该如何完成任务。	
	障碍飞行	3. 小组合作完成 S 型刀旗绕杆障碍和高低障碍门穿越的程序结构编辑,进行实际飞行与记录修改数据,并讨论总结"如何用更少更高效率的程序去完成挑战"。	

主题（单元）	活动名称	活动目标	课时
飞行竞赛	比赛分组积分对抗	通过比赛分组和分组积分对抗，进行实操飞行，培养学生的竞争意识和竞技精神。	半天（基地）
创意航拍	航拍展示动手实践	1.学生通过网络查找无人机在生活中的应用，四旋翼无人机航拍演示，进一步提升学生的学习兴趣。 2.普及摄影和选片的基础知识，渗透美育思想，使学生学会基本的航拍操作。	2课时（校内）
航空飞行	航空名人技术讲解模拟驾驶	1.结合国家前沿的航空技术，讲述航空英雄的先进事迹，激发学生的学习兴趣和爱国情怀。 2.教练员模拟航空驾驶，讲解相关的操作步骤和注意事项，使学生初步掌握驾驶技巧。 3.学生分组体验"小小飞行员"模拟驾驶，体验飞机偏转、刹车和反推等飞行过程，加强对飞行的安全性认知，强化遥控实操以及参数调节，锻炼学生自主解决问题的能力。	半天（基地）

二、教学策略和实施步骤

"无人机"研学课程是一个综合性课程，学生需要学习关于空气动力学、机械、结构设计、电路自动控制甚至人工智能的基础知识。本课程由理论学习、实操练习、编程任务、飞行竞赛、创意航拍和航空飞行六个主题组成，相互之间关联，让学生初步了解无人机，认识无人机的各部分结构，利用材料组装模型飞机，操控无人机，激发学生对科学技术的兴趣。

1. 课时安排：12—14课时。

2. 活动地点：校内与校外相结合。

3. 活动资源：飞机模型、机械零件、操控无人机技能展示。

4. 活动设计：操控无人机技能展示、飞机模型拆解和组装、编程模拟飞行活动、飞行竞赛活动、无人机航拍活动。

5. 成果形式：课程资源不断充实，建立学校校本课程资料，每学期举行一次飞机设计展示活动。

三、课程评价

本课程理论教学结合实操环节，让学生走出室外，将书本知识与实际操作结合运用，从而提高学生的实践拓展能力，同时也为学生知识应用和个人才能的展示与发展提供自由的活动空间。活动采用多元评价，综合评定学生的表现。

知识与技能评价：学生对无人机原理知识的掌握，编程知识的掌握程度。

过程与方法评价：学生发现问题、提出问题、分析问题、解决问题、动手制作的能力；学生善于倾听他人意见、合理发表自己意见、有效采纳他人建议，不断修正和完善自己观点的能力。

学习态度评价：学生对课程活动的参与和投入程度。

即时评价：通过观察与谈话，采用教师点评、学生互评、自我评价的方式。

阶段评价：后五个主题每个满分20分，评分细则见表2。

表2　模块评分细则

模块	评价内容	教师评价(8分)	同伴评价(8分)	自我评价(4分)
	主动参与程度	(1分)	(1分)	(0.5分)
	同伴合作	(2分)	(2分)	(1分)
	思维活跃程度	(1分)	(1分)	(0.5分)
	动手实践能力	(4分)	(4分)	(2分)

总结评价：汇总后五个主题的评价单，评价学生本门课程的整体学习情况。总分100分，学生得分60分以上为合格，85分以上为良好，90分以上为优秀。

案例评析

"探索飞行知识，体验飞行乐趣"研学活动课程开发采取多主体推进。学校借助场馆资源，与场馆合作建设馆校合作课程。该研学活动的开发路径如图1所示。

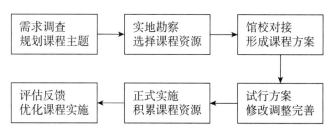

图1　研学活动的开发路径

活动过程中注重探索任务驱动、素养取向的深度学习或项目化学习。在研学课程中，学生通过团队合作解决问题，可设计研究性学习、体验性学习、自主学习、合作学习等多种学习方式。该课程培养学生从情境中发现问题，转化为研究主题，通过探究、服务、制作、体验等方式，提升学生的动手实践能力和发展学生的核心素养。

专家点评

该案例跨越了数学、信息技术、工程学、物理等学科领域，能很好地落实科创教育所关注的核心素养，激发学生科技强国的爱国情怀。在项目化实施的过程中，能很好地帮助学生经历发现问题、分析原因、纠正错误、反复调试的过程，提升学生解决具体问题的能力。课程的评价也较为全面，综合不同阶段的评价、不同维度的评价，综合评定学生的表现。无人机课程是中国未来创客人才的孵化器，值得关注。

巧用校园植物资源，童手绘制植物地图

——以项目化学习理念结合跨学科综合实践活动提升学生综合素养

上海市奉贤区肇文学校　唐春燕

 案例背景

面对学校纷繁的植物资源，如何以项目化学习的形式引导学生关注身边不起眼的事物，增强校园归属感，运用跨学科知识与技能在熟悉的校园中探索未知性，感受跨学科综合运用所带来的内心满足感，是我校综合组一直研究的主题。

学生在教师的帮助下创设了这个项目，并收录在学校编写的小学主题式综合实践活动手册《石榴籽成长 ING》中。希望从校园出发，近距离接触自然中的植物，观察它们的一般特征；将校园中每种植物记录成册；认识平面地图的基本要素；最终设计绘制校园植物地图。希望校园植物手绘地图能为将来的学弟学妹、客人朋友所使用，那会是一件更有意义的事情。

本案例确定的教学目标如下。

1. 通过学习身边的植物，了解植物的一般结构和生长变化。测量、换算，了解校园中植物分布和数量，为校园植物地图做资料储备。

2. 通过认识平面地图的基本要素，设计制作校园植物手绘地图。

3. 通过资料的收集、整理，对校园植物地图的文本内容以自己的方式尝试撰写，并在教师的帮助下进行修改。

4. 通过活动实践，让孩子身处大自然，热爱大自然，关注环境问题，亲身经历保护环境。

 案例介绍

一、课堂活动的内容设计

基于项目化学习理念，关注校园植物与学生个性发展，我们将案例活动设计为四个活动内容。

1. 走近植物，发现校园植物的种类、分布、特征、数量。

2. 技术加持，认识平面地图要素，设计校园植物手绘地图。

3. 综合实践，利用跨学科知识与技能，绘制校园植物手绘地图。

4. 多层评价，感受校园植物手绘地图带来的实际意义。

图1 "校园植物手绘地图"过程性内容结构示意图

二、教学策略与实施步骤

（一）校园植物知多少——在学生最熟悉的校园中出发

在项目开始时,学生面对那么多不认识的校园植物非常苦恼。去图书馆寻找关于植物的资料,但发现书上的植物也不能帮助他们判断校园植物的品种。

之后有学生想到老师之前上课的时候推荐了一款App"形色",可以通过拍照来识别植物。有了App的帮助,学生找植物方便迅速了很多。

但又产生了新的问题。如果植物只有叶子,或者局部,会识别出多种植物,需要比较。有没有办法可以对校园中的植物先框定大致范围呢? 在他们第二次来寻找指导老师的时候,指导老师给了他们一个方向:学校的这些植物都是通过总务老师进行购置的。他们马上找到总务老师,并得到了学校校园植物名单和数目表,之后进行寻找、确认、标记位置就容易很多。

在探究植物知多少的过程中,学生特别有趣,总是找着找着感叹一句:"学校的植物也太多了吧!"

数不过来的同时,我们也了解到了划分区域、信息技术的重要性。统计是一门很深的学问,我们为了这个项目仅仅接触到了它的皮毛。

（二）植物地图齐设计——在了解地图基本要求中推进

学生在二年级学习了地形图的基础上,拓展学习地图的基本要素。学生研究了很多类型的地图后发现手绘地图最能表达温度和情感,也最符合他们想对母校表达的感情。

之后他们对校园进行实地测量,实地测量并不容易,建校时的地图也已经因为校园这几年的改建而没办法使用,只能作为参考。

一位同学说:"现在的卫星地图越来越清楚了,这都是国家科技进步的表现。北斗卫星系统的出现让卫星地图变得更准确了!"在这位同学的启发下,同学们找到了初中部的物理老师,借用无人机更清晰地观察到学校的俯视图。

（三）植物地图童手绘——在思考手绘地图温度中深入

手绘地图的温度从哪里体现呢？这个问题的出现让同学们又陷入了一番沉思。

有的说："可以通过介绍的方式，很多旅游景点就是这么做的。"有的说："我们的主要目的是介绍植物，那么用植物的口吻写一些介绍，也会很亲切。"有的说："我们可以加入我们自己想对母校说的话，让这份手绘地图变成一份回忆。"

最后大家觉得，既然要让学弟学妹们了解校园植物，让他们爱护植物，那么用植物的口吻写出它们的自我介绍是再好不过了。

在项目探究过程中，老师和项目组成员们根据对基本地图的了解，以及植物种类识别、收集和整理，整体思考植物手绘地图中需要的板块。

之后，几位同学在指导老师的帮助下思考手绘地图的尺寸，需要多大的纸张，使用怎样的绘画材料，将之前整理学习的知识有序有选择地呈现在校园植物手绘地图中。

在第一次初稿完成后，小组成员自己先进行头脑风暴，修改植物地图。

（四）手绘地图展评会——在感受地图实际意义中升华

当我们完成项目后，我们将进行本次项目实际意义的调查与讨论。学生们讨论后觉得我们的校园植物手绘地图一是可以为学校通过花园单位的验收添砖加瓦；二是可以作为新学期一年级学生学习准备期认识校园使用；三是可以作为亲子运动会校园徒步的活动之一。接着由其他小组的学生和语文、数学、美术、地理、自然等多个学科教师以及校方进行综合评价。

收集到的建议整理好后再次修改自己的手绘地图，最终由学校选出一组进行印发。其余几组作品进行橱窗展示。

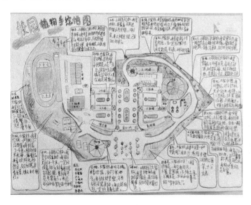

图2 校园植物手绘地图(正反面)

三、学习评价与其他说明

（一）学习评价

一是项目活动期间每个环节配套的评价，二是最终展评会中各方面获得的评价。

有同学觉得："能够用自己的一分力量为母校留下一份回忆是一件非常美好的事情。因为疫情，原本熟悉的校园也变得陌生起来，通过这样的项目，让我感受到了学校还是那么生机盎然。"

还有同学说:"我们这个项目能为学校服务就太棒了!无论是为了学校参加市花园单位评选锦上添花,还是为了每一位新入学的一年级弟弟妹妹们早日熟悉新校园,都是一件大大的好事!"

在我们进行项目的时候,我们的老师、同学、学校领导都给了我们很大的帮助和支持,我们的总务老师说:"这是一份很好的设计,我会好好利用。"

还有地理老师看到我们小学生的这个项目,更是被吸引住了,连连说道:"我也要让初中的学生们来做一做这个项目。"

（二）其他说明

学科融合:课程中对自然、美术、语文、数学、技术、工程等学科内容的融合呈现,展现了这些四、五年级的学生对于知识、技能的综合运用能力。

工具使用:我们主要运用了形色 App、无人机、彩铅、皮尺、植物种类表、电脑等。

创新表现:一是关注校园本土植物资源,以项目化学习的理念开展活动,引导学生主动探究;二是注重培养学生综合素养,以跨学科综合实践活动为载体,提升学生的综合运用能力;三是激发学生爱校护绿之情,以带着温度的校园植物手绘地图浸润心灵,培养学生的校园归属感。

 案例评析

从本案例表述的活动情况看,与生活实际相连,主要提炼出四条。

1. 项目引领,依托校园本土资源开发,提升学生学习能力

依托项目化学习理念,利用校园真实的环境解决实际问题。从真实问题出发,通过各项任务的学习和实践,校园的资源让学生能直接接触自然,抬头就能观察,落笔即能思考,最终形成"发现问题—讨论设计—合作完善—解决问题"的课堂教学研究方式,提升学生学习能力。

2. 实践导航,开展阶梯驱动问题多样,锻炼学生自主意识

在活动期间,学生会有众多的机会是以小组为单位进行实践探索的。在实践中,学生对于某个问题会自行思考解决方案;在实践中,学生对于某种情况会自觉讨论、互相磨合,每一位学生从中得到德智体美劳全面发展的机会。

3. 评价先行,提供学生自主活动保障,明确学生任务目标

在活动之前对目标进行解析,与学生一起共同对任务目标制定适宜的评价标准,给学生自主活动提供有力的保障,帮助学生更快明确任务目标。

4. 浸润心灵,借助多方力量协同共育,培养学生校园归属

在活动的实施中借助了学生、家庭、社区等多方的力量,共同达成育人目的。不仅体现教师的育人作用,更是展现了生生之间的合作互助。家校协同的过程中为学生带来更优质的育人环境,从而形成良好的育人氛围,帮助学生对学习产生更多兴趣,引导家长对学校产生更多了解。

专家点评

　　校园不仅是学生学习的场所，更是值得探索的宝藏。肇文学校做了有意义的尝试，综合运用了自然、美术、地理、信息技术、语文、数学等学科知识；通过项目引领提升学生学习能力，实践导航锻炼学生自主意识，评价先行明确学生任务目标；最终实现巧用校园植物资源，童手绘制植物地图，送给来访的客人。在项目实施过程中，学生不仅收获到知识的增长、能力的提升，更能帮助学生认识校园、亲近校园，激发出浓浓的主人翁意识。在信息化、智能化时代，"童手绘制植物地图"项目传递了一份令人感动的暖意。

扫码查看视频案例介绍

非遗滚灯 DIY 秀
——借助非遗滚灯结构创新培养学生探究素养

上海市奉贤区胡桥学校　盛灵通

 案例背景

近年来,非遗滚灯的继承和发展遇到了前所未有的巨大阻碍。我校作为滚灯特色学校,一直在不断地思考和探索:如何以学生为主体,通过跨学科探究的方式,对传统滚灯进行结构性创新,提高学生技术能力以及科学探究素养。

本案例结合学校非遗滚灯特色项目中的科创滚灯部分,聚焦传统滚灯编扎中的一系列难题,从实际出发,利用学生已掌握的知识,展开头脑风暴,设计制订解决方案,结合现代化技术最终解决问题。通过本次探究活动,学生在感受到传统滚灯巨大魅力的同时,更是体会到了跨学科探究思维模式对于我们解决实际问题的神奇魔力。

本案例确定的教学目标如下。

1. 走近非遗滚灯,深入了解滚灯的历史、传统滚灯的编扎方式,在实际操作之后,找到编扎过程中的实际问题,激发学生的探究兴趣。

2. 以小组为单位开展探究活动,相互帮助,共同探讨,设计解决方案,结合现代化技术,攻克难题,培养学生的探究素养。

3. 通过对传统滚灯的结构性创新,进一步感受非遗滚灯的魅力,同时养成用跨学科探究思维解决实际问题的习惯。

 案例介绍

一、课程设计

围绕教学目标,针对滚灯编扎中的具体问题,借助现代化科学技术手段,案例活动需要组织学生体验如下四个过程性实践内容。

1. 体验非遗滚灯,发现传统滚灯编扎中亟须解决的问题。

2. 设计方案,讨论解决具体问题的最优方案。

3. 制作实物,结合现代化科学技术实现方案。

4. 拓展延续,感受滚灯魅力,继续提高跨学科核心能力。

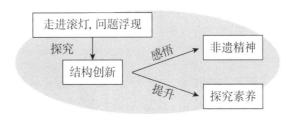

图 1　"非遗滚灯 DIY 秀"过程性内容结构示意图

二、实施步骤

（一）第一阶段

深入了解非遗滚灯，激发学生传承使命感，发现传统滚灯编扎中亟须解决的问题，激发学生探究兴趣。

通过探寻滚灯历史、观看滚灯舞和滚灯操、访问非遗滚灯传承人等实践活动，有学生脱口而出："滚灯到底是怎么编扎的呢？"由此可见，学生已经开始主动探索滚灯了，探究积极性被激发出来。

教师马上组织学生进行了一次传统滚灯编扎的教学实践活动。在编扎的过程中，有学生马上发现了问题："竹条质地过硬不易处理，而且竹条之间很难固定。"还有学生提出："竹条非常锋利，危险性较大，我刚才一不小心手指就被划破了，感觉学生不适合用竹条来学习滚灯的编扎。"更有学生从滚灯的实用性和观赏性出发，感觉滚灯离我们的实际生活较远，其功能性不强。此时学生的探究欲已经被彻底激发。

（二）第二阶段

聚焦实际问题，融合多学科资源进行探究活动。

面对学生提出的一系列问题，教师给出一个任务：既然竹条有那么多的缺点，我们身边有没有其他材料可以代替它呢？学生思考过后给出了很多答案：报纸、A4 纸、钢丝、铅丝、打包带、扭扭棒等。教师在肯定了这些答案后进一步引导："同学们能不能根据这些材料的质地特性筛选出 1—2 个，我们来进行实践操作呢？"学生经过对材料的密度、热性能、耐腐蚀性等进行了分析和对比，最后一致选用生活中常见的 A4 纸和打包带来替代竹条。

紧接着就是用实践来印证设想。学生分别使用 A4 纸和打包带编扎 6 根式滚灯。教师将 6 根式滚灯的编扎方法展示在大屏幕上，并提示学生"在编扎前还需要做哪些准备"。经过讨论，学生先对滚灯大小进行了设计，找出最适合学生编扎的滚灯大小，接着对材料进行测量与裁剪，准备就绪后开始编扎。最后对两种材料的优缺点进行简单介绍，同时对编扎过程中所遇到的困难进行交流。最终学生们一致认为打包带是最适合替代竹条的材料，但与此同时一个崭新的难题接踵而来：在编扎过程中，如何更好地固定打包带？

面对新的难题，一位学生提出："我们能不能借用数学学科里给几何图形添加辅助线的方法，在编扎滚灯过程中也使用辅助工具呢？"她的想法立马得到了所有人的肯定，一会儿工夫，学生们就提出了多种设想，比如借助夹子、透明胶带、订书机、热熔枪等，但是经过实际操作，发现这些辅助工具多多少少都存在这样那样的缺点，毕竟它们原本的功能并不是专门用来辅助滚灯编扎的。经过再一次的头脑风暴,学生开始拓宽思路,决定借助现代化技术来一次创新发明,制作一个专门用来辅助滚灯编扎的工具。

（三）第三阶段

制作实物,利用现代化技术实现方案。

磨刀不误砍柴工,在进行最后物化前,教师为学生提供了 CAXA 软件建模步骤手册并对重点步骤做了讲解,同时还介绍了 3D 打印机的基本使用方法。学生则将打包带的尺寸大小、厚度等做了精准的测量,利用计算、绘画等专业能力设计出卡扣图纸,再通过 CAXA 软件进行建模,最后利用 3D 打印技术完成成品的制作。在实际使用后,学生对自己作品的优缺点进行了阐述,大家共同探讨寻求改进方案。

（四）第四阶段

拓展延续,感受非遗精神,继续提高跨学科探究素养。

学生在利用跨学科探究活动解决传统滚灯编扎难题后,开始深入思考传统滚灯观赏性与功能性不足等延伸问题,并继续发挥想象力,通过探究实践活动,借助 3D 打印、人工智能等现代化技术,设计出各式各样的创意滚灯,为我们展现了一场非遗滚灯的 DIY 秀。

三、评价要点与其他说明

（一）评价要点

一是交流学习心得,二是根据量表评价。

小甲同学:……通过这次的跨学科探究活动,我最大的收获有两点。第一,我们在学校学习的知识很多,但大部分时间里都是分散使用的,而且基本都是用于解题,很少能整合起来用于解决实际问题。在这次设计制作卡扣的时候,我使用了数学、物理、美术等多个学科的知识和技能,最终才解决了问题,我想这样的思维方式会在之后的学习生活中帮助我解决更多的难题。第二,我进一步了解了我们学校的特色项目非遗滚灯,知道了它的历史、发展以及目前所遇到的困难,在为滚灯编扎解决一个小小困难的过程中,我体会到了滚灯背后所代表的非遗精神,我想今后我会为非遗滚灯的传承与发展贡献自己的绵薄之力……

小乙同学:……这次探究活动让我最开心的是,我各方面的能力都有了很大的提高。比如,我性格比较内向,有时还会有些胆怯,在课堂上从来不举手回答问题,下课也很少和同学进行交流,但现在我能够勇敢地提出自己的想法,能够融入小组之中,一起交流探讨解决问题。另外我的计算能力、图样表达能力等技术性能力也有了巨大的进步……

另外,组织学生根据制定的评估量表,对作品的可行性、创造性、制作过程、展示等环节进行自评和互评。

（二）特色说明

学科融合:本案例主要根据通用技术学科课程标准,同时融合信息技术学科、综合实践活动课程和数学、物理学科等相关要求进行跨学科探索。

工具使用:为了体现活动的层次性,我们设计了不同的工具包——初级工具包和拓展工具包,后者主要增加了 LED 灯带、Arduino 智能硬件、传感器、电子元件等工具。

创新表现:学生能够从实际生活出发,聚焦非遗滚灯编扎和使用中的一系列难题,利用科创的方式进行富有层次性的探究活动。在整个探究过程中,学生步步为营、层层深入,完全沉浸在科创的世界里,感受科创魅力,提升探究素养,同时也推进了非遗滚灯的传承与发展。

案例评析

从本案例反映的经验意义看,与实践相关的主要提炼出三条。

1. 以学生为主体,聚焦某个问题,层层深入,以点破面,培养学生探究素养。

2. 结合实际生活,培养学生学以致用、以用促学的良好习惯。

3. 以非遗滚灯为载体,通过一系列探究活动,帮助学生感受其背后的非遗精神。

专家点评

本案例充分利用了地域文化资源和学校特色,聚焦传统非遗滚灯,并与科创相结合。教师善于引导学生从实践操作中发现传统非遗滚灯在编扎和使用中的问题,由此设计展开一系列探究活动,指导学生跳出思维的盒子,运用多学科知识实现从材料的替换到现代化技术、个性化设计的智能运用,最终实现传统滚灯的材质创新、结构创新、功能创新、技术创新。本科创项目在激发学生浓厚兴趣的同时,也推进了传统滚灯的传承与发展。

扫码查看视频案例介绍

传承红色基因,体验风筝魅力

上海市奉贤区齐贤学校　周丽军

 案例背景

如何在学校的风筝特色科创项目活动中实现德育渗透和学生跨学科综合实践能力的提高,提升学生核心素养,是我校一直在探索的课题。

本案例着力于探索在科创教育中实现师生的家国情怀,利用献礼中国共产党百年华诞,引导学生结合学校的风筝特色活动,开展"传承红色基因,体验风筝魅力"的风筝创客实践活动。

本案例确立的活动目标如下。

1. 通过探究、合作、设计,在物化"红船龙风筝"的过程中,学习龙风筝的制作技术,实践现代科学技术在传统龙风筝上的应用和创新,解决工程问题,提升学生的技术素养,培养学生的工程思维。帮助学生养成知行合一、团结协作、科学严谨的做事态度和勇于实践创新的精神。

2. 通过"红船龙风筝"的制作和百年党史的展现,探索家乡的风筝文化和中国共产党党史,引导广大青少年铭记历史,担当历史使命,树立家国情怀。

 案例介绍

一、活动设计

落实在科创活动中培养家国情怀的活动目标,以"献礼中国共产党百年华诞"为驱动,结合学校特色,以"红船龙风筝"的制作为载体,推进项目化学习。具体活动内容见图1。

1. 资源整合,探讨活动实施的可行性。

2. 活动设计,制定项目具体实施方案。

3. 项目物化,学习文化技术制作成品。

4. 测试完善,宣传展示促进知行合一。

二、教学策略与实施步骤

（一）教学策略

第一,围绕如何"献礼中国共产党百年华诞"这一驱动性问题,进行活动前期的入项准

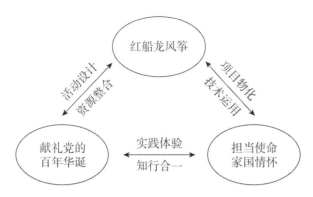

图 1　"风筝创客在行动"过程性内容结构示意图

备。通过讨论交流集思广益,挖掘资源,确立结合学校风筝特色开展"红船龙风筝"创客制作活动。

第二,设计活动,讨论制订具体实施方案。成立核心团队,完成具体分工并细化活动目标,制订具体实施方案。通过讨论,学生提出以传统龙头蜈蚣风筝为样本,学习其制作过程和技艺,并运用科创理念大胆使用现代技术和新材料,改造制作一条"红船龙风筝"。

第三,物化项目,架构起过程性学习和技术解决问题的平台。

(二)　实施步骤

1. 第一阶段:开展活动前期的入项准备

通过一系列问题,引导学生结合学校风筝特色开展创客活动,展开思考与讨论:如何献礼中国共产党百年华诞? 通过入项研讨,初步确立此次活动的主题:围绕建党 100 周年和学校的风筝特色活动开展风筝创客活动。

接着,师生成立核心团队,完成具体分工并细化活动目标,确立了风筝创客活动的几个突破点。一是材料创新:利用新材料(碳纤维材扁条、碳纤维管、碳纤维棒)替代传统的竹条。二是设计创新:利用三维设计和 3D 打印技术设计接口替代传统风筝绑线,用激光雕刻制作红船等。三是形式创新:用红船替代传统龙头,配上可编程的声光电效果和远距离无线控制功能,展示百年来中国人民在中国共产党的领导下走过的坎坷之路和取得的辉煌成就。四是实践创新:核心学生成员参与活动的全过程,广大师生参与活动的不同环节,让全校师生在实践中不断提升自我、突破自我。五是育人创新:活动过程的每一个环节都会成为教育的契机,传统风筝文化教育、"创客"教育、STEAM 教育、党史学习教育、综合实践活动等教育理念贯穿整个活动。确立"传承红色基因,体验风筝魅力——风筝创客在行动"的主题方向。

然后着手准备制作材料和工具,添置所缺物品。资料查询、整理与收集阶段,利用信息技术查找 1921—2021 年中国共产党带领中国人民走过的坎坷历史,收集发生的典型事例和配套图案。让学生感受革命先辈为国抛头颅洒热血的事迹,认识到中国共产党全心全意为人民服务,带领国家走向繁荣富强,激发他们的爱国情怀。

2. 第二阶段:小创客在行动——百位师生"龙片"制作

教师指导学生对风筝文化进行探索,传授传统龙头蜈蚣风筝的制作方法。学习设计和制作 3D 打印接口、布料和骨架圈制作、"龙片"图案绘制上色、制作"龙片"骨架、面糊与裁剪

"龙片"、制作小党旗(替代传统鸡毛)、串联"龙片"。红船龙头制作是重点,要完成模型设计、激光打印红船材料、组装红船、红船上色、装灯带与调试,以及完善声光电的安装与测试等活动。在整个制作过程中,指导教师辅导学生进行三维设计、3D打印碳纤维扁条和碳纤维棒接口、学习激光雕刻红船、红外线声控器的编程和声光电的安装调试等。整个制作过程为学生构架起了学习的平台。

3. 第三阶段:物化测试和初步展示

初步完成"红船龙风筝"(全长 52.8 米)后,在操场进行全貌展示并试飞。同时,进行校内初步展示,学生面对观看的师生讲述自己制作的"龙片"故事。

通过测试和展示,师生一起探讨"红船龙风筝"存在的瑕疵,对于出现的问题教师引导学生用不同的方法去解决和完善。

4. 第四阶段:看红船龙风筝学党史,宣传展示促进知行合一

以"红船龙风筝"计划在校内开展各类活动:"讲红色故事,学习红色经典"创客龙党史知识讲座;"我是小小党史讲解员,党史我来说"红船龙片党史故事选拔赛;"小创客在行动征文活动"等。通过活动进一步提升学生的认知,引导他们铭记历史,传承技艺,树立家国情怀。

重视活动的社会宣传,参与各类展示活动、媒体投稿等,以扩大活动的影响面,让整个活动更有意义。学生参加了第八届上海市学生龙文化全能赛,现场进行展示、放飞;参加了区学生活动节、区创客嘉年华活动、区科技节活动等现场展示。在上海之鱼青年公园草坪开展"砥砺前行,梦想起航"齐贤学校迎建党 100 周年"红船龙风筝"主题放飞暨社区展示活动。本次活动先后在上海市奉贤电视台、学习强国"上海学习平台",以及《动手做报》《青少年科学博览杂志》《中学科技》等媒体和杂志上宣传和刊登,达到了预期的宣传目标。

三、学习评价与其他说明

对学生活动的评价,通过入项过程评价以及讨论记录表、学习单、学生评价表的记录,综合各环节,对学生进行客观评价。评价方式以等级评定为主,分为优秀、良好、合格和须努力四个等级,采用学生个人自评、同伴互评和指导教师评价相结合的办法,最终把过程性评价和各环节评价汇总成参与活动的整体评价。

本次活动持续了三个半月,活动中学生对知识的理解和运用,对问题的发现和解决,积累了很多经验。通过一系列工具的使用,学生的动手能力有了普遍提高。风筝创客活动中结合数学、历史、美术、自然、物理和劳技等多学科知识的运用和实践,促进学生对风筝文化、技术、科学知识、工程的了解和探索。活动中的党史学习教育、传统文化教育、创客教育、协作教育等融合在一起,帮助学生树立家国情怀。

本次"风筝创客在行动"科创型实践体验主题活动的顺利开展,是利用现代科学技术和材料结合传统风筝的构架进行的一次大胆尝试。百幅党史龙片的制作,让学生了解了中国共产党经历的百年坎坷历史,使学生对 STEAM 课程的活动方式有了很好的实践体验,更是在建党百年之际对全校师生进行的一次很有意义的爱国主义教育和科创实践活动。

案例评析

本案例的实践经验主要提炼为以下四点。

1. 实践探究，激发学生自主性学习，培养多方面能力。

2. 实践创新，新技术、新材料的使用和思维的拓展，培养创新精神，体现"传承"与"创新"。

3. 搭建平台，科创教育和德育有机结合。

4. 展示宣传，扩大影响力，拥有社会效应。

 专家点评

本案例以学校风筝特色为载体，探索开发继承与发展、传统与创新相结合的"风筝创客"。"风筝创客"以项目化学习的方式推进，在材料、设计、形式、实践、育人等方面进行了突破创新。更为可贵的是，项目以"献礼中国共产党百年华诞"为驱动，让活动实践的每一个环节都成为育人的契机，让爱国主义教育不仅仅是一句口号，很好地实现了科创与德育的有机融合，弘扬了家国情怀。

扫码查看视频案例介绍

校园绿植保湿小园丁

——"浇灌器"智能化改进提升学生技术素养的实践探索

上海市奉贤区明德外国语小学　陈　磊　陈　静　朱依依

案例背景

技术素养主要是指对基本技术知识的了解和对基本技术的操作应用。在小学阶段的综合实践探究中,以项目式学习的方式在培养技术素养的同时提升工程思维,一直是我校探索的方向。

本案例以学生为主、教师为辅,合力完成。学生观察到班级植物的生长状况不佳,于是调研不同植物的培育方式及需水量;运用课堂所学知识,分析植物根部吸水的方式,畅想保湿装置的方案;从护绿这一角度出发,设计并制作保湿装置;将简易的机械式保湿装置加入电子元器件,最终优化为智能保湿装置。在解决真实问题的任务驱动中,助推学生技术素养螺旋上升,提升工程思维。

在案例确立的项目活动目标如下。

1. 通过观察班级植物角中植物的生长状态,经历对植物生长状态、种类的统计与梳理,在资料检索的过程中初步了解不同植物的培育方式和需水量,培养学生发现问题的能力。

2. 通过分析植物根部吸水的原理,选择合适的材料,发挥动手能力,运用毛吸、虹吸等原理拓展植物根部的吸水方式,提升学生运用知识的能力。

3. 通过探究、合作,在构思、设计、制作简易保湿装置的过程中,面对问题能分工合作,动手解决,提升学生的制作能力和创新能力。

4. 通过探讨简易保湿装置的智能化操作,认识传感器、控制模块、输出模块等电子元器件,初步学会图形化编程,优化保湿装置,观测保湿装置的实际使用情况,在不断优化的过程中感受技术改变生活的生产。

案例介绍

一、课程设计思路

基于真实情景,以改善班级植物的生长状态为目标,以工程技术项目化学习为载体,本活动组织学生体现如下四个过程性实践内容。

1. 班级植物角大探秘。统计梳理植物角中的植物种类及其实际生长状态,检索调研各种植物的培育方式及需水量,在情境中定义项目目标。

2. 分析植物根部的吸水原理和材料应用,拓展植物根部的吸水方式。

3. 设计并制作"保湿装置",归纳总结方案,不断优化创新,体现工程思维。

4. 成果应用与观测,观察植物的状态,总结"保湿装置"的工作状态,感悟技术改变人类生活和生产。

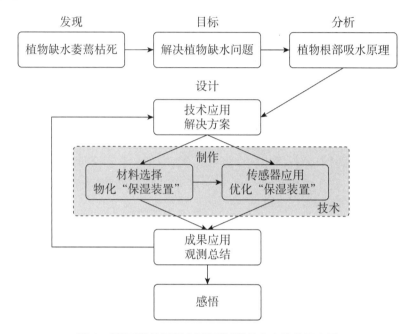

图1 "校园绿植保湿小园丁"过程性内容结构示意图

二、教学实施步骤

（一）班级植物角大探秘——发现问题,明确项目目标

首先以真实情景引入,以图片的形式呈现假期过后的植物角场景:植物萎蔫、叶片发黄,激发学生思考怎样解决植物角植物假期无人浇水的问题,并在分析问题的基础上制订调查、设计和制作的计划。

基于计划进行自由分组,利用植物识别 App 完成各班级植物种类的统计,了解各班级植物角中有哪些植物,关注生长状态较差的植物。通过网络检索资料,了解不同植物的需水量,关注到不同植物的需水量是不同的,因此需采用不同的方式养护。认识到植物的需水量不同后,结合调查统计表,各小组明确自己将对何种植物进行保湿装置的方案设计。

（二）分析植物根部吸水的原理——知识应用,材料选择,拓展植物根部的吸水方式

植物的根部是吸水的主要部分,为了更全面地了解植物根部的吸水方式,学生积极查阅资料,在讨论分析中"毛吸"现象成为学生主要的关注点。

结合生活中其他的"毛吸"现象,学生细致观察了纸巾、毛巾和棉线的吸水过程,结合材料特点和预想中的结构应用,选择棉线作为材料,通过棉线来延伸土壤中的根系,运用"毛

吸"原理开始了方案的设计。

（三）设计并制作"保湿装置"——优化创新，不断改进，体现工程思维

除了应用"毛吸"现象，设计自吸式保湿装置，学生还从学校阳光房的滴灌系统获得灵感，模拟滴灌系统的应用。了解机械式植物保湿装置的原理后，结合植物根的自吸水性，小组讨论展开设计，利用塑料瓶、棉线、吸管等材料制作自吸水控制的、滴灌方式的保湿装置。交流小组的设计，分析设计的可行性，小组之间相互评价，教师给予指导。将制作的植物保湿装置应用在真实植物浇灌中，持续一周关注植物的生长状态和装置状态，思考如何优化改进。

在前期设计并制作简易的保湿装置时，学生就提出"储水箱中的水一直在流入泥土中，植物'喝'够了，怎么办""能不能当植物感到'渴了'就有水喝，而不是一直不停地'喝水'"等问题。智能化的提出，让保湿装置再一次面临优化。根据学生的疑问，在教师的指导下，学生观察认识土壤湿度传感器和水泵的智能化器材，学习用 Arduino 图像化方式进行程序编写。再一次优化设计图，设计智能化自动浇水装置的结构，确定各部件的摆放方案。调试程序保证机器正常运作，将土壤湿度传感器和水泵等相连接，运用激光切割机制作产品控制箱，保证日常使用的安全性。

最后，各小组在完成保湿装置的组装后，都迫不及待地进行了产品测试，测试运行逻辑，查看各部件的运作情况。

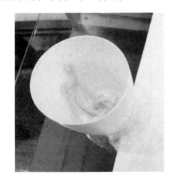  

图 2　自吸水式保湿装置　　　图 3　"滴灌"保湿装置　　　图 4　保湿装置测试

（四）保湿装置应用——应用总结，深入优化理念，感悟技术改变人类生活和生产

在完成保湿装置的测试后，各小组都将保湿装置带回教室，进行了为期一周的使用，记录下应用装置后植物的生长状态和装置的运行是否正常，分析装置功能的优缺点。

在交流展评中，各小组针对自己的保湿装置的运行状况，对植物的保湿作用等方面进行总结与分享，思考下一步的优化方向。

三、评价要点与其他说明

（一）评价要点

一是贯穿活动的过程性评价，二是对于保湿装置成果的评价。

在本项目的实施过程中，每一次项目活动后，都有小组互评和教师评价，既有学生对小

组成员在分工合作中的互评,也有教师对学生在项目活动中各方面的鼓励性评价。

对本次项目活动的物化成果——保湿装置的评价,采用了生生互评、教师评价和家长评价三种方式进行。以评促改,以评促优。生生互评在于小组间汲取各自的优点,教师评价和家长评价在于提出有建设性的优化建议,供学生思考后期的优化方案。

(二)特色说明

在学科融合方面,本案例主要融合了自然学科、信息技术学科、综合实践活动课程和艺术学科等的相关要求,进行跨学科探索。

在工具使用方面,既有学生生活中易获取的材料,如PVC管、矿泉水瓶、棉线等,也有如激光器切割机、Arduino电子元器件以及相应的应用程序类编程软件。

在创新表现方面,一是基于植物角的真实问题,展开制作植物保湿装置的项目化学习,激发学生在生活中学会观察、学会思考;二是本次的制作设计引入了数字化传感器,让学生在机械式浇灌器的基础上进行产品改良,彻底解决班级绿植缺乏照顾、养护困难的问题;三是植物角就在教室内,贴近学生生活,形成的成果可应用于学生的生活中,用于实际的种植养护,易于观察作品成效,帮助学生形成新的产品设计思考。

案例评析

本案例的实践经验主要提炼为以下三点。

1. 情境巧妙,在情境分析中定义项目标准。
2. 层层递进,以开放的思维优化方案设计。
3. 优化改进,将创意物化为产品,攻克技术的重重阻碍。

专家点评

教室绿植无人浇水导致生长不良,以此真实性问题为驱动,学生展开项目化学习,最终形成创新成果——"保湿装置",并应用于绿植养护。这真正体现了科技创新来源于生活,又回馈生活。本案例在实施过程中融合了自然学科、信息技术、综合实践活动、艺术等学科,引导学生调查、观察、分析、讨论、设计、改进、制作、应用、测试、再优化……在探索实践过程中助推技术素养培养,提升学生的工程思维,让他们真正感受到技术改变生活。

扫码查看视频案例介绍

灶 台 的 变 迁
——"社会主义新农村"背景下增强乡土情怀的体验式学习

上海市奉贤区解放路小学　李锋杰

 案例背景

随着"社会主义新农村"工程的推进,中国的农村正发生着日新月异的变化。同时,"新农村"使得生活在城镇的学生的"乡土情怀"也越来越淡薄。

本案例是针对小学高年级学生的校本选修课程"创客空间"的一个单元。本单元以"灶台"为主要内容,以"变迁"为主要线索,引导城镇学生走进农村(以上海郊区为例),对灶台进行实地调查研究,了解其结构、功能及特点;认识灶台上的灶花,通过在灶台模型上模仿画灶花,感受农村劳动人民的智慧和向往美好生活的情怀;从"如何使用人工智能技术设计适合特殊人群使用的灶台?"这一问题出发,引导学生以小组形式设计具有新时代特点的智能厨具。通过本项目的学习,学生能感受到灶台作为人们日常必备的生活工具,正不断发生着变化,从而增强乡土情怀。

本案例确立的教学目标如下。

1. 通过对农村灶台的调查,收集整理相关数据,对传统灶台有一个基本的认识。

2. 通过拼搭灶台模型,了解灶台的结构;绘制灶花,感受独有的"灶台文化",从而感受劳动人民的智慧。

3. 通过小组合作,设计具有现代感、科技感的厨具,体会灶台的变迁给人们生活带来的便捷,增强乡土情怀。

 案例介绍

一、课堂活动的内容设计

在教学目标的引领下,以人文、艺术与科创相融合的体验式学习为载体,组织学生体现以下四个过程性实践内容。

1. 走进农村,初探乡土情怀。

2. 搭建模型,再现乡土情怀。

3. 人工智能,提升乡土情怀。

4. 活动评价,感悟乡土情怀。

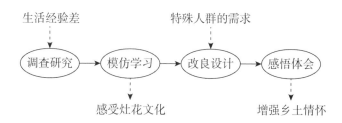

图 1 "灶台的变迁"过程性实践内容设计

二、教学策略与实施步骤

（一）农家生活觅风情，农耕年代寻旧迹——走进农村，初探乡土情怀

古语有云"民以食为天"。作为饮食文化重要的组成部分，几百年来烧火用的灶台也发生着翻天覆地的变化。本单元利用创客思维，探寻存在于农村的灶台的前世今生，分析灶台的变迁所蕴含的时代意义。

此阶段的教学策略主要以"情境创设"和"兴趣激发"为主。上课时教师出示一幅上海奉贤 20 世纪七八十年代农村灶间和现代厨房的对比图，让学生找一找两者的不同，激发学生的学习兴趣。在兴趣的激励下，学生以小组为单位，针对灶台的功能、结构、样子、尺寸等设计探究方案，利用学校德育处"雏鹰假日活动小队"的机会走访上海奉贤农村，完成探究活动。

（二）科艺结合画灶花，创新技术搭灶台——搭建模型，再现乡土情怀

通过有针对性的实地调查，学生基本掌握了灶台的信息。课堂上，学生按小组绘制灶台的简易结构图，用废纸板制作简易灶台之后，教师引导学生根据所收集的数据，绘制出灶台变迁的轨迹图。

在教师的指导下，学生运用数学、信息等知识绘制较为精确的灶台模型部件图。利用学校的激光雕刻机、3D 打印机制作木制灶台模型。在搭建完灶台模型后，教师便指导学生将研究对象从灶台的结构转到灶花上去。作为非物质文化遗产，灶花是农村文化的代表之一。学生可以用中国画的形式，在灶台模型上模仿绘制灶花图案。此举能有效地将前期探究时的理论学习转化为实地操作。通过科技与艺术相结合的形式，学生能更直观地感受到灶花文化的独特魅力。

（三）小组合作巧设计，灶台变迁乐生活——人工智能，提升乡土情怀

灶台是每家每户都在使用的生火工具，每天的生活都离不开它。在千百年的演化过程中，灶台从简单的生火工具逐渐转变为智能家电，有的甚至可以作为高品质生活的代表。传统灶台源于我们的实际生活，学生的科创活动又高于我们的生活。基于科创活动的意义，教师提出一个问题：以小组为单位，讨论如何运用人工智能设备，开发设计各种款式的灶台，为专属人群解决实际生活困难。在小组探讨的过程中，学生提出了自己的想法。有的说要为盲人设计一款具有语音识别功能的灶台，有的说要为行动不便的卧床人群设计可移动的灶台，还有的想要设计同时具有煮、蒸、烤等多种功能的灶台。教师以鼓励创作为前提，激励学生去思考、去实践。

（四）人文记忆绕心间，传统文化齐传扬——活动评价，感悟乡土情怀

第四环节主要侧重于学生的交流、评价与感悟。交流的内容即为之前三个环节的探究和实践成果。第一个环节中，在教师的指导下，学生以小组为单位，运用所学的数学、语文、美术、信息技术等学科知识将搜集来的关于灶台的信息数据制作成调查报告。在交流的时候，小组代表进行发言，同时展示小组的调查报告。第二个环节中，交流对象是灶台模型以及模型上的灶花图案。学生把自己了解到的和网上收集到的灶花图案在模型上绘制出来，感受农村人民朴实的情感以及期待美好生活的愿望。第三个环节中，学生展示的是对未来灶台的设计思路。通过小组交流，学生畅想未来可能在厨房出现的智能电器，感受灶台的变迁给人类的生活带来的便捷。

三、学习评价与其他说明

（一）学习评价

1. 调查数据及作品创意的评价

以"增强乡土情怀"为主要目标，关注学生在调查数据时运用的方法，搜集的数据是否正确，作品创意是否符合主题，所运用的学科知识是否得当。

2. 对活动感悟的评价

学生 A：……通过这次活动，我第一次见到了真实的农村灶台，也是第一次知道灶台上的花是一种非物质文化遗产。我自己动手用模板搭建了一个微型的灶台，也尝试着画了灶花，感受到了劳动人民无穷的智慧。如果可以，我也希望体验一下真实的农村生活。

学生 B：……我们小组想在现有灶台的基础上，运用人工智能技术设计合适的现代化厨具，表达对特殊人群的关爱。

（二）其他说明（包括学科融合、工具包、创新点等）

1. 学科融合

本学科融合了语文、数学、美术、科技以及德育等多学科知识。

学生通过掌握的数学知识和信息技术测算灶台的尺寸，按比例制作灶台的模型。绘制灶花是学生美术技能及书法技能的体现，同时也提升了学生的审美能力。在课程第三阶段，对未来灶台进行创想时，需要学生掌握一定的科技知识。灶台的变迁除了外形的改变之外，还有燃料的变化、人工智能系统的加入等。整个活动中，学生从探究 20 世纪七八十年代的农村土灶，重温当年的乡土情怀，到改良现在的厨具，提倡节能减排、低碳生活，再到设计未来的智能灶具，关爱特殊人群，提升人文情怀，都是德育的有力体现。

2. 工具包

科创课程"灶台的变迁"所运用的工具包是由学校自主开发的，即通过 AI 绘图软件绘制灶台各部件平面图，运用激光切割机对 A3 大小的木板进行切割，运用 3D 打印机制作锅子等部件。此工具包具有操作简单、可塑性强、可大量复制、成本低廉、储藏方便等特点。

3. 创新点

科创课程"灶台的变迁"融少先队德育和科技教育为一体。

在时代发展的大背景下，引导学生探寻灶台的变迁，感受祖国、家乡的变化，体会当今

幸福生活的来之不易，并培养学生低碳生活、提倡环保的良好习惯。同时，运用所学科技知识，畅想智能厨房所应具有的新功能，培养学生勤学、善思、笃行的优秀品质，感受乡土情怀，提升人文情怀。

案例评析

灶台的变迁，也是时代变迁的一个缩影，是国家发展的一段历史记忆。本案例通过对传统灶台的探究、还原，使学生养成善于观察的习惯，培养其动手能力。以小组学习的形式开展科创活动有助于加强学生之间的沟通与交流，锻炼其分工合作能力。鼓励学生用科学的方法设计未来的灶台可以激发学生的创造力和实践能力。

科创的意义，并不是天马行空般不切实际的胡思乱想，而应该是源于生活，又高于生活，最后还能归于生活的奇思妙想。

专家点评

本案例联系农村地区学生的生活实际，以"灶台"的变迁为主线，通过组织学生调查农村灶台沿革的现状，让学生动手拼搭灶台模型，绘制灶花等实践活动，感受独特的乡土文化，增强乡土情怀并汲取劳动人民的生活智慧。

案例设计了"如何使用人工智能技术设计更为智能的灶台"的项目化学习任务，组织学生以小组为单位，合作设计具有智能环保的新型厨具，引导学生关注社会民生问题，培养学生的社会责任感。

扫码查看视频案例介绍

镶拼的艺术，水乡砖桥探秘

——以桥为基关注生活民生的跨学科项目体验

上海市奉贤区江山小学　陈　亮　蒋雨晴

 案例背景

如何引导学生从课堂学习走进真实生活，运用所学知识与技能在生活情境中发现问题、解决问题，是我校跨学科项目研究的重点。我校"砖桥"品牌项目就是以"家乡的桥"为主题，以桥为基，引导学生走进生活民生，让学生在真实的社会情境中开展项目化学习探究。

本案例是我校"砖桥"校本课程的子项目研究，学生在学习了桥梁基础知识的基础上，以"如何在南横泾港上建一座桥，缩减学生前往体育中心开展'攀岩'课程学习的路程？"这一驱动问题出发，引导学生以"小小桥梁专家"的角色进入情境，分析问题、解决问题，培养工程与技术思维。

本案例确立的教学目标如下。

1. 通过调查、调研、勘测，了解桥梁基本知识、桥梁建造技术、环境资源优势以及人们对桥梁的真实需求，为桥梁的设计制作奠定基础，感受桥文化。

2. 通过构思、设计、制作，结合小区的环境资源以及对桥本身的认知，进行多样的桥梁设计制作，过程中不断发现问题、解决问题，培养工程与技术思维，提升学生的综合学习能力。

3. 通过交流、展示、优化，在交流和分享中不断改进桥的设计方案，选择最优设计，并以模拟桥梁微景观的形式呈现最适合的设计，培养学生的语言表达能力、整体设计能力以及精益求精的工匠精神。

 案例介绍

一、项目活动的内容设计

针对任务驱动，关注桥梁建造的需求，借助技术与工程项目化学习的载体，本活动组织学生开展如下六个过程性实践内容。

1. 需求查访，了解桥梁建造的真实需求。

2. 桥梁调研，奠定桥梁建造的理论基础。

3. 环境勘测，挖掘真实环境的可用资源。

4. 桥梁设计，制订问题解决的最优方案。

5. 模拟造桥，依循解决方案的细化落实。

6. 公开成果，实现设计方案的完美演绎。

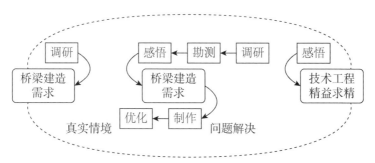

图1 "镶拼的艺术，水乡砖桥探秘"过程性内容设计示意图

二、教学策略与实施步骤

（一）调查研究——化身"小调查员"开展问题价值研究，关注生活民生

项目小组针对学校周边的居民以及校园内居住于小区内的学生开展问卷调查及访谈，了解他们对在小区东面南横泾港上建造小桥的需求。项目小组分小队讨论设计了六个问题，以问卷或口头调查的形式开展查访。

从回收的问卷样本数据统计中可以看出，大部分居民都希望能够在南横泾港上建造一座新桥，改变他们出行的路线，让他们的出行变得更加便捷。学生能从生活的真实情境出发，开展问题价值的研究。

（二）资料检索——化身"小博士"收集处理相关资料，梳理核心概念

确定桥梁建造的可行性后，学生进行整体方案规划，很快设定第一个任务：全方位了解桥梁。为了加快研究的进度，学生自发组建不同的小组进行资料的检索，分工合作，确保项目的有序推进。

学生从资料查阅、实地考察、技术调查三个方面进行研究。前往奉贤档案馆，了解奉贤桥文化，感悟前人的工匠精神；前往图书馆，翻阅与桥梁有关的书籍；前往古华公园，实地考察桥的结构、造型、长度宽度比、桥面拼接等；上网查阅我国的造桥技术，了解需要结合不同的环境条件，采用不同的造桥方法。通过资料的检索，对项目核心概念的研究进行系统梳理，形成初步的设计认知。

（三）勘察测绘——化身"工程师"获取项目开展所需数据，倡导科学严谨

在了解了小区居民的需求，又学习了解桥梁的知识之后，学生着眼于桥周边环境的勘察，前往小区河道进行实地考察，对河道的宽度以及周边环境进行勘测。

经过勘查发现，河道两岸均为石岸，河道沿岸的绿化带有10米宽，草坪上还种植了乔木和灌木。河道宽约20米，河水深约3米，其中有一段最窄，宽度约为18米，对岸是体育中心的辅路分支，可以用于连接桥梁。由此确定了最合适的桥梁建造地点，对于项目开展前期相关数据的获取体现出学生科学严谨的求真态度。

（四）方案设计——化身"设计师"提出项目解决方案，呈现设计思维

鉴于新桥是为了解决小区居民前往体育中心锻炼的出行问题，方便他们的出行，缩短来往途中的行程，学生认为新桥不需要建造得特别宽，也不需要多么华丽，以较为朴实的平板桥为宜。结合小区环境的增色美观考虑,也可以建造能让电动车和人们穿行的具有江南水乡特色的单孔拱桥或多孔拱桥。

研究小组根据自己对环境的整体分析,设计绘制了各自认为合适的桥梁,利用图纸或绘画来呈现整体的设计思路与意图,是各自设计思维的体现。

（五）工程实践——化身"建筑师"模拟桥梁搭建,锻炼动手能力

研究小组在完成设计图纸之后,依据图示利用仿真砖搭建新桥模型。搭建依照设计图展开,搭建过程中对砖块的拼接方式、胶水的选用、桥梁部件的拼接等内容进行实时的讨论与解决。桥面完成之后,还借助 DIS 测力装置对桥的承重能力进行测试,不断优化和改进,最终搭建出微景观。

整个实践过程中,学生是主体,教师起到支持的作用,适时为学生活动提供建议和帮助。在工程实践的过程中,不仅关注学生动手能力和实践操作能力的提升,更加关注学生在真实情境中的问题解决能力、团队协作能力、创新思维能力。

 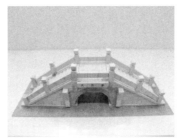 

图2　桥梁设计图　　　　　　图3　桥梁模型　　　　　　图4　微景观

（六）评价反思——化身"品鉴师"公开成果分享,凸显逻辑表达

在桥梁建造布置完成后,进行交流和分享,以图片或实物的形式进行展示。在分享的同时,学生还交流了"为什么要这样制作？ 这样制作有什么优点？ 在制作过程中遇到了什么问题？ 面对这些问题是如何解决的？"等问题。在交流和分享阶段,学生不仅锻炼了语言表达能力,而且能够重新回顾整个设计制作的过程,凸显出逻辑表达能力和整体创作思维。

三、学习评价与其他说明

（一）学习评价

评价主要采用自我评价、教师（家长）评价、伙伴互评相结合的方式。评价中关注学生对活动的认识和参与度、学习的能力、信息的处理能力和表达能力、制作的工艺水平、交流分享的质量等,完成了由感知体验到动手制作的实质性转变。

整个项目采用即时评价和综合评价相结合的方式进行评价。对学生项目学习中的各个阶段开展的活动以具体的量规进行即时评价。在整个项目化学习活动结束后,对最终的提交给有关部门的设想与方案是否合理进行综合评价。

（二）其他说明

本案例的内容研究涵盖自然、劳动技术、探究、美术、数学、语文等学科。多学科共同参与,构建起本案例的综合活动创新。

在工具材料上，需要仿真砖、白胶、画笔、安全锯子、磨刀、标尺、拱形 PV 管、DIS 力传感器、光电门、升降台等。

在创新表现方面，一是基于真实情境，通过和桥梁近距离接触，比较全面而真实地了解桥梁知识及制作工艺；二是以砖桥设计制作为手段，通过项目的设计将知识蕴含于情境化的真实问题中；三是关注思维能力的提升，通过项目调动学生主动积极地利用各学科的相关知识设计解决方案，跨越学科界限提高学生的高阶思维能力。

案例评析

本案例与实践相关的经验和意义主要提炼出三条。

1. 问题意识——发掘驱动性问题

关注民生的项目式学习体验引导学生善于发现真实问题，并能够依据需求去发掘问题的价值，在过程中习惯性地关注身边的细小问题，并寻求解答。学生的问题意识，呈现出知识与能力的迁移。

2. 联系实际——关注设计化思维

从真实的情境问题出发，能够在驱动性问题的引导下，激励学生应用所学的知识，综合考虑用途、顾客需求、环境要求、成本、美观等具象化的问题，关注联系生活实际的设计思维培养。

3. 产品优化——落实展示性评价

成果贯穿于项目化学习的过程，针对阶段性成果的表现性评价，是为最终产品优化而服务的。每一个活动的测评工作，都可以很好地延续到下一个环节，在落实展示性评价的过程中展现出完整的工程项目活动。

专家点评

桥是一种集艺术、技术、人文于一体的载体，设计桥梁类的课程有很多，而本案例的特色在于：这里的桥源于师生希望能有往返学校与体育馆之间的"捷径"这一真实需求，周遭的真实建筑环境以及奉贤砖桥的乡土文化，使得项目多了份别样的温度与"地气"……学生搭建的虽然是模型，但浸润在真实的情境中，经过教师的引导、专业的训练与多次打磨，没准将来就会从中涌现出真桥的雏形！

扫码查看视频案例介绍

乐耕园水循环系统之集雨器
——基于产品导向提升创新能力的跨学科项目式学习

上海市奉贤区育贤小学　王志刚　张　杰　顾陈超　翁　薇

 案例背景

现阶段创新能力已成为我国教育实现转型升级的重要抓手,如何在小学自然学科中开展基于产品导向的跨学科活动,厘清产品导向激励下影响创新能力培育的因素,形成创新能力提升的策略,是学校跨学科项目组的研究方向,更是培养创新人才的教育使命。

本案例是基于学校"乐耕园"品牌计划和自然学科拓展实施的一个项目化活动。学生在学习了自然界中的水循环、人造材料的特性等知识,参与了学校乐耕园种植活动的基础上,以"有没有什么好办法能收集并储存雨水,更方便地给农作物浇水?"为驱动问题,查阅雨水及集雨的资料,设计与优化集雨器解决实际的取水和存水问题。通过本项目的学习,学生不仅能领略古人的智慧,培养创新能力,而且能感受科学技术对人类的影响。

本案例确立的教学目标如下。

1. 通过查阅资料的活动,知道雨水对于农作物生长的重要性,发现人类在雨水收集上的方法与技术,提升资料收集、整理、分析等学习能力,感受古代劳动人民的智慧。

2. 通过设计制作简易集雨器的活动,能利用周边常用器材制作简单的集雨器,知道集雨器的一般结构,提升分析、解决问题能力,感受材料的创新性使用,培养团队合作意识。

3. 通过调试集雨器的活动,能依据场景需求改善集雨器的功能,在交流与展示中提升口头表达能力,意识到不断地创新是社会的需求。

 案例介绍

一、项目活动的内容设计

针对任务驱动,关注取存雨水的需求,借助工程技术项目化学习载体,案例活动需要组织学生体现如下五个过程性实践内容。

1. 身临其境,发现收集雨水的真实需求。

2. 查阅资料,搭建问题解决的探究支架。

3. 设计测试,整理雨水收集中的问题。

4. 自主探究,寻求问题的最优解决方案。

5. 物化展示,体现提升综合素养的理念。

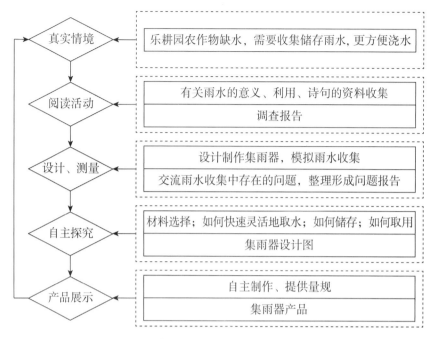

图1 "乐耕园水循环系统之集雨器"项目设计

二、教学策略与实施步骤

(一) 改善乐耕园需求——寻求驱动问题,提升学习兴趣,培养创新意识

学生在乐耕园种植后,发现里面的植物出现缺水干枯的现象。有学生提出"植物需要水"的问题,经过调查发现最近的取水地距离较远,且还是自来水。由此,学生对"如何才能更快速、更便捷地取水"进行了讨论。

通过交流,学生达成共识:将雨水收集起来给植物浇水可能会是一个不错的选择,并形成了"如何收集并储存雨水,更方便省力地给农作物浇水?"的真实驱动问题。学生从植物需要水的真实需求中,形成了驱动问题,提升了学习兴趣,培养了创新意识。

(二) 寻找雨水器资料——搭建探究支架,积累知识储备,积淀创新动力

离开乐耕园,教师引导学生寻找解决的方法。学生经过讨论后,明确任务,并着手搜寻雨水收集方法变迁的资料。小组分工合作,在规定时间内进行资料汇总,形成统一的意见。

多数小组都能完成资料收集和任务汇总。有小组通过图书馆书本查阅发现古代人很早就开始了雨水的收集,如修建小型围栏、池塘蓄积雨水、各类明渠暗渠等;有小组通过文献资料发现雨水收集的方法有屋面雨水、道路雨水、生态雨水利用等方式;有小组通过专家咨询,知道人们日常生活中不同的集雨器的使用与重要意义等。由此,大家对储存雨水给农作物浇水的方案更加认可了。通过寻找资料的过程,学生完成了后续探究的知识储备,同时积淀了创新的动力。

(三) 尝试设计与测试——借助周边资源,建构产品结构,挖掘创新潜力

各小组以合作的方式依据一段时间以来的积累,借助周边资源创造性地设计心目中的集雨器,根据设计图尝试第一次制作,在完成后进行集雨的测试。

经过测试,很多小组都出现了或多或少的问题:集水口被堵住、雨水收集较慢、传输不到储水装置或传输较慢、没有考虑到如何取水……随后,各小组根据自己出现的问题完成问题报告。在产品的设计与测试中,学生建构了产品结构,并挖掘了创新潜力。

(四)调试产品与改善——经历自主探究,完善功能解决,打造创意无限

在出现各种问题后,学生没有被困难吓倒,反而激发了更大的探究兴趣。他们开始运用所学的各种知识,利用身边各种各样的材料,从材料选择、如何快速灵活地取水、如何储存、如何取用等角度不断地实验,对原有的集雨器进行优化,力求找到最优的解决方案。各小组也有很多创意出现:有小组在结构上拉开集水口与储水装置的高度差加快雨水的下降速度;有小组想到直接在小木屋的屋檐上建集水装置,这样在雨天能收集更多雨水,提高集雨效率;有小组想到利用防水的集雨布来集水,并且加入了可以控制集雨布升降的装置,他们为了提高集雨效率,将两个集雨布通过管道连接到一个储水装置……通过调试产品与改善的过程,学生经历自主探究,完善了功能解决,打造了个性化的创意。

(五)展示个性化成果——开展互评反思,形成互助团队,提升创新思维

为了体现真实感和仪式感,教师为每一组学生创设交流展示的大舞台。在展示环节,学生依据提前设计好的评价量规,展示各自的集雨器,台上台下的学生、教师可以及时进行交流和评议。在交流自己作品和评价他组作品的过程中,提升口头表达、信息技术及合作交流的能力。在互评中反思,体现提升综合素养的理念。

三、学习评价与其他说明

(一)学习评价

学习评价是整个项目学习中不可或缺的一部分,评价的设计与实施应达成以评促学的要求。在本案例中,学习评价贯穿于整个项目活动中。在每个子项目活动前,将评价量规前置,帮助学生明确活动要求,激发探究兴趣;在子项目活动结束时,开展总结性评价,帮助学生评估项目达成情况,改进后续的项目开展。

本案例中的学习评价从以下这些方面开展。

产品需求的评价:能发现雨水及集雨器的重要作用;能发现集雨器使用时的问题;有兴趣参与设计集雨器。

产品设计制作的评价:能完成集雨调查报告;能完成集雨器问题报告;能创造性解决雨水收集、传输及储存中的问题;能完成集雨装置的设计制作;能感受古代劳动人民的智慧,能与小组成员分工合作、积极交流。

产品展示的评价:科学性、创意性、团队合作、成果展示、表达能力、信息技术应用。

(二)其他说明

本案例中涉及自然科学、语文、数学、工程等相关学科:自然科学中的大自然的水循环、水具有流动性等;语文学科中有很多关于雨水的重要性或古人祈雨的相关诗句、成语、文章;在设计制作集雨器时需要进行实地的测量等;制作集雨器需要解决很多的工程问题。

在工具材料上,需要电脑、剪刀、美工刀、热熔枪、纸箱、卡纸、吸管、饮料瓶等(依据学生设计图灵活补充)。

在创新表现方面,一是注重科学技术融合,基于工程实践完成物化成果,提升工程思维,为培育未来的工程师服务;二是注重学校资源整合,以校园资源为基础为学生开展项目搭建活动支架,感受真实情境下的真实问题,提高探究热情;三是注重学习方式转变,以跨学科学习方式解决真实问题。

 案例评析

从本案例反映的经验意义看,与实践相关的主要有三条。

1. 挖掘校园资源,培养创新意识

校园是学生进行科学探究活动的重要场所,本案例中教师能挖掘乐耕园这一宝贵的校园资源,并引导学生基于植物缺水的真实问题开展探究,形成"如何收集并储存雨水,更方便省力地给农作物浇水?"的驱动问题,培养学生的创新意识。

2. 搭建学习支架,积淀创新动力

基于如何收集雨水的问题,教师搭建学习支架,引导学生通过查阅、收集资料的方式,了解从古至今人们对集雨器的利用,以此积淀创新动力,也为后续的活动开展提供支持。

3. 基于产品导向,提升创新能力

本案例中的跨学科活动,以产品为导向,引导学生基于所学知识和生活经验,利用身边所有可用的资源创造性地以物化的产品解决实际问题,增强对学生创新能力的培育。

 专家点评

项目源于真实生活,解决现实问题,引导学生通过对先贤智慧的汲取以及对现有场景的分析,提出设想、动手实践并测试改进,由此经历完整的工程制作流程并自然地涵盖多学科学习,实现综合素养的提升。项目场景亲切,贴近小学生的认知,所用工具材料常见易得,使得项目具有很强的可借鉴性。

扫码查看视频案例介绍

匠心琴鸣，探秘橡筋琴

——以项目驱动提升学生艺术素养的实践探索

上海市奉贤区江海第一小学　毕颖芝

 案例背景

随着教育深化改革和生活品质的提升，美育备受重视。我校作为全国中小学中华优秀文化艺术传承学校，如何在项目化学习活动中融合传统文化，体现"以美育人"的理念，提升学生艺术素养，一直是我校探索的课题。

本案例是基于"一学琴女孩希望了解自己所学乐器的工作原理"的真实情境和小学自然学科教材中《声音与振动》单元内容项目化改造而成的校本选修项目，针对小学三至五年级学生开设。项目试图通过完成一架橡筋琴的探索，搜集生活中的一些材料，完成不同橡筋的发声，尝试琴盒产生共鸣，甚至利用 DIS 设备进行声音的采集与数据分析，从而发现橡筋琴中声音的一些奥秘。通过项目的学习，学生将了解中国琴文化与历史，学习声音的知识，并运用所学的知识，完成橡筋琴各部分的制作与功能探索，感受传统艺术之美，以及艺术丰富生活、陶冶性情的作用。

本项目确立的教学目标如下。

1. 通过调查琴的资料、观察琴的样式、欣赏琴的演奏，知道琴的基本结构，了解琴的历史文化与发展，感受中国传统文化的魅力。

2. 通过橡筋琴的实践制作、优化等过程，基于问题情境提出制作橡筋琴的思路，运用所学声音知识在实践中得到验证，并初步了解橡筋琴各部分结构及作用。

3. 通过对橡筋琴的各部位的不断探究与实践，完成一架能发出美妙声音的橡筋琴，发现橡筋琴中声音的奥秘，提升学生的自主探究能力和创造力。

4. 通过不同平台展示中对橡筋琴的介绍和演绎，充分展现自身的艺术才华和创造力，提升艺术素养，丰富校园文化，陶冶情操。

 案例介绍

一、课堂活动的内容设计

针对目标指向，通过项目驱动的方式，以橡筋琴为载体，探究琴的文化历史和琴音的奥秘，项目活动需要组织学生体现如下五个过程性实践内容。

1. 基于情境，提出项目任务和制作思路。

2. 查阅资料,探寻琴的基本结构与文化历史。

3. 实验探究,了解橡筋琴各部分结构及作用。

4. 制作优化,探究琴组装调整的方法与技巧。

5. 作品展示,感悟艺术、文化、生活之美。

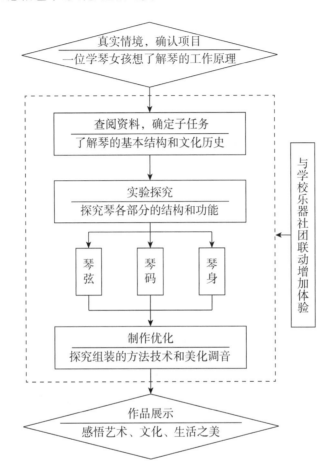

图 1 "匠心琴鸣,探秘橡筋琴"项目设计过程图

二、教学策略与实施步骤

(一) 基于真实情境,确定探究任务

第一阶段,先通过阅读学校同学的求助信(见图 2),引出完成橡筋琴制作的项目任务。针对这一任务,教师提问:"想要完成一架橡筋琴的制作,我们需要知道哪些知识,解决哪些问题呢? 请小组讨论,说一说你们的想法和问题吧!"于是,各组展开讨论,交流提出需要解决的问题。之后,将问题整理、归纳,形成子问题和任务,得到下一阶段任务——探究琴的基本结构和文化历史。

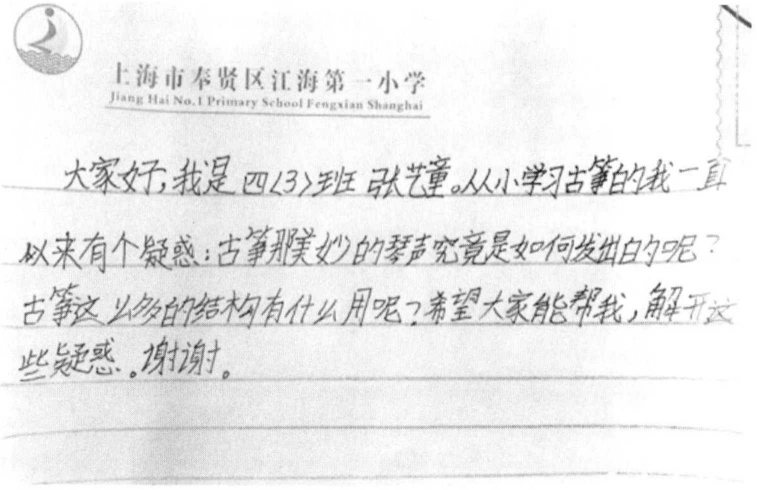

上海市奉贤区江海第一小学
Jiang Hai No.1 Primary School Fengxian Shanghai

大家好，我是四〈3〉班 张艺童。从小学习古筝的我一直以来有个疑惑：古筝那美妙的琴声究竟是如何发出的呢？古筝这么多的结构有什么用呢？希望大家能帮我，解开这些疑惑。谢谢。

图 2　"匠心琴鸣，探秘橡筋琴"项目设计缘起

（二）借助多方平台，走进传统文化

根据任务要求，教师向各组下发琴知识调查表，提供调查方法和调查方向。课上，组织学生进入图书馆和电脑房，查阅和搜索琴的相关资料，了解琴的结构知识和文化历史以及琴在中国传统文化中的地位，欣赏美妙的琴音，感受传统文化的魅力。课后，引导学生通过不同渠道进一步收集相关信息。之后，学生根据收集到的资料制作琴知识小报，进行展示交流。

通过对琴知识的收集整理和展示交流，学生对古琴和古筝有了进一步的认识，对于橡筋琴的制作也有了新的想法和问题："琴上不同的结构都有什么用？""如果用不同的材料制作琴身，对琴音会有什么影响？""古筝上那么多的琴码有什么用？"因此，我们重新梳理问题，最终将项目划分为琴弦、琴码、琴身和琴的组装优化四个单元任务展开探究。

（三）分"部"实验探究，清晰结构作用

明确项目子任务后，学生开始分别探究琴弦、琴码和琴身的结构与功能。根据上一阶段学生提出的问题，还增加了材料对琴音的影响的探究内容。

琴弦：分为琴音的轻响和高低两个内容，分别以"搭建一组能发出不同轻响/高低声音的琴弦"为项目任务，带领学生探究橡筋粗细、松紧对琴音高低轻响的影响，并借助 DIS 声波/声级两个传感器，发现声音高低轻响的本质不同，为学生活动提供客观数据证明。

琴码：探究琴码的摆放位置、形状结构以及材料对琴音的影响，设计、制作自己小组的琴码。

琴身：探究琴盒的形状大小、音孔的大小和材料对琴音的共鸣效果的影响，并尝试制作能较大程度放大琴音又不太影响音色的琴身。

在探究过程中，教师还会组织学生进入二胡、扬琴、尤克里里等乐器社团进行参观、学习，近距离观察不同的琴，感受不同琴不同结构对琴声的影响，欣赏不同琴的演绎，丰富学习体验，提升审美能力。

（四）尝试组装调整，完成模型制作

经过前期的学习探究后，学生已经了解了琴的结构功能和文化历史，终于可以开始琴模型的制作了。各小组就前期设计制作的琴码和琴身，结合自己生活中搜集来的材料，尝试组装和弹奏。初次尝试后，交流各组遇到的问题及解决方案。接着，各组再次组装调整，美化外观。两位教师分别进组辅导，自然老师主要关注橡筋琴的外形结构；音乐老师主要关注琴的音色、音调，辅助调音，帮助各组完成琴的制作。最后，各组根据自制琴的调音情况查找可以弹奏的乐曲，形成橡筋琴乐谱集。

（五）搭建展示平台，感悟艺术、文化、生活之美

第五环节，教师带领学生走出课堂，在校园内搭建不同平台展示各组橡筋琴作品，从文化历史、结构功能和制作方法等角度向同学、家长和老师介绍琴的相关知识；并用橡筋琴进行演奏，弘扬中华琴文化，展现艺术魅力，丰富校园生活。在展示中，通过与多方交流，获取大家对橡筋琴的看法与建议。

三、学习评价与其他说明

（一）学习评价

一是过程性评价，二是最终作品评价。

本课程的学生评价主要为过程性评价。过程性评价分为交流学习心得和量表评价。每节课前都会下发对应的学习评价单，让学生清楚评价要求，并分别对学生的团队合作精神、实践探究能力、自主创新能力和表达能力等方面进行自评、互评和师评。课后，交流学习收获。

小 A：……通过实践学习，我才知道原来琴上的每一个部分都那么重要，原以为琴身上的音孔只是装饰，经过学习才知道音孔的大小和位置都决定着琴的音量与音色。一架琴的制作十分不易，我好佩服古人的智慧。更厉害的是古人造琴时对琴结构的设计与命名。如古琴长三尺六寸五，象征一年 365 天；底板扁平，面板呈弧形，对应古代天圆地方之说，让我感受到了艺术与生活息息相关。

小 B：……以前我一直看同学学琴，但自己却没机会弹琴，也感受不到其中的快乐。本学期，通过橡筋琴项目的学习，我终于有机会走近琴，了解琴的文化、琴的结构，还能制作了一架属于我们自己的琴。每当我用橡筋琴弹奏曲子时，都很开心。我感受到了琴的魅力，我以后也想学琴，用音乐丰富我的生活。

最后，橡筋琴制作完成后，根据量表对作品进行最终评价。

（二）其他说明（包括学科融合、工具使用、创新表现等）

1. 学科融合

本项目主要根据小学自然学科课程标准，同时融合艺术学科、信息技术学科和劳动技术学科等相关要求进行跨学科探索。

2. 工具使用

在工具使用方面，参见上述实践过程，主要有 DIS 实验器材（声级传感器、声波传感器

等)与软件、粗细不同的橡皮筋、大小不同的纸盒、材质不同大小相同的盒子、琴弦组装置等。

3. 创新表现

一是结合学校特色及教学内容与方式进行改变,使项目内容更贴合学情,有利于学生探究学习;二是注重资源的开发与利用,多次与学校乐器社团联动,丰富学生的学习体验;三是注重项目成果展示,扩大项目影响,构建校园琴文化,无形中提升学生的艺术素养。

 ## 案例评析

从本案例反映的经验意义看,与实践相关的主要提炼出四条。

1. 融合学校特色,迎合学生学习兴趣,助力学生探究学习。
2. 真实情境导入,激发学生自主学习,培养高阶思维能力。
3. 依托校园资源,丰富学生活动,陶冶学生性情。
4. 多方平台展示,提升学生的学习自信,有效提升艺术素养。

 ## 专家点评

小小"橡筋琴",结构看似简单,但背后蕴含深厚的物理知识,更绽放了无穷的魅力风采。要想弹奏出音阶和耳熟能详的曲调,这背后可能是数十次甚至数百次的调试,锻炼了心性、习得了实验探究的方法,也进一步加深了学生对音高、音量与橡筋长短、松紧、粗细关系的理解与运用。而 DIS 实验设备的引入使得原本抽象的实验结果可视化,让艺术与科学有了交互,有其可取之处。

扫码查看视频案例介绍

智能时代，逐梦成长

——人工智能时代中小学校园科技创新能力培养

重庆市万州第二高级中学　赵真贞

 案例背景

校园对人工智能的应用使得学校发展更加先进，能打造人工智能特色强校。我校的校园科技教育中人工智能活动丰富多彩，贯彻也显得十分有趣，调动学生的积极主动性，培养学生良好信息素养，以此来打造我校人工智能教育环境，为学生创设更加优质的学习空间、成长乐园。基于此背景，构建人工智能活动，让校园科技得到更好的展现，使学生提升科技认知，养成良好的科技能力和科学精神，为日后发展提供方向，也让学生符合新时代发展对人才的要求。开展人工智能教育，优化育人价值，培养学生的创造力和价值观，努力打造出新型的人工智能教育特色强校，成为学校发展新目标。因此，结合校园科技教育优化人工智能使用，科学渗透人工智能，在实践中意识到人工智能就在我们身边，旨在透过人工智能创设科技校园，为学生提供更好的教育环境。

 案例介绍

一、构建丰富的人工智能活动

校园科技教育实践中，人工智能教育的充分开展，要从学生角度出发，考虑学生的真实需求和想法，贴合学生身心特征构建人工智能活动，充分发挥学生的主观能动性，并从学生主体地位出发，使之融入学生的日常学习生活。

我校的人工智能实验室有很多关于人工智能的设备，并在运用中为学生提供更好的成长乐园。从每次入校开始，值周学生与人工智能机器人一起工作，迎接各位同学来临，让值周活动开展得更加精彩，也为学生提供与机器人亲密接触的机会。在运动会组织中，主持人选择由机器人"悠友"、教师和学生组成，能够让主持效果和节目演出更加精彩。机器人"小智"在快闪舞中还能舞动身体，为运动会添加乐趣，曾在我校致敬建国 70 周年时颇为出彩。机器人在学校应用范围极为广泛，由此构建丰富的人工智能活动，使得学校工作的实施更加科学。在疫情背景下，我校还让机器人也出现在抗疫工作的宣传行列中，时刻提醒教师和学生做好卫生工作，实现安全防疫。结合人工智能活动，学生和教师真正认识到人工智能一直在我们看得见、摸得着的地方，机器人存在并非虚幻，而是真实的，对此产生真实体验。

二、开设特色人工智能课程

学生在学校所学习的知识都将在课程中落实,校园科技中同样根据人工智能打造特色课程,在科技发展的前沿上带领学生了解人工智能。

在课程规划中有相应的育人目标,明确要促进学生全面发展,在人工智能实验室的配置基础上,认真规划人工智能课程内容,明确课程教学目标,完善课程体系创设。根据学生现有的知识基础和生活经验打造普及型课程,以及为学生提供更多选择机会的提高型课程。人工智能在相关配套教材和网络资源下,使学生能够更加精准地获取想要了解的知识,在个人潜力的挖掘下,还能够辅助教师完成教学,展现学生的长处。

同时教师队伍建设也要求人工智能课程开设注重专业培养。信息技术教师针对课程开发做出有效探讨,参与 AI 师资培训,在集中学习和自觉发展中促进专业素养提升。开设特色人工智能课程会使校园科技的发展落在实处,人工智能课程将与普通课程一致,主要面对初一和高一阶段学生,从根本上让人工智能课程的教学价值提升,展现其教学魅力。而教师团队的打造,不断促进人工智能课程的优化,实现教师队伍专业培训、人工智能实验室功能发挥、人工智能课程品质提升有机结合,实现特色人工智能课程完善,为特色学校建设增能。

三、实践比赛展现动手能力

正处于青春期的学生,创新思维强,动手能力高,竞争意识激烈。人工智能教育的实施让学生得到更好的发展,越过教师成为学习的主导者,站在巨人的肩膀上去领悟知识。校园科技的教育实践中,除了基本的课程安排外,还根据选修课设计以及课后延时服务体系、机器人社团活动来吸引学生注意力,让更多感兴趣的学生有参与的机会,提升学生综合学习的体验。学生跟从自身兴趣完成相应学习后,为激励学生,促进学生的个人发展,学校创设了实践比赛平台,让学生根据比赛要求提升自我,并在比赛中取长补短实现共同进步。

学生在参与比赛赢取成绩的同时,教师也获得成长,提升教学能力,为人工智能教育的实施夯实基础。除学校组织的比赛外,鼓励学生参与市级和全国的比赛,让学生的潜能得到更好的挖掘,促进学生全面发展,展现学生的动手能力和综合素养。

四、拓展教学融合教育学科

为拓展人工智能应用领域,学校根据教学实际情况拓展教学内容,将人工智能和学科教学相融合,实现跨学科融合来增强教育效益,放大科技教育的效果。在人工智能实验室,我们将人工智能与跨学科课程相联系,根据学科教学特点使用人工智能,为学生提供更好的学习体验,确保学生收获理想的学习成果。为克服历史课程内容的枯燥和乏味问题,利用机器人讲解历史故事,在机器人的语言表达中感受历史故事内涵,使得历史教学得到创新,更有利于调动学生的积极性。为克服物理课程抽象复杂、学生难以理解的问题,以力学部分作为物理课程结合人工智能的探索点,与机械臂工作原理相结合,让学生简单直观地了解物理知识,也使教师减轻教学压力,为教学工作提供有力支撑。为克服地理课堂教学的宏观抽象性问题,采用星际特工机器人,让学生开阔视野,丰富学生的见识。学科教学和人工智能融合能够让信息技术正式落实在课程指导中，有效增强课程教学效益和人工智能指导效益。教师教研团队的努力也促进了人工智能和学科的深度融合。

 案例评析

通过校园科技教育的实践让人工智能在学校教育教学中得到有效贯彻，收获到理想的教育成果和教学效益，打造信息化教学环境，大大创新了我校教育工作的实施。不论是丰富多彩的人工智能活动还是特色人工智能课程的开设，都让学生对人工智能产生全面认识，使学生得到了良好的学习体验。结合动手能力培养和跨学科融合，学生在兴趣爱好的支持下感受周围的人工智能，意识到人工智能距离我们的生活并不遥远。在一系列教学中也让教师感受到学生对科技、对人工智能兴趣浓厚，在学生的心里埋下种子，等待它发芽成长。

人工智能丰富教育活动，助力学生成长，还能够体现整体教学创新之处，无论是教学理念创新还是操作方面创新，都对整体教学起到促进作用。从教学理念来说，信息技术发展已成为社会生活中不可缺少的一部分，社会对人才要求也从单一成绩变为全方位发展，人工智能教育使学生自身信息素养得以提升，充分增强了学习体验，让学生在智能环境下成长，促进学生可持续发展。在先进教学理念下助力学生学习与成长，更使学校办学理念更加科学。同时在人工智能实践操作中，让学生从理论角度探索人工智能，又在亲身体验和参与下感受人工智能，让学生与人工智能机器人共同相处，在近距离接触机器人的同时提升对人工智能的掌握能力，意识到机器人不再虚拟，而是客观存在于现实生活。人工智能课程以及选修课程体系的特色构建呼应了学生的发展需求，在育人目标下让学生对人工智能的了解从浅到深、由点到面。跨学科融合以及比赛活动的实施，都能从实践角度出发，让学生在动手操作中感受人工智能的魅力，提升综合能力。

 专家点评

本案例能直面智能时代对学校教育的挑战，从育人目标等较广的视野来规划人工智能在学校教育、课程层面的落实，内容和方式比较丰富，能为学生可持续发展搭建基于真实情境问题的多元化平台，所设定的目标、教学策略和步骤比较清晰，成果追求较为实在。建议后续还可针对科创要求展现人工智能教育的学校特色。

扫码查看视频案例介绍

酵母细胞固定化实验的改进与探究
——基于核心素养的高中生物实验教学探究

重庆市万州区清泉中学　魏爽莉

 案例背景

在新一轮课程改革的形势下,核心素养的培育作为新课程标准的理念,充分体现课程的新时期学科特点和育人价值。培养生物学科核心素养的途径和策略有多种,其中以生物实验代表的实践性活动是提升学生生物核心素养最直接、最有效的途径。近几年高考,生物实验的考查也不再局限于教材知识的记忆,而是侧重对学生实验设计、实验探究、迁移与应用等能力的考查。这就要求学生不仅要能亲自动手完成实验,更要能进行深层次的探究活动,以拓展实验学习的深度和广度。

本案例以"酵母细胞的固定化"为实验教学载体,从真实情境出发,由学生发现问题、讨论探究、提出方案、改进创新、多元评价,并付诸实践。学生在多元化场景下,实施深层次的实验探究和实验改进,解决了预实验中出现的一系列问题,提出了一套更为完备的实验方案,培养了学生科学思维和科学探究能力。

 案例介绍

一、课程设计思路

本案例的目标是通过问题导向,引导学生积极思考,大胆探究,对原教材方案进行改进优化,最终设计出实验操作性强、适宜高中课堂教学的实验方案。其具体课程设计思路如图1所示。

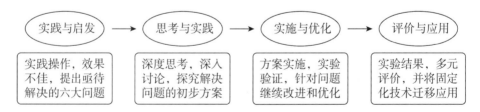

图1　课程设计思路

二、教学策略与实施步骤

"酵母细胞固定化实验的改进与探究"的教学实施策略和具体步骤如下:

（一）亟待解决的问题

首先组织学生按照教材实验流程和方法进行预实验,结果未能得到预期实验效果,引导学生思考讨论,分析实验失败原因,归纳出六大问题。

1. 使用蒸馏水活化酵母细胞,效果并不理想。

2. 采用小火间断加热的方式进行海藻酸钠的溶解,耗时长,水分散失多,容易焦煳。

3. 利用注射器制备凝胶珠,推进速度难以把控,制得的凝胶珠拖尾严重,且大小不一。

4. 凝胶珠固定化时间长达 30 min,无法在课堂内完成并检测其质量。

5. 酒精发酵时间长达 24 h,无法及时有效地观察到发酵情况。

6. 通过观察气泡的方式来检测 CO_2 的生成,用闻酒味的方式来检测酒精的生成,缺乏说服力。

（二）解决方案的形成

经过师生深入研究、探讨,将实验中亟待解决的六大问题梳理整合为三个循序递进的问题情境,并制订如下解决方案。

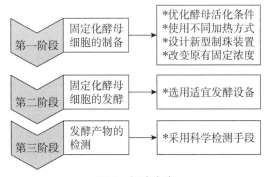

图 2 解决方案

（三）方案实施与优化

1. 第一阶段:固定化酵母细胞的制备

（1）驱动问题:如何快速制备高质量固定化酵母细胞?

（2）问题分析:固定化酵母细胞的制备速度和质量与酵母细胞的活化、海藻酸钠的溶解、凝胶珠的制备、凝胶珠的固定化等因素有关。

（3）分析构思:①优化酵母活化条件。教材中使用蒸馏水进行活化且未提及具体温度,可通过添加葡萄糖为酵母细胞提供营养物质以及调整活化温度等增加活化效果。②使用不同加热方式。采用小火间断加热时,由于局部受热不均、温度难以控制,容易造成焦煳,可选择恒温水浴锅或微波炉等作为加热装置,受热均匀且温度恒定。③设计新型制珠装置。教材采用注射器制备凝胶珠,由于推压力和推进速度难以把控,制得的凝胶珠呈蝌蚪状或线条状,不符合要求,可借助重物(如砝码)来控制推压力和速度。④改变原有固定浓度。固定化所需时间受 $CaCl_2$ 浓度影响,可选用更适宜浓度的 $CaCl_2$ 以缩短时间。

（4）具体操作:

① 学生选取葡萄糖作为营养物,设置一系列浓度梯度的葡萄糖溶液进行酵母细胞活化,结果显示,7.5%葡萄糖溶液活化效果最好;在此基础上,设置一系列不同温度,结果显

示,30℃活化效果最佳。通过改进,以 7.5％葡萄糖溶液代替蒸馏水,在 30℃条件下,仅需 10 min即可完成酵母细胞的活化。

② 学生采用恒温水浴加热,海藻酸钠溶解充分且不会焦糊,用时约 15 min;采用微波炉间歇加热,加热 10 s,暂停,搅拌 5 s,重复四次即可完全溶解且澄清透明,用时不到 2 min,极大地缩短了溶解时间。

③ 学生使用砝码施压,制得的凝胶珠大小均匀,但速度缓慢;采用可控制体积的连续注射器,可加快制珠速度,但不适合长期操作。以上方式均未能很好地解决问题。教师鼓励学生留心生活、勤于思考,引导学生借助物理知识,利用微型气泵为注射装置提供稳定的推压力。在教师的指导下,学生利用废弃材料自制了一种自动制备海藻酸钙凝胶珠的装置。该装置可通过调节管和调节阀控制气泵输入的压力,从而调控凝胶珠的制作速度,实现凝胶珠制备的自动化,同时制珠速度快,无须人工操作,制出的凝胶珠呈圆形,大小一致,质量良好,实现凝胶珠制备的标准化。

④ 学生使用 2 mol/L CaCl₂时,只需 5 min,凝胶珠即可达到较好的硬度、弹性和直径大小,且不会发生破裂。

2. 第二阶段:固定化酵母细胞的发酵

(1) 驱动问题:如何缩短固定化酵母细胞的发酵时间?

(2) 问题分析:固定化酵母细胞的发酵时长与发酵容器体积、密封性有关。

(3) 分析构思:选用适宜的发酵设备。由于锥形瓶体积大,且难以保证密封性,可选用体积小、密封性好的发酵设备。

(4) 具体操作:

使用注射器作为发酵容器,关闭流速调节器后可营造无氧环境。经改进,发酵体积从 150 mL 调整至 30 mL,发酵时间由 24 h 缩短至 15 min,还便于及时有效地检测发酵产生的气体,定量地监测发酵效率。

3. 第三阶段:发酵产物的检测

(1) 驱动问题:如何定性、定量检测发酵产物?

(2) 问题分析:教材通过观察气泡的方式来检测 CO_2 的生成,用闻酒味的方式来检测酒精的生成,缺乏说服力。

(3) 分析构思:采取科学检测手段。结合必修一所学,可使用澄清石灰水对发酵中产生的 CO_2 进行定性检测,也可利用溴麝香草酚蓝水溶液有色液滴的移动和颜色变化,对 CO_2 进行定性和定量检测;对于酒精的检测,可使用酸性重铬酸钾试剂。

(4) 具体操作:

① 发酵液中 CO_2 的定性、定量检测(略)。

② 发酵液中酒精的定性、定量检测。

采用酸性重铬酸钾检测发酵液中的酒精,结果显示酒精、葡萄糖、高活性酵母均能让酸性重铬酸钾变为灰绿色,学生出现认知冲突。教师鼓励学生要尊重实验事实,敢于质疑教材检测方式。经查阅资料,学生发现酒精存在羟基,可让酸性重铬酸钾还原,葡萄糖是还原性糖,也存在羟基和醛基,高活性酵母由于添加了某种食品添加剂,同样可以让酸性重铬酸钾变色。如何排除干扰?结合化学知识,学生自制了蒸馏装置,通过加热将酒精蒸发出来,通入酸性重铬酸钾中，即可排除葡萄糖和酵母菌的干扰；此外，将该蒸馏装置与数字化酒精检测仪相连接，还可定量检测发酵产物中酒精的含量。

三、评价与应用

在探究中，学生通过亲身实验，对原有实验步骤和方法进行大胆的改进和优化，增加了实验的可操作性，将时间缩短至 40 min 内，解决了实际问题。教师引导学生勤于思考，巧妙融合运用多学科知识，自制了自动化连续造珠装置（该装置已获国家实用新型专利）、酒精发酵装置、产物检测装置，从而实现了将所学知识和技能转化为实际应用的能力，获得了更高层次的思维发展和能力培养。

基于探索的热情，学生又提出关于实验延伸的一系列问题：如比较未固定酵母与固定化酵母的发酵效率；探究凝胶珠形状是否影响发酵效率；比较不同包埋剂固定酵母细胞的效果；自主尝试固定化醋酸菌并制作苹果醋；自主尝试固定化淀粉酶……利用培养的思维去继续发现问题，利用提高的能力去继续解决问题，使生物学科核心素养真正践行在课堂教学之中，从而促进其全方位成长。

 案例评析

本案例基于生物学科核心素养，以"酵母细胞固定化实验的改进与探究"为载体进行知识重构与实验整合，是一个很好的跨学科知识应用实践案例。

1. 问题驱动，引导学生思考、探究、实践，培养分析问题、解决问题的能力。
2. 改进创新，通过深层次实验探究和改进，提升动手实践、科学探究的能力。
3. 学科融合，对知识的深度理解与加工、知识的跨情境应用，构建理性思维。
4. 敢于质疑，尊重实验结果，养成严谨的科学态度和实事求是的科学精神。

 专家点评

这是一个取得了国家实用新型专利的科创教育活动案例。基于原有的教学内容及实验操作中所呈现的一些现象与问题，教师引领，学生探究，以系统的思维改进，改变原有的实验参数、实验步骤等，从而在固定化酵母细胞制备和固定化酵母细胞发酵方面得到了诸多的优化，取得较好的实验效果，提高了学生的认知，更提高了学生驾驭实验的综合能力。

扫码查看视频案例介绍

制作真核细胞亚显微结构模型项目案例

辽宁省大连市第三十六中学

 案例背景

模型制作是高中学生抽象处理生物学习中遇到疑难问题的学习方法。利用模型的形(形象化、直观化、简约化)去揭示原型的神(形态、特征、本质和规律),开展细胞模型制作活动,也是培育生物学科核心素养的实践策略之一。本项目重点探索基于真实问题的研究性学习模式,让学生亲身经历各类活动(如建构模型、应用虚拟实验室等)以获取知识,加深对知识的理解、运用,帮助学生进行知识的意义建构,最终提高解决问题的能力。生物核心素养是课程的宗旨,指向学生持久的品格和能力,是学生学习生物学课程后终身受益的结果,能展现生物学科特有的育人价值;项目化学习体现了新课改的精神,遵循了学生的发展需要,希望通过精彩纷呈的学科活动培养学生探究与创新的科学品质。

本项目旨在引导学生根据教材所学知识,通过查阅文献资料、使用在线虚拟软件与日常课堂教学相结合,使学生构建真核细胞亚显微结构模型,阐明主要细胞器结构及功能特点,各细胞器间分工与合作、相互协调的关系,以及它们在结构和功能上的联系。学生还可运用网络资源,进一步探究细胞模型中"未知"的细胞器,并关注相关研究的进展及应用,通过查阅资料以及在线软件使学生更深一步了解冠状病毒与细胞的区别,更好地了解防控新冠病毒的相关知识。同时,学生通过主动思考,动手参与,不断分析、交流、答辩、反思和修正,丰富形象思维和创新思维,培养创新意识与创新能力。

项目实践参与对象:高一年级学生。

 案例介绍

一、活动内容要求的设计

(一) 项目准备阶段

1. 向学生公布项目实施方案及评价方式,做好动员并提出具体要求。

2. 学生按要求和各自所需,以自愿为原则组建项目执行小组。

3. 推选小组长负责分工:根据知识要点登录中国知网、NCBI 等网站搜索相关资料,搜索学习、讨论细胞的相关模型和知识,根据积累的知识去设计一个物理模型,并总结出探究型实验活动的步骤等;准备相关制作材料。

（二）模型制作阶段（以小组为单位）

1. 开展模型制作,注意细胞内各结构大小、比例合适,位置正确。

2. 细胞中各结构能一定程度上体现与其功能相适应的特点。

3. 所做细胞模型能反映该类型细胞的共同特征,没有结构上的错误。

（三）作品收集及评价阶段

1. 收集各小组模型成果、模型制作相关说明。

2. 各小组展示,从分工、选材、制作模型、收获感想等方面进行介绍。

3. 组织专家团队进行考核评比,生成项目终结性评价表。

（四）开展一系列交流展示活动

1. 邀请学校领导、教师、学生共同参加生物学科模型展出评审会,通过层层筛选,将优秀作品在教学楼一楼走廊展示,供各位师生参观学习。

2. 利用线上虚拟软件进行探究性学习;制作真核细胞亚显微结构模型,全班展示发言,表达自己的观点。

二、活动过程和实践步骤

本项目活动分准备、实施、展示评比三个阶段。

（一）准备阶段

设计项目方案,包括如下内容。

1. 项目基本要素说明（项目名称、课时安排、学生组织、涉及学科、材料工具、学习目标、核心素养等）。

2. 驱动性问题（针对项目本质问题解决,参考相关文献来提出）。

3. 制定评价方法、评价标准和作品评分表（略）。

（二）实施阶段

按流程落实项目准备阶段的设计安排。

表 1　活动安排及要求

活动安排	活动要求
• 发布活动安排,自由组建活动小组 （每组不超过 6 人,11 月 1 日上报） • 模型制作 （11 月 1 日—11 月 7 日） • 模型展览 （学校安排）	• 高一年级全体参加 • 制作模型科学美观 • 模型上有标注 （各种结构名称、参与者的班级和姓名）

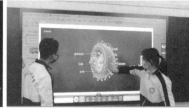

图1　活动实施过程

（三）展示评比阶段

展示评比主要包括模型展示、收获介绍、专家评析。

项目终结性评价表（略）。

 案例评析

1. 项目的难点、重点、创新点

难点包括：（1）前期查阅资料阶段，学生需要充分掌握中国知网、NCBI等平台的检索方式，学会对相关文献进行阅读、筛选、总结；（2）选取生活中常见的材料进行模型创作，选材时既要体现出模型的科学性，又要兼顾美观性与稳定性等特点；（3）在展示交流阶段学生利用线上虚拟软件进行探究性学习，需要学生熟练使用相关资源并进行资源合理整合。

重点是制作科学美观的真核细胞三维模型。

创新点包括：（1）本项目引导学生将STEAM理念和方法融入生物学学习，以项目式学习及实践活动为载体，灵活运用科学、工程、技术、数学、艺术等学科知识和科学思维方法；（2）通过自主、合作、探究性学习，掌握生物学科概念和跨学科概念，能够同时培养学生的动手实践能力和创新思维能力；（3）本项目整个实施阶段均体现了各种信息技术手段的高度融合；（4）在小组展示说明制作过程中采取动态展示与静态展示相结合的方法，使学生的探究能力、动手能力、语言表达能力等得到充分的发展。

2. 项目活动的效果

对照目标，项目活动取得的效果有：（1）查询并汇总了细胞结构的相关资料；（2）制作了关于细胞精美、科学的物理模型；（3）完成了细胞模型制作的报告；（4）各小组展示、讲解模型；（5）突显了学生的主体地位，查资料、设计、分工、选材、制作、展示等活动，都是由学生小组完成的；（6）学生间的沟通合作得到提升。

3. 活动的总结

学生积极参加活动，制作完成了一幅幅精美的模型作品。生物组教师邀请学校领导、教师、学生共同参加生物学科模型展出评审会,通过层层筛选,将优秀作品在教学楼一楼走廊展示,供各位师生参观学习。采用模型构建的方法将微观变为宏观,直观形象地展示真核细胞的内部结构,激发参与者和参观者对生物学科的学习兴趣。在活动过程中学生学会了观察、实验、资料查询、归纳与演绎、假设等方法,在提高生物科学素养的同时,既巩固了已有知识,也感受到了体验制作的快乐。学生还学会了交流与合作,创造了师生互动、生生互动的空间,培养了团队精神,提升了合作意识。

 专家点评

本案例显示了学生基于认知创造性,运用一些材料进行真核细胞亚显微结构模型的实践活动,视角独到,且成果效应明显,有利于学生更好地对生物世界进行认知。项目有回应学科新课标和针对当下现实问题的价值,显示责任教育的成分;教学策略及步骤能体现混合学习的特征;介绍附有相关教学视频和照片,对学科融合、评价要点、所需工具均有反映,对其创新特征有分析。

扫码查看视频案例介绍

拯 救 注 意 力

——运用"521"模式对注意力不足学生有效干预的探究

山东省淄博市临淄区青少年科技馆　高胜云

 案例背景

众所周知,注意力、专注力是智慧的敲门砖。在中小学中,有一些学生聪明活泼,但是注意力不足,专注力差,自我抑制能力不足,如不及时进行干预,会和其他同学形成越来越大的差距。

俄国教育家乌申斯基曾把注意力比喻为"一扇门",凡外界进入心灵的东西都要通过它。注意力是将意识指向并集中于一定对象的能力,是学习知识的门户,是一种宝贵的心理品质。儿童的注意力水平,是导致学习差异的主要原因。据北京师范大学"学习障碍的诊断与矫正"课题组统计,80%以上的学习问题与注意力品质高度相关。学生注意力缺失或不足已成为当下教育亟待解决的突出问题。

如何拯救注意力？提升注意力的方法五花八门,到底哪种方法适合有效？能否找到一种简洁易操作的模式或方法,专业有效、针对性强、适用范围广,让更多注意力不足的孩子获益,这应该是家长和教师翘首以盼的事,也是我多年来一直在思考和探索的问题。

为帮助注意力不足的学生,解决家长的困惑迷茫,为学校教师提供简洁易操作的实践教学方法,临淄区青少年科技馆生命科学院创新实践研究出了"521"注意力不足干预模式,对注意力不足的学生进行有效干预。

"521"模式简介:"5"表示五种注意力训练方法,"2"表示集中训练和家庭训练两种模式相结合,"1"表示一个月的训练时间,简称"521"。同时"521"还是"我爱你"的谐音,表示注意力训练过程是个充盈着满满的爱的过程。其中的"5",是"3+2"组合,"3"是指家庭训练每日选择三种训练注意力的方法,"2"是集中训练的两种方式——团体沙盘游戏和正念冥想。

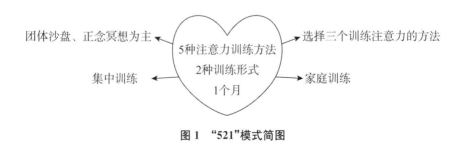

团体沙盘、正念冥想为主　←　5种注意力训练方法　→　选择三个训练注意力的方法

集中训练　←　2种训练形式　→　家庭训练

1个月

图1　"521"模式简图

 **案例介绍**

一、活动设计

（一）筛查确定研究对象

用注意力测试卷评估圈定部分范围—班主任结合学生表现确定注意力不足的学生—下发《致学生家长的一封信》—家长自愿签订同意参加并配合训练的承诺书—完成研究对象的确定。

注意力筛查测试卷采用比较经典的信度和效度比较高的"找相加等于10的相邻两数"的注意力测试，比较简洁方便。

（二）采用"521"模式进行注意力干预训练活动

注意力干预活动主要有两种形式：集中训练、家庭训练。

集中训练的内容包括注意力训练、感知觉训练、行为干预、心理成长四部分。注意力训练：视点凝视、舒尔特方格、听说数字、扑克记忆等游戏活动。感知觉训练：眼球追寻运动、左手右手游戏以及沙盘游戏等。行为干预：视觉分辨力训练中培养细心认真的习惯；在团体沙盘中进行情绪调控、自我管理能力、集中注意力的强化训练调整。心理成长：用沙盘讲故事、正念冥想、低阻抗治疗等方法，促进学生专注力提升、心理成长。

每周一次的集中实践活动，以团体沙盘、正念冥想为主，辅以其他有针对性的注意力游戏活动及心理疗愈。

家庭训练包括家长指导课堂、家长引导孩子进行注意力训练、完成操作手册和观察记录并写好感悟建议。家庭注意力游戏活动项目包括静坐、视点凝视、冥想、游戏活动（抢椅子、玩扑克、数字传真、夹豆子、舒尔特方格等）。每天学生自己选择三个喜欢的项目进行活动，家长做好记录。

操作手册上的训练项目每周会根据学生的训练情况做一些更改，每周集中训练完后发送到微信群中，便于家长下载使用。

二、活动策略和实施步骤

（一）关注现象，策划方案

调研、学习，创新实践有效的注意力训练"521"模式—形成初步课程—制定运用"521"模式对注意力不足的学生进行干预的实施方案。

（二）筛查对象，分层训练

进行注意力训练，评估训练效果。

1. 筛查样本对象

针对活动设计，抽取城区两所学校的一、三、五年级的学生作为研究对象，每个年级随机抽取两个班，涉及学生 316 人。对抽取的六个班，通过测试、访谈、调研、问卷等形式，筛查确定了 30 名学生（一年级 12 名、三年级 8 名、五年级 10 名）作为样本对象，进行注意力干预训练。

2. 集中训练

学生每周末分批次在科技馆进行注意力提升活动。每次训练时间 1—1.5 小时，循序渐进,连续四周。每周会根据学生的训练情况及时调整方法,学生的注意力、专注力就在这充满爱的团体游戏及训练活动中进行科学的强化,像肌肉一样,得到锻炼和成长。

3. 家庭训练

第一周举办注意力训练家长指导课堂,进行家长问卷调查;建立注意力、专注力提升快乐成长微信群,以便随时跟踪每个学生的家庭训练情况,及时鼓励每一位家长做好指导,及时收取操作手册;学生每天在家长的指导下进行注意力训练游戏活动;家长做好观察记录,在下一周进行集中团体活动前与老师做好反馈。

(三)收集信息,解析数据

1. 第一周的基础数据收集

收集家长问卷《儿童发育行为评估量表》以及学生注意力测试"找相加等于 10 的相邻两数""数字划消实验"的结果;与家长、学生初步接触,了解学生基本情况。

2. 过程性材料的收集及访谈分析

第二、三、四周,收集前一周的家庭训练操作手册,掌握学生进行家庭游戏活动的一周情况;通过微信或访谈形式,了解学生在家做家庭作业的速度、效率、出错率等情况;与学生所在班级的任课教师进行沟通交流,及时跟进参与训练的学生的课堂表现的变化。

3. 持续四周干预活动后的数据

干预活动结束后,再次进行注意力测试,与活动前的测试作对比;召开学生分享会,谈收获成长;访谈家长、教师,收集任课教师的课堂观察记录,掌握学生课堂表现的变化及近期的学习测试情况。

4. 效果评估

通过访谈、测试、教师观察等方式,检验训练的效果。

测试卷依然采用进行注意力训练的"找相加等于 10 的相邻两数"和"数字划消实验",进行实验结果统计对比分析,汇总分析教师观察记录并进行分析,对家长、教师进行访谈,对学生的表现及前后成绩进行对比,进行训练结果的总结并得出训练是否有效的结论。

通过前后注意力测试评估对比、教师观察记录、家长观察记录以及访谈内容可以看出:学生注意力明显改善,作业速度大幅度提高,正确率明显增加,学习成绩都有不同程度的提高;学生学习主动性提高,自信心增强,规则性、自我管理能力明显提高。本项目运用"521"模式对注意力不足的学生进行干预是有效的,并且效果显著。

(四)总结成效,提炼模式

总结整理"521"注意力干预模式的有效性,形成研究报告,拟订下一步实施的训练方案。

三、学习评价与其他说明

(一)学习评价

活动的评价形式多样,包括家长的操作手册填写、教师的课堂观察记录、学生注意力测试前后对比、学生家长的访谈、学校阶段性的考试等。

(二)其他说明

1. 学科融合

"521"模式注意力提升活动始终与学生的日常课程紧密结合,实施过程中教师、家长对学生课堂的表现、课后作业随时进行关注。日常进行的小游戏活动的内容也是与各年级所对应的数学、语文等课程内容相关,比如沙盘训练学生的感触力、记忆力及看图说话能力,舒尔特方格、听数字游戏等训练学生的数字感知、计算能力等。

2. 技术及器材

涉及的技能技术及器材包括:量表测评、正念冥想、中医心理低阻抗疗法的操作技能、团体沙盘技术、沙盘、电脑、学生心理档案系统等。

3. 创新点

(1)创新模式:"521"模式,简洁、有效、易操作、易推广。

(2)创新训练方式:团体沙盘游戏中介入正念认知,对注意力、专注、记忆、规则、情绪管理、人际关系等方面进行调整和改善。

(3)创新方法:注意力冥想法。在冥想基础上,运用中医心理低阻抗疗法,进行抗干扰训练,植入注意力、专注力超能力意念,增强信心,进行良好的注意力行为的正向强化训练,有效改善注意力不集中的行为,效果良好。

 案例评析

本案例从学生样本的选择到"521"活动实施方案的设计及实施的每一个环节,都依据学生的不同特点因材施教,做到设计、实施、结果的闭环操作,学生参与活动的积极性高,学习动力足、自信心强,其规则性、自我管理能力明显提高。

1. 本案例运用"521"模式对注意力不足的学生进行干预是有效的,并且效果显著。

2. 本案例创新实践的团体沙盘游戏中介入正念认知,进行注意力、专注、记忆、规则、人际关系等方面的调整及心理干预,学生特别喜欢,参与积极性高,效果好。

3. 本案例创新实践了注意力冥想法。此方法对学生的注意力、专注力、情绪调节、自我约束力、记忆力等都有较好的干预效果,具有一定的推广价值。

 专家点评

本案例基于当前部分学生注意力不足的问题,采用简洁实用的"521"模式,有效地提升了学生的专注力、注意力。项目实施中,以沙盘游戏和冥想为主的集中活动与家庭游戏练习相结合,内容与课堂教学紧密结合。活动设计遵循学生心理特点,多种形式的活动游戏与评价穿插进行,环环相扣,有效地激发了学生的学习动力,效果显著,很有推广价值。

扫码查看视频案例介绍

学做项目设计

——基于创新素养提升的项目实践活动方案

山东省淄博市临淄中学　鲁　琦　刘希斌

 案例背景

自从《国务院关于深化考试招生制度改革的实施意见》发布实施以来,高考的招生制度发生了天翻地覆的变化,不再以分数为唯一的录取标准。《实施意见》首次提出了注重学生的学科特长和创新潜质,这为以后的课改提出了方向。

本方案立足于国家对新课改的要求,将通过一系列目标明确、可操作性强的实践活动,开展学习项目设计,使学生在活动中感悟,在合作中体会,在实践中升华,以培养学生的观察体验、调查研究、发现问题、解决问题的能力,鼓励学生自觉参与"发现问题和解决问题"的行动,并通过校本课程改变学生的思维方式,从而提升自己的创新潜质,能够用新的视角看待这个世界,获得高校的综合素质评价资格,能够进入更好的大学深造。

通过项目探究的过程来掌握技术设计的基本过程与步骤,培养学生观察生活、善于克服传统观念束缚、发现问题的习惯和意识,形成有价值的研究课题的探究精神。在项目实践活动中培养学生自主探究的精神和分析、解决问题的综合能力,在创新设计实践中提高创新思维能力,增强创新意识,锻炼创造力与动手实践能力。

 案例介绍

一、项目活动的内容设计

"学做项目设计"是我校科技创新教育系列校本课程之一。本课程以走进项目设计活动、确定项目设计课题、制订项目设计方案、制作原型和模型、评价和优化设计五个部分作为主要学习内容,将学生体验科技类创新设计的完整过程作为学习重点,以项目设计活动作为任务驱动,引导学生在设计实践活动中自主学习探究技术设计的原则、过程、方法,提高学生技术探究能力、动手实践能力以及团结协作精神。课程以项目活动报告手册的形式呈现活动过程与成果。

课程以项目设计实践过程作为学习主线,设计了实践活动、学习拓展、活动体验、学习小贴士等栏目,教材在注重科学性和实用性、强调体验实践过程的同时体现出趣味性。

二、教学策略与实施步骤

（一）召开活动实施动员大会

为了让学生和家长明确本方案的目的和意义,我们分年级召开了学生和家长会,传达教育部和山东省教育厅的文件精神,鼓励学生和家长自愿参加我们的活动方案设计,并分别建立高一、高二、高三年级的 QQ 交流群,招募科教方案的实验对象,并且完善学生的梯队建设,有利于在活动中不断地积累经验,更好地指导活动的开展。

（二）组建方案核心小组

方案开发小组成员全部来自通用技术和研究性学习学科,教学业务精湛,具有丰富的创新教育教学经验,并具有创新探索的精神,善于思考教学问题,致力于探索高中创新教育新途径。多位教师曾先后参加过省市级通用技术优质课比赛,在市教研活动中执教多节公开课。多位教师辅导的学生在历届全国、省、市科技创新大赛中获得优异成绩,为我们开发科技创新类校本课程积累了丰富的经验。

（三）撰写项目设计校本课程

活动方案内容按照循序渐进的培训原则共设计了五个单元,见表1。

表1 活动方案内容

单元	单元名称	主要内容
第一单元	走进项目设计活动	主要介绍项目设计活动的重要意义及基本过程,以我校学生进行项目设计活动的成功案例激发学生学习兴趣。
第二单元	确定项目设计课题	主要引导学生从发现问题、明确问题、确定设计要求的过程中,学会确定项目设计课题的思想和方法。
第三单元	制订项目设计方案	引导学生在科学的创造技法的指导下进行方案构思,并规范地进行设计的表达。
第四单元	制作原型和模型	经历选择材料、正确使用工具工艺、制作原型和模型三个步骤,开展项目设计制作实践。
第五单元	评价和优化设计	学生将体验科学、规范、严谨的技术试验,从而对设计作品进行客观的评价,并进一步优化设计方案。

（四）社团活动实施

经过和学校协调,每周三下午第三、四节为科教方案活动课,我们把三个年级招募的学生按照其不同的兴趣爱好分成三个小组,每个小组安排两位教师带队,开展具有针对性的社团活动,并统一教学进度(见表2)。

表 2　社团活动实施

课序	内容	课时
第一单元	走进项目设计活动	
第一步	认识什么是项目设计	1 课时
第二步	了解项目设计的基本过程	1 课时
第三步	理解设计的原则	1 课时
第二单元	确定项目设计课题	
第一步	发现问题	1 课时
第二步	明确问题	1 课时
第三步	确立项目设计课题	1 课时
第三单元	制订项目设计方案	
第一步	收集、处理信息	1 课时
第二步	构思设计方案	1 课时
第三步	绘制草图	1 课时
第四步	绘制三视图	1 课时
第四单元	制作原型和模型	
第一步	选择材料	1 课时
第二步	选择工具、工艺	1 课时
第三步	绘制备料图、配料图	1 课时
第四步	下料、制作、组装	2 课时
第五单元	评价和优化设计	
第一步	进行技术测试	1 课时
第二步	评价、优化设计	1 课时
第三步	撰写项目设计说明书	1 课时

（五）校内科技节展示活动

利用学校科技节的平台,给每位学生一个展位,让他们向同学展示自己的项目设计作品,通过展示交流活动,取长补短,进一步完善自己的作品。同时对学生的作品进行评分,选出一、二、三等奖,并在科技节结束后进行表彰。

（六）组织学生参加科技比赛

组织学生参加教育部白名单比赛和山东省教育厅比赛,如青少年科技创新大赛、全国青少年科普实验大赛、全国中小学信息技术创新与实践大赛、全国青少年电子信息智能创新大赛等。通过比赛,锻炼了学生的主题项目设计、策划参赛行程、与评委交流等能力,从而提升学生的创新潜质等综合素质。

（七）组织学生参加高校综招

从山东综招素质评价招生开始,我们便组织学生参加综评,在初审和复试中,学生展示了与众不同的创新潜质,从而赢得高校降分录取的资格。

（八）方案活动总结

每年 7 月份,我们对这一学期的项目设计科教方案活动情况进行总结,把核心成员分成四个小组,进行调查反馈（见表 3）。

表 3　活动总结和调查

小组名称	调查对象	调查内容
1 组	毕业 1 年以上的学生	追踪在上大学的学生近况,观察项目设计教学对他们以后学习的影响。
2 组	参加综招的学生	谈一下参加综招的个人体验及在复试中遇到的问题和对策。
3 组	高一、高二的学生	对社团学习的体会,是否有改进的建议意见。
4 组	社团任课教师	提出对项目设计课程教学中遇到的问题和困难。

三、学习评价与其他说明

（一）学习评价

本案例的评价采用过程性评价和总体定性评价相结合的方式。

过程性评价:建立活动手册,学生把每一个活动后的感受、收获、困难、建议和创新想法记录在手册上,教师在活动过程中即兴评价。

总体定性评价:评价表见表 4。

表 4　定性评价表

评价项目	评价内容	自我评价	同学评价	教师评价
活动态度	活动有兴趣,积极参与,认真对待。			
组织合作	完成小组分工任务,与他人合作愉快。			
搜集资料	能用多种方式搜集有效的信息资料。			
创新发现	善于发现问题,能提出创新性建议。			
活动成果	能恰当地运用文字、图表表达活动过程及结果。			

（二）有益效果

1. 帮助学生建立科学价值观

本方案通过一系列形式多样、富含教育意义的活动,使学生认识到生活中的各种设计会有各种不足,我们应该换个角度,懂得去发现这些不足,并加以改进,让学生建立起认真体验生活的意识和敢于探索的勇气。

2. 锻炼和发展学生的科学探究能力

在这些主体参与的探究实践活动中,学生将学会估算、取样、监测、表格记录、统计数据、分析整理等科学研究技能,同时他们的观察力、想象力、动手操作能力、创造力、搜集运用资料的能力、调查分析能力、解决问题的能力以及交际能力、表达能力等各方面的素质也会得到培养和提高。

3. 拓展学生知识,增强对科学问题的理解能力

本活动在让学生走进项目设计的同时,通过一系列寓教于乐的活动,使他们了解和认识多方面的知识,如建筑的榫卯结构、结构的强度稳定性、3D构图设计等,知识的广度和深度远远超出学生在书本和课堂上所学的知识。同时,因为亲身经历活动,知识是在学生进行探索和研究的过程中内化形成的,其效果又是教师灌输教育所不能达到的。

案例评析

生活中我们身边有很多不完美的设计,而我们可以运用智慧的大脑、灵巧的双手来将问题通过创新设计活动进行解决。本方案以走进项目设计活动、确定项目设计课题、制订项目设计方案、制作原型和模型、评价和优化设计五个部分作为主要学习内容,将学生体验科技类创新设计的完整过程作为学习重点,以项目设计活动作为任务驱动,引导学生在设计实践活动中自主学习探究技术设计的原则、过程、方法,提高学生的技术探究能力、动手实践能力以及团结协作精神。课程以项目活动报告手册的形式呈现活动过程与成果。

专家点评

以"项目学习"的推进作为学校的品牌建设值得大家关注。在本案例中,学校以项目活动为抓手,让学生经历项目的选项、确认、设计、实施、评价的过程,在活动的过程与成果中获得成功的喜悦,极大地培养了学生发现问题、技术设计、动手实践等能力,从而提高了学生的学习素养。

扫码查看视频案例介绍

节水节能环保鱼缸

山东省淄博市临淄区遄台中学　窦永恒

 案例背景

　　我们国家现在倡导构建节约型社会,为了响应国家的号召,学生应从小养成节水节能、保护水资源的意识与习惯。为使广大青少年踊跃参与,根据学生的实际年龄和实际操作能力,我们通过设计制作一种新式鱼缸,达到节约用水、节约能源的目的,增强青少年的生态文明意识和环保实践能力,引导广大青少年积极行动,自觉遵守并践行生态环境行为规范,培育学生的节能环保意识,从而带动家庭辐射社会,“小手拉大手,共筑碧水蓝天”。节水节能环保鱼缸在换水时尽量不打扰鱼儿的正常生活,水中污物自动沉淀,不需要外部动力就可以及时、自动地排出,保持水的清洁,排出的废水可以直接有效再利用,从而实现营养物质在种花、养鱼过程中的循环利用。通过调查,了解到已经有人着手制作“生态鱼缸”,据说采用生物技术,一年内不用换水,使用过程中需要每天 24 小时用电,但目前尚未投入市场。

 案例介绍

一、创意初衷

　　这种新式鱼缸是一款节水节能环保鱼缸,主要包括鱼缸侧壁和与侧壁连接的底部,底部部分为锥形体结构。鱼缸底部锥形体的凹位处安装有排水口,鱼缸底部锥形体与鱼缸侧壁底层安放有网状隔板,鱼缸底部外侧还设计安装有用于支撑鱼缸的支撑架。本鱼缸的底部做成锥形体,能够使水中散落的鱼食、鱼粪等污物在水流和重力的作用下自动向锥体的锥尖聚集沉淀,不需要外部动力就可以及时、自动地排出,保持水的清洁。该实用新型鱼缸不但可以减少换水的频率,减少污水的排放次数,节约用水、节约能源,还可避免鱼缸体内滋生有害物质和有害气体。排出的废水可以直接有效再利用,如浇花等,实现营养物质在种花、养鱼过程中的循环利用(花的叶子用来养鱼,鱼的代谢排出物用来养花),从而使得该鱼缸更加环保。

二、方案设计

　　底部设计成倒棱锥形,水中污物会自动下沉并沿斜面滑到缸底凹槽内,在液面的上端加盖滤网,防止较大的污物沉入水底,防止鱼儿潜入水底堵塞排水口,凹槽底部安装塑料管,平时把塑料管末端挂在鱼缸壁上部,排污时利用重力作用直接排放,效果很好。节水节能环保鱼缸设计用的主要材料是玻璃(也可用透明亚克力板代替),还要用塑料管、铝合金、隔离网、水龙头(排水口)等。鱼缸参考尺寸为 0.8m×0.4m×0.5m,鱼缸外观设计美观大方,尺寸可大可小,与常见的普通鱼缸没有太大区别。节水节能环保鱼缸将在常温常压下使用,使用起来非常安全,节水、节能、环保,除去磕碰等因素,其使用期在 10 年以上(塑料管等容易老化的部件可以定期更换)。

（1）节水节能环保鱼缸底部设计成倒棱锥形(倒棱锥体,三棱锥、四棱锥都可)。

（2）与别人的方法比较起来,节水节能环保鱼缸底部形状发生了变化,并且安装了隔离网,不需要外力可以自动收集并排出水中的污物,环保、节水、节能。

（3）节水节能环保鱼缸制作工艺简单,材料很普通,只需要玻璃加工、黏接、折弯技术即可制成真正的产品。

（4）节水节能环保鱼缸使用起来比较方便,很受欢迎。

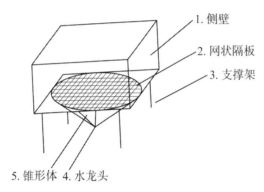

1. 侧壁
2. 网状隔板
3. 支撑架
5. 锥形体 4. 水龙头

图 1　方案设计图

三、活动策略与实施过程

学生分组并小组合作,案例联系实际生动有趣。每组选择一个比较可行的设计方案,制作一个鱼缸进行测试,通过测试验证设计方案是不是有效。然后不断修改、完善,甚至还可以重新设计一个新方案。让学生记录下不同方案进行测试的方法、结果,以及根据测试的结果如何改进自己的设计方案或者重新设计更优方案,提高学生的独立思考及动手能力。

鱼缸作为养鱼的主要设施,随处可见。有的鱼缸缺乏简单、方便的换水装置,在每次换水、清理鱼缸底部的时候,需要将鱼捞出放入另一个容器内后再进行换水,换水过程中要浪费大量的水,并且工作量大,操作不便,对于年老体弱者,则更为困难;还有的鱼缸配置电动清洗过滤装置,可以清理鱼缸底部鱼粪和残存的鱼食,但是浪费电能,并且长时间使用容易损坏,使用成本高。该设计方案目的在于提供一种节能节水鱼缸,换水方便,清理容易,易于保持水的清洁,无易损件,使用性能好,使用成本低。鱼缸缸体底部呈倾斜状,一端高,一端低,倾斜缸底的上方设有隔离滤网,倾斜缸底低端的缸体侧壁上设置排水口。隔离滤网的设置,使缸体内腔分隔成为上下两个空间,活鱼放养在上层空间,鱼粪透过隔离滤网掉落在倾斜的缸体底部。其中的隔离滤网可以采用致密的不锈钢滤网。隔离滤网的网孔大小根据需要设置,以保证鱼粪可以通过网孔,而鱼食不可以通过。缸体底部可以为平底,最好将缸体底部横截面设计为弧形,方便鱼粪等垃圾集中排出。鱼粪呈条状,可以通过隔离滤网到达缸体底部,而投放的鱼食会搁置在隔离滤网上,鱼在隔离滤网上方的上层空间内游动,避免搅动缸体底部的鱼粪,保持水的清洁。当鱼粪累计较多,或者需要换水时,可以将排水口打开,缸体内的水连同鱼粪一起排出,同时可方便地放入清水,防止在捞鱼换水时发生意外。由于换水时只需冲掉底部的鱼粪即可,不需要把全部水换掉,大大节约了水资源,也不必使用电动过滤装置,节约电能。缸体的倾斜缸底有助于换水时水流冲刷鱼缸底部的鱼粪。排出的含有鱼粪的水,可以再利用,作为肥料,可以浇花等。

本次科创实践活动充分发挥学生的动手能力,增强青少年的节能、环保意识,运用跨学科知识创新性地解决问题,培养中小学生的原始创新能力,激发社会公众关注环保、参与环保、支持环保的热情,倡导全社会尊重自然、顺应自然、保护自然的现代生态理念,鼓励他们积极参与到国家生态文明建设行动中来,共同建设天蓝地绿、山青水净的美丽家园。

四、评价与说明

该科创案例融合了生物、物理、数学、劳动技术学科的应用,如养鱼过程中的生态循环利用,动手制作材料选用合适的劳技工具,计算出鱼缸的体积、底部耐受的压力(水的深度决定了底部棱锥体承受的压力)。

节水节能环保鱼缸设计的关键是要发挥学生的想象力和创意,想一想实现自己设计目标的所有可能的办法或方案,用草图及必要的文字说明这些办法或方案,最终达到节约用水、节约能源的目的。换水时尽量不打扰鱼儿的正常生活,水中污物自动沉淀,不需要外部动力就可以及时、自动地排出,保持水的清洁,排出的废水可以直接有效再利用。

本方案的创新之处在于与别人的方法比较起来,节水节能环保鱼缸底部的形状发生了变化,并且安装了过滤网,不需要外动力就可以自动收集并排出水中的污物,环保、节水、节能;另外,制作工艺简单,材料普通,只需要玻璃(或亚克力板)加工、黏接密封、拼接技术即可制作出实用的产品。学生可使用自己动手制作的新型鱼缸亲自体验养鱼的过程,激发了学生积极参与的兴趣,培养了学生乐于创新的精神。

 案例评析

实践活动使学生在生活中发现问题、解决问题,是一个使学科融合、技术应用的科技创新实践案例。

1. 问题驱动。通过广泛开展节能环保教育和科普活动,充分发挥学生动手能力,开展系列实践活动,增强社会公众的节能环保意识,运用跨学科知识创新性地解决问题,培养中小学生的原始创新思维能力。

2. 责任担当。关注环境,基于用户真实需求,加大节能环保绿色低碳领域课程、教材等教学资源建设力度,培养服务意识和服务能力。

3. 匠心入微。通过模型建构、实验探究,创意物化,细节见美。

4. 以生为本。巧设学习架构,养成严谨和实事求是的科学态度,掌握规范的科学研究方法,引导全社会关注节能环保、绿色低碳的生活方式。

专家点评

　　本案例以"生态鱼缸"为载体,让学生经历了一次养殖活动的体验过程。这样的体验不仅仅是养小金鱼,更为重要的是在养殖的过程中对鱼缸生态的关注,引导学生不断地改造、改建鱼缸,从而以系统的观念审视鱼缸的环保建设。学生的综合素养也在此过程中不断地得到培养。

扫码查看视频案例介绍

Genius Car 智慧识途课程案例设计

南京师范大学附属苏州石湖中学　潘钰婷

 案例背景

　　步入大数据、人工智能等科技快速发展的新时代，社会各界对人才培养提出了新需求，同样也对义务教育阶段学生培养计划提出了新要求。为培养学生理性思维、勇于探究、乐学善学、勤于反思、信息意识、自我管理、责任担当、问题解决、技术运用等素养，我们针对 7—8 年级以人工智能车辆为载体开发了 Genius Car 智慧识途课程。这门课程主要是通过搭建人工智能车辆（如图 1 所示）锻炼学生的动手动脑能力，以及通过编写识途程序锻炼学生的问题解决和思辨能力，激发学生对信息技术的兴趣，提升自我的荣誉感和成就感。

图 1　人工智能车辆

 案例介绍

一、方案设计

　　本课程以掌握 AI 车辆的制作及使用为目标，学习从认识 micro：bit 主板到使用超声波传感器、灰度传感器等拓展模块，再到利用视觉传感器探究人脸识别、颜色识别、标签识别等人工智能技术，由浅入深地引导学生探究并理解人工智能技术的基本原理。本课程由人工智能车辆的搭建和智慧识途编程两个部分组成。通过人工智能车辆的搭建让学生熟悉主控板及电机等硬件设备，通过智慧识途编程让学生了解并运用传感器、巡线操作及视觉模块的工作原理。

二、学科融合

本课程除了运用到信息技术,还涉及数学、物理、生物等多个学科的融合。数学上,学生通过图形化编程软件,学习逻辑判断、定义函数、函数调用、自动驾驶算法、一元二次方程式。物理上,指导学生操作 AI 车的制作、搭建、设计,调试车辆的稳定性及性能。生物上,通过大自然生物的功能,引导学生学习超声波传感器、灰度传感器等传感器,便于学生理解和使用。

三、教学过程

Genius Car 智慧识途课程共分为三部分:第一部分为体验部分,学生在课程中体验 Genius Car 的魅力,提高学生学习兴趣;第二部分为自动循迹车项目,从 micro:bit 的介绍与学习逐步深入,引导学生完成麦轮车的自动循迹功能,了解自动循迹车的工作原理;第三部分加入了智能视觉模块,引导学生探究和了解人脸识别、颜色识别、标签识别等人工智能技术。课程将每节课的主题与任务项目单相结合,提升学生的自主探究能力。

第一部分包含 5 节课内容。第 1 节课以 Hello Genius Car 为主题,引导学生了解 Genius Car Lite 小车是一个拥有视觉系统以及全向移动功能的机器人小车,有很多的有趣技能。本节课中,学生完成小车拼装,并学会下载程序体验其功能。第 2 节课以 Hello micro:bit 为主题,引导学生认识 micro:bit 主控板,了解其主体结构,学习 MakeCode 的使用,通过图形化软件编辑程序点亮点阵屏,显示不同图案、表情。第 3 节课以超声避障为主题,引导学生了解 Genius Car 启动过程,从而认识电机及电机驱动扩展板,并通过超声波传感器使小车在行驶过程中实现避障的功能。第 4 节课以神奇麦轮为主题,引导学生了解麦克纳姆轮基本原理,分析麦克纳姆轮运动规律,通过编程实现麦轮车前后左右的移动。第 5 节课以无线通信为主题,引导学生了解在仓储环节中,无线控制可以方便仓储管理员远程操控运输机械的动作,节省时间。

第二部分包含 3 节课内容。第 6 节课以循迹前行为主题,引导学生学习单灰度循迹原理及应用,利用一个灰度传感器让小车可以在无人控制的情况下循迹行走。第 7 节课以路径探索为主题,引导学生学习多灰度巡线原理及应用,掌握传感器的综合应用。第 8 节课以活动课"健康送餐"为主题,新冠疫情现在虽逐渐消退,已经恢复开学的学生依然需要保持距离减少接触。引导学生对午餐的餐食配送工作,探索实现无接触模式,综合运用所学传感器实现任务要求。

第三部分包含 7 节课内容。第 9 节课以安全守护为主题,引导学生学习视觉模块使用、视觉模块编程,了解人脸识别原理。第 10 节课以小球追逐为主题,引导学生利用颜色识别使其具有物体追踪功能。第 11 节课以辨码识途为主题,引导学生了解二维码识别原理,运用它来给 Genius Car 下达指令。第 12 节课以分类清运为主题,引导学生利用灰度传感器实现两种垃圾分类与清运。第 13 节课以视觉巡线为主题,引导学生在智能物流车移动过程中运用传感器识别判断路况,其中视觉识别既用于道路判断,还用于道路标签识别,学习视觉巡线原理并结合颜色识别完成视觉巡线。第 14 节课以路线追踪为主题,引导学生使用视觉模块为 Genius Car 提供视觉服务,优化巡线算法,实现更智能的自动行驶。第 15 节课以活动课"智能仓储"为主题,引导学生综合此前所学习的知识改造小车,使其实现仓储机器人的功能;结合标签识别和巡线程序,使其抵达路口后,根据标签提供的指令转弯或直行。

教学环节符合学生思维发展的特点,具有阶梯性和连贯性,使学生沉浸在探索的乐趣中,无法自拔。

四、评价要点

课程以社团的形式开展,采用以学生为核心、以问题为导向的 PBL 教学方式,每个项目均以学生生活中的真实问题为场景,有利于激发学生的认同感,帮助学生塑造发现问题、分析问题、解决问题的科学思维习惯,养成服务社会、帮助他人的道德观。因此本课程以团队协作能力、技术操作能力和解决问题能力等为指标对学生进行评价,具体的评价标准略去不述。

 案例评析

对本案例的收获与体会是,Genius Car 智慧识途课程中的创新点在于使用的人工智能车辆、集成化的 micro:bit 主板,并搭载了声音传感器、超声波传感器、灰度传感器、视觉传感器等丰富的拓展模块,对于学生来说,可玩性、拓展性强。此外编程工具采用图形化编程软件,极大地降低了学生的学习门槛。

 专家点评

本案例是一个智能科创探索实验教学案例,是基于 Genius Car 程序软件并结合相应的硬件材料而实施的课程方案,案例背景设置具有社会责任培育的意识。教学过程设计和实施对学科融合有多元解释,对评价和所需工具有反映,也顾及了评价指标结构和基准表述;对创新特征有分析,但以功能进行分类归纳梳理的部分尚可增强。

"春节防疫"PBL 项目式学习科创教育实践

江苏省苏州市吴中区碧波中学　张　菁

 案例背景

新冠疫情进入常态化防控时期,科学防控逐步渗透到我们生活的各个部分。这不由得引发我们思考:当下,从学校科技创新的教育教学视角上而言,学生是不是具备洞察社会问题、提出问题、探究问题、解决问题的能力? 是不是具备社会责任的认知、情感、行为? 由此,我们利用防疫的信息资源,借助科创相关学科的学习资源支撑,开发并实践了主题为"春节防疫"的项目式学习课程,旨在培养学生勇于思考、善于探究、理性思维、活用技术、富有社会责任等核心素养。

"春节防疫"主题课程以设想春节期间疫情大规模传播为背景,以学生为主体,通过学习模块化 AI 技术、智能系统搭建项目解决防疫问题。以模块化 AI 技术和智能系统,极大降低学习门槛和时间成本;以图形化编程工具软件,提升学生调试项目的能力;以问题导向的 PBL 项目式教学方式,以问题为场景,从疫情传播风险研究到口罩识别、人数识别、测温技术、年龄识别、情绪识别、物联网技术,再到机器人自动驾驶系统、智能运动系统等人工智能技术,将 AI 技术与问题解决方案相融合,开发项目并优化测试,培养学生的表达能力、应变能力,让学生更好地解决问题,探究问题或项目,激发学生的社会责任感、认同感,让他们体验解决问题的科学思维,培育正确的世界观、人生观、价值观,实现在数字化虚拟世界与现实世界中健康成长。

 案例介绍

一、课程目标

依据 2022 年新颁发的义务教育课程标准,主要围绕核心素养,通过课程学习逐步形成正确的价值观、必备的品格和关键学习能力。"春节防疫"课程项目式学习教学目标具体如下。

（一）信息意识

学生能够认识并观察当今社会发展和学习生活中的问题,能根据所需分析信息与数据,合理评估分析数据,学会自主动脑、动手解决问题,培育科学探究精神与自主原创精神。

（二）计算思维

学生在项目式学习中通过小组合作,在建构知识的同时,学会与他人合作。在项目方案构思中,能够对问题进行抽象、分解、建模、制定等,分步执行问题解决方案,通过分析、反思、优化及迁移来提高逻辑思维能力与创新能力。

（三）数字化学习与创新

学生能够合理运用信息科技获取、加工、管理和评价学习资源,依托信息平台、软硬件设备、小组协作等活动,更好地解决问题,提升项目方案的创新性、实用性及可持续发展性。

（四）社会责任

学生通过良好的小组协作,互帮互助开展课程项目式活动,认识到信息资源的传输与共享、知识的隐私与产权,能够遵循信息科技活动中的道德责任与行为准则,树立知识产权与自立自强的社会责任意识。

二、教学策略

基于项目式创新教学方法(PBL),以学习者为中心,以真实性问题或项目驱动,通过学习者自主学习或小组合作,引导学生经历原理运用过程、计算思维过程和数字化工具应用过程,构建知识体系,整合跨学科知识,引入多元化资源,支持学生的学习参与度,以及在数字化学习环境下的自我规划、自我管理和自我评价,鼓励学生在"做中学""用中学""创中学",最终发展学生的学习主体性、自我导向学习能力,并促进学生信息素养的发展。

三、教学过程

本主题课程教学活动分为六个阶段,具体如图 1 所示。

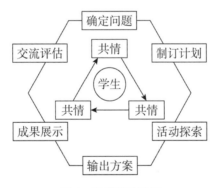

图 1 教学活动阶段

（一）确定问题

教师通过社会时事"新冠疫情",借学生已有认知情况,与学生达到共情,让学生去观察、思考、感悟,尝试对多学科知识内容进行整合,开启小组式"头脑风暴",初步形成富有挑战性、趣味性、科学性的研究问题或项目。然后通过师生交流,剖析问题或项目的可行性、合理性、实施性,教师在倾听、观察、交流中了解学生学习需求,指导学生确定合理的研究问题或项目。

（二）制订计划

学生小组确立研究问题或项目后,设计初始方案。教师引导学生梳理想法,厘清问题,引导学生进行思维碰撞，激发创意，提升学生的创新力，不断改进方案、优化研究，帮助学生制订详尽的实施计划（见表1），提升学生的统筹规划等能力。

表1 各小组的立项主题

1组	快递物流智能安全代存系统
2组	公交车体温检测智能系统
3组	智能消杀系统
4组	AI智能防疫消杀系统
5组	防疫智能检测系统
6组	电玩城投篮机消杀系统
7组	电影院座椅智能消杀系统
8组	电影院检票口智能机器人系统
9组	公交车防疫消杀喷雾
10组	电影院综合防疫系统
11组	校舍防疫体温检测响报隔离消毒器
12组	地铁站安检服务机器人

（三）活动探究

学生小组按照计划方案，分别开展资料收集、数据整理等活动，具体有走出去的探究和问卷调查，以及统计信息与数据收集，引导学生对方案不断地优化调整，逐步迭代达到最优状态，从而形成在活动中探究和在探究中活动的状态。

（四）输出方案（或作品）

通过系列迭代，学生小组完成了方案设计与工程设计图。教师引导学生小组与小组之间相互交流，发挥小组间的协同作用，针对设计项目草图，运用器材搭建项目，编写程序代码，对初定的软硬件设备进行检验与验证，分析探究项目中的知识理论与实践，输出基本成熟的方案或作品。

（五）成果展示

学生输出项目后按组进行项目展示，分享整个项目制作过程的收获与感悟，包括科学知识、技术与工程、解决问题能力，以及对于主题的启发，注意从知识维度、技能维度、情感态度价值观三个维度来与学生进行交流（见图2）。

图2 小组展示成果

（六）交流评估

评价以过程性评价与终结性评价相结合，注重评价育人，强化素养立意，重视学生在项目式学习过程中的表现，通过教师点评、学生自评和他评，了解学生在学习过程中的表现，通过即时反馈帮助学生有效调控自己的学习过程，从而使学生取得更好的学习成果，获得成就感，增强自信心与自主学习能力。教师设计了"春节防疫"主题项目展示活动评价表（表略），引导具体操作。

 案例评析

在"春节防疫"主题课程项目式学习过程中，教师以独特的方式打开了学生的思想枷锁，充分释放学生的强想象、强思维，培养能思考、能探究、有创造、有自信、有责任感的中学生。对12个小组的主题项目进行综合评价后，将其中的"快递物流智能安全代存系统"进一步优化升级，参加2021年全球发明大会中国赛区（主题"善创未来"）评选，荣获中国赛区一等奖。

随着2022年教育部关于义务教育阶段新课程标准的颁布，教育要聚焦学生发展的核心素养，坚持目标导向，增强课程的思想性；坚持问题导向，增强课程的指导性与可操作性；坚持创新导向，以学习者为主体，增强课程的适宜性与时代性。本案例的实践为落实新课标提供了借鉴。

教育教学的理论与实践都会随着社会的不断变化而改变，但教育本身的发展目的一直是为了学习者能够获得更多更好的发展。科创教育需要关注每一位学习者的学习发展，关注每一位学习者实际能力的获得，注重每一位学习者思维创新能力的提升。

 专家点评

本案例选择的主题基于时势现实，注意运用现代技术，采取项目化学习方式，使科创教育的课程形态具有时代性和社会性；活动过程由六个环节组成，使项目化学习的流程要素显性化，变得可操作；参与学生以小组为单位，注重与主题内涵的相关性，开展分工合作以及小组之间交流共享等活动，体现了对学生综合素养培育的引导方向。

扫码查看视频案例介绍

"悟空"与我同行

——基于 STEM 的人工智能课程案例

江苏省苏州市吴中区溪秀实验小学　周　雅

 案例背景

近年来，由于科学技术的迅速发展，人们已经进入了高度发达的智慧时代，复合型的创新型人才紧缺成了多国面临的问题，而 STEM 教育跨学科整合，能够有效培养学习者的创新意识、实践能力以及多学科整合的综合素质，它的教育价值正被社会广泛认可，更是与信息技术课程的培养目标不谋而合。在互联网时代下，加强中小学信息技术学科教育，以编程的方式提升学生逻辑思维能力，实践与教学相融合，是我校坚决贯彻落实的教育目标，同时也是当前环境下提升学生综合素质的必备条件。

本校课程在小学信息技术课程标准的指导下，将培养目标与 STEM 教育理念结合，将科学、技术、工程、艺术、数学等多学科知识有机地融为一体。我校在课程中适用 STEM 教学的内容主要表现出跨学科的综合性，整合各知识和学科之间的联系，培养学习者以整体、联系的思维在真实情景中解决问题。其选择的内容可以让学习者动手操作、亲身参与，学习者以学习小组的形式开展学习活动，根据具体的情境来收集并思考问题，组织并分析数据，实现生生之间、师生之间的沟通协调和协同学习。另外，以国内先进的人形机器人"悟空"为载体，结合图形化编程和开源硬件调用人形机器人的视觉、语音等功能模块对人形机器人进行编程设计，在编程中体验 AI 的魅力，激发学习者对计算机知识的学习兴趣，培养学习者的信息素养。

 案例介绍

一、科创活动的内容设计

我校的教学对象是小学低年级段的学生，他们对新知识有较强的接收能力，同时又对新鲜事物充满好奇。如果教师从生活中提取出既能触动学生内心情感又有实际应用价值的案例，调动起学生探究的欲望，学生会更易接受与理解较为陌生的图形化编程及机器人搭建的相关知识。

（一）贴近现实生活，创设真实情境

STEM 课程在目前来说并没有统一的课程标准，但是一般会采用问题解决式或项目式的学习方式，用生活中的真实情境或问题来激发学习者的学习兴趣。突出一个"真"字的问题解决是 STEM 教育的特征之一。因此，在具体教学中，教师应结合教学内容联系学习者的生活和学习经验以及他们头脑中已有的知识，并在此基础上拓展相关学科知识，进行课程设计，引导学习者主动运用多学科知识去探索新知识，让学习者有自由发挥和发展的空间，并在实践中锻炼学习者发现问题、分析问题和解决问题的能力。

（二）注重问题解决，开展项目学习

STEM 教育注重以问题解决为导向，在问题解决的过程中整合多学科的知识和技能。因此在组织教学活动时，教师应当注重问题的设计，争取将核心的、有价值的多学科知识进行合理整合来解决问题，而避免出现机械拼凑不同学科知识的弊端。此外，教师可以使用项目教学法合理教学，通过项目式学习实现对学习者解决问题能力的培养。由于 STEM 教育主要是针对问题情境下的教学，为了促进学生对问题的理解，可以将问题转化为可以让学习者实际操作的项目。

（三）以学习者为中心，在探究中培养工程思维

STEM 教育强调立足学习者的实际生活去创设问题情境，以真实的解决问题的过程展开教学，同时强调以问题解决为导向。在课堂上，教师指导学生通过问题引导、自由探索、小组协作学习，合理整合多学科知识来解决遇到的问题，制订解决方案、自主设计产品。

二、教学策略与实施步骤

在课程设计时我校基于 STEM 理念的人工智能课程与"5E"教学模式融合，力求探索出实用的教学流程，基于此，设计了如图 1 所示的人工智能课程的 STEM 教学流程。在教学时，从生活化的情境引入，要求学习者整合多学科知识，在具体的教学情境中解决实际问题。在不同的学习活动中，教学设计者仍然需要根据不同的项目主题来设计自己的问题情境并稍作修整。

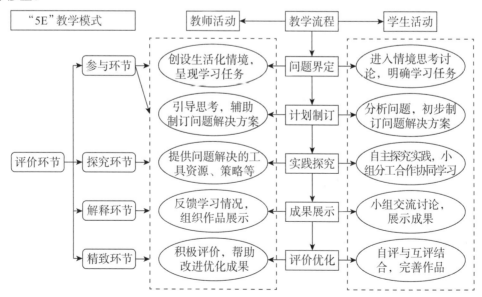

图 1 人工智能课程 STEM 教学流程设计

"5E"教学模式,主要有参与环节、探究环节、解释环节、精致环节和评价环节,其中评价环节贯穿整个教学过程。基于此,设计出了问题界定、计划制订、实践探究、成果展示和评价优化五个教学流程。其中,参与环节包括问题界定和计划制订这两个步骤,探究环节对应实践探究,解释环节对应课程中的成果展示,精致环节主要对应评价优化这个教学流程。在整个教学流程中,"5E"教学模式的评价环节始终贯穿其中。重视结果性评价,更重视过程性评价,重视教师评价,也同样重视学生评价。

在课程实施中,我们力求实现多学科融合,提升学生的综合素养。平板与相关编程软件的学习及运用,体现了与信息技术的融合;在编程的学习中,引导学习者了解坐标系、变量等概念,运用比较、加减乘除等,体现了与数学的融合;学会添加切换动画、绘制设计动画等,体现了与美术的融合;机械原理、物理常识等知识的学习,体现了与科学学科的融合;学生的语言表达能力和综合分析能力的培养,则体现了与语文的融合。综上所述,在课程设计时我们始终坚持多学科融合,从多角度提升学生的综合素养。

课程教学以讲授法为主线,并安排一定量的尝试性、探索性活动,引导学生积极主动地完成学习任务,突出学生在教学过程中的主体地位,使学生在具体活动中理解相应的知识要点,掌握基本的技能,并能将其灵活应用到学习和生活中。同时小组活动与个人活动相结合,在保证提升个人技能的前提下提高课堂效率,同时也增强学生的协作意识。课堂讨论中,展示的不仅是学生的作品,更是学生思考问题的方式,通过讨论和必要的演示,指导学生理解学习内容,完成学习任务。

三、学习评价与教学创新

对于学习者的学习,我校始终坚持终结性评价与过程性评价相结合,不仅关注学习者的学习结果,更关心他们的学习过程,关注他们学习能力的提升。首先,学习者回答过程性问题。例如:你在学习中遇到什么问题? 你的解决方法是什么? 你们小组的解决方法是什么? 接着,学习者填写自评表,并统一上交至教师处。然后,教师根据自评表的填写结果进行分析,统一进行知识点回顾,引导学习者回顾课堂所学知识。最后,进行拓展思考。拓展思考根据课程的学习主题设计开放性问题引导学习者讨论思考,促进知识的内化与升华。在课程开始之前,教师根据学习者的特征进行有针对性的教学分析,并根据评价合理设计教学任务和辅助学习资源。课程进行时,教师组织学习者相互学习、共同交流讨论,贯穿形成性评价和阶段性的总结性评价,并组织学习者进行自评和他评。课后阶段,教师组织进行总结性评价。教师进行课堂的总结反思以改进以后的教学活动,学习者根据教学评价进行知识的巩固提升并适当练习。

从创新的角度来说,我校的具体创新点为"两化一护航",具体表现在:以开源机器人+开源主控板为载体硬件的功能多样化,可使用平板或电脑进行编程操作软件载体多元化,以及配套学生手册、教师手册为师生学习保驾护航。让学生从内到外地感受编程的魅力所在,全面提升学生的逻辑思维以及动手能力。这在当下的教学环境中是必不可少的,也是学生提高综合素质的重要途径。

案例评析

本案例让学生在具体的生活化情境中发现、解决问题,是一个很好的跨学科知识融合应用的实践案例。

1. 以学生为主体,跨学科知识融合培养综合实践能力与高阶思维模式。

2. 设施完善,软硬件功能多元化配套学习手册为学习者的学习保驾护航。

3. 多学科融合,STEM 教学理念与"5E"教学模式融合探究人工智能课堂的多种模式。

4. 育人更育德,图形化编程培养严谨和实事求是的科学态度,迎接信息时代和知识社会的挑战。

 专家点评

"悟空"是一种 AI 套材,学校借力互联网企业生产的一些套材进行活动的个性化开发,引导学生基于现实需求,在问题分析的基础上,结合套材,通过图形化编程及人形机器人动作的调试,让学生体验 AI 的魅力,激发学生对计算机学习的兴趣,培养学生的信息素养。

扫码查看视频案例介绍

家庭菜园，智能改进
——项目式学习实践设计

江苏省无锡市太湖格致中学　李　强

 案例背景

近年来，我国农业生产力大幅度提高，但同时也存在土地资源匮乏、农业产量低、农业生态环境遭到破坏等问题。如何通过人工智能技术稳步提升农业发展水平，成为一个重要命题。人工智能在农耕上的应用可谓是全方位覆盖，不仅能够帮助提高效率，推动传统农业的发展，也能实现绿色农业。

现在有许多家庭开始在家里种植蔬菜，家庭菜园既是一种种植体验，也是技术种植的尝试。可是在家庭中进行蔬菜的种植，需要经历播种、出苗、幼苗、发棵、成熟等多个阶段，且在每个阶段都需要投入精力去看护，对多数人来说不太现实。为了减轻人们的压力，可以借助"智能化家庭种植"实现科学有效又省力的培育。在本活动中，我们通过智能化家庭种植系统模拟完整的生菜培育过程，通过装置上的传感器模拟监测生菜生长环境中的光照强度、空气湿度、土壤湿度和环境 pH 值等，再根据对应的数值进行补光、通风、添加营养液等，为生菜营造一个良好的生长环境。

 案例介绍

一、项目活动的内容设计

通过调查引导学生对家庭种植有一个整体的思考，在观察、调查、研究中了解一些人工智能技术，感受人工智能技术对现代农业种植的影响。然后基于家庭种植可能出现的问题，提出以 uKit 控制器的人工智能技术与应用的介入，并以合作、探究式学习经历不同层次的种植实践的过程。项目实施流程如图 1 所示。

二、实施步骤

（一）项目选题

活动步骤：

活动 1：通过现代智能化温室种植视频进行引入，创设情境。

活动 2：学生分组进行"头脑风暴"。

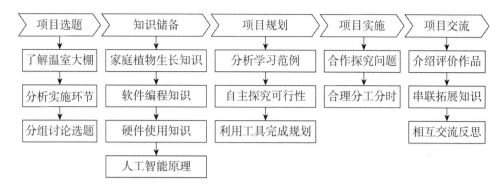

图1　项目实施流程图

（1）在现代温室种植中有哪些智能化环节？

（2）这些环节实施的步骤是什么？

（3）这些环节哪些是可以在家庭种植中被借鉴的？

活动3：学生开展讨论，根据"头脑风暴"中提到的智能化家庭种植环节自行选定项目主题，如智能浇灌、温湿度控制、智能采摘等。

设计意图：学生以小组为单位，对情境中的环节进行"头脑风暴"，讨论后自选主题。

（二）知识储备

活动步骤：

活动1：

（1）观看家庭种植生菜微课，了解家庭种植中影响生菜生长的因素。

（2）观看条件语句、函数、变量等编程知识微课，了解相关编程知识及运用方法。

（3）观看舵机、传感器等硬件知识微课，了解相关硬件使用方法。

（4）观看视觉识别、语音识别等人工智能知识相关微课，了解相关原理及用途。

活动2：全部微课播放完毕后组织学生讨论。

（1）在家庭种植中可能会有哪些影响植物生长的问题？

（2）在搭建智能家庭种植场景模型的过程中计划用到哪些硬件？

（3）是否使用视觉或语音识别技术？若使用，用途是什么？

组织学生将知识原理及讨论结果在《项目选题与规划表》中记录下来。

设计意图：引导学生完成相关知识储备，为后续的项目实践做好准备。

（三）项目规划

活动步骤：

活动1：教师讲解范例"智慧菜园"（如图2所示）并演示运行效果，学生了解并学习范例。

（1）"智慧菜园"设计构思和功能。

（2）"智慧菜园"场景模型搭建思路。

（3）"智慧菜园"功能流程图。

（4）"智慧菜园"编程实现步骤。

（5）"智慧菜园"二轮迭代及优化。

参考范例完成自选课题项目学习的相关内容,在此过程中,小组讨论自选主题能否使用现有器材和软件中提供的程序块实现搭建和编程。若有困难,可在教师指导下修改选题。

图 2　智慧菜园

活动2:各小组确定选题后,使用流程图、思维导图等工具进行项目分析,明确项目所要实现的功能,根据教师规定的课时量划分项目各功能完成需要的时间,并进行工作的分配,小组长明确个人职责。将上述内容记录在《项目选题与规划表》中。

设计意图:范例学习为学生提供项目设计规范,学生合作讨论完成项目规划,通过工作的分配激发学生的自主学习意识。

（四）项目实施

活动步骤:活动包含"自主探究"和"作品制作"两个环节,按照项目规划两个环节穿插进行。

活动1:学生深入学习前置知识,理解范例项目"智慧菜园",通过网上检索资料、学生交流、教师解惑等方式,自主探究智能化家庭菜园场景搭建和编程实践中遇到的问题,初步想定项目模型雏形。

活动2:学生进行模型搭建,使用图形化编程软件 uCode 完成编程实践,在逐步迭代的过程中完善作品直至完成项目成品模型,并记录迭代手册和待优化之处。

设计意图:根据项目规划,学生通过多种方式完成项目探究,提高独立解决问题的能力,在协作中互相磨合,在处理问题的过程中开展主动学习和过程反思。

（五）项目交流

活动步骤:

活动1:组织各小组进行成果展示,分别介绍项目成果、过程中遇到的问题、解决方案、待优化之处和知识点总结。

活动2:各小组进行自评和互评。教师对学生开展过程性及结果性评价,并评价各小组项目完成情况，完成知识点归纳和总结。

设计意图：在成品展示的过程中，提升学生的沟通交流能力和现场表达能力，帮助学生捋清项目完成思路，进行知识点串联和归纳，满足学生的学习成就感。

三、学习评价与其他说明

（一）学生评价

本课程案例的教学评价分为过程性评价和总结性评价。教师在项目实施的过程中针对各组阶段性成果进行过程性评价，指导学生解决问题和修正项目规划，把控作品制作时间；项目结束后，进行项目结题交流、展示，参考项目学习评价表（见表1）完成总结性评价。

表1 项目学习评价

等级 维度	优秀（A）	不错（B）	还需努力（C）	自我评价	教师评价
知识掌握	能把知识应用在实践中。	充分理解课堂知识。	对课堂知识有印象。		
编程能力	能根据需要的功能编写对应的程序。	能按照给定步骤完成编程。	很难自己完成编程任务。		
科学探究	能独立发现问题，制订计划并使用科学方法进行探究。	能在引导下发现问题，使用科学方法进行探究。	不思考，不爱学习，不善于发现问题。		
作品呈现	呈现优秀的作品。	基本完成作品。	不能完成作品。		
合作交流	能主动发言并主动引导小组分工合作。	能积极参与讨论并配合完成任务。	无心参与活动并很少进行讨论交流。		
情感态度	对人工智能和编程充满好奇心和求知欲。	对人工智能和编程有一定兴趣。	对人工智能和编程不感兴趣。		
教师评语					

（二）工具准备

本课程案例的作品制作工具应准备：装载 uCode 图形化编程软件的笔记本电脑；uKit 2.0 积木套件等。

（三）学科融合

本课程参考小学科学课程标准中地球与宇宙科学领域"了解人类生活离不开动植物的一些实例"；生命科学领域"知道植物的组成部分和植物维持自身生存的相应功能，知道植物的生长需要空气、光照、水"。

 案例评析

1. 关注身体健康，讲究膳食均衡。

2. 在学生完成课堂活动探究的过程中，提高创新创意素养，培养解决问题的能力，体验创作的乐趣。

3. 在人工智能技术的学习/操作过程中，学生初次体验 AI 的魅力，激发学习 AI 的兴趣，树立基本的 AI 素养。

 专家点评

本案例聚焦家庭菜园这一社会热点，引导学生关注家庭菜园蔬菜种植与生长过程中可能出现的一些问题，借多种传感器引入"智慧菜园"改建的项目学习过程，从而既获得了植物生长的认知，又经历了"菜园智造"的经验与教训，尤其凸显了学生信息技术素养在具体项目实践过程中的培育。

灵动的 AI，跃动的心
——智能心率动态监测仪模型制作实践活动

江苏省无锡市华庄中心小学　吴松松　惠如芳

 案例背景

2017 年 7 月，国务院颁布了《新一代人工智能发展规划》。人工智能成为教育的主题词，如何将人工智能带入学校成为热门话题。2019 年 5 月 16 日，国际人工智能与教育大会在北京召开。"人工智能是引领新一轮科技革命和产业变革的重要驱动力，正深刻改变着人们的生产、生活、学习方式，推动人类社会迎来人机协同、跨界融合、共创分享的智能时代。把握全球人工智能发展态势，找准突破口和主攻方向，培养大批具有创新能力和合作精神的人工智能高端人才，是教育的重要使命。中国高度重视人工智能对教育的深刻影响，积极推动人工智能和教育深度融合，促进教育变革创新，充分发挥人工智能优势，加快发展伴随每个人一生的教育、平等面向每个人的教育、适合每个人的教育、更加开放灵活的教育。"可以看到，人工智能教育课程进入中小学校园已刻不容缓。

根据最新发布的《义务教育信息科技课程标准（2022 年版）》的课程核心素养目标，培养学生的信息意识、计算思维、数字化学习与创新、信息社会责任等要求，中小学生应该具备和掌握适应当下信息化社会的信息获取、处理和解决问题的能力，形成信息意识，发展计算思维，发扬创新精神，践行信息社会责任。

 案例介绍

一、项目活动的内容设计

我校 2021 年在三年级和四年级开设人工智能课堂教学的基础上，着力开展创客社团活动，将"基础"和"拓展"有机结合，围绕提升学生科技素养，着力培养学生意识创新、思维创新、能力创新的"三创"精神。推动学生在掌握人工智能元器件原理和基础编程的基础上把创意拓展至智慧生活中。

此活动案例围绕健康生活中的心脏保护智能应用来设计。通过前期信息调查了解到，随着社会经济的发展，人们的生活方式越来越多元化，但随着人口老龄化及城镇化进程的加速，中国心血管病危险因素上升趋势明显，心血管疾病发病人群持续扩大。该案例通过让学生了解当前心血管疾病现状，探究如何利用智能技术预防、解决相关问题，认识并了解心率传感器的工作原理，自主探究如何使用 micro:bit 制作检测心率的智能监测设备，并在这一过程中培养学生发现问题、分析问题、解决问题的能力，提升学生信息化科技素养。

案例活动设计思路如下：活动紧密围绕人工智能、图形化编程、机器人等前沿信息技术，结合现实生活中实例与问题开展实践活动，让学生体验人工智能与编程的魅力，培养学生科技创新的兴趣，提升学生适应当今社会的信息化素养。

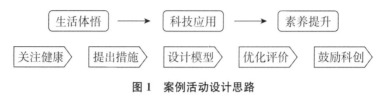

图1 案例活动设计思路

二、教学策略与实施步骤

（一）问题调查，关注心血管疾病人群的健康

1. 学生利用已掌握的信息化手段调查现今人们主要的常见疾病问题。

2. 引导学生认识到只有健康的身体才能更好地学习与生活，才能更好地实现建设祖国的理想目标。根据话题，学生讨论身体各器官的重要性，并列举保护这些器官的必要性，并延伸到家人健康的关怀。

3. 通过讨论得出周边人群心血管疾病的危害性和预防措施的重要性。

（二）制订方案，利用人工智能技术解决问题

1. 健康互动交流。师生交流如何更好地关注日常身体健康，引出 AI 设备并以华为智能穿戴为例，实现监测佩戴者身体的血氧、睡眠、血压、血糖、体温等功能，强调在网络时代向人工智能时代转变的风口之上，学习人工智能技术的重要性和必要性，提出制作一款智能心率监测仪，实现监测人体最重要的器官——心脏的方案。

2. 认识心率传感器。根据设想分组讨论：如何感知人体心率变化？需要用到哪些器材？师生列举讨论各类传感器的作用后，采用心率传感器检测心跳数据。教师介绍心率传感器。

（1）工作原理：传感器采用光学技术，通过检测皮下毛细血管内的血氧量变化来检测对应的人体心率。该技术拥有响应性快、性能稳定、适应性强等特点。

（2）引脚功能描述：1 号高低电平信号输出；2 号电源正极；3 号电源负极。

（3）使用说明：使用时需要测量者将任一手指放于金属指压处进行测量，心率传感器的输出信号是数字信号，即高低电平。

3. 如何把心率传感器的数据读出？本次设计制作智能心率监测仪需用到的主要部件是主控器 micro：bit 微型电脑开发板和软件平台 mind＋。

micro：bit 是一款专为青少年编程教育设计的微型电脑开发板。这款设备让学生拿起来插入电脑就可立即进行编程学习，在线上与线下为教师和学生配套了大量的项目教程资源和案例。

Mind＋，全名 Mindplus，是一款拥有自主知识产权的国产青少年编程软件，集成各种主流主控板及上百种开源硬件，支持人工智能（AI）与物联网（IoT）功能，既可以拖动图形化积木编程，也可以使用 Python/C/C＋＋等高级编程语言。

模型设计意图：心率传感器根据使用者的心跳周期有节奏地输出高低脉冲，输出心率变化信号，通过 Mind＋设计读写代码，实现 micro：bit 在 LED 点阵上显示心率传感器的测量结果。

（三）动手探索创意编程，提升思维创新

学生在了解硬件性能和软件平台后，通过查阅资料、分组讨论、教师引导等环节掌握了如何把心率传感器与 micro：bit 开发板实现接口对接。师生共同设计程序代码，读取心率传感器数据。

程序设计意图：通过累计一定时间的心跳次数测量心率。（1）累计心跳次数：每当引脚 P0 被按下，"心跳次数"加 1；（2）显示实时心率：每隔 15 秒在 micro：bit 的 LED 点阵上显示一次心率测量结果；（3）准备下一个测量周期："心跳次数"重新置 1，为下一个心率测量周期做准备。

（四）创意模型使用注意事项

心率传感器在使用时需注意以下四点事项：（1）手指皮质厚薄程度会影响测量结果；（2）测量过程中手指不宜按压过紧；（3）测量过程中不宜随意移动身体；（4）心率传感器并非专业医疗仪器，不能用作医疗诊断或治疗。

三、评价要点说明和工具包准备

本课的评价分为"技能"和"素养"两方面。从自己在课堂学习活动中遇到的难点到如何解决困难的一个自我评价和提升的过程中，让自身在总结反思中不断提高学习能力，另外与同组的合作伙伴作学习交流，互相挖掘本次学习中的不足之处，促进相互提高，有利于双方的能力素养提升。

课堂活动学生评价手册设计见表 1。

表 1　学生评价手册

技能方面		
1. 在搭建和设计程序的过程中遇到了什么问题？你是如何解决的？		
2. 如果需要改善这个作品，你认为应该注意什么？在什么地方可以做得更好？		
3. 你认为要向哪位同学学习？为什么？		
4. 与同组的合作伙伴作学习交流，并指出他的能力进步方向。		
素养方面		
序号	自评内容	评星
1	我在项目制作中的表现（学习行为）	☆☆☆☆☆
2	我的学习能力	☆☆☆☆☆
3	我的学习成果	☆☆☆☆☆

本课程需要配套的硬件：micro：bit 微型电脑开发板、心率传感器、micro：bit BOSON 拓展板、uKit 积木套件、笔记本电脑。软件平台：Mind ＋。

案例评析

根据《新一代人工智能发展规划》和《义务教育信息科技课程标准（2022 年版）》，案例体现了国家大力发展人工智能背景下小学生在课程中对信息科技与社会生活实践的课程融合和创新维度的构建。

1. 合理运用信息科技获取、加工、管理信息，内化为在生活中发现问题、分析问题、解决问题的手段和资源。

2. 在生活质量不断提升的时代，养成关注身体健康、爱护家人、关爱社会的情感。

3. 提升信息意识，打好编程基础，发扬科创精神，培养创新人格。

专家点评

此案例活动是以 AI 教育套件 micro：bit 为教学载体，以现实实例为项目背景，紧密围绕人工智能应用技术和编程思维，带领学生真实体验人工智能之魅力，知识点层层递进、深入浅出，且采用浅显易懂的图形化编程软件开展的轻松、有趣的人工智能项目。学生的编程思维与创造性解决问题的能力将可以得到提升，促进学生信息化能力素养发展。

物联网下的家居生活
——基于深度学习的信息技术在生活中的应用探究

浙江省杭州市余杭区人工智能教育瓶窑中学基地　华佳钰

 案例背景

随着信息技术的发展,物联网在生活中的应用越来越广泛,为了使学生更好地适应未来社会生活,高中信息技术新课标将物联网、人工智能等纳入学习范围,培养学生关注和使用新技术解决问题的意识与能力。但在实际落地实施过程中,学生"学什么"和教师"如何教"这两个方面依然存在问题。因此,本案例设计主要聚焦以下两个问题。

1. 通过选取贴近学生生活、便于学生理解的"物联网在家居生活中的应用"这一案例,作为学习切入点,让学生认识物联网技术给社会生活带来的便利以及学习物联网工作原理等知识,并在此基础上能够动手使用智能硬件解决自己在实际生活中遇到的问题。

2. 关注认知学习规律,案例学习的过程也是知识加工与认知形成的过程,融入问题导向的项目式学习思路,创新设计了"建构—内化—联想—图式—迁移—整合"六步教学模式,希望能够为一线教师在实际教学中提供教学设计思路与课堂实施方面的参考。

 案例介绍

一、项目活动的内容设计

本案例是一个综合性较强的学习案例,涉及物理、数学、计算机、美术、设计、手工、语文等多学科融合内容。它以问题的提出、问题的分析拆解、问题的探究解决为主要学习过程,将知识与经验融入教学活动中,通过学生主动对学习内容的深度加工,从意义建构出发,经过内化与联想,形成对所学内容的认知结构,最终实现对知识的迁移运用与能力的整合。在此过程中,教师主要扮演学习引导者与辅助者的角色,引导学生开展探究,并为学生自主学习提供必要的方法与材料支撑。

图1　项目活动内容设计

二、教学策略与实施步骤

（一）建构——创设情境、驱动思考

从生活中的真实问题出发,在"生活中的小烦恼:冬天太冷了,不想起床关灯怎么办呢?"这一具体生活情境中,通过观看视频结合教师引导,学生初步认识物联网下的智能家居,并了解"万物互联"的工作原理。

在实际的教学实践中,课堂进行到这里,很多学生开始了知识迁移,表示对于教师刚开始提出来的问题,可以通过制作一个语音指令控制关灯、遥控装置控制等物联网装置来解决冬天太冷而不想起床关灯的问题。

（二）内化——问题分解、自主探究

在自主探究阶段,教师需要引导学生对问题进行分解,将一个抽象的大问题分解为学生可实施可操作的具体问题,以支撑学生更好地完成问题探究。如:要制作一个(语音控制)物联网装置控制关灯,应该要如何实现呢? 针对这一问题,引导学生将问题分解为若干个子问题,如:物联网控制装置如何接收指令(传感器)? 如何对指令进行处理(控制器)? 如何执行指令(执行器)?

问题分解完成后,学生自主上网查找资料,完成对案例所涉及的硬件、软件基础知识的探究与学习。在这一过程中,学生会对此前学习过的"信息检索与信息处理"等相关知识进行灵活运用,从网络中获取所需内容,并对网络信息资源进行梳理,完成由"信息"到"知识"的内化过程。

（三）联想——形成思路、设计方案

为了最终能够形成作品,还需要将抽象的"想法"融入具体的"方案"中。通过联想,在上一环节所获取的知识与先前经验之间形成"有意义建构",比如通过语音控制信号输入端,连接主控装置控制执行器在输出端完成关灯。此时教师会要求学生在学习任务单上形成方案草图。

（四）图式——教师引导、结构梳理

在联想的基础上,通过教学活动设计,实现对经验和知识的结构化。因此,本环节需要在第二环节学生自主查找资料的基础上,通过教师提问、学生回答的方式,对"资料知识"进行系统梳理和针对性答疑。此环节需教师引导,从知识的内在逻辑出发,将"零碎的、孤立的信息"整合为"有逻辑、体系化的结构性知识",构建学生的认知图式。如从 micro:bit 主控板组件、引脚以及 micro:bit 主控板是如何工作的开始,进而探究不同种类的传感器、执行器工作原理,以及传感器与主控板、执行器等硬件的连接与编程控制逻辑。

接着通过"点亮板载 LED 灯""通过 micro:bit 主控板控制外接 LED 灯的亮灭""利用红外避障传感器控制舵机转动""ISD1820 录放模块控制某一执行器"这四个独立小任务的形式,学生学会熟练操作。对于课堂中未能接触到的传感器,教师会以《学习手册》的形式发放给学生,让学生了解所有常见传感器的使用方法,方便学生自学与探究。

（五）迁移——完善方案、合作实施

在具备了本项目范围内的硬件、软件编程知识后,再次回顾第三环节的初步方案,将所

学知识和已有经验迁移到方案中,对原先设计的方案可行性进一步论证与修改,形成较为成熟的可行性方案。而后开展角色分工合作,动手实现自己的项目产品。比如硬件工程师主要负责硬件的连接,软件工程师主要负责程序编写部分,设计师要根据产品的功能设计制作产品外观等。

（六）整合——展示交流、评价迭代

本环节是对前面所学内容的整合加工,常规流程为"展示—评价—迭代—产品"。通过作品演示结合宣传展示的形式,学生可自行选择使用海报、三展板、思维导图等辅助工具。

在作品评价过程中,在学习任务单上,教师从问题解决程度、作品美观度、小组合作情况、作品创新性、路演表现等维度设计了较为细化的评分等级和评分标准。由组内成员、其他组成员、教师这三个主体分别进行评价,并根据评价结果得出小组综合表现评语,授予每个小组"最具创新奖""最佳设计奖"等奖牌。

最后是作品升级与迭代,学生根据所获得的评价与反馈,再次修改、完善作品。在实际教学中,大多数学生的产品原型都完成得较好,但由于时间和材料限制,产品外壳在课堂中多以硬卡纸为原材料。很多学生在课下找到教师,希望进一步学习3D打印和激光切割的相关知识,为作品制作更为完善的外壳。这也是本案例在实际实施过程中的意外收获,即以物联网作为学习基础,激发了学生对相关知识的学习兴趣,让教学者看到了学生亲自动手解决生活中其他问题的可行性,同时真正实现了本案例知识与技能之外的教学目标——培养学生动手实践运用新技术解决生活中问题的意识与能力。

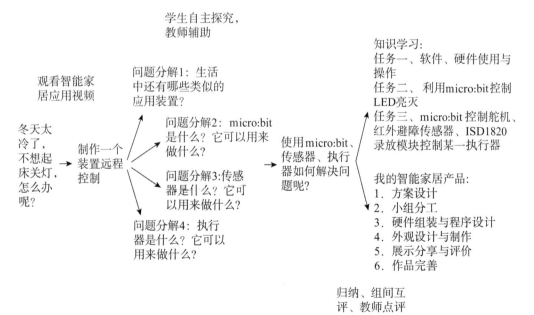

图2 案例实施主要内容及过程示意图

三、教学评价与其他说明

评价与迭代作为本案例设计的环节之一,具体在案例中已作描述,此处不再赘述。除此之外，针对本案例在实施中的经验，笔者有两点自己的看法。

在创新表现方面，本案例尝试了对学习内容深度加工下的探究学习的可能性及其实现。学习是学生主动探究实现对知识的深度加工进而形成认知的过程，最终生成学生自己的问题解决产品。关于教师如何更好地引导学生实现探究，我认为有两点经验——"学生真动手"和"教师少讲解"。通过"动"实践，从"无"到"有"逐步培养学生主动动手查资料、完成作品的认知和习惯。"教师少讲解"的前提是"做好设计"，如教学环节设计、问题分解设计、学习任务设计等"暗线"，以保障课堂顺利进行。

在学科融合方面，此类综合性案例，天然地涉及多学科融合的内容；同时，学生面临的问题是"非良构"的，此类问题的解决则需要多学科知识的综合运用。

案例评析

回顾案例设计的初衷，本案例重点体现了以下几点。

1. 关注认知学习规律，将问题探究融入学习活动，激发对知识的深度建构。

2. 面向学生培养其面对生活中的问题，能够有意识地通过查找资料、设计方案、动手实践解决问题。

3. 教学方法与教学模式上，积极在教学实施中探索、融合、创新不同教学方法，在实践中完善教学。本案例在探索和实践中仍然存在很多问题和改进空间，希望通过交流，能够不断学习，不断完善。

专家点评

本案例以城市家居为背景，以"万物互联"为理念，借助 micro：bit 主控板等系列器材，通过对 LED 灯的控制、利用红外避障传感器控制舵机转动、ISD1820 录放模块控制某一执行器等一系列子任务的达成，激发了学生对互联网技术的学习兴趣，培养学生动手实践运用新技术解决生活问题的意识与能力。

扫码查看视频案例介绍

点亮文化广场
——"良渚遗址"校本科创教育实践

浙江省杭州市余杭区良渚第二中学　冯明飞

 案例背景

　　学生是校园的主人公,也是学习的主体。可以说,对他们而言,学生时代最长、最难忘的应该就是校园生活。我们结合学校核心的"良"文化,开发了"飞飞跃跃学创客"这一科创拓展校本课程,积极探索以学生为本的自主教育模式。通过项目化教学的方式带领学生探究校园需要改进的地方或存在的问题,在项目化学习过程中改进校园中的不足之处,解决校园中存在的问题。

　　"点亮文化广场"是校本课程"飞飞跃跃学创客"中的一个内容。"飞飞跃跃学创客"以创客学习为核心,融合了我校校园文化"良"文化与良渚地区的良渚文化。本案例以我校校园文化建设中的文化广场为切入点,对两侧立墙文化图案做了探索。左侧立墙展示良渚文化中的图饰,包含兽纹、龙纹、鸟纹等(见图1),右侧立墙展示良渚古城水利工程(见图2),两大立墙组成了文化广场。由于设计之初光线颇暗,需要增加亮光,将广场点亮。基于此,引导学生思考,进行自主探究,学生在经历"发现问题—分析问题—提出改良方案—动手实践"的过程中,不断提升自身各方面的能力。项目中学生需要掌握主板和RGB灯带的添加与设置,通过编程的学习,完成三个任务,实现灯带的呼吸灯效果。

图1　文化广场左侧立墙

图2　文化广场右侧立墙

 **案例介绍**

一、项目活动内容设计

本案例实施过程主要包含两条主线，一条是教学环节，另一条就是学生的项目学习过程。其中教学环节主要包括"情境导入、启动项目—知识学习、探索未知—问题探究、提出假设—技术实践、产品设计—作品展示、项目反思"等，学生项目学习过程主要包括"校园调研—知识探索—准备材料—功能实现—交流反思"等项目化学习活动，如图 3 所示。

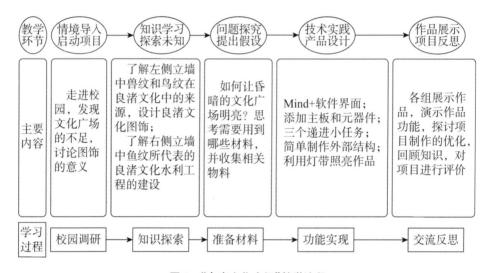

图 3 "点亮文化广场"教学流程

二、项目策略与实施步骤

（一）校园调研——情境导入、启动项目

在校园调研环节，主要是情境导入，激发学生学习兴趣，启动项目。学生通过实地观察学校的文化广场，了解校园文化广场包含的元素，发现其存在的不足，如科技楼下午照不到太阳、校园文化广场暗暗的等，在活动中收集师生对校园文化广场的需求和建议。

（二）知识探索——知识学习、探索未知

在知识探索环节，主要是学习知识，探索未知。引导学生自主阅读校本教材中"认识良渚文化纹饰"的内容，并进行小组合作，上网查阅相关资料，了解文化广场左右两侧立墙中兽纹、鸟纹和鱼纹等在良渚文化中的来源及其所代表的含义。同时布置绘制良渚文化图饰的小任务，如图 4 为左侧立墙纹理对应玉饰原件参考图片进行绘制，也可参考自己检索到的图片进行绘制。

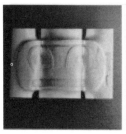

图 4 玉饰参考图片

（三）准备材料——问题探究、提出假设

在材料准备环节，主要是根据问题探究结果提出假设，准备制作项目的相关材料。学生需要根据前期调研情况及本小组想要为文化广场实现的功能效果，准备相应的软硬件材料。

表 1 "点亮文化广场"基本材料准备清单

硬件	Arduino Uno 主板、Uno 扩展板、杜邦线、3Pin 连接线、RGB 灯带、胶合板（或硬卡纸）、激光切割机、美工材料与工具（剪刀、马克笔等）、热熔胶枪等
软件	Mind＋图形化编程软件

（四）功能实现——技术实践、产品设计

在功能实现环节，主要是技术实践和产品设计。其中技术实践主要是利用 Mind＋软件编写程序，带领学生熟悉 Mind＋软件的使用，包括软件界面的认识、编程的基本操作、添加主板和元器件等。之后布置三个实践任务（见表 2），任务由易到难，具有一定的挑战性，同时又能满足不同层次学生发展的需要，契合因材施教的原则。

表 2 三个递进小任务

任务	内容描述	目的
任务一	点亮指定的小灯	体验利用程序控制灯的亮灭
任务二	让灯闪烁	探究顺序结构和循环结构
任务三	呼吸灯的制作	探究变量设定

产品设计主要是组织学生小组合作完成"点亮文化广场"项目的制作，包括产品外观设计与制作（简单制作外部结构）和产品功能设计与实现（利用灯带照亮作品）。在这个过程中教师需要进行巡堂指导，及时为学生提供跨越其"最近发展区"的学习支架，并对一些共性问题进行讲解，为项目作品的产出保驾护航，确保让每一个孩子都能体验到成功。项目制作过程如图 5 所示。

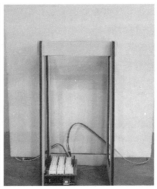

图 5　项目制作过程

（五）交流反思——作品展示、项目反思

在交流反思环节，各小组需要上台展示、介绍本组的项目作品，对项目进行评价。项目作品介绍主要包括发现问题、设计方案、方案实施（小组分工、项目制作、产品优化等）、总结反思等几个方面，并向大家演示作品的功能。在项目展示的过程中，引导学生对知识点进行回顾，对项目进行总结反思，探讨项目作品还可以改进优化的地方，分享项目过程中自己的心得体会、收获成长。学生作品及程序如图 6 所示。

图 6　作品效果及程序图（部分）

三、学习评价与其他说明

（一）学习评价

本项目中的评价主要包括项目化过程评价和项目作品评价，评价维度见表 3。评价方式多元化，既有学生自评，又有小组评价，还有教师评价。

根据评价的最终结果，评选出"最强大脑""最佳工程师""探索者""小博士"，并为获得这些称号的学生颁发实物徽章作为奖励，如图 7 所示。

图7 "小博士"实物徽章

表3 "点亮文化广场"项目评价表

	评价维度	评价标准	评价方式		
			□优	□良	□一般
			自我评价	小组评价	教师评价
项目化过程	校园调研	发现问题			
	知识探索	能够根据问题进行自主探究			
		了解学校文化广场建设内涵			
		了解良渚文化的图饰文化			
	准备材料	能够根据想解决的问题和假设收集准备所需的材料			
	功能实现	项目方案设计合理			
		掌握语法中的顺序结构			
		掌握语法中的 for 循环结构			
		掌握变量的设定			
		初步掌握创客类器材的连接			
		实现呼吸灯的编程			
		方案实施流畅·实现点亮文化广场的效果			
		项目团队及项目作品介绍			
	交流反思	作品功能演示			
		项目反思与推广			

（续表）

评价维度	评价标准	评价方式		
		□优	□良	□一般
		自我评价	小组评价	教师评价
项目作品	作品美观性			
	作品功能性			
	作品创新性			

（二）学科融合

本课程案例中学科融合主要体现在技术、数学、工程、艺术、人文等方面，具体融合点见表4。

表4　学科融合点

融合学科	融合点
技术	Arduino Uno 主板、RGB灯带、激光切割机等硬件器材的使用
数学	算法设计（编程、原型设计）、数据处理（校园调研数据结果处理和加工）
工程	外观制作、作品组装
艺术	外观设计与美化、海报宣传
人文	良渚文化、学校文化广场建设内涵、校园调研、宣讲推广

（三）利用技术

案例中所利用的技术包括信息技术、通用技术、激光切割机技术、DIY技术等，体现了创客技术与历史文化、校园文化的深度结合。案例中的动手能力集中体现在"点亮文化广场"项目制作的过程中，包括软件和硬件器材的使用。

案例评析

一、项目创新点

1. 技术与文化的融合

良渚遗址是我校所在良渚街道特色历史文化，已入选世界文化遗产名录。我校自新校区翻新后，将良渚文化彻底融入校园文化建设，并深深映入各项课程。就目前来说，创客题材的课程与历史文化的结合在我区是独一无二的。

2. 学校理念深耕课程

我校树立了校园特色的文化理念——"良"文化。"良"文化从为人出发，宗旨是做善良有为之人；理念是尚德砺能，贤良方正；校训是博学修德，良行足下。课程以"良"文化为核心背景,符合当今社会主义核心价值观,在培养学生科创素养的同时不忘初心,指引学生做一名对社会有用之人。

3. 基于真实情境的学习

校园文化建设固然丰富多彩,但通过科创手段能达到更佳的效果,甚至能解决一些存在的问题。本课程所有情境均为实际存在,学生在"飞飞"和"跃跃"两名校园吉祥物的带领下,以项目式学习的流程进行自主学习,通过校园调研发现问题,根据定义的问题进行知识探索,收集相关材料,设计项目方案,制作项目作品,以达到预期要实现的功能,解决问题。

二、项目的收获与体会

初中阶段,学生进入形式运算阶段,有了进行抽象思维、处理假设性问题和思考解决问题的可能性。该阶段是培养和发展学生独立自主学习能力和独立生活能力的重要阶段。"点亮文化广场"通过项目化教学的形式带领学生改进和解决校园中的问题,学生在亲身体验、项目实践中,既培养了自身各方面的能力,又能够感受到成功带来的快乐,营造了良好的学习氛围。

下一步,可以继续深耕"飞飞跃跃学创客"这一科创拓展校本课程,积极深入开展中学科创教育活动,为学生埋下科创的种子,通过课程培养出更多更优的科创人才,为祖国作出更大的贡献。

 专家点评

案例结合地域的非遗文化,以及学校自身校园特色建设,以项目化学习的方式开展校本科创教育活动。选择校内真实情境激发学生的探究兴趣,以学生为主体,以"校园调研—知识探索—准备材料—功能实现—交流反思"的流程进行项目化学习活动,从而培育学生的科创意识,提升学生的综合学习素养。

编程中的数学之美

——跨学科项目化教学实践

浙江省杭州市临平区塘栖第二小学　孔陈明

 案例背景

数学如果跟编程组合会碰撞出什么样奇妙的结果？本项目鼓励学生用编程工具为"数学王国"设计具有特色的国旗图案，从中探究几何图形的规律，学习 uCode 的运动代码类、画笔代码类和重复执行语句等编程知识，最终创造出别具一格且富于美感的图形，由此学习知识、培养能力、发展素养。

本项目围绕人工智能、图形化编程、机器人等前沿信息，结合现实生活中实例与问题开展教学活动，主要以兴趣班形式开展，共安排 8 个课时，环境配置标准为可容纳 25 人的教室，配备投影、电脑等，电脑中需要安装 uCode 编程软件，让学生体验人工智能与编程的魅力，培养学生对人工智能的兴趣。

本项目适合 3—6 年级学生。他们已经具备两位数的四则运算能力，能够认识三角形、正方形、圆形等简单几何图形，也已具备了基本逻辑运算能力以及一定的计算机操作技能，但在信息素养方面还处于起步阶段，对编程的理解还非常浅，同时运算离不开具体事物支持，须根据皮亚杰认知发展论予以指导。

教学目标主要按三个维度设置（见表1）。

表 1　教学目标分析

知识与 技能目标	1. 学生通过游戏活动和视频了解数学的概念。 2. 学生在自主探索的过程中了解 uCode 软件的界面和基本操作（重点）。 3. 通过合作探究，利用所学人工智能知识，自主编写程序（难点）。
过程与 方法目标	1. 学生在完成基本图形的绘制任务过程中，掌握运动代码类、画笔代码类和重复执行语句等代码块的使用方法（重点）。 2. 学生通过观察归纳总结出正多边形的角度和边数之间的关系（难点）。 3. 掌握运用简单的编程语言实现目标功能的方法。 4. 通过小组合作，掌握探究解决问题的方法。
情感态度与 价值观目标	1. 逐渐有意识地关注人工智能领域，激发对人工智能学习的兴趣。 2. 在项目制作过程中，感受"编程中的数学之美"项目探究的趣味性。 3. 拓宽学生对于数学的视野，感知数学带来的美的震撼。 4. 在项目化学习过程中，不断促进自身批判性思维能力、问题解决的能力、团队协作能力以及演讲能力等核心能力素养的发展。

本项目涉及的学科主要有数学、美术、信息技术以及工程等。依据义务教育小学阶段数学、美术、信息技术等学科课程标准,项目以工程设计实践为主线,以探究几何图形的规律、利用图形化编程工具等为支撑,实现跨学科整合。学科融合点具体体现在:在小组合作中培养学生的团队协作的意识和能力;在项目制作中了解工程设计的一般步骤,培养学生的工程思维;在程序编写中培养学生的编程思维和信息意识;在自由探索几何图形的规律中培养学生的数学素养以及学生科学探究与观察的能力;在作品设计中培养学生的美术表现和创意实践能力。

 案例介绍

一、实施流程

本项目教学实施流程主要包括:项目准备、项目引入、项目启动、项目实践和项目总结。各环节中师生的主要活动及其作用如图 1 所示。

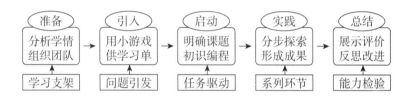

图 1　教学实施流程图

二、实施过程

(一) 项目准备(1 课时)

教师同参与学生建立项目化课堂规则,说明奖惩机制,发放学习任务单,填写学情调查表(见表 2),完成分组,建设小组文化(如确定组名、小组口号等)。教师可以根据学情调查表中学生圈出的技能点,对学生进行个性化指导;小组可以根据调查表的结果进行分工合作,发挥各自优势,弥补组内不足。

(二) 项目引入(1 课时)

教师通过读心术小游戏引出数学,激发学生学习兴趣,读心术小游戏规则如图 2 所示。小游戏后提问学生:在生活中见过哪些事情用到了数学知识? 让学生思考,将答案简要记录在任务单上。引出课题后,教师分解课程标题,互动中讲解"编程中的数学之美"的含义。通过数学游戏及数学相关视频等,引发学生对数学的思考。从关于数学的三个问题(什么是数学? 数量计算用什么工具? 为什么它可以进行计算?)中引出编程并对其进行解释,进一步明确课程的目的。

表 2　学情调查表

编程能力	动手能力	认知能力	表达能力	创造能力	思维能力
Scratch C++	积木搭建 绘画 演讲 珠心算	即兴演说	Python EV3 白纸		

"数学王国"的读心术

1. 在心里想一个两位数,写在任务单空白处或者纸上。

2. 在心里想一个一位数,写在刚才的两位数下面。

3. 将两位数乘以十,一位数乘以九,获得两个结果。

4. 将两个结果相加,将最终结果告诉老师。

5. 老师可以猜到大家心里的两位数吗?

图 2　读心术小游戏规则

(三) 项目启动(1 课时)

教师提问:猜一猜,编程做出来的数学图形是什么样子? 引发学生思考。通过给学生观察编程示例,引导学生发现数学在编程中的一些应用。激发学生学习编程的热情,借势提出驱动性问题:如何运用编程工具为"数学王国"设计具有该国特色的国旗图案? 运用桌面的 uCode 编程软件,让学生自主探究相关学习任务。

(四) 项目实践(4 课时)

1. 实践分解——练习(2 课时)

主要设置三个任务:一是完成正三角形和正方形绘制;二是探究正多边形边数与旋转角度关系;三是掌握复杂图形绘制方法。教师指导学生逐步分析简单图形的绘制,引导学生初探绘图需转角度的知识规律。学生借助任务单探究绘制正六边形需要转向的度数,动手实践完成正六边形绘制,引出 $360/n$ 的公式。

找到规律之后,教师带领学生参考示例及程序,逐步分析复杂图形的绘制,学生认真进行实践操作,盘活此前积累的画复杂图形的基础知识。教师进行巡堂指导,对一些共性问题进行讲解,对个性问题做好辅导。

2. 实践分解——实践(2 课时)

主要是完成"数学王国"国旗图案项目的设计与制作。教师讲解设计步骤及要求,小组分工合作,应用所学完成项目。学生根据学习到的知识,利用 uCode 软件完成"数学王国"国旗图案设计。用 uCode 编程实现完成任务单中的草图设计,再完成编程作品,如图 3 所示。

图3 学生编程作品(部分)

教师讲解"数学王国"搭建要求,并发放积木套盒。学生利用必选积木套盒合作搭建"数学王国"作品,通过积木搭建,锻炼学生动手搭建能力,培养学生合作意识。(此项属于拓展内容)

(五)项目总结(1课时)

主要是项目作品展示、评价及反思。教师引导学生上台展示自己的作品,并向大家进行介绍。可提前引导学生写好组内项目作品推广的演讲稿。项目评价主要采用学生互评形式,在每组展示分享结束后,教师引导其他学生按规则及注意事项进行投票评价。

最后,教师对学生项目化学习情况作出总结,引导学生总结项目化学习过程的收获与体会,并引导学生进行知识迁移应用,如引导学生利用编程工具为商店设计受欢迎的商品等。

 案例评析

本项目展现出两个特色。一是紧扣科技前沿。随着视觉识别、图像识别、运动控制等新兴人工智能技术日渐成熟,AI机器人产品也开始走向大众消费领域。本项目以AI教育软件uCode为教学载体,以实例为项目背景,围绕人工智能的应用技术和编程思维,带领学生真实体验人工智能之魅力。二是突破"零"门槛。针对"零"基础学生,使知识点层层递进、深入浅出,且采用浅显易懂的图形化编程软件开展轻松、有趣的项目化学习,学生可不用键盘,通过拖拽积木块方式创作出有趣图案、游戏、动画作品。学生的编程思维与创造性解决问题的能力将得到提升,促进学生全面发展。

 专家点评

本案例注重信息技术与数学的结合,基本属于技术范畴,对学习内容和目标要求阐述较清晰,是一项借助编程而进行数学拓展型学习活动,有较强的趣味性和探究性。项目注意运用数学规律,围绕图案装饰和"数学王国"国旗设计,由浅入深,引导学生对知识进行迁移应用,并有一定的拓展要求。围绕科创本意方面,案例还有可提升的空间。

智慧能源，多彩城市

——科创案例之人工智能的应用

安徽省合肥市五十中学东校西园校区　王钊进

 案例背景

随着科技的发展，能源已经成为现代生活的重要组成部分。反观当下，地球的石油、煤炭等传统不可再生能源持续在消耗，而城市的飞速发展对电力供给的需求量只增不减，因此寻找绿色新能源成为迫在眉睫的任务。基于这个大背景，"智慧能源城市"应运而生。"智慧能源城市"大量应用环境友好型能源，旨在以新型能源实现发展与资源环境保护的平衡，以"文明"回馈自然。探索采用风、阳光、潮汐等绿色能源作为未来发电的源泉是建设城市的新方向和新命题。

本案例基于"智慧能源城市"的先进理念，将创作主题定位为"智慧能源，多彩城市"。具体设计从"如何全方位打造智慧能源城市"这一驱动性问题出发，利用人工智能科技，对城市的灯光、温度、湿度等进行控制，减少能源的损耗。另外为了让科技的应用满足社会需求与发展，案例的实施成果覆盖各个方面：空气净化器、海水净化装置、风力发电设施、紧急救援机制等。这些科创概念无一不是从现实中来又向未来延伸，为满足需求而生，并契合当下愿景——科技让我们未来的城市更加美好。

图1　智慧能源，多彩城市（全景）

 案例介绍

一、实践活动的内容设计

案例作品希望展示使用绿色新能源的多彩城市，体现智慧城市下人与自然、能源与环境的新型关系，能够更好地与自然和谐共生。此次实践操作活动也旨在让学生体验人工智能、应用人工智能技术、感受人工智能带来的帮助，同时开拓思维、展开想象，尝试设计人工智能在实际中的应用。

首先调查新能源：目前国内大规模使用风力、太阳能、潮汐能发电等情况，搞清其科学原理。然后确定方案:采用小型电机和风扇来模拟风力发电,采用单晶硅太阳能发电板来模拟太阳能发电。为演示未来城市智能,使用小LED灯来模拟高楼大厦灯光,使用温度湿度传感器并利用单片机处理后由液晶显示来模拟智能气候控制,还制作一个空中导轨模拟未来空中交通系统。同时深度探究光敏传感器、温湿度传感器、喷雾传感器、触碰传感器、红外传感器等工作原理和参数设置范围。整个项目以体验人工智能的应用为主,让学生对人工智能的学习产生浓厚兴趣。

二、实践策略与实施步骤

(一)实践活动的策略呈现

1. 初始准备——"获取哪些绿色能源"

让学生搜集关于绿色能源的丰富资料,并作整理归类;再利用休息时间深入社区实地观察、记录、发掘能源使用情况;带着问题咨询教师,收集绿色能源相关信息。

2. 详细规划——"如何转换绿色能源"

组建设备:依靠太阳能板收集、转输太阳能;依靠海洋电力站收集、转输海洋能源。让学生分组对不同场景进行设计、搭建,并组建设备,阐述设备运转作用。

3. 整体实践——"构建城市互通能源体系"

将城市按照功能布局构建能源体系:新型城市交通系统与能源塔相结合,更好地利用了空中空间进行交通布局;城市气候监测系统通过控制海岸周边水汽,监测城市的温湿度、空气质量等来调节城市环境,使城市更加宜居;娱乐与休闲系统应考虑到城市居民安全需要,海边瞭望塔配有高能激光照明,负责搜索救援,保护大家安全,使繁忙工作与休闲度假相配,象征"人—自然—城市"和谐共生,多彩城市舒适生活。

(二)实践活动的情境再现

实践活动中的情境再现情况见表1。

表1　实践活动的情境再现

 配置背景	一幅清晨的城市景色,太阳正在冉冉升起,处处可见蓝天白云,新的一天即将开始,而城市的能源系统早已为大家做好了准备。
 太阳能	当太阳升起的时候,城市的能源塔开始运转,塔身覆盖了太阳能电池板,源源不断地收集太阳能源,同时也管理着城市的其他能源。

（续表）

 海洋能	海上风力发电机组在不知疲倦地运转着,海上潮汐电站为城市提供源源不断的能源,同时也为城市提供淡化后的饮用水。
 城市气候监测系统	城市气候监测系统时刻监测城市的温湿度、空气质量等,通过控制海岸周边的水汽来调节城市环境,使城市更加宜居。
 交通系统	新型城市交通系统与能源塔相结合,象征着新的城市交通理念,能源和交通更好地结合。
 彩虹公路	彩虹公路由太阳能板组成,新能源汽车一边行驶一边充电,象征着新的城市交通理念。能源城市采用很多异型建筑形式,体现了文化和科技的结合。
 休闲海滩	海边的瞭望塔配有高能激光照明,负责搜索救援,保护大家的安全。 　　繁忙的工作之余,有更多的时间去休闲度假,象征着"人—自然—城市"和谐共生。

在创作中,我们使用声控传感器来控制城市彩灯,光控传感器来控制太阳光照,温湿度传感器来模拟环境监测系统,喷雾传感器来模拟调节城市环境的水汽。另外,我们使用电机驱动风车转动来模拟风力发电,改造了电动导轨玩具模拟城市智慧运输系统,使用舵机控制高能激光照明搜索。

图 2　智慧能源城市设计图

每一个功能的实现都让学生深刻地体会到科技感、成就感,并将满满的自信带到学习和生活中去!

三、学习评价与其他说明

（一）学习评价——交流心得与队员感悟（节选）

感悟 1:未来的城市不应被科技感束缚,更应有"人情味"。人民生活安宁充实且富足,工作机制完善,公共娱乐设施完备;夜晚的城市,华灯初上,街市如昼,火树银花,斑斓繁华;街灯蜿蜒而去,点点微醺的光连成一条银河,恍然梦回繁华;深夜,商业区人声鼎沸、居民区安宁祥和……

感悟 2:通过这个制作过程,我们了解了新能源的知识,还接触了许多电子器件,制作过程很辛苦,但作品体现了对未来城市的展望,科技让城市和自然和谐共美。

感悟 3:未来的城市项目让我们为创造美好开动脑筋,培养创新素养与社会责任感,掌握过硬本领,迎接未来挑战。

感悟 4:制作过程中,了解了许多环境保护、清洁能源知识,培养了我们绿色低碳的生活理念和良好习惯。让我们携起手来,为建设绿色多彩的城市贡献力量!

（二）科创活动工具包

本科创活动工具包使用的主要特点是利用了许多废旧材料、多样的传感器及相关的工具。

了解本案例的实践过程可参考平台上的视频实录。

案例评析

1. 本项目的创新点

一是将物理、美术、语文、英语、信息技术等学科知识有效整合,让学生有机会应用具体项目体验学以致用;二是将人工智能技术落地,让学生有真切感受和收获;三是协作活动,拥有不同特长的学生开展合作学习,共同完成一个高质量的作品,培养他们的团队合作能力;四是项目制作中使用大量废旧材料,有心收集日常生活中的小妙招,培养学生的创新理念和环保意识。

2. 外界评价

聚焦新能源与城市发展的关系,构建了一套城市绿色能源系统;中学生能主动践行绿色发展新理念,萌发出创新的火花并运用科技手段来实现,实属难得。

 专家点评

这是一个着眼"未来城市"主题的科创教学案例,注意让学生基于能源这一城市痛点提出建设性系统方案,以模拟方式呈现,运用人工智能和跨学科知识整合。实施策略和步骤过程借助图片反映比较具体,对工具运用有合理说明,附有微视频。学生面对现代化城市值得探讨的能源问题,在环保意识、合作能力、综合探究素养等培育上都有一定成效。

扫码查看视频案例介绍

名画复活：星月消融

安徽省合肥市五十中学天鹅湖教育集团蜀外校区　于正平

案例背景

在古往今来的历史长河中，保留下来具有浓郁风情的名画是文化瑰宝中的闪耀星光。到了 21 世纪，我们要带着奇思妙想赋予名画新活力！"名画复活"根据一幅或者多幅绘画为原型，通过创意重组，让绘画从平面走向立体，能运动、能发光、能互动，让科技与艺术相结合，通过多媒体结合形式传达创新与想法。

学生选择"复活"的是荷兰后印象派画家梵高的代表作《星月夜》。在这幅画中，梵高用夸张手法，生动地描绘了充满运动和变化的星空。科创活动围绕着如何让《星月夜》"动"起来而展开。在教师引导下，学生联想到了初中物理所介绍的流体特性方面的知识，以及分子在永不停息地做无规则运动，最终确定了通过向水中注入丙烯颜料的方式再现梵高笔下流淌的星空。

案例介绍

一、案例教学策略

本案例采用 6E 探究式教学法，如图 1 所示。

图 1　6E 探究式教学法

二、实施步骤

（一）吸引阶段

学校科技辅导员与美术骨干教师共同担任指导教师，围绕项目合力备课，以项目式学习计划书，在全校范围中遴选对科学与艺术满怀热情的学生。参与的六位学生由教师组织前往赖少其美术馆参观学习，学生在浓浓艺术氛围的熏陶下对美的认知能力得到了提高，对科学与艺术的融合充满了期待。

（二）探究阶段

为更好地复活《星月夜》，学生团队在网上搜索梵高生平经历，观看电影《至爱梵高·星空之谜》，了解名画《星月夜》所传达的情感；又在网上学习相关的艺术学术论文，品析作品艺术特征。部分成员发挥对编程的浓厚兴趣，借助编程学习论坛向老师请教，提出在科创项目中融入编程元素。

图 2　梵高与《星月夜》

（三）说明阶段

师生共同探讨让名画复活的方案，进行头脑风暴，集思广益，通过实践方式比较模型的视觉效果，并运用多学科知识综合分析，评估方案可行性。经过多轮实践商讨，最终确定了在水下复活《星月夜》的方案，通过向水中注入丙烯颜料，记录颜料的扩散现象来还原美轮美奂的星空。

（四）建造阶段

从学生实际出发，让每位学生的特殊才能都得到充分发展，也让每位学生的动手实践能力、创造美的能力都得到提升，学有所获。教师因材施教，学生合理分工。①用防水丙烯颜料在玻璃缸背面和侧面绘出夜空与山丘背景。②用超级黏土、热熔胶等材料制作星球并固定上色。③分别用一次性筷子和雪弗板制作星空下的房子并上色。④自制防水遥控灯泡、防水风扇融入作品。⑤制作机械小车和轨道，刻录程序并美化小车（用小车带动流星划过水下星空）。⑥探究丙烯颜料与水最佳配比并探究色彩的搭配。

图 3　背景制作

图 4　探究色彩搭配

图 5　制作星球并固定上色　　　图 6　制作水下灯泡、风扇　　　图 7　探究颜料与水的最佳配比

（五）拓展阶段

1. 微视频制作

为了更好地记录星月在水下消融短暂又美妙的瞬间，在教师的引导下学生团队将作品与多媒体结合，以微视频形式对作品进行再创作。制定拍摄脚本并在摄影团队的帮助下成功摄制出微视频作品，通过公众号、视频号等平台进行线上宣传。

2. 科技馆展览

"名画复活:星月消融"作为蜀山区第四届创客微剧场优秀作品在合肥市科技馆公开展出。学生现场展示作品，介绍团队创作想法和探究体会，以及制作体验、感悟与收获。

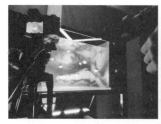 

图 8　微视频作品拍摄　　　　　　　图 9　参与科技馆展示

（六）评价阶段

让作品走出校园，以线下科技馆展览和线上视频推送形式，实施开放性评价。

我们的作品呈现在不同行业、各个年龄段科创爱好者面前供评价，师生一同收录评价意见，突破传统评价的局限性，注重科学延展性。评价内容还包括科学探究的方法与能力、科学的行为与习惯以及情感态度与价值观。

三、教学评价与创新点

（一）教学评价

1. 学生自评、互评节选

朱同学:"在最后一年的初中学习生活中，我希望在拼搏的闲暇时光中，也能做一些有意

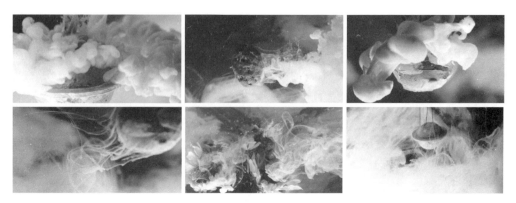

图 10　作品展示

义的事,让学习熠熠发光,做自己人生中最亮的那颗星。"

李同学:"我明白科学不能仅停留于理论思考,更要通过动手实验验证自己的观点。这次活动让我感触最深的是,科学与艺术交融让科学走近生活,让艺术更具魅力。我会继续坚持自己所热爱的,热爱自己所坚持的!"

2. 指导教师评价节选

于老师:"以艺术手段探究学习跨学科知识,一举两得,促使艺术素养及工程技能协同提升,让学生认识到学以致用,培养学生发现问题、解决问题的能力。通过合理分工和共同完成作品,培养协作能力,树立团队意识和创新意识。"

3. 科创行业工作者评价节选

刘老师:"一千个读者就有一千个哈姆雷特,作品中不同技术结合点折射出教师不同的思考点。不同学科知识的碰撞跨越了'思维边疆',不断探索新的可能性,这是科学精神也是人文精神。"

（二）创新点

复活《星月夜》项目没有将美工装饰与机械工程生硬分割,而是两者相辅相成,相互渗透。同时将物理分子动理论与流体知识同美术色相搭配进行跨学科融合,引导学生发散思维,从多维度审视项目,把握知识全貌,作出更全面的分析,从而形成更新颖的创意。

打破固有思维,名画并不只在机械传动装置的带动下才能"动"起来,"星月消融"另辟蹊径,向水中注入丙烯颜料让名画自然"动"起来。缥缈的丙烯颜料缓缓扩散,正如夜色弥漫,笼罩在一个个结构精妙的房子上,机械小车带动流星划过夜空,那一瞬间好像玻璃缸中浓缩了整个宇宙,唤起了人们发现关于美的新标准,展现了迷人的魅力。

 案例评析

"名画复活:星月消融"以中学生的认知特点与心理特点为参考,以 STEAM 教育理念为依据,以如何让名画复活为切入点,将科学与艺术相融合,结合科学、美术和信息学科进行了跨学科融合的 STEAM 教学设计,充分调动了学生的积极性、创造性,促进学生全面发展。

"科学和艺术是不可分割的,就像一枚硬币的两面。它们共同的基础是人类的创造力,它们追求的目标都是真理的普遍性。""名画复活：星月消融"这一项目充分展现了科学与艺术融合的魅力，理性与感性相互交织，让科学更加浪漫，让艺术更具智慧。

 ## 专家点评

这是一个跨学科科创探索的实验教学案例，选题很巧妙，借助名画基于科学认知进行场景的创建，体现了团队的合作，也体现了学生借助不一样素材的演绎。案例背景具有科技整合艺术因素的特征，案例描述和教学设计较具体，对创新解读有归纳梳理。最好还能进一步提升到可重复性的经验或模式的质量水平。

扫码查看视频案例介绍

强化智慧赋能，助力教学精准

安徽省蚌埠市第二中学禹会实验学校　汤　滢　于　敏

 案例背景

近年来，智慧教育、"互联网＋教育"已成为教育现代化的衡量标尺和价值取向，也为精准教学提供了良好契机。因此，课堂上针对学生学习困惑点、疑难处开展精准讲授，也就成为提升教师教学效果和学生学习成效的关键。然而，多数一线教师没有跟上时代，还处在传统低效的重复模式中，不关注学情，缺乏用大数据诊断和解决问题来实施个性化精准教学的思维。基于现实问题，我校以"国家级智慧教育示范区实验校"建设为平台，以"智慧课堂"建设为依托，借助大数据背景支持，以《花的学校》一课为例，探索充分利用好智慧平板开展精准讲授，收集课堂教学中学生学习的过程性数据，准确把握学情，及时反馈、评估干预，实现教学的精准化、学习的个性化、管理的智慧化。

《花的学校》是印度诗人泰戈尔的散文诗，兼有诗歌与散文的特点，具有诗歌的音乐美和节奏美，语言文字细腻优美。课文以"花的学校"为题，以清新流畅的笔触勾画出一幅引人遐想的多彩花海。同时，这篇课文以孩子与母亲对话的形式展开，从孩童的视角描绘了一群对未知世界充满好奇，如孩童般天真可爱、向往自由的花孩子，通过丰富的想象，把孩子和妈妈之间的感情表现得自然而深厚。

通过这篇课文的学习，教师不仅要教三年级的学生会认、会写生字新词，还要教他们能够正确、流利、有感情地朗读课文，想象课文中花儿"在绿草上跳舞、狂欢"等情景。在诵读课文的过程中，教师鼓励学生大胆想象，仔细观察，关注并积累有新鲜感的词句，课后把所学所想的"你心中的花的校园"通过画笔描绘出来。

 案例介绍

教师在课前通过问题导向，借助智慧平板工具，精准测量和评估学生存在的当前问题及潜在问题，修正教学设计，精准备课。课中将情境化教学与"智慧型"反馈性互动结合。课后分层设计作业，运用"作业超市"有的放矢。通过这个过程，不断进行教学的精准优化、干预，调整教学方法，提高课堂的有效性。

一、教学目标引领

1. 认识"荒、笛"等 4 个生字，读准多音字"假"，会写"落、荒"等 13 个字，会写"阵雨、荒野"等 12 个词语。

2. 正确、流利地朗读课文。能想象花"在绿草上跳舞、狂欢"等情景。

3. 能找出课文中有新鲜感的词句。能仿照"雨一来，他们便放假了"的表达写句子。

4. 诵读课文，大胆想象，激发热爱校园生活的情感，关注并积累有新鲜感的词句。

二、课前预习与自检，开启"智慧课堂"

（一）设计意图

通过课前导学单（略）对学生提出明确的预习任务，引导学生在完成课文朗读、字词预习这类基础预习任务的基础上，关注课后"资料袋"内容，引导学生养成全面预习的良好学习习惯。

（二）设计步骤

登录后，在"智慧课堂"正常运行的状态下进行以下操作。

（1）登录主页后选择"作业"下的"＋布置作业"。

（2）可在"七彩任务"中进行上传作业、查看作业报告、撤销等操作，如图1所示。

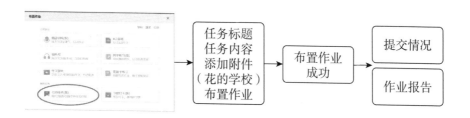

图1 "七彩任务"操作流程

三、"智慧课堂"下的课堂教学重点过程

（一）单元导读，习作引路

1. 设计意图

以"单元导读"为抓手，将"人文线索"与"语文要素"结合，引导学生再度进行学前关注，以学生结合本单元第一课《大青树下的小学》学习后完成的"一处学校场景"的小练笔为导入点，为接下来走入想象中的"花的学校"做好准备工作。

2. 设计步骤

运用"互动"功能中的"抢答"请学生自主展示小练笔。

（二）作者介绍，网络资源

1. 设计意图

为了最大化地发挥"智慧课堂"基于多媒体交互设备、移动终端的教学特点，运用其特有的实时线上"划词搜索"查找本课作者的信息资料，认识作者，走进文本。

2. 设计步骤

在"白板"中先写出作者的名字，随后圈画并进行相关操作。

（三）依据数据，生字教学

1. 设计意图

运用多种识字教学方法，创设丰富多彩的教学情境，提高识字教学的效率。借助"智慧课堂"应用程序有效地提高学生自主"识字与写字"的兴趣，结合课前导学单学情反馈信息，对学生难认、错认与易错生字新词进行精准教学。

2. 设计步骤

在生字教学过程中，教师结合学情在备课课件制作及课堂教学互动情境中，有选择性地进行操作，常用的操作模块推荐如下：

备课中制作 PPT 课件时，选用 WPS 程序下的 PPT 演示文稿插件工具中的"畅言备课精灵"进行"趣味"生字教学。结合课前导学单预习情况，有针对性地进行高效的精准教学。

（四）品读课文，互动教学

1. 设计意图

增强"智慧课堂"师生互动，激发学生自主学习的积极性，巧用、用好"智慧课堂"中的多种互动功能。

2. 设计步骤

依据实际教学中的学情，适当选用"智慧课堂"插件。讲解重点语句时可采用"聚焦"和放大功能，有针对性地赏析语句。

可根据随堂的具体学情，因地制宜地选取"互动"模块下的插件，活跃课堂氛围，引导学生自主学习。

（五）作业超市，分层练习

1. 设计意图

依据"双减"政策对作业设计的相关要求，为不同学生量身定制特色化、分层化作业。

2. 设计步骤

图文略。

（六）及时反思，精准结课

教学设想与设计意图基于"智慧课堂"背景，设计步骤图文略。

 案例评析

通过不断采集学生全过程学习行为数据，精准识别每位学习者的个性化学习需求和学习特征，从而实现差异化教学。本案例主要在"精准"上下功夫。"精"是强调讲授程度，抓住精髓，重点要讲透。"准"是强调内容：一是要抓准学科知识的核心和关键，二是要抓准学生学习难点和薄弱环节，要把两者有机地结合起来。

学校通过强化"智慧课堂"打造，针对学生学习的难点与障碍等，运用智学网平台，从课前学情调查、课中学情反馈和课后学情监测三个环节来了解学生。课前学情调查环节基于数据，对学生的认知基础、经验、个体差异及课前预习情况等进行分析，查找学生在学习上存在的问题。课中学情反馈环节根据智学网记录的学生学习过程数据，包括视频学习反馈、问题作答反馈、讨论交流反馈等，明确学生的学习难点和遇到的障碍等。课后学情监测环节通过平台收集数据，对学生的作业完成、测试情况和学业成绩等进行分析，了解学生在整体内容掌握方面存在的问题。

 专家点评

这是一个以"智慧课堂"为特征的语文课例，引入现代技术手段后，使教学变得更具魅力，是教学方式的创新。项目介绍中不仅有按指标要素填写的表格，还有课例文本和课件制作、相关网页的照片和视频介绍。语文学科如何体现"科创"特质，本课例提供了一个案例。

扫码查看视频案例介绍

日影观测 3D 智造

安徽省琥珀小学　郝俊杰　丁　昕　刘　嘉

 案例背景

如何在小学科学学科教学实践中以项目式学习方式融合科技创新,提升学生的科创素养,一直是我校坚持的教学理念。我校的科技活动因丰富的形式、新颖的内容,有效地吸引了处于特定年龄阶段的小学生,对激发他们的科创兴趣、锻炼知识迁移能力、培养创新思维习惯等有着不可替代的作用。

科学探究离不开合适的探究工具,其中实验探究就是培养学生动手、动脑、观察和自主学习能力的主要途径。但是由于多种客观因素的影响,实验室配备的实验仪器不可能一应俱全,因此需要学生们发挥创新意识,根据探究需要,寻找或自主制作探究工具。

在"光"单元的探究学习过程中,为了兼顾不同地区的教育差异,只能利用一些简易材料来完成现象观察实验,因此实验存在一些局限性,比如易受天气条件影响、观察时间过长、手动模拟不规范等。而且不同纬度地区、不同季节的太阳高度角也是有差异的,阳光下物体影子的变化规律也会因区域差异而出现不同现象。为此学生想要利用电脑设计软件和3D智能雕刻技术,尝试研究与"智造"适合当地地理环境特点的日影观测工具,以期达到更好的科学实验探究效果。

本案例确立的教学目标如下。

1. 通过演示科学实验器材,联系当地地理环境特点,利用多学科知识融合,发现实验工具的局限性和可提升性。

2. 运用软件设计与3D智能雕刻技术,设计与制作不同纬度地区日影观测工具,营造浓郁的创新氛围,实现科学思维向创新能力的转化。

3. 通过明确问题、设计方案、动手制作、迭代改进等科技制作流程,发展跨学科知识运用与真实情境问题解决思路,感受科技创新的魅力。

 案例介绍

一、课堂活动的内容设计

针对目标指向,课堂活动应体现表1所示的四个过程性实践内容。

表 1　过程性实践内容

过程	探究目标	探究内容	活动方式
第一阶段	1. 明确活动任务。 2. 探究课本测量工具的局限性。 3. 整合项目知识储备。	利用原有实验器材进行实验观察,发现其局限性和可提升性。 了解不同纬度地区太阳一天运行轨迹的差异。 知道不同纬度、不同季节正午太阳高度角的计算方法。	资料查询 实验观察
第二阶段	1. 自制测量工具的创新要求。 2. 设计、绘制测量工具模型图。	自制工具要能模拟不同半球、不同纬度地区太阳在一天里的运行轨迹。 设计模型草图,确定学具各个部分的形状及功能。	集体研讨
第三阶段	1. 制作测量工具。 2. 测试并记录测量工具的功能。	利用 AI 软件进行模型电子图设计。 设计图导入 3D 雕刻机进行实物原型雕刻。 组装并初步测试测量工具的可操作性。	电脑软件制作 实物雕刻
第四阶段	1. 修改优化方案。 2. 实物与演示。	修改实验操作中的不合理设置。 演示自制学具的可操作性,测量阳光下物体影子的变化规律。	模拟实物操作

二、教学策略与实施步骤

（一）调查研究,明确问题

认识太阳位置及变化规律。

导入（提出问题）:利用原课本实验装置进行实验,发现并讨论测量工具的局限性和可提升性,引发自制测量工具的动机。

探讨（明确任务）:清楚原实验工具可能受天气条件影响、观察时间过长、手动模拟不规范等问题困扰,探讨活动需要具体解决什么问题,制定解决问题的方法和步骤,协调组内成员的具体分工。

整合（知识储备）:以问题为导向,收集并学习解决问题所涉及的知识点。比如,不同时间太阳位置的变化规律,不同纬度、不同地区、不同时间太阳高度存在的差异,太阳高度角的计算公式（太阳高度＝90°－｜当地纬度±太阳直射点纬度｜）,AI 设计软件的使用,3D 雕刻机的操作方法等。

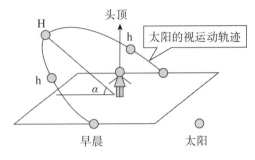

图1 太阳高度角

（二）设计方案，交流探讨

结合本地区的地理环境，在原有实验的基础上思考实验工具的可提升性，同时避免原实验的局限性，以期达到更好的实验效果。基于此，学生在科学课堂的教学探究过程中一起深入思索，开展"头脑风暴"，对课本中的实验工具进行大胆设想和创新性改造。

首先进行任务分组，初步设计草图，学生根据组内讨论的结果，设计测量工具最初模型图，再集中研讨设计稿的可取之处及还需改进之处，最终确定设计稿。

定稿后在教师的指导下利用 AI（Adobe Illustrator）设计软件，绘制日影测量工具模型及底部测量板电子图。同时学生要注意在这部分操作时数值的设置，确保在椴木板的厚度范围内，防止 3D 雕刻时出现孔洞等意外情况。

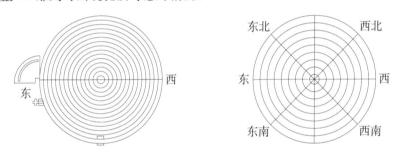

图2 测量工具最初模型图

（三）实施方案，动手制作

在整合优势方案的基础上，教师指导学生利用数字化加工工具，制作测量工具原型。

主要是利用 AI 设计软件将设计好的教具模型图导入激光雕刻机的应用程序，最后进行模型主要部件的实物雕刻。雕刻完成后，利用胶枪、铰链、蝶形螺丝等工具将主要部件连接和组装起来，形成日影测量工具的最初模型。

（四）迭代改进，展示交流

小组之间交流、探讨，反复组装、调试，利用科技手段、艺术方法优化设计方案，使其更加完善。

安装好的测量工具需要经过实践操作，探究其可操作性和需要修改完善之处。

可以通过在侧面安装滑动连接器（带有量角器功能），实现不同半球、不同纬度正午太阳高度角的升级设置。

通过底部不同方位、不同半径同心圆的升级设置,满足影子方向及长度的直接辨别和数据读取与记录。

具体使用时将安装好的测量工具平置在试验台上,使底板呈水平状态,将要观察的物体模型放置在底板中心位置,以便于观察物体在阳光下的影子变化特点(底板中心位置处刻有孔洞,便于物体放置和固定)。

 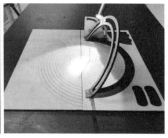

图 3　日影测量工具

完成作品并整理过程性资料,分享活动成果。

三、学习评价与其他说明

（一）学习评价

学习评价方面,根据量表进行评价。

组织学生根据制定的评估量表,开展对项目作业的自评、互评。

表 2　评估量表

评价内容	评价要点	评价指标	等级		
项目实施结果评价	包含要素	能运用多学科知识分析与解决实际问题。	A	B	C
		具备相应信息技术能力以支撑项目设计。	A	B	C
		具有探究创新精神,不拘泥于旧的设计思路和方法,合作制作出更适合的实验器具。	A	B	C
		作品形式新颖,具有艺术性。	A	B	C
学生参与过程评价	以学生为中心进行实践	关注现实问题,注重在真实情境中学习。	A	B	C
		学生有自主学习的意识,能独立思考,围绕核心问题积极学习,主动分析,提出观点,设计方案。	A	B	C
		学生能耐心倾听同伴发言,清晰表达自己的观点,合作改进方案。	A	B	C
		学生有主动探究的意识,以工程设计过程为主导自主实践。	A	B	C
学生学习结果评价	交流与分享	探究结果开放,允许多种形式的测量工具制作。	A	B	C
		联系生活实际,运用所学解决生活中的问题。	A	B	C

（二）其他说明（包括学科融合、工具使用、创新表现等）

本次活动将科学、地理、信息技术、艺术等多学科的知识与技能整合在项目探究过程中，通过跨学科协同，共同开发课程项目。比如，地理学科中不同时间、不同纬度地区的正午太阳高度角的差异为本次课程探究提供了理论依据，绘图软件和3D雕刻机的使用为测量工具制作提供技术支持，艺术美学要求为作品带来更好的表现形式。

实验器具可实现以下微观现象的模拟：不同纬度地区正午太阳高度角的设置；模拟不同季节太阳的位置；对南、北不同半球太阳下影子长短变化规律的观察；底部底板上不同半径同心圆和各个方向的设置，使测量过程中物体影子的长度和方向观察更直观、明了。

 案例评析

本案例反映的实践经验主要提炼为以下四条。

1. 设置问题，激发学生自主探究、多学科融合思维能力。

2. 创设情境，关注课堂真实需求，培养科创意识。

3. 搭建桥梁，支持学生技术物化，发挥不同学科教师的有效指导作用。

4. 以人为本，要求学生在自主学习的探究过程中具有动脑的意识和动手的能力，帮助学生找到更好的学习方式，培养他们终身学习的意识。

 专家点评

一堂小学科学课虽然时间有限，但可以引发很多科学研究。本案例聚焦科学课学习中的日影观测事件，引导学生进行探究，经历不同电脑软件的使用、3D智能雕刻技术的运用，呈现出富有创意且最终能使用的模型实体，学生在整个过程中感受到快乐，最终的物化成果也彰显了学生综合素养的提高。

扫码查看视频案例介绍

高高下下天成景，密密疏疏自在花

——以植物为依托建设课堂延伸式生态校园

安徽省合肥市凤凰城小学　张雷娣　孙倩倩　王婷婷

 案例背景

沈从文先生在《边城》里说："近水人家多在桃杏花里，春天时只需注意，凡有桃花处必有人家。"江淮地区有广玉兰、凤凰松、凤尾竹、香樟树等好种易活的树木，也有杜鹃花、石斛、山茶等独有的花草。如何在学科教学中发挥地域优势，将本地资源最大效益化，体现"以人为本"理念，同时提升学生实践动手能力和知识迁移能力，也是"五育并举"的时代号召。我们根据当地的地理环境，结合实际情况在校园里种植种类繁多的树木花草，打造校园生态小景，既可以美化校园，又可以使学生的课堂学习得到有效延伸。

将环境教育融入"五育并举"的举措中，不仅可以提升学生的环境素养，还可以美化、优化学校育人环境，营造一个富有生气、深入人心有利于环境教育的氛围。在活动中让学生了解和认识不同地理环境下生长着种类繁多的植物，通过搜集资料和野外考察，了解植物的形态、功能，调查本地植物种类并做好记录，感受植物世界的神奇，并且通过探索实践，引导学生全身心地投入到课堂延伸式生态校园的构建中。通过观察、记录、分析、整理、调查和合作等活动，学生最终在活动基础上完成与设计匹配的延伸式生态校园。整个活动承载了学生素养的培养，也激发了他们热爱生活、热爱生命的感情，同时增强了他们的环保意识和责任感。

 案例介绍

一、活动设计思路

针对目标指向，设计以植物为依托的课堂延伸式生态校园，案例活动应体现三个过程性实践内容：一是走出校园，认识各种各样的植物，观察并记录典型的街头小景、公园小景等；二是走进课堂，由学校的科学教师及课外的植物专家、园林设计师为学生开展专题讲座；三是回归校园，了解校园的地理环境特征，设计独具特色的生态校园。

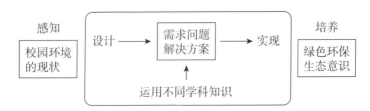

图1 "以植物为依托建设课堂延伸式生态校园"过程性内容结构示意图

二、活动过程与实施策略

（一）课堂延伸——从解决问题出发

根据"设计课堂延伸式校园"的活动要求,开展校园现状问卷调查。在进行数据分析整理后,提出活动要求:设计打造生态校园环境,让其成为延伸式课堂。经过前期问卷调查,学生已经对校园环境有了一定了解,教师可组织学生进行交流、讨论。在互动的基础上,教师通过视频、图片等形式分享观察、记录植物的基本方法,同时展示一些观察记录单、照片等。

（二）观察开始——借助资源研讨

组织学生走进生态,参观合肥市植物园、合肥市滨湖国家森林公园,观察并记录自己感兴趣的植物的外部形态,调查植物的生存环境、习性等特征,引导学生对校园生态的改造提出诸多设计要素,如:引导学生观察、记录或描述春夏秋冬植物的变化,探究植物四季变化的原因;引导学生用多种方式记录植物园内小景植物配置的季节性、观花和观叶植物的搭配性及生物的多样性;以小组为单位,考察植物园、蜀山森林公园及城市周边的本土植物,并分别为这些植物制作小档案(包括名称、简介、相关图片等)。

（三）比较探讨——群策群力框架

观察校园内的植物及绿化面积,记录需要改造的地方。回到校园后,学生对外出观察到的信息进行整理,并在教师的引导下一起探讨:根据观察到的植物特征,结合校园环境现状,应该如何设计我们的校园,让校园成为我们的延伸式课堂。学生纷纷发表不同意见:"可以自行设计绿化面积、植物种类,根据设计购买种子种植""可以找一个设计师,请他设计绿化面积,我们根据设计图种植植物"……在教师的帮助下,学生形成了初步设想,并继续搜索相关方案改造校园。

（四）设计优化——思考达成共识

在综合考虑多重可行性因素的基础上,学生经过多轮交流达成以下共识:校园的设计要美观,有地域特色,有实用性,植物的搭配要符合本土环境特点等;校园的设计可以分为三个区域,分别是田园区域(学生在教师的带领下,在劳动课、种植兴趣课、常识课、科学课上种植特定的植物)、魅力特色区域(在考量色彩、种类搭配等基础上种植特色植物)和活动观察区域(为方便日后观察,设计时要考虑植物的间隔)。

（五）虚拟构图——平台形成方案

经过前期的准备,学生终于迎来了最后的方案形成环节。教师提供电脑等工具,给予每个小组一对一的指导。学生根据前期的观察、交流,在电脑上进行设计构图。为了让学生形成更为真实的构图，教师还编制了技术支持手册（主要包括图像识别技术、处理技术及人工智能应用知识等），并在最终设计前邀请植物园设计师给予相应的指导。学生先对校园实际面积进行测量及绘制，然后根据前期学习的小景搭配对每个区域内的植物进行搭配，再根据校园环境的实际情况现场种植，或采购一些植物种植。

（六）交流指导——应用成果展示

在感悟"以人为本，为实际服务"环节，学校邀请植物园的设计师走入校园，根据校园的实际情况对设计的合理性及可实施性等提出建议，学生认真记录并逐步完善。在设计终稿的指导下，学生可打造微景观模型，通过录制过程性视频等方式介绍小组的设计理念和具体操作，并将作品通过网络推送给他人，同时收集来自同学、网友的看法和建议。

三、学习评价与其他说明

（一）学习评价

小 K 同学：虽然在整个活动开展过程中我也遇到了很多困难，但是一想到我们可以通过自己的设计来建设我们自己的校园，我心里都会想着去克服它。我和我的同伴通过不懈努力解决了一个个难题，修改了一次次设计方案，最终设计出独一无二的课堂延伸式校园。我体会到只要拥有一双善于发现的眼睛，认真观察，同时借助同伴和老师的力量，我们一定可以打造出属于我们的魅力校园……

小 X 同学：知识是宝库，但开启这个宝库的钥匙是实践。本次活动不仅让我们了解了植物、街头小景搭配等知识，还提高了小组间的合作能力。我们小组通过一次次设计修改，最后完成了设计图，真正地将所学的知识运用到现实中，让我获得了前所未有的成就感和自豪感，我非常开心……

（二）其他说明（包括学科融合、工具使用、创新表现等）

引导学生借助不同的学科知识与能力的运用，根据校园本身的实际情况，结合当地的地理环境设计课堂延伸式生态校园。美术、科学、信息三个学科的课堂融合，不仅提高了学生的综合素养，也提升了学生对身边植物特别是本土植物的关注度，更好地培养了学生的核心素养。

使用工具方面参见上述实践过程，主要都是生活中常见的工具，如剪刀、铲子、放大镜、塑料袋、手套、记录单、相机、手机、电脑及应用程序类设计技术软件等。

在创新表现方面，一是在学生原有经验的基础上充分调动学生的积极性；二是学习方式多样化，为后期的创意设计做好知识积淀；三是学习资源整合化，从时间、空间、人员、技术四个方面支撑整个活动。

 案例评析

1. 紧跟时代步伐

建设美丽中国是新时期的时代要求，需要不断推进绿色发展、生态发展、循环发展、低碳发展、和谐发展。各级各类学校应在校园建筑、校园绿化、校园文化建设上依托地域特色构建美丽校园,为美丽中国添上浓墨重彩的一笔。

2. 凸显本地特点

本次活动中设计的课堂延伸式生态校园依托本土植物,很多校内植物都是学生自己种植的,既锻炼了学生的动手能力,加强了劳动教育,又美化了校园,提高了学生的审美能力。

3. 跨学科的融合

只有科学是不够的,科学要与技术、艺术等多学科知识融合,才能产生激动人心的结果。

 专家点评

本案例的题目取自陆游的诗句,寓意深远。引导学生基于课堂、走出校园、回归校园,充分挖掘时间、空间、人员等资源,创建了以植物为依托的课堂延伸式生态校园,融入生态教育的理念,让学生更多地走进大自然、走进社会,从而愉悦地成长。

扫码查看视频案例介绍

渡江战役中的红色小船

——融合区域特色传承红色精神的项目式活动课程

安徽省合肥市金湖小学　孙　欢

 案例背景

本案例的参考教材为教科版小学《科学》,知识重点是通过观察和探究,发现物体在水中沉浮的科学原理。融合课案例的全部过程设定达成两个总目标:一是学生能够了解合肥在渡江战役中起到的重要作用,可以通过实地考察和网络搜集来实现目标;二是学生能够认识到劳动人民在日常生活中有着大量的重要实践,需要搜集事实资料来归纳总结。

选取这个主题设计融合课,一方面是因为合肥不仅是渡江战役的总战略中心和指挥部,也是渡江战役的主战场。渡江战役中,我们的战士和民众就是利用能够漂浮在江面的竹筏或木制小船,运送了无数的人员和物资,保障了战役的胜利。作为合肥的学子,应当熟知这段历史,从中感受我国军民的英勇,2021 年恰逢中国共产党建党 100 周年,这段历史所带来的教育意义更为重要。另一方面是考虑到孩子们在生活中直接能观察到物体浮在水面上的现象是游船的漂浮情况,因此以小船切入主题,能有机融合两个课题的趣味点。

 案例介绍

一、课堂活动的内容设计

在主体课程方面,达成两个学习目标:一是通过现象观察和对物体进行分类,粗略总结物体沉浮现象的原理;二是能够根据实际需要,选择合适的材料达到沉或浮的效果,并尝试完成载重实验比赛。

在学生能力方面,达成两个培养目标:一是阅读能力,要求低年级学生能够从音视频材料中听出关键信息,中高年级学生能够通过阅读文字材料找到对应课程的关键点和纵深信息,并在材料中找到感兴趣的研究点;二是总结能力,结合各年段能力层级分层要求、分段达到,使学生能够对观察到的现象进行汇总,并得出较为合理的推断或规律。

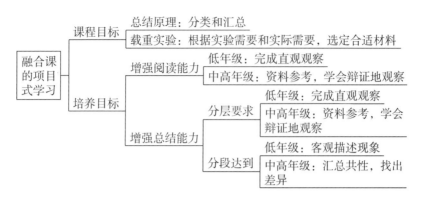

图 1　课堂活动内容设计导图

二、教学策略与实施步骤

红色,是革命精神的象征,是精神力量的传承,是力量迸发的标志;小船,是渡江战役中重要的交通工具,是军民团结一心的重要连接。我在活动设计与实施中,多处凸显"红色"印记,以"小船"为革命精神的载体,实现项目式活动的目标。

(一)红色小船的精神象征

从著名的渡江战役说起,实现爱国主义教育目标。

借助学校的爱国主义教育活动,我安排学生观看了有关渡江战役的纪录片《渡江侦察记》和《渡江!渡江!》。通过影片,学生了解到合肥不仅是渡江战役的总战略中心和指挥部,也是渡江战役的主战场。为达到更直观的教育效果,我收集了若干有关渡江战役纪念馆实地场景和战役实物的图片,在课堂中利用多媒体课件播放并进行解说。

从反馈效果来看,低年级学生大多是在影片和教师讲解中获取相关信息,因为受近两年的疫情影响,实地考察较难实现;而中高年级学生对于这段光荣而又卓绝的历史事件有较多的了解,很多人都去过纪念馆实地探访。

(二)红色小船的探索引领

从生活经验到理论实践,实现科学态度培养目标。

在文化程度普遍偏低的旧中国,科技实践和理论总结都处于未开化时期,人们遇到实际生活问题时,大都采用直接经验解决。新中国成立以后,人们的知识层次普遍得到提高,对现象背后的理论关注和研究逐步走入正轨。渡江战役时期的军民利用渔船等能够在水面漂浮的装置来运送人员和物资,属于用直接经验解决实际问题;孩子们通过学习到的物体沉浮原理来解释已获得的直接经验,并且继续探讨更多发现和规律,属于理论的实践应用。

在开展此项目式活动时,我创设了一系列进阶性问题,并在讨论中引导学生确立探究活动主题,按学段进行分层指导。

(三)红色小船的探究与发现

探究科学原理,传承红色精神,实现多学科融合目标。

这是本项目式活动的主要阶段,以"红色小船"为主体,按找、说、画、做、咏五个步骤来进行。

第一步,找红色小船。合肥市及其周边的六安等地有很多红色革命根据地,全国范围内也有很多有"船"参与的重大战役。在中国近现代史上与船有密切联系的战役有三个:一是渡江战役,二是金门战役,三是解放海南岛战役。我引导孩子们以渡江战役为出发点,在中国历史中搜集更多有"船"参与的革命事件。

第二步,说红色小船。在小组汇总搜集到的战役信息后,指导低年级学生按照时间线整理和排序,在课堂中作简单的分享;指导中高年级学生在信息整理的基础上,以观(读)后感的形式写文读文,邀请语文组老师修改文稿,协助孩子融合适当的感情色彩及情绪表达,作演讲的排练和分享,并择优开展巡回演讲活动。

第三步,画红色小船。在低年级开展"我心中的红色小船"绘画活动,可以临摹原图,也可以进行适当的创作;在中高年级开展"乘风破浪的红色小船"创作活动,要求结合一定的史实完成画作,展现激烈的战斗场景。邀请美术组老师指导,协助孩子们完成作品,并举行优秀作品展示活动。

第四步,做红色小船。以科学组为核心团队,遵循科学课程要求,通过探究归纳出木船和竹筏能够漂浮在江面上的原因,并以此类推出其他物体在水面漂浮的原因。

在本探究活动中,我创设了"我军为何要渡过长江?""用什么工具渡江?""怎样知道木船或竹筏可以渡江?"等一系列进阶性问题。通过讨论,引导学生确立诸如"渡江战役中,战士们如何渡过天堑长江?""木船或竹筏漂浮的原因是什么?""物体漂浮需要满足哪些条件?""船和竹筏最多能承载的人或物品是多少?"等探究主题。

在目标要求上,引导低年级孩子理解活动的过程和意义,在语文老师的协助下完成自身感受的分享汇报;指导中高年级学生制订探究活动方案并付诸实施,最后得出相应结论。

我校每年都会举办科技节活动。本探究活动可以结合学校科技节,渗透合作、环保、美育等育人目标,强化勤思、多做、坚持、细心的科学探究精神,在全校范围内组织"奋进中的红色小船"科技动手做活动。低中年级要求形状和色彩符合实物表现,高年级要求采用机械结构(乐高积木)或传动装置(感应)完成模型搭建。最后举行科技节优秀作品展示活动。

第五步,咏红色小船。结合国家的重要节日,邀请语文组老师排演"乘红色小船,扬未来风帆"朗诵活动,音乐组老师编排"心中的红船梦"合唱活动,美术组老师组织"我画红船赞祖国"创作活动,同时邀请研究员做讲座,颂扬革命精神,传承红色火种。

(四)红色小船的具象体现

展示活动成果,记录探究历程,实现科学探究精神强化目标。

(1)个人编制渡江战役资料手册或资料卡。

(2)小组搜集渡江战役的更多资料。

(3)小组整理活动探究结论,并汇编成记录册。

(4)继续观察发现,提出更多的科学性议题。

三、学习评价与其他说明

(一)学习评价

学习评价方面,一是交流学习心得,以制作资料卡、展示汇报等方式完成;二是根据制定的评估量表,开展对项目作业的自评互评。

表1 评估量表

评价要点	占比
活动方案设计清晰	10%
原理归纳条理明晰	15%
搜集资料翔实全面	10%
文字卡片图文并茂	15%
科技创作精致美观	20%
团队合作齐心协力	20%
课外拓展持之以恒	10%

(二) 其他说明(包括学科融合、目标实现和创新表现等)

在基本原理和出发点上,遵循小学科学新课标中提出的学生探究能力培养的要求,融合的课程种类根据授课对象进行调整。对于低年级来说,可以从文学素养、品质养成等方面进行重点连接,涉及的科目可以包括语文(阅读)、美术(绘画)、科学(原理)和思想品德(爱国主义)等;在中高年级,可以加入历史(时政)和地理(环境)内容进行补充。

在目标实现方面,主要是整合场馆资源,融合多学科特点,拓宽学生的视野。

在创新表现方面,一是注重走出校门面向真实对象,以地域性问题为切入点开展项目,从而能够更有效地达成课程目标;二是注意在技术素养培育上提供必要的学习指向;三是强调德育意识,渗透爱国主义教育,培养和增强爱国意识。本案例整合了科学、历史、地理、物理、美术等学科的知识和技能。从简单的观察到原理的探究,从历史事件的了解到地理环境的影响,从理论探究到动手制作,项目目标逐渐深入,学生的思维点不断加深,思考面不断拓宽,进而能够在学习中找到点、连成线、织成面。科学知识点仅仅是一个开始,学生的视野全面打开才是真正的学习。

 案例评析

本案例反映的目标达成主要体现在以下四点。

1. 巧设问题,激发学生自主学习,培养多角度思维能力。

2. 巧创情境,关注真实情境下的原理应用,培养创新意识。

3. 巧搭支撑,提升学生动手制作能力,发挥多学科教师的有效指导作用。

4. 以人为本,感受精神熏陶,培养国家意识与和谐发展的思想情感。

专家点评

本案例是一堂科学课引发的一次科创教育活动旅程。教师在活动中引入"红船"这一具有经典教育意义的概念,挖掘周边红船素材,围绕"红色小船",让每一位学生经历找、说、画、做、咏五个步骤,从而了解家乡在革命时代所发挥的作用,培养了爱家乡、爱祖国的情怀。

扫码查看视频案例介绍

从坐过山车到做"过山车"

安徽省合肥市稻香村小学教育集团岳西路校区　卫玉婷

 ## 案例背景

　　游乐园中的过山车通常利用重力和惯性使车身沿着高低起伏的轨道不断地上升下降，整个过程惊险刺激。考虑到安全因素，三年级学生一般没坐过过山车，但他们对过山车充满好奇，对坐过山车及做"过山车"有着强烈的探究欲望。在之前的学习中，学生也已掌握了有关直线运动、曲线运动、物体在斜面上的运动等相关科学知识。

　　本案例围绕教科版小学《科学》三年级下册《我们的"过山车"》，结合本单元学习内容，展开一场跨学科、跨领域的 STEAM 教学。学生通过设计制作"过山车"，测试改进"过山车"，评估展示"过山车"等项目化活动来展示自己的学习成果。在此过程中，每位学生都是小工程师，他们运用工程思维思考、设计、制作，不断解决实际操作中出现的各种问题，将知识运用于实际情境中，同时在真实情景中不断提升自己的各项能力，最终创造出可行的产品。

　　本案例确立的教学目标如下。

　　1. 综合运用跨学科、跨领域的知识能力设计建构一座"过山车"，并能根据改进建议及时调整、不断优化"过山车"。

　　2. 在设计制作的过程中感受同伴合作的快乐，认识到项目的完成需要考虑多方因素。

　　3. 体验工程设计的基本步骤，培养初步的工程思维，感受科学技术、工程设计与生活的联系。

 ## 案例介绍

一、课堂活动的内容设计

　　以学生制作"过山车"模型的项目化活动为载体，以提升学生综合素养为目标，组织学生开展以下六项活动：(1)激发兴趣，聚焦问题；(2)明确任务，确定解决方案；(3)设计制作，实践解决方案；(4)测试记录，完善改进；(5)汇报分享，在线评估；(6)总结项目，反思提升。具体流程如下：

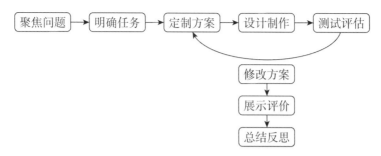

图1 "从坐过山车到做'过山车'"项目化活动结构图

二、教学策略与实施步骤

（一）激发兴趣，聚焦问题

教师播放游客乘坐过山车视频，引导学生产生驱动问题：如何设计制作一座"过山车"？学生对此有着强烈的探究欲望，同时也提出了更多问题，如：我们要制作什么样的"过山车"？怎么制作？需要什么材料？

（二）明确任务，确定解决方案

教师出示相关要求，并展示"过山车"模型制作评价量规的在线表格，评价表主要从以下几个方面展开：（1）设计图纸完整美观，模型制作符合图纸设计；（2）轨道总长超过2米；（3）整座"过山车"要稳固；（4）轨道要有坡度变化；（5）曲线轨道、直线轨道相结合；（6）小球能够完整走完全程，不脱轨。学生了解了建构"过山车"的具体要求并熟悉了评价标准之后，针对制作中的问题展开思考及讨论，各抒己见，形成制作"过山车"模型的初步方案。

（三）设计制作，实践解决方案

学生根据方案绘制、展示、汇报小组设计图，并综合考虑小组内和小组间同学们的建议调整修改，完善设计图。

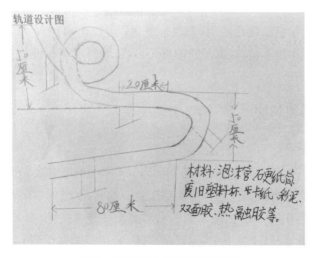

图2 某组"过山车"轨道设计图

教师在活动开始前提醒学生收集家中的废旧材料,如快递盒、纸筒等,并提供尽可能多的材料供学生选择,同时提供剪刀、尺子等工具。学生根据小组设计图选择材料和工具,做好分工,小组成员共同合作完成"过山车"模型制作。教师强调安全注意事项,在学生需要时给予适当的帮助。

(四)测试记录,完善改进

学生完成制作后,释放小球进行检测,及时记录检测过程中出现的问题,并围绕具体问题展开讨论,协商如何解决。学生小组根据改进后的方案完善"过山车"模型,并对模型进行多次测试、记录、讨论、改进,直到"过山车"能够顺利出发并安全地将"乘客"送到终点。在此过程中,教师可以根据学生的需要提供一定帮助。

图3 某组改进后的"过山车"模型

(五)汇报分享,在线评估

教师发布在线评价表,组织小组进行自评。各小组展示"过山车"模型,简要介绍设计、制作、检测等过程,并进行现场实测。在此过程中完成小组间互评。

(六)总结项目,反思提升

学生以小组为单位总结项目活动,发现小组优点,体验设计产品的成就感,同时也根据其他小组的评价分析本组不足,及时反思改进。最后,教师展示评价总表,师生互动,共同对本次活动进行总结。

三、学习评价与其他说明

(一)学生自评收获

A同学:设计制作"过山车"过程中,最令我印象深刻的问题是我们设计了让小球翻转的轨道,但在翻转过程中小球总是滑落。为了解决这一问题,小组同学们发散思维,各抒己见,不断地调整轨道,在一次次失败中总结改进,最终解决了难题。

B同学:我们在设计制作"过山车"过程中发现,只用科学知识很难完成这个项目,还需要美术、数学及工程和技术知识与能力,需要我们进行小组合作,做好分工,让每个同学都发挥自己的能力,并互相学习。我们在这个项目中,就像小工程师一样思考问题,运用知识解决问题,这种体会太棒了!

（二）其他说明

本案例中,学生作为小工程师设计并建造一座"过山车",需要以物体的运动等科学知识为基础,将科学、技术、工程、艺术、数学有机融为一体,运用跨学科、跨领域的知识以及综合实践能力。

工具使用参见上述实践过程。交互白板主要用于课件展示,引发学生的关注和思考。投屏功能可帮助教师展示学生的设计图,加强小组之间的交流学习。在线文档用于制作发布在线评价表,帮助学生完成自评、互评活动。学生利用智慧课堂接收在线表格,小组讨论完成评价并查看各组的评价等级。

创新表现方面,一是采用 STEAM 教学模式,以学生为中心,综合运用跨学科、跨领域的知识,培养学生的综合实践能力;二是采用 PBL 教学法,让学生从被动接受者变为主动探究者,提升学习价值;三是将评价量规设计成在线表格形式,使学生小组能够同时实现实时在线评价,且能及时接收其他小组的评价。

案例评析

本案例的经验意义主要有以下几方面:(1)案例来源于学生真实的生活情境,探究活动不再假大空;(2)鼓励学生收集生活中的废旧材料,培养学生的环保意识;(3)激发学生提出驱动问题,让学生成为主动探究者,教师提供有效指导;(4)以小组为单位,分工合作,提高学生的动手能力和沟通评价能力;(5)设计制作步骤环环相扣,培养学生初步的工程思维。

专家点评

这是一个 STEAM 理念下的主题探索和实施案例,呈现的成果看似是图纸,但从图纸到实际制作"过山车"场景的过程本身还是一个系统工程,将图纸转化为模型所涉及的问题探索其实也非常多;对案例基于真实情境引发问题驱动的实践,对实施要点介绍突出"STEAM"和"PBL"特性,都能展现相应亮点。相关视频与照片为成果提供了一定的实证。

扫码查看视频案例介绍

幼儿园 STEAM 活动：多米诺骨牌

安徽省合肥市丁香家园幼儿园　王　荣　李玉梅　张莱芳

 案例背景

大班幼儿在建构活动中对多米诺骨牌产生了浓厚的兴趣，于是我们和幼儿开始了多米诺骨牌探索活动。《3—6 岁儿童学习与发展指南》（以下简称《指南》）指出"幼儿科学学习的核心是激发探究兴趣，体验探究过程，发展初步的探究能力。成人要善于发现和保护幼儿的好奇心，充分利用自然和实际生活机会，引导幼儿通过观察、比较、操作实验等方法，学习发现问题、分析问题和解决问题"。根据《指南》精神，我们决定开展这个随机生成的 STEAM 活动。

本案例确立的教学目标如下。

1. 能自主设计图纸，并根据设计图摆出 S 形和较复杂的图形，让摆出的图形顺利倒下。

2. 掌握多米诺骨牌排列的方法，表达自己的探索发现，感受活动带来的快乐。

3. 在操作中感知多米诺骨牌倒下时传递的速度变化。

 案例介绍

一、活动的内容设计

考虑到幼儿的年龄特点、兴趣爱好、能力水平和跨学科融合等因素，主要围绕以下三个问题展开。

1. 能摆出 S 形和较复杂的图形（立体图形、迷宫等）。

2. 感知探究多米诺骨牌传递的速度变化。

3. 尝试解决排列复杂图形时易倒的问题。

二、活动实施步骤

（一）探索排列 S 形和较复杂的图形

在幼儿探索排列骨牌（从直线、曲线的摆放到简单几何图形的摆放）的过程中，我们发现孩子无法将较复杂的图形摆放成功。

经过一番讨论，幼儿先尝试在纸上设计图形，然后按照图纸有序排列（见图 1），并思考摆放时需要注意的骨牌间距、转角弧度等问题。在测试时，阳阳的骨牌总在转弯处停下，旁边的诺诺观察到后说："你转弯处的骨牌离得有点远了，转弯那里的骨牌要与后面放得近一点。"阳阳调整转弯处骨牌的间距，这次骨牌成功倒下。

作品分享时，幼儿介绍自己的设计图与想法，其他幼儿也会提出建议。同时，教师对问题进行提炼，指出为保证骨牌连续倒下，骨牌间距应小于骨牌高度，这样前面的骨牌才能击倒后面的骨牌。

在思维的碰撞下，幼幼、师幼进入互动学习模式，幼儿整合自己的设计，并进一步优化作品（见图 2、图 3）。

图 1　有序排列　　　　　图 2　整合设计　　　　　图 3　优化作品

技术与分析

与数学和艺术的联系：在设计图纸和测试时，会涉及骨牌的大小、宽厚、所需数量、排列规律，以及多米诺骨牌的造型和美观性。

骨牌从平面发展成立体，具有挑战性和难度。设计应与摆放相结合，幼儿先自行设计图纸，再摆放骨牌。教师根据幼儿游戏情况帮助幼儿明确任务要求，针对活动中遇到的问题进行提炼，帮助幼儿总结经验。

（二）探究多米诺骨牌传递的速度变化

随着游戏内容的深入，幼儿开始小组合作，一起探究如何摆放较复杂的路线，并测试骨牌能否一触到底。快要结束时，诺诺想加快摆放速度，不小心碰倒了骨牌，骨牌成片地倒了下去，瀚瀚立即把一块骨牌往反方向碰倒，总算是没有全部倒下。瀚瀚疑惑地问我："老师，骨牌倒的时候我想拦住它，但是速度太快拦不住，为什么骨牌倒得越来越快呢？"

萱萱说："我在家和爸爸比赛时，我摆的距离小，爸爸摆的距离大，我的骨牌就会倒得快一些。"

我建议他们试一试，看看骨牌倒下的速度为什么会越来越快。

幼儿开始进行小组实验，一组摆的间距大，一组摆的间距小，然后同时推倒，把每次测试的结果记录下来，根据结果验证是否跟这些因素有关。瀚瀚观察到骨牌倒下的速度快慢不仅与骨牌的间距有关，还和路线有关。"我们摆的弯道骨牌比她们的直线骨牌倒得慢。""我们摆的骨牌密，你们摆的骨牌疏，我们当然倒得快了！"孩子们踊跃地交流自己的发现。我说："到底是不是跟摆放距离、数量多少和骨牌路线有关呢？你们可以小组分工测试，将每次试验的结果记录下来进行比较。"孩子们经过多次尝试、比对得出结论：骨牌倒下的速度变化与骨牌排列路线、间隔距离、摆放数量均有关。

技术与分析

科学内容：每块骨牌倒下时具有的动能都比前一块大。我们把这种现象称为多米诺骨牌效应,其物理原理是多米诺骨牌竖着时重心较高,倒下时重心下降,当它倒在第二张牌上时,这个动能就转移到第二张牌上,接着又传到第三张牌上。由于每张牌倒下时具有的动能都比前一块牌大,因此它们的速度一个比一个快。

在摆放过程中,孩子们体验到不断倒牌的挫败感,这时教师要鼓励孩子勇敢面对失败,找出原因,只有坚持不懈,才能获得成功。

（三）尝试解决骨牌排列时容易倒下的问题

怎样才能解决摆放骨牌时一碰就倒的问题呢?幼儿展开讨论:"要不,就让一个人摆,其他人站到旁边就不会碰到了。""不行,我们是一组的,要一起完成。""如果我们摆的时候跟同伴保持好距离呢?"希希提出合作排列时每个人保持间距,摆放时不抢不慌,可测试时骨牌还是倒下了。幼儿又开始再次尝试,他们发现每隔一段距离空出几块骨牌的位置不放,等到最后再补上,这样就算骨牌倒了,也不会全倒完。这个发现增强了孩子们的自信心,他们打算用这个方法再次尝试。在孩子们的共同配合下,测试终于成功了,看着骨牌一块接一块地相继倒下,孩子获得了极大的成功感,心里充满自豪。

技术与分析

与工程和技术的联系:从摆放平面的多米诺骨牌到摆放立体的多米诺骨牌,涉及如何更好地摆放骨牌,如何顺利完成转动等。

经过研究讨论,孩子发现只要同伴之间保持距离,运用间断排列骨牌的方法,就能确保骨牌路线的稳定性。孩子们通过不懈努力,最终获得成功。

三、收获体会与说明

经过此次 STEAM 活动的实施,不同发展水平的幼儿得到了不同程度的提升,可以说,我们和孩子们一同成长了。

首先,幼儿有所发展。骨牌需要一块块摆放,这不仅培养孩子的智力、想象力和创造力,还考验孩子的耐力和意志力。码牌时,骨牌可能会出现一次次倒下的情况,孩子们能做到遇到挫折不放弃,重新再来。除了在交流分享中养成倾听别人意见的习惯,孩子们还培养了合作意识、团队精神,促进了良好学习品质的形成。

其次,家长有所感悟。看到孩子的变化,家长们心里是很欣喜的。这些活动的实施,不仅增强了孩子们的专注力和自信心,让他们敢于接受挑战,也让他们学会了与同伴协商配合,在参与活动的坚持性上也有了很大提升,这些都为他们今后的学习奠定了基础。

最后,教师也有所发展。结合幼儿身心发展特点,以幼儿喜欢的多米诺骨牌为主题开展活动有助于幼儿主动学习。整个活动以游戏为主线,层层推进解决活动过程中遇到的问题,知识技能的习得是在操作活动中直接感知的。教师适时、大胆地放手,给予了孩子感知、操作、试验的机会,让孩子自主地去发现问题、分析问题、解决问题。

本案例主要融合科学、技术、工程和艺术等进行跨学科探索(见表1),能够激发幼儿继续探索其中的奥秘和科学道理,进一步培养幼儿的探究欲望。相信多米诺骨牌将成为幼儿探索的开始,而不是结束。

表1 "多米诺骨牌"跨学科知识图谱

科学	数学	技术	工程
每块骨牌倒下时具有的动能都比前一块大，在实验中能感受到能量的转换	在设计图纸和测试时，涉及骨牌的大小、宽厚、所需数量	如何更好地摆放骨牌，如何更顺利地完成传动	从平面的多米诺骨牌到立体的多米诺骨牌
＋			
艺术		人文	
多米诺骨牌造型设计图		骨牌的历史、不同的骨牌、骨牌的故事	

 案例评析

STEAM 课程强调基于真实问题解决的探究学习、基于设计的学习，强调幼儿在学习情境中发展设计能力与问题解决能力。我们充分利用园内建构课程与多米诺骨牌游戏材料资源开展活动课程设计，在思维的相互碰撞中，培养幼儿各方面的技能和认知，强调孩子的主动探索精神。在一系列课程活动结束之后，我们给予了孩子不同的评价，有多米诺骨牌路线设计达人，有问题小博士，有搭建小能手，有最佳合作小能手……每一个班级的评选标准都不同，每一个孩子都有不同的认识和成长。

 专家点评

整个案例从课程内容到教学策略都坚持以幼儿为中心，充分考虑幼儿的认知能力，联系幼儿的生活场景，拓宽幼儿的学习空间和视野。通过游戏活动，在教师、家长的共同参与及支持下，寓教于乐，让幼儿经历从发现问题、提出问题到解决问题的科学探究的一般过程，提升幼儿的动手能力，激发幼儿主动探索的科学精神。

扫码查看视频案例介绍

自 动 浇 水 器

——基于幼儿真实问题下大班科学区 STEM 项目活动

安徽省合肥市蜀西幼儿园　孙晨阳

 案例背景

过了一个中秋节假期,在从幼儿处收集的问题中发现,幼儿对班级中的"芝麻花园"最感兴趣,很多孩子平日会常看自己的植物,假期回来后却发现个别花草已经死亡,大家开始围绕"为什么植物会蔫掉?"以及"如何照顾短假期里的植物?"展开讨论。是因为没有阳光? 还是因为水不够? 怎样才能在短的假期里保证干枯的植物也能"喝水"保持土壤湿润? 可以同时浇好几盆水吗? 这些都是生活中幼儿提出的真实问题,通过提炼,我班的科学区 STEM 项目活动名称应运而生。

聚焦问题:如何制作一个能两天不断输水且保持土壤湿润的自动浇水器?

本案例确立的教学目标如下。

1. 科学目标:了解自动浇水器的出水原理及在生活中的作用。

2. 工程目标:设计自动浇水器。

3. 数学目标:掌握丈量的方法,测量分流管、洞口大小、物体高度,把握好所需的物体距离、高度与大小。

4. 技术目标:能够利用多种材料进行打孔,连接分流管进行分流,利用连接工具对打孔处进行连接,保证水不从打孔处漏出。

 案例介绍

一、科学区 STEM 项目活动的内容设计

本次科学区 STEM 项目活动共 5 个课时(180 分钟)。

第 1 课时:认识基本的浇水器,掌握生活中浇水器的基本特点和使用方法。

第 2 课时:通过制作洒水器实验,感知出水口高度、洞口大小与水流快慢的关系。

第 3 课时:根据班级所需设计自动浇水器的功能、结构,用画笔将自己想设计的浇水器清楚地描绘出来。

第 4 课时:根据图纸选择合适的材料,完成自动浇水器的制作。

第 5 课时:展示浇水器,与同伴分享交流,调整并解决实际遇到的问题。

二、教学策略与实施步骤

（一）从生活中发现与寻找，我心中的自动浇水器

在本次科学区 STEM 项目中，通过集体教学活动"生活中的浇水器"，师幼共同初步认识浇水器，能够掌握生活中浇水器的基本特点和使用方法，从而激发幼儿的探究欲望。

教师首先通过家园合作发布"寻找生活中的浇水器"小任务，幼儿与家长在家中初步寻找。活动开始，教师提问："每次我们给植物浇水使用的是什么工具？"幼儿七嘴八舌地回答："我知道！有要打气的气压喷壶""昨天我去超市看到了洒水壶……"根据幼儿的回答，教师随机出示普通浇水壶、气压式喷壶、洒水类水壶。幼儿分组讨论这些浇水器的基本特征，并探寻其使用方法。

接着，教师再次提问："我们刚刚了解了生活中浇水器的使用方法和出水的原理，大家觉得我们需要的自动浇水器要满足什么功能呢？你们觉得什么是自动浇水器？"这时候幼儿立刻说出："在我心中，就是自己会出水的，不要我去浇水的浇水器。"教师通过引导、讨论，与幼儿共同小结，使幼儿能够掌握生活中浇水器的基本特点和使用方法。幼儿通过了解、观察，也知道了浇水器的基本组成。最后幼儿进行猜测讨论，确定了本次自动浇水器需要满足的功能。

（二）趣味小实验，自制洒水器引发探究欲望

教师进行实验，幼儿感知：瓶子盖起来，水就停止洒出了。幼儿观察后提出问题："为什么盖上盖子水会停止洒出？"有的幼儿说："是不是因为水会暂停？"有的幼儿说："是不是因为水会有压力？爸爸以前带我做过很像的实验。"师幼共同自制洒水器，在户外集体实践中了解其原理并进行小结。幼儿拿着扎过孔的瓶子，接水后开始尝试。"好神奇啊！"孩子们一边操作一边观察着水流的变化。

师幼小结：我们生活在地球大气层的底部，空气的重量会对物体产生一定的压力，这跟压强有关。实验中，当拧紧瓶盖时，瓶口没有和外界联通，因此瓶内气压小于瓶外气压，瓶外的空气会通过小孔把水往瓶里压，所以水就漏不出来。打开瓶盖后，瓶口和外界联通，瓶内外气压相等，空气一面从底部小孔把水往里压，一面又从瓶口把水往外压，所以水就能靠自身重力漏出来了。

（三）我想设计的自动浇水器

通过相互交流，幼儿在班级中分享讨论自己想设计的自动浇水器。有的幼儿说："我想设计的浇水器是很大的，有很多水，有很多出水口。"也有幼儿说："我想设计的自动浇水器是上下两个管道出水的。"教师作为观察者和倾听者，可以看出幼儿的想法具有多样性。教师肯定幼儿的想法，引导幼儿根据前期经验，结合班级自然区的情况，以及自己需要的自动浇水器的功能、结构，用画笔将自己想设计的自动浇水器清楚地绘制出来。

最后幼儿分享自己的想法与设计，确定参选自动浇水器的设计图纸，幼儿自主投票，票数多的为最终图纸。

（四）动手实践，制作"自动"浇水器

1. 第一次制作

经过前期充分的准备，幼儿四人一组开始实践。先根据图纸选择材料，明确图纸上自动

浇水器的结构,此时四名幼儿便分成两人一组。两个幼儿寻找材料,两个幼儿拿着图纸探讨:"这个用硬吸管吧?""我觉得不是,我觉得这个是软吸管。"过了一会儿,幼儿确定好了初步的使用材料:瓶子、硬吸管、刀、防水胶、剪刀。

随后幼儿发现打孔困难,需要寻找其他工具来解决,便与教师沟通想要的工具。幼儿想要大头针一样的材料或将胶枪加热尝试进行打孔。教师在接收到幼儿的问题及需要增加的材料后,立即从班级中取出相应材料,出于安全性考虑,教师陪同幼儿共同完成,成了活动的参与者、幼儿的合作者。幼儿通过不断的操作、实践,利用胶枪保证装水装置和引流装置的接口处不漏水,同时也发现可以使用防水胶加固。教师发现,与幼儿生活经验贴近的材料往往能够激发幼儿的制作兴趣,为幼儿的探索提供一个良好的开端。

幼儿将初步做好的自动浇水器试验了一下,发现水流过大,花盆无法承载水量,管子也因较短无法引流。教师引导幼儿讨论如何进行改进,以及什么样的水速适合班级内的植物供给。幼儿提出:"像水滴一样的,不能流得太快。""慢慢滴水就可以。""我们这个塑料水管不能滴水,可能需要换掉它。"幼儿通过实践发现水流太大会导致花草淹死,进而在教师的启发下思考如何改进。

2. 第二次制作

有过第一次制作的经验后,幼儿选择用软管进行二次制作,却发现软管剪裁短了,长度不够伸到泡沫箱中,于是分头寻找材料与工具,找到连接管。两人测量软管并进行剪裁,两人用连接管加长。

在测试中又遇到了新问题,幼儿提出:"这个水流还是有点快。"于是小组开始思考怎样控制水流大小。四个人在科学区中寻找材料,一幼儿提出:"我知道! 材料有更细一点的管子,给它换了。"另一个幼儿反驳道:"不用,我找到了这个卡扣,试一试。"幼儿增加卡扣,尝试安装,完成浇水器。

通过测试,幼儿自制的自动浇水器能够使班级两个泡沫箱的土壤湿润,并保持一天半的滴水,项目取得阶段性的成功。教师在活动中不断观察幼儿行为,从观察者转变成幼儿的合作者,给予幼儿更大的操作空间,营造宽松、有趣的环境氛围,为整个STEM项目活动奠定基础。

(五) 成果初探,分享交流

小组幼儿发布自动浇水器,进行了测试讲解,并邀请同伴观看。同伴们观察自动浇水器能否达到自动出水,是否会漏水,水流是否合适,能否承载一定的水量且放置安全,然后给予了肯定与建议。对产品进行分享与讲解,将利用哪些材料及每一步骤分享给同伴,这些经验对于提升幼儿的逻辑性思维、语言表达能力都有一定的帮助。

三、学习评价与其他说明

(一) 学习评价

本次活动的科学区材料和之前科学区材料的投放并不相同,教师利用自制浇水器的想法,激发幼儿探索的欲望,调动他们的主动性,使幼儿对不同工具、材料的使用方法有了一定的了解与掌握。

在绘制图纸后,幼儿投票选出最想制作的浇水器,并通过互评、师幼小结完成这一项活动,充分发挥了主动性。

最后的发布环节邀请代表进行项目讲解,幼儿提出建议,描述想法,使项目活动层层递进。这一过程中,幼儿的语言表达能力及对事物描述的逻辑思维能力得到了提升。

(二)其他说明

学科融合:幼儿通过积极交流各自的想法,提升了自信心与自我效能感,并在数学、科学、工程、技术方面获得了良好的发展机会。

工具使用:这次活动无形中提升了幼儿的各方面能力使他们学会了利用工具丈量物体、通过实际操作感受、体验什么是气压、浇水器的构成及出水的原理等,最后的介绍产品环节又锻炼了幼儿的语言表达能力。

创新表现:自动浇水器的诞生不仅让幼儿亲身体验到发明创造给人们生活带来的改变,更激发了他们通过动手动脑解决生活中真实问题的积极性。

 案例评析

本案例的经验与意义主要有以下几方面。

1. 项目活动的开展,能够激发幼儿的探索求知欲望,培养幼儿的合作意识,提高幼儿的观察能力。

2. 幼儿能够在相互合作中不断探索解决问题,在交流中寻找解决办法,教师给予幼儿充分的自主探索空间,使他们获得了丰富的经验。

3. 对于幼儿的材料投放也不能太单一,需要不断跟进,对幼儿使用材料的情况进行调整。同时教师需要围绕幼儿的发展水平和需要来进行指导,支持幼儿在活动中的发展与成长。

 专家点评

学龄前儿童充满想象力和好奇心,但相应的知识和能力不足,如何引导他们开展科创活动,提升科技素养,合肥市蜀西幼儿园提供了很好的案例。本案例选取的科创内容适切,让幼儿够得着,肯做能做;方法得当,充分挖掘各方资源,助力项目学习,如家校联动极大发挥了家长的参与指导作用;活动设计符合幼儿的能力发展规律,寻找观察浇水器—自制洒水器—设计绘制自动洒水器—制作自动洒水器—改进自动洒水器—发布自动洒水器,层层递进;教师鼓励幼儿看、说、想、画、做,培养了幼儿的想象、思考、实践、创新、表达、合作等能力。

扫码查看视频案例介绍

制 作 狗 屋

——基于真实问题的 STEAM 活动促进幼儿深度学习

安徽大学幼儿教育集团　合肥高新区金港湾幼儿园　高支娟

 案例背景

幼儿园救助了一只流浪小奶狗,在和教师共同喂养时,孩子们提出了小狗应该住在哪。孩子们认为小狗需要有一座居住的房子,并就"如何为小狗搭建房屋"这个真实问题出发展开了讨论。经过调查研究,孩子们决定设计一座防晒、挡雨、便于小狗进出的房屋。项目主要内容为通过探索 PVC 管搭建狗屋框架,了解狗屋的基本结构,运用连接工具进行狗屋框架设计,亲手制作一个狗屋。

本案例针对动物生存需求进行研究,以工程领域的狗屋设计和用简单的连接工具搭建立体框架等为知识点,幼儿分组讨论设计狗屋,并选择最佳方案作为项目实施方案;采用项目教学法,融合科学、技术、工程、艺术、数学知识;从狗屋设计的美观性、实用性维度进行评估。

本案例确立的教学目标如下。

1. 科学:知道狗屋的基本结构。

2. 技术:会使用连接工具进行框架设计。

3. 工程(设计):使用搭建材料,完成设计的狗屋。

4. 艺术:能设计美观有特色的狗屋,并进行简单装饰。

5. 数学:通过比较测量感受物体的大小、长短。

 案例介绍

一、问题的提出

幼儿对流浪狗的生活习性和居住环境进行调研,并针对小狗需要居住在什么样的狗屋展开讨论。幼儿 A 说:"要能够让狗狗好进出。"幼儿 B 说:"要能够防晒和挡雨,狗狗就不怕晒和下雨了。"为小狗设计一座适合居住的屋子项目由此产生。

屋子的造型有很多种,小狗居住的屋子要有哪些部分? 教师和幼儿一起收集了很多和狗屋有关的图片,在欣赏过程中,幼儿纷纷说出自己的想法:房屋要有墙体、屋顶和门窗,这样小狗在里面才能透气,门洞不能太小,不然小狗进不去。

经过深入讨论,幼儿进一步聚焦问题,即如何制作有四面墙、窗户、门,便于小狗进出的狗屋,进而明确了工作任务。

二、实施步骤与策略

(一)做小小设计师,展现设计想法

活动前,教师发布任务:"流浪狗狗需要我们为它制作一个房子,在制作前,需要设计师先设计狗屋。今天我们来当设计师,你要设计什么样的房子呢? 设计的房子要由哪些部分组成? 窗户、门、屋顶可以设计成什么样子? 请小朋友们动手为狗狗设计一个狗屋吧。"幼儿们根据前期准备经验,绘制了平顶屋子和尖顶屋子的图纸,并向同伴解说自己的设计想法。幼儿 A 说:"我设计的是尖顶房屋,这样水可以顺着斜坡流下来。"幼儿 B 说:"我设计的房屋是平顶的,和我们住的楼房是一样的。"然后幼儿开始运用吸管和黏土搭建狗屋模型。

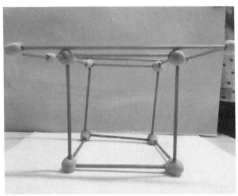

图 1　尖顶房屋造型　　　图 2　平顶房屋造型

(二)前期测量

搭建多大的狗屋,需要先对小狗进行测量。因幼儿对尺子的刻度还不具备认知经验,所以幼儿提出用绳子对小狗的身高、体长、头围、体宽进行测量,并在测量点做标记。在测量过程中,幼儿发现绳子上的标记无法记录到记录表中,测量结果无法保存,于是提出用美工区的冰棒棍对绳子长度进行二次测量,记录冰棒棍数量,形成最终测量结果。根据测量结果,幼儿确定了狗屋门洞的高度、宽度、长度要大于狗狗的身高、体长、头围、体宽,并最终完成了数学任务:通过比较测量感受物体的大小、长短。

(三)实践操作及测验

幼儿按照设计图,尝试将两根 PVC 管从不同角度连接上。在搭建过程中,刚开始孩子们直接用两根 PVC 直管搭建屋顶,可是 PVC 管非常滑,不易连接,幼儿尝试了几次都失败了。一个幼儿提出:"我们还是先用连接管把下面的方形搭出来,最后再搭屋顶吧!"于是幼儿又开始探索使用两通管、三通管连接合适长度的 PVC 管,很快完成了房屋下半部分的方形框架。搭建尖顶组的孩子在搭建三角形时发现管道还是容易滑脱,于是两个孩子分工扶着管道,一个孩子用胶带进行捆、粘。搭好后,幼儿摇了摇框架,检测连接的牢固程度。

在墙体材料选择时,幼儿说:"我们在材料上滴上水,看会不会漏。"幼儿在 PVC 板和纸板材料上分别滴上水,进行了材料防水测试,最终选择防水性较好的 PVC 板进行搭建。他

们用胶水、胶带将 PVC 板粘在框架上,并在其中一个墙面上留出便于小狗进出的门洞。至此,幼儿完成了工程任务:使用搭建材料,完成设计的狗屋。

幼儿还提出小狗会喜欢更漂亮的狗屋,协商在窗户周围进行装饰。他们给狗屋绘上美丽的图案,并开心地向他人讲述自己绘制的内容。

（四）产品发布

幼儿分组展示作品,现场解说狗屋功能,介绍选择这一方案的原因,并说出狗屋的基本结构和使用材料,运用语言让听众接受自己的观点和产品。最后,幼儿请小狗体验测试进出是否方便,能否在屋内自由转动身体。

图 3　展示狗屋

三、学习评价与其他说明

1. 幼儿间互评,对狗屋设计的美观性、实用性进行评估,投票选出最喜欢的房屋,并给出部分改进建议,如:增加底部重量,使房屋更加稳固。

2. 针对幼儿的制作过程和解说的完整关联性,教师运用提问检验幼儿的学习成果,同时依照《3—6 岁儿童学习与发展指南》对幼儿学习过程中的参与情况进行总结。如:幼儿能否清晰讲述狗屋的基本结构,能否使用简单的材料搭建狗屋,制作狗屋过程中有无和同伴协商行为,能否运用语言让听众接受自己的观点和产品。

3. 教师对案例的创新性和有效性进行反思。本项目进行了学科融合,不仅促进了幼儿的动手能力,提高了幼儿的问题解决能力,同时解决了流浪动物住宿问题。此项活动让幼儿了解了房屋和基本结构,更多地关注到动物的生存环境,起到了很好的生命教育作用。

 案例评析

1. 基于真实问题,激发幼儿学习兴趣

巧妙结合园内救助流浪狗这件事,创设为小狗搭房子这个真实情境,让幼儿对搭建房屋产生浓厚兴趣。真实的问题促进幼儿在活动中不断思考,从问题出发,将生活中已有经验进行迁移,积极寻找解决问题的方法。如从简单地为小狗搭建房屋到关注小狗居住房屋的舒适性,再到美观性。在测试时幼儿模仿小狗去钻一钻小房屋,亲身体验。在真实情境下,幼儿始终保持着参与活动的积极性。随着探究过程不断深入,幼儿的学习兴趣更加浓厚。

2.把握教育契机,提高幼儿问题解决能力

善于发现幼儿感兴趣的事物,挖掘幼儿生活中偶发事件所蕴含的教育价值,当幼儿在活动中遇到困难时,以问题的形式帮助幼儿深度思考。如:幼儿提出要设计适合小狗居住的狗屋,多大的狗屋适合小狗居住呢?有孩子提出狗屋门要比小狗大,怎么能知道小狗的大小?孩子想到要了解小狗的大小,需要测量小狗的长度、高度、腰围、头围。在提问中,幼儿一步步深入产生新的问题,从而积极寻找解决问题的方法。同时,教师针对幼儿年龄特点,在活动前鼓励幼儿尝试用吸管先搭建模型,帮助幼儿解决了从平面设计图到立体作品的困难,增强了幼儿探究的信心。

3.多学科融合,提升幼儿知识经验的迁移与应用能力

本次项目在实施过程中融合了科学、技术、工程、数学等相关知识,幼儿在活动过程中了解了房屋的基本结构,主动尝试运用PVC管进行搭建。在连接过程中,幼儿能够使用艺术活动中的材料(毛梗、胶带)作为连接性材料。同时,幼儿运用已有的计数经验,通过计数冰棒棍长或用绳子标记的方法来记录测量的长度,完成了对小狗体型和房屋高度的测量。在多学科的融合中,幼儿知识经验的迁移与应用能力明显得到了提升。

 专家点评

幼儿园孩童的知识储备有限、动手操作能力也未完全发展,可以开展一些什么样的综合实践活动呢?本案例给了我们很好的启示:项目不在于难,更不在于花哨,而在于实用,在于引发孩童对作品结构、尺寸和功能的合理畅想,在于让其力所能及地拼接涂画,在于激发他们对生命的呵护与关爱。有了这些作为"底色",孩子们将来才能更从容地应对更具挑战性的任务,创造出更为出色的实用物件,成为为世界增添温暖与正能量的人。

扫码查看视频案例介绍

科技"解冻",大爱无疆
——基于开源硬件的渐冻症患者智能轮椅

福建省泉州第五中学　黄春旭

 案例背景

如何在高中通用技术的教学实践中渗透学科素养,是技术学科探索的新方向。在教授学生通用技术和基本技能的基础上,我们要保护和培养学生的创新意识,更要对学生进行爱的教育,这是技术学科课程标准的要求,也是技术学科教师的使命。

本案例是针对高中通用技术课程《控制与设计》单元的一个创新实践活动项目,学生在学习基本控制方式和软硬件知识的基础上,通过走访和收集相关资料,以团队合作的方式设计并制作的一个综合项目。学生从关爱渐冻症患者的角度出发,设计和制作相关智能设备,以帮助其解决生活中的困难,改善其生活质量。通过本案例的学习,学生能深入了解控制和通信方面的知识,掌握基本的编程方法和技巧,提高技术素养,关爱渐冻症患者。

 案例介绍

本案例是以实践活动为主的教学案例,以"做中学"为基本理念指导学生开展实践活动,让他们通过活动发现问题、解决问题,从而培养工程思维,体会科技与人的密切关系。

一、探索渐冻

学生上网查找渐冻症的相关资料和视频,了解国内外渐冻症的基本情况。渐冻症在国际上的正式名称是肌萎缩侧索硬化,简称 ALS,是一种神经系统疾病,指支配肌肉运动的神经元慢慢变性、死亡,肌肉随之一点点萎缩,患者逐渐出现肌无力、肌萎缩、吞咽困难、喝水呛咳以及说话不清等症状,最终失去运动能力和生活自理能力,直至死亡。同时,学生通过市场调查发现:市场上渐冻症患者使用的居家生活辅助产品功能比较单一,不能根据患者的实际情况进行个性化的设计,难以同时满足不同患者的需求;有些产品虽然功能较多,但整套系统较为复杂,价格昂贵,后期的维护和升级难度较大。最后,学生通过走访社区的渐冻症患者,了解其普遍需求,确定采用开源硬件,作为本案例项目的核心。

二、学习开源

本案例是一套针对渐冻症患者的居家生活辅助系统,由智能轮椅、弯曲传感器、肌电传感器、红外控制器(带学习功能)、开源控制器(micro：bit 和 ESP32)等硬件与相应的 App 和物联网构成。首先,使用者可以根据自身的实际情况,选择弯曲传感器或肌电传感器作为控制方式,弯曲传感器可以戴在手上、脚上等身体能活动的部位或关节,肌电传感器可以贴在身体上肌肉较多的部位。其次,通过手机 App 选择相应的传感器和控制对象。控制对象分为两大类:一是通过红外遥控的家用电器,常见的有风扇、空调、电视机和 LED 灯等,这类家用电器可以通过红外控制器进行控制,相应的红外控制编码可以通过红外控制器先学习并保持在单片机中;二是基于物联网的智能家居设备,比如通过 Wi-Fi 和物联网进行远程控制的设备,这类设备我们可以通过 ESP32 连接 Wi-Fi 和相应的物联网平台进行控制。

三、活动实施

(一) 项目方案与草图的设计

根据设计原理,学生设计并绘制作品草图。师生交流讨论,从中选择最优的方案作为本案例的实施方案,然后根据确定的项目方案及相关功能,准备相关的硬件、软件和制作工具,本环节可以通过头脑风暴培养学生的思维能力。

(二) 软件建模与模型制作

为了提高作品的加工精度,确保操作安全,学生根据前期设计的作品草图,通过学校科创中心的加工设备进行设计与制作。红外控制器用 123D 软件建模,然后由 3D 打印机打印。主控制器(由 ESP32 开发板控制)和智能轮椅所需的木板由 LaserMaker 软件设计,然后按照设计好的矢量图,用激光雕刻机和木工雕刻机切割。部分金属型材只能等设计好后再让外面的加工厂帮忙加工。这个环节主要培养学生的自主设计能力和团队合作能力。

(三) 智能轮椅的制作与组装

智能轮椅由铝型材和木板制作而成,为了满足速度和转向的需求,采用皮带传动的驱动方式,安装电机、轮子和相应的控制模块。底盘由一块 micro:bit 进行控制,并通过串口与主控制器进行通信。将主控制器和各种传感器安装在智能轮椅的相应位置上,用杜邦线将主控制器和各个传感器等模块连接起来,并用轧带固定。连接电路时,除了要考虑功能,还要考虑后期维护和安全等因素。为了美观和清洁方便,学生也可给智能轮椅刷上环保乳胶漆。底盘的设计和调试是本案例的难点,涉及物理、工程、编程等方面的综合知识,可鼓励学生多实践,多查找相关资料,然后选择最优的底盘控制方案。该环节主要培养学生的综合实践能力和分析解决问题的能力。

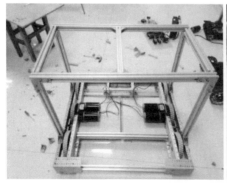

图1　制作、组装智能轮椅

（四）智能手套和肌电臂环的制作

用电烙铁将弯曲传感器和定值电阻焊接好，做串联分压。然后用热熔胶将其固定在 3M 手套上，并测试弯曲传感器的灵敏度。将肌电传感器制作成臂环，便于戴在手上或脚上。智能手套和肌电臂环可以用 Arduino 开发板设计成有线的，也可以用 micro：bit 设计成无线的。本案例最终选择用 micro：bit 设计成无线的，micro：bit 之间的无线通信不仅节约了导线，而且使用便捷。通过弯曲传感器或肌电传感器，使用者只要轻轻动一下手指或肌肉，就能控制预设好的家用电器等设备。该环节侧重传感器的使用和数据的分析与处理，有助于学生了解数据采集、分析和处理的基本方法。

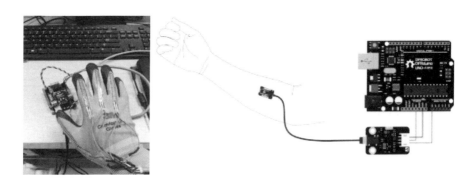

图 2　智能手套和肌电臂环

（五）App 的设计与编程

为了使用方便和个性化控制相应的智能家居设备，本案例采用了 App Inventor 设计和制作手机端的 App 软件，可以通过手机 App 与主控制器进行蓝牙通信，对传感器和控制对象进行相关设置。该环节有助于学生掌握基本的 App 开发方法和物联网方面的相关知识。

（六）编程与测试

先通过程序测试弯曲传感器和肌电传感器等模块的功能和通信是否正常，然后根据作品的相关功能逐一进行编程、调试和优化，最终完成作品的设计与制作。本案例可以根据学生的不同学情，选择图形化编程或代码编程，降低编程的难度，让学生真正体会到创作的乐趣。

四、评价参与

本案例基于开源硬件和软件，是一个较综合的科创实际活动项目，使用者可以根据实际情况选择不同的传感器，从而控制智能轮椅、风扇和 LED 灯等多种家居设备。

因为不同的智能家居厂家目前没有统一的标准和平台，大部分厂家的物联网平台也不是开源的，因此本项目现阶段只能依靠基于免费的物联网平台的智能家居，后续完善和改进的空间较大。

案例评析

本案例基于开源硬件和软件，是一个较大的综合科创实际活动项目，使用者可以根据实际情况选择不同的传感器，从而控制智能轮椅、风扇和灯等多种智能家居设备，后续完善和改进的空间较大。本案例为学生提供了一个学习自动化控制、软硬件和物联网通信的实践活动平台，使学生充分认识到科技与人的关系，激发学生努力学习科学技术，从而运用技术更好地服务人类，尤其是像渐冻症患者这类特殊的群体，本案例可以让更多的学生了解他们，帮助他们，关爱他们。

 专家点评

本案例以渐冻症患者为研究对象，聚焦该人群行动不方便的问题，通过为这类患者提供部分行动的辅助来开展项目式的学习。学生借助周边的一些材料，利用 Arduino 开发板，选择 micro：bit 进行无线通信编程设计。案例体现在信息时代来临时应关注生活中的一些现象，把传统机械与信息技术紧密结合，从而在整个活动过程中培育学生的学习素养，不断加强对学生的爱的教育。

扫码查看视频案例介绍

海带中碘元素的提取和海带性质的探究

福建省晋江市英林中学　杨　萍

 案例背景

本案例是与信息技术、实验探究深度融合的科创教育探索。教师注意将自然与生活中的化学资源引入教学,指导学生用传统实验和数字化实验进行海带中碘元素的提取和海带性质的探究。科创教育活动丰富了教学情境,让学生切身感受化学与生活的联系、化学学科的意义和化学科学在社会发展中的价值,这是化学课程教学改革的实践追求。

学生在校学习化学知识,进行科学实验,是培养化学科技技能与素养的基石。在学生学习化学实验操作和实验规则的基础上,辅助信息技术和数字化实验设备,让学生把知识与现代科技实验手段相结合,促进其科学素养的发展。科创活动让学生体验科技创新的乐趣,增强学习知识的信心,也让科创教育得以长远发展,发扬科学育人功能,让我校"有趣、有意、有效"教育理念得以实施。

依据本校学生所掌握的知识,教师对生活中的化学知识进行了科学合理的甄别。生活处处有化学,化学源于生活,又高于生活。本案例的选题源于学生身边且熟悉的化学资源。我校位于晋江南部海岸,这里有广袤的海岸线,也是福建省海带和紫菜生产基地。然而在学生思维中,海带只是一种营养丰富的食材,其实除了作为食材,海带还有另一个重要的用途:提取碘元素。相比其他植物,海带中碘元素含量非常高。而且碘元素在工业中的用途非常广,碘的提取是化学工业的一部分。学生探究身边的物质,就能体会到科技与生活的关系。

 案例介绍

一、方案设计

本案例围绕身边常见的化学物质和资源,让学生探究物质组成的奥秘,以及物质中微量元素的提取和检验的原理与方法,通过对海带性质的探究,指导人们的膳食,使其更加营养合理。

仪器:酒精灯、烧杯、滤纸、玻璃棒、分液漏斗、蒸发皿、坩埚钳、电导率传感器、溶解氧传感器、pH 传感器等。

药品:四氯化碳、淀粉溶液、稀硫酸、过氧化氢、蒸馏水、干海带。

具体探究过程包括五个环节,学生按环节依次进行实践。

二、实践过程

(一)加热海带

加热是化学科学探究中常见的方法,也是最基础的步骤。富含碘元素的海带主要以碘化钠的形式存在。在对海带滤液的探究中,学生提取了 I_2,并探究滤液的化学性质。学生加热时,教师提示学生酒精灯的注意事项,包括控制酒精量、检查酒精灯芯与灯帽的严密,力求做到安全探究。

(二)溶解与过滤

溶解与过滤是化学实验中常见的操作,过滤按"一贴二低三靠"进行,有助于学生增强基础实验操作的规范性和安全性,得到海带灰中可溶性氧化物和无机盐混合液。通过溶解与过滤这两项基础化学实验操作,学生提高了动手、动脑、眼观的科学探究能力。

(三)氧化 I^- 成 I_2

海带滤液中的碘元素以 I^- 的形式存在,需要把 I^- 氧化成 I_2,可先用 H_2SO_4 酸化,再加入 H_2O_2 或新制氯水,充分震荡后把 I^- 完全氧化。由于海带的用量少,提取的 I_2 完全溶解在水中。

(四)探究海带滤液的性质

利用苏威尔数字化实验软件(溶解氧传感器、pH 传感器、电导率传感器)探究海带滤液的性质。溶解氧的含量先增大后稳定,pH 值从碱性降到了酸性,滤液的电导率呈逐渐减小的趋势。不同组的实验数据稍有不同,但最后都稳定在同一数值。

(五)萃取与分液碘水并检验 I_2

碘元素在科研及医药领域用途广泛。海带中的碘元素转变为 I_2 后溶解在水中,这样的情况下不容易分离出 I_2,需要把 I_2 溶解在四氯化碳中,即进行萃取操作,随后再进行蒸馏,这样才能够得到碘单质。

三、学科融合

科创教育要经过反复实验,学生只有仔细观察实验现象,分析实验数据,才能得出正确的结论。这说明科学探究需要认真投入,对学生来说也是一种思想教育。数据分析融合了数学计算,应用了函数图象、处理数据的方法,体现了数学学科的工具性。合理利用化学危险品(H_2SO_4、CCl_4),只有操作规范,才能安全、顺利、有效地完成实验,这一过程让学生得到了实验规则与安全方面的教育。

融合技术方面,将数字化信息技术与化学实验、函数模型、函数处理、传感器的使用相结合,这是创新应用的案例,实现了将化学知识与信息技术、数学知识融合,学生的科技素养因此得以发展和提升。此外,学生还对实验探究过程进行录像,并在课后用所学的信息技术知识对视频做了剪辑。

四、素养评价

学生在实验室以身边的海带为对象做探究实验,可检验课本知识的意义,通过亲自动手、自主探究,将课本知识变活。实验中,学生知道了如何正确使用各种仪器和药品,避免造成事故,不仅明白了科学探究要做到精密、精细、精准,还体验到了学习的意义和乐趣。探究不一定取得成果,可关注过程,为今后科技探究打下基础。这些都需要从素养的角度予以评价。

细化过程评价:学生总共做了三个基础实验:加热、溶解与过滤、萃取与分液。数字化实验采用了 DIS 软件系统、数据采集器、pH 传感器、电导率传感器、溶解氧传感器,对滤液的成分、性质进行了探究。整个过程中,学生的动手能力和实践态度等均可以得到检测。

 案例评析

本案例以"学为主导,教为主体"理论为依据,进行了传统实验与数字化实验相结合的创新实践探索,初步构建了信息技术与化学实验教学融合的教学模式,将建构主义以"学"为主的"学与教"理论和奥苏贝尔的有意义学习理论相结合。在教学过程中,教师充分尊重学生的学习主体地位,促进学生"有意、有趣、有效"的学习,体验到认知发展的学习规律是学生自主学习、自主探究、自主思考的整合。本案例是在学生的需求、认知风格、认知特点及个性特征的基础上,围绕他们的兴趣展开的科学探究活动。

首先,学生体验到学习化学知识的乐趣、科创在社会发展中的巨大作用,并感悟到化学科学在生活中的应用。化学实验在物质的创造与合成中的地位,推动社会进步,让学生的人生观、价值观在实践活动中逐渐形成。学生通过亲身参与,在实践中感悟到科创教育的意义。

其次,教师通过重组和挖掘教材内容,使学生知识的广度、深度、高度都有所增加,从而能够适应现代科技和社会发展的需要。本案例对教材上的实验进行拓展,让学生的学习有趣、有益、有效、有得,实验基础操作规范,能够完成对海带的加热、海带渣的过滤、滤液的酸化与氧化、碘溶液的萃取与分液、I_2检验等基础实验,体验到完整科学的实验过程。同时,学生还运用数字化实验设备对海带提取物进行了测定,做到了将实验的基础性与创新性完美结合。

最后,规则与安全意识教育,让学生体验到只有按照科学规律规范实验操作,才能安全地做完、做好、做成实验,进而感悟到实验装置的有序美、逻辑美,从而达到"立德树人"的教育目的。

学生的合作探究、和谐的课堂氛围、融洽的探究环境,是师生共同学习、相互成长的必然。科创教育让学生逐步养成学习的必备品格,在成长道路上行稳致远。

专家点评

　　本案例是一次碘元素提取的科学操作实践活动,在教师的指导下,学生能够较好地利用周边资源并最终完成实验。案例能借助基于真实情境的学习任务,教学策略和步骤比较清晰,并得到了实践证明;学科融合能反映不同学科所承担的任务,且有一定的应用工具和材料设计,创新点分析能基本回应"科创"特性,如能从可辐射方面做价值阐述则更佳。

扫码查看视频案例介绍

三维建模技术初探

——研究性学习活动案例

福建省晋江市侨声中学　陈丽敏

 案例背景

　　高中研究性学习课程的开设,旨在着重培养学生的创新精神与实践能力,转变学生的学习方式和教师的教学方式,引导学生通过情感体验和探究实践,形成掌握与运用知识发现问题、提出问题、研究问题、解决问题的意识和能力,着眼学生的终身可持续发展。本案例正是基于此宗旨,使学生意识到三维建模是一项新兴技术,它具有巨大的发展潜力。不远的将来,人们或许就可以通过三维打印机将虚拟的物品实体化,甚至打印出器官、假肢……于是,在教师的指导下,学生初步展开了本案例的研究性学习活动。

　　本案例是一个完整的、历时一学年(36学时)的研究性学习活动案例,一般每周都有固定时间进行研究性学习活动,也会根据活动需要和活动计划,鼓励学生合理地利用课外时间,进行其他必要的研究性学习活动。

　　在组织学生进行该项研究性学习活动时,指导教师通过为学生创设情境,展示一些与三维建模有关的宣传与介绍以及相关的作品。在教师的指导下,在研究性学习组长的组织下,学生们确定课题,探讨并制订活动方案,初步展开了学习与研究,自主创作三维建模作品,并利用学校的3D打印机打印部分作品,展示最终成品,完成结题报告。

 案例介绍

一、教学策略

　　本案例旨在充分发挥学生在研究性学习活动中的主体地位,主要由学生自己策划与组织,必要时再寻求教师的指导。

　　策略说明:本项研究性学习课题的师生角色定位很关键,学生是一切活动的策划者、执行者,教师是一个配合学生活动的指导者、支持者。在课题的实施过程中,教师的作用主要体现为:首先,在课题确定前期,为学生创设情境等,这时教师的引导作用特别重要;其次,在课题研究过程中,学生自行策划,根据自己的活动计划进行自主研究学习,这时教师的主要作用为解惑,主要针对学生在一些理论或实践中遇到的问题进行解惑、点拨,以及研究方向上的把控,同时要做好学生在设备使用上的指导等。在此过程中,学生为主导。当学生在活动过程中遇到问题,寻求教师帮忙时,教师要尽可能地为学生的研究活动提供理论和技术上的指导与支持。一般情况下,教师不干涉学生活动,让学生充分发挥主体能动性。

二、活动步骤

本案例主要围绕以下四个环节展开:(1)情境创设(提出问题),教师通过创设情境帮助学生确定课题;(2)设计方案(分析问题),主要包含活动方案、创作方案等,如明确组长与组员(3—5 名)的合作分工职责;(3)实践探究(研究问题),学生自行组织活动并进行自主创作学习,必要时寻求教师的指导与帮助;(4)汇报反思(解决问题),产生作品,并形成结题报告。

表1是学生们讨论制定并落实的课题活动表。

表1 "三维建模技术初探"研究性学习活动表

周次	活动设计	责任人
1—3	课题探讨,制订活动计划	课题组长
4—6	初步绘制室内平面设计图,搜集资料	课题组长及组员
7—32	三维建模课程基础介绍	指导教师
	分配任务,组员分别制作室内模型的家具、装饰品、整体构架等(边学边用)	课题组长及组员
	完成建模,进行室内模型进一步的美化与整合	课题组长及责任组员
33—36	利用学校的3D打印机打印部分成品,展示最终成品,制作结题简报	课题组长及责任组员

三、活动过程

在进行研究性学习活动时,主要是依托研究性学习组长的组织,各个环节在课题指导教师的指导与支持下,学生们共同讨论、自主学习、合作探究完成的。

研究性学习小组按照自行讨论制定的活动方案,有计划、有步骤地进行课题研究,同时注重研究性学习过程性材料的收集和整理,及时填写相关的活动记录表,并及时将相关课题材料上传至学校平台。指导教师应及时点评反馈。

学生研究性学习活动记录表要求每学期至少安排五次学习活动,其中由小组成员参与的各类活动,组员要做好相关记录。

四、学科融合

一方面让学生结合各学科的知识进行作品设计,并利用网络进行自主学习创作;另一方面鼓励学生创建活动网站,上传相关资料并完善网站。

学生在进行作品设计时,要充分调动及寻找身边的资源,如教师、相关专家、网络,多途径地了解及掌握相关知识,进行相关学习、探讨和验证。

五、评价要点和工具包

本案例的评价要点有以下三方面:(1)学生开展课题活动的参与性;(2)学生在活动中所呈现的自主学习能力、实践能力、创新精神和团结合作精神;(3)课题完成的质量,包括有完整的活动过程及记录、开题汇报、中期汇报和结题汇报等。

本案例所需的工具包主要是 3D One 建模软件。

案例评析

本案例的创新点是凸显学生在活动中的主体地位,主要体现在课题的确定、活动的组织、软件的学习等方面,并利用学校的 3D 打印机打印作品,活动中侧重培养学生的自主学习和合作探究能力、实践能力、创新精神和团队合作精神。同时,在活动中让学生经常利用网络进行自主学习和合作探究创作,鼓励学生创建活动相关网站,并将活动的相关资料上传与完善。

本案例的关键是在课题确定之前,指导教师一定要有效创设情境,激发学生研究的兴趣,之后再逐步退居幕后,让学生自行组织探讨,自主学习创作研究,只在必要时进行指导。在本案例实施前期,当时指导教师完全放手,特别是让学生自行学习相关软件,这让学生折腾了好一阵子,走了不少弯路,很受打击。因此,为了让研究更顺利开展,指导教师有必要花些时间介绍相关软件的一些基础知识和操作,除此之外,还要大胆放手,支持学生的试错探究活动。

专家点评

这是以三维建模学习的技术领域科创教学案例,基于完整的研究性学习课程,教学策略和步骤描述能反映研究过程的完整性,材料提供能反映学生的学习成果,对学科融合、评价要点和所需工具均有一定说明。三维建模是一种技术,其应用与创新是为解决问题而存在,为此借某一作品依托该技术就能较好体现学生的创意实践。

扫码查看视频案例介绍

"游戏天地"项目式图形化编程课程

福建省厦门集美中学 周呈韬

案例背景

为了落实习近平总书记强调的"课程教材要发挥培根铸魂、启智增慧的作用",我校初中人工智能学科教学实践中以项目式学习方式融入"五育"并举的理念,落实立德树人根本任务,发展素质教育,聚焦中国学生发展核心素养,培养学生适应未来发展的正确价值观、必备品格和关键能力。

本案例是针对初中生的"游戏天地"图形化编程校本选修课程,共4个主题8个课时。课程采用项目式教学,基于真实情境下的问题驱动,转化为生动有趣的游戏项目,带领学生了解游戏设计思想,激发学生的创造热情。课程具有寓教于乐、成就导向、鼓励协作、注重创造的特点,围绕"吸引、探究、解释、拓展、评价"开展教学活动,引导学生主动探究,利用工程思维、计算思维解决问题,在游戏设计的过程中增强学生的逻辑思维能力和创新创造能力,在项目中培养学生的核心素养。

学情说明:本项目基于零编程基础的原始生源开发设计而成。上课前,学生仅需掌握计算机的基本操作,如计算机开/关机、鼠标使用、拼音打字等。

本案例确立的教学目标是:(1)掌握 uCode 各类代码块的使用方法;(2)掌握 uCode 角色造型、声音及背景、声音的编辑方式;(3)能分析游戏内容及其功能,并通过程序实现其功能;(4)感受游戏设计的乐趣,产生进行游戏设计的兴趣;(5)积极、主动地开展游戏设计活动,并从中收获成就感。

案例介绍

一、课堂活动的内容设计

本课程聚焦学生从小到大的成长过程中经历的游戏,通过问题情境的转化,让学生结合其他学科知识,进行多学科交叉融合,培养学生分析问题并将问题转化为本质的能力。本项目主要利用4个游戏的规则,通过分析游戏的原理,在潜移默化中锻炼学生的核心素养。

1. 校园跑酷。掌握侦测代码类的使用方法,实现利用按键控制角色上下移动、躲避障碍物的功能,体验游戏运行机制。

2. 接水果。掌握克隆代码块的使用方法,理解游戏设计逻辑。

3. 丢沙包。通过列表,让游戏设计更简便。

4. 跳舞机。整合分支和循环,让游戏更完整,增加游戏趣味性和竞争性。

二、教学目标和重难点分析

(一)校园跑酷

每个孩子的童年都有关于学校美好的记忆,其中在校园各处高低落差的奔跑是他们最美好的回忆。本节课将带领学生编写一个按键控制程序,通过电脑按键控制角色上下移动,帮助角色躲避台阶,完成跑酷。

1. 教学目标

掌握侦测代码类的使用方法,掌握控制代码类中"重复执行"代码块和"如果……那么……"代码块的使用方法,掌握运算代码类中"随机数"代码块的使用方法,实现利用按键控制角色上下移动、躲避障碍物的功能。

2. 教学重点

掌握侦测代码类的使用方法,掌握控制代码类中"重复执行"代码块和"如果……那么……"代码块的使用方法,掌握运算代码类中"随机数"代码块的使用方法。

3. 教学难点

掌握运算代码类中"随机数"代码块的使用方法。实现利用按键控制角色上下移动、躲避障碍物的功能。

(二)接水果

果园里的水果成熟了,Uco 作为果园的大管家,他不用爬树就可以轻轻松松地收获果实。本节课中,学生将通过编程控制 Uco 左右移动,接住随机掉落的水果。通过接水果,引导学生理解劳动人民的辛苦,培养学生劳动精神。

1. 教学目标

掌握克隆代码块的使用方法,掌握角色移动、监测代码块的使用方法,能实现角色随机掉落的效果,理解游戏设计逻辑。

2. 教学重点

掌握克隆代码块的使用方法,掌握角色移动、监测代码块的使用方法,理解游戏设计逻辑。

3. 教学难点

掌握角色移动、翻转、监测代码块的使用方法,能实现角色随机掉落的效果。

(三)丢沙包

丢沙包是中国经典的儿童集体游戏之一,益智又健身,但是却要受人数和场所的限制,人少了不行,场所不够大也不行。通过制作一个丢沙包的电脑游戏,可以在人数不够或者没有场地的时候弥补想玩而不能玩的遗憾。丢沙包既是中国著名传统游戏,体现了古代劳动人民的智慧,更是一种强身健体的好游戏,能让学生重视体育。

1. 教学目标

掌握使用键盘控制角色移动的程序编写方法,掌握控制代码类中"重复执行,直到……"代码块的使用方法,掌握运算变量类代码块中"变量"的使用方法,掌握运算类代码块中"列表"的使用方法。

2.教学重点

掌握使用键盘控制角色运动的实现方法,掌握"列表"的使用方法,掌握"重复执行,直到……"的使用方法。

3.教学难点

掌握新建列表、编辑列表的方法,掌握"重复执行,直到……"的使用方法。

（四）跳舞机

在一些大型商场中,通常会放置几台跳舞机。人们站在跳舞毯上,根据箭头指示,踩下对应的踏板,跟随音乐节奏跳舞。跳舞机将舞蹈、音乐、游戏等元素融合在一起,在娱乐的同时,也能锻炼身体。借助 uCode 软件,也可以制作一个指尖跳舞机,感受音乐和舞蹈的乐趣。通过对音乐和舞蹈的律动,让学生培养审美的情趣,实现"五育"并举。

1.教学目标

掌握角色造型编辑与程序控制方法,正确使用逻辑判断代码块,掌握声音类代码块的使用方法,掌握"与"逻辑运算代码块的运用。

2.教学重点

掌握角色造型的编辑与控制,正确理解与使用"与"逻辑运算代码块,掌握添加游戏声音的实现方法。

3.教学难点

掌握角色造型编辑的实现方法,使用"与"逻辑运算代码块进行逻辑判断。

三、实施过程

（一）实施要点与说明

1.一个能容纳 50 个学生左右的教室。本课程鼓励学生开展小组协作学习,每个小组 2—4 个学生,其中 2 个学生最佳。

2.25 台电脑(不包括教师电脑)及鼠标和电源,电脑安装 uCode 软件,并且运行状况良好,能播放音频及视频。

3.教室配备投影设备或一体机,运行状况良好,能播放音频及视频。

（二）所需工具载体说明

1.uCode 软件。

2.课件、教师用书、学生用书及参考程序、微课等。

（三）实施流程举例

以接水果的实施流程为例,见图 1。

 案例评析

本案例展现的教学思想和实施方式有一定特点,具体如下。（1）PBL 教学法:每一个主题都是一个独立的项目。(2)"5E"教学法:围绕"吸引、探究、解释、拓展、评价"开展教学活动。

本案例展现的行动亮点与创新追求有一定价值:(1)寓教于乐,游戏化教学;(2)成就导向,项目式教学;(3)鼓励协作,拒绝"孤岛式"学习;(4)注重创造,培养创新思维。

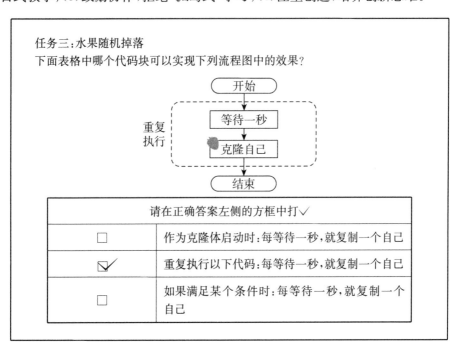

图1 接水果的实施流程

 专家点评

本案例以"游戏天地"图形化编程为项目化任务,采用真实情境问题驱动,以生动有趣的游戏为形式,通过由设计到创造全过程体验,使学生在"吸引、探究、解释、拓展、评价"中形成工程思维、计算思维、逻辑思维、创新思维,并完成任务和解决问题,提升了综合素养。本案例注重目标导向,但对目标达成的过程反映还需要有具体介绍和效果分析。

扫码查看视频案例介绍

"AI 在校园"之智能桌椅科创教育案例

福建省厦门市思明区观音山音乐学校　项慧芳

 案例背景

　　"智能桌椅"是我校人工智能校本课程"AI 在校园"的一个子项目。2020 年秋季学期开始，厦门市教育局启动"人工智能进百校"项目。我校作为试点校，获得在设施设备、师资培训和教学辅助的支持，由此积极开展普及型人工智能教育的实践和探索。经过一学年实践，取得了初步经验。

　　"AI 在校园"校本课程的设计理念：依据《中小学综合实践活动课程指导纲要》的导向，从学生的真实生活和发展需要出发，从生活情境中发现问题，并转化为活动主题。结合《普通高中信息技术课程标准（2017 年版 2020 年修订）》针对"人工智能初步"模块的目标要求，鼓励学生在了解人工智能发展历程及概念的同时，能描述典型人工智能算法的实现过程，通过搭建简单的人工智能应用模块，亲历设计与实现简单智能系统的基本过程与方法，增强利用智能技术服务人类发展的责任感。明确课程目标是用编程解决实际问题，培养适应未来智能社会的关键能力，包括人工智能意识、技术应用能力、实践创新思维和社会责任等。

 案例介绍

一、课程及其环境保障

（一）校本课程的内容框架

　　"AI 在校园"校本课程的内容框架分成校园初见、智慧课堂、午休时间、课余时间、智慧校车和校园 AI 展六个主题，见图 1。

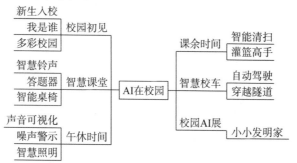

图 1　"AI 在校园"校本课程的内容框架

从早上入校进行人脸识别、体温检测，体验人工智能应用，了解简单的工作原理，到课堂上抢答器的制作、智能桌椅的设计，到午休时噪声的检测、照明灯的控制，到课外活动时投篮机的制作，到放学回家时校车的自动驾驶，到学生的综合人工智能创意作品展。通过案例分析、问题发现、项目设计、问题解决等方式，初步了解和体验人工智能的特点，感受智能技术给生活与学习带来的影响，进一步激发学生学习和探究新技术、新知识的积极性，提高综合应用信息技术的能力。

（二）校本课程的实施环境

教室环境：容纳 50 个学生左右的教室，配备六边形课桌，方便开展小组协作学习。配备投影设备或一体机，能播放音频及视频。覆盖无线网络，便于电脑联网。

学生用具：两人一套 uKit Explore 套件，一台笔记本电脑（安装 uCode 编程软件）。

教学组织：按"组间同质、组内异质"分成八大组，各大组有 3 个小组，各小组有 2—3 名学生组成。教师机安装极域软件，实现学生机统一管理及广播教学。借助 UMU 教学平台，提供学生学习资源下载、成果展示及自评、互评等功能。

"5E"教学模式：把课堂教学过程划分为吸引（Engage）、探究（Explore）、解释（Explain）、拓展（Extend）、评价（Evaluate）环节。

课时安排：每个项目采取 2 节连排课形式，课间不休息，共计 100 分钟。

二、课程实施要点及步骤

"智能桌椅"是"AI 在校园"校本课程中"智慧课堂"主题下的一个子项目。下面以该项目为例，介绍整个教学设计、实施的要点和步骤。校本课程中其他活动主题和项目的实施与此类似。

（一）问题情境创设

展示学生人工智能课上课前后教室的照片，引发学生思考如何解决同学们上完课后没有及时收纳课桌椅而造成教室杂乱的现象。

（二）学生情况分析

在本项目学习之前，学生已经完成"校园初见"活动主题任务，熟悉 uCode 编程界面，能编制校园风光介绍小程序，拼搭过主板盒子，设计过智能上课铃声，了解到机器要像人一样能感知外界环境变化，必须安装传感器。但由于以往学生动手搭建的机会较少，部分学生对课程的兴趣逐渐减弱，需要通过搭建作品才能被激发。

（三）教学目标

认识各种传感器（如红外线、超声波），了解简单原理并学会利用编程平台来调试传感器；运用工程设计思维，自主设计桌椅模型，掌握 uKit Explore 套件的基本搭建方法；熟练掌握分支结构的具体应用，通过编程实现桌椅模型的智能效果，激发学生的探究兴趣并收获创作的成就感；发展合作能力，形成评价反思与分享的意识；培养学生跨学科知识应用能力和创新精神。

（四）教法分析

本项目教学采取"5E"教学法，是一种"以学生为中心"的探究式教学流程与方法。围绕一个课程主题或知识点,把课堂教学过程划分为吸引、探究、解释、拓展、评价环节。吸引:激发学习兴趣与探究欲望,引出驱动性问题,明确学习任务。探究:在寻找答案的过程中,逐步建构知识框架,形成概念。解释:在教师的帮助下梳理正确的认识,拓展知识架构。拓展:学会知识迁移应用与综合应用,巩固所学。评价:采取多种评价方式(观察、访谈、书面),选择多种评价主体(自评、互评、师评),贯穿整个教学流程,评价结果,更须关注过程。

（五）学法指导

基于驱动性问题提供学习资源,引发学生思考和探究,寻找解决问题的策略;动手搭建人工智能应用模型,设计和编写相关程序,实现简单智能系统,开展计算思维,培育创新能力;全过程评价,学会交流和反思;从问中学、读中学、动中学、评中学达到乐学、会学、善学、志学目的,提高和巩固自身学习能力。

（六）教学过程

表1 "智能桌椅"教学过程

吸引	• 照片导入:通过上课前后教室状况对比,提醒学生要养成及时整理的卫生习惯 • 驱动性问题:设计一款"智能桌椅",能提醒学生课后及时收纳整理
探究	• 探究问题1:如何感知椅子没有正常归位,需要用到什么传感器 • 探究问题2:运用什么手段进行提醒,需要用到什么执行器或装置 • 探究问题3:该"智能桌椅"如何搭建,在结构设计上应注意哪些问题 • 探究问题4:该"智能桌椅"在什么情况下发出提醒,如何设计程序
解释	• 为什么红外线传感器、超声波传感器可以测距——红外线传感器、超声波传感器的工作原理 • 红外线传感器和超声波传感器的区别 • 眼灯的工作原理
拓展	• 横向拓展:红外线传感器、超声波传感器还可以用在哪里,帮助我们改善生活 • 纵向拓展:"智能桌椅"除收纳提醒功能以外,还可以增加哪些智慧功能
评价	• 知识评价:红外线传感器、超声波传感器、眼灯、条件判断(编程) • 思维评价:制作一个"智能桌椅"的任务需要划分哪几个步骤 • 协作评价:你们小组是如何分工的,每个人分别擅长什么工作

（七）评价标准

表2 "智能桌椅"评价标准

项目	评价细则	参考分值
搭建	比例合理,稳定性强 美观大方,有创新性	40分
功能	收纳提醒,坐姿提醒 智能照明,自动收纳	实现收纳提醒得30分, 每多增加一个功能多10分,直到满分为止

案例评析

1. 教学成效分析

通过项目学习,学生掌握了传感器的基本应用,形成了很多创新作品,达到了预期效果。学生体会:"桌椅摆放非常有趣,我们学到了很多新知识,也收获了成果。""我们收获非常大,很开心。""可以锻炼自己的动手能力,增强手的灵活性。""我们学会了如何编辑,伙伴合作也更默契。"由于学习时空的限制,学生更多的创意无法发挥出来。

图2　学生作品

2. 项目创新点分析

本项目的创新点如下:一是项目与学生的真实生活紧密联系;二是组织学生进行小组协作学习;三是通过桌椅模型搭建,培养学生的工程设计思维;四是注重创新创造,培养学生的创新思维。

通过两年的实践探索,师生信息素养得到较大提升,学校人工智能教育显示有较好的示范引领作用。如2020年曾受福建教育学院邀请,面向全省学科骨干教师开设"大班化人工智能教学的探索"专题讲座。

 专家点评

本项目基于校情和课程建设任务,对"AI在校园"校本课程中的"智能桌椅"作了系统介绍,设定的育人目标、设计的教学策略和步骤比较清晰,教师对学生有效指导作用和实践过程与成果有明确反映,能体现学科融合的指导思想,评价能关注指标要素,创新点分析能基本回应"科创"特性。如能对可辐射价值进行深度梳理,实践系统有建模总结则更好。

扫码查看视频案例介绍

携手人工智能，走新时代长征路

福建省厦门市嘉滨小学　黄小莉　陈振辉　郑雅芬

 案例背景

习近平总书记说过："不论我们的事业发展到哪一步，不论我们取得了多大成就，我们都要大力弘扬伟大长征精神，在新的长征路上继续奋勇前进。"习近平总书记向国际人工智能与教育大会致贺信中提到："培养大批具有创新能力和合作精神的人工智能高端人才，是教育的重要使命。"我校在人工智能课程中开展了献礼建党百年主题探究活动，以"携手人工智能，走新时代长征路"项目式学习为核心，从学生的学习生活入手，融合多个学科，开展深度学习，带领学生更生动地了解长征事迹，学习长征精神，进行价值体认，厚植家国情怀，培养责任担当，做红色传承人。

本案例的基本目标：在"携手人工智能，走新时代长征路"跨学科项目式学习中，教师从知识的传授者转变为引导者和设计师。整个项目主要分为资料搜集整理、实地走访调查、编程实践体验和展示交流评价四大阶段，具体细化成 15 个学习任务。让教学从死记硬背学科知识转变为以学生为中心，用知识创造解决方案和学习建构新的知识体系。学生通过自我指导、团队协作的形式，开展有意义的沉浸式学习体验，融合道德与法治、语文、数学、综合实践、美术等多学科知识来解决问题，让自身的潜能得以真正激发。注重培养问题意识、创新思维、工程技术思维，提升学生的核心素养。

 案例介绍

一、走进长征历史，传承红色文化

（一）搜集整理资料，感受长征精神

现在的孩子生长于幸福的新时代，但做人不可忘本，不能忘记今天的幸福生活是革命先辈们用鲜血换来的。教师在教书的同时，也不能忘记育人本质。本项目的第一个跨学科"＋1"是融合道法学科对学生进行红军长征精神熏陶，引导学生结合自身生活实际，主动开展探究活动，通过小组合作和查阅资料，深入学习长征路上发生的感人故事和历史人物精神，并以思维导图的形式进行资料梳理，提升信息搜集和整理的能力。第二个跨学科"＋1"是融合语文课堂写作技巧，将资料进行理解和内化，编写成红军长征小故事。引导学生深入了解一

百多年来中国共产党的辉煌历史,明白现在的幸福生活来之不易,感受长征精神,传承红色基因。

(二)联系生活实际,提出创新问题

通过资料查阅,学生对红军长征历史有了一定了解。那么,红军长征路上到底遇到了哪些困难? 我们所学的人工智能技术又能为长征做些什么?

第三个跨学科"＋1"是融合综合实践学科的课程性质和课程理念,从学生真实生活和需求出发,通过探究体验等方式,发现和解决问题,培养学生的综合素质。我校为此设计了小组项目式校本学习手册,鼓励学生进行小组讨论,记录长征路上红军遇到的困难。学生讨论后发现,除了寒冷、饥饿、路难行外,来自敌人不间断的狙击和阻挠才是红军长征路上的最大难题。如果长征路上有人工智能的帮助,他们能应用什么技术,解决哪些难题? 学生经过思维碰撞后在手册上写下了以下结果:设计无人机,给红军送粮食衣物和枪支弹药;设计有机械手臂和护盾的车船,帮助红军过泸定桥;设计带有超声波传感器设备,帮助红军避开沼泽并顺利过草地……在教师的引导下,学生通过联系自身生活经验和学科知识进行联想,建构知识体系,能清楚地意识到自己不仅要学习知识,还要学会善用知识。

二、开展课外实践,提升自身感悟

(一)走访红色基地,体悟长征精神

教学不能脱离实际,所以除了课内学习外,学生还利用假期和家长一起到长征沿线地区走走,亲自感受长征路上当地的风情,了解长征故事。或者打卡厦门红色场馆,感怀党的恩情,培养责任担当。

(二)采访老红军,了解红军历史

为了让学生更加深入地了解革命历史,我们鼓励学生利用课余时间走访和慰问身边老红军,听他们讲红色故事,并针对革命历史提出自己感兴趣的相关问题,培养学会倾听、善于表达、尊老敬老等优秀品质。我校还邀请老红军走进校园,了解人工智能课程,体验玩转人工智能。

三、开展编程活动,体验新时代长征路

(一)用悟空机器人重走长征路

长征年代离我们较远,回到战争年代重走一遍长征路是不可能的。为了让学生熟悉长征路线,清楚长征路上的故事,我校彩绘了一张巨大的长征地图。第四个跨学科"＋1"是融合美术学科,在教师的帮助下,学生为悟空设计红军帽和军装,让它成为人工智能小红军,并通过人工智能课,对悟空小红军进行编程设计,实现悟空沿长征图纸路线行走,边走边播报站点曾经发生过的长征故事。

编程过程中,学生也发现了悟空机器人存在不足,比如:行走的时候容易卡到脚,导致

长征路线走得不直；每次的转身角度只有 30 度，而长征地图的路线转弯多，角度不一，导致悟空无法精准转弯。因此，学生再次讨论：长征路还可以用什么样的形式更精准地走？

（二）搭建、探究和设计车模

经过一番讨论，学生决定创意设计自动驾驶车模，用流程图达成功能的设计，学习 uCode 编程，让小车动起来，实现自动驾驶车在长征图纸上重走长征路。长征路线长短不一，拐弯角度大小不同，如果是通过一次一次的编程猜测、验证、调试程序，则太浪费时间。第五个跨学科"＋1"是融合数学学科知识。在数学课上，教师以学生设计的小车为例，通俗易懂地讲述路程、时间、速度的关系。学生根据长征路线图测量路程和转角，利用数学运算公式加上小车实际操作验证，设计小车行走、转弯的速度和时间，大大提高了效率，最终实现了自动驾驶车在长征路线图上的精准行走。本活动旨在培养学生的数学思维、逻辑思维、空间想象和严谨的科学态度。

（三）分析和解决问题

红军长征途中困难重重，而通过活动探究，学生发现人工智能重走长征路也不是一帆风顺的。悟空机器人走不直，转弯角度不对；拼搭的自动驾驶车的车身不稳，容易散架，转弯时轮胎打滑、易漂移，编程语句出错等问题层出不穷。作为课堂的引导者，教师鼓励大家通过认真观察、对比记录，尝试用各种方法分析和解决问题。反思改进悟空机器人、自动驾驶车的功能设计和编程思路，并进行思考和创新。每一次的改进，都是大家思维碰撞的呈现，都让学生对编程知识和设备应用有了更加深刻认识。

四、拍摄视频并上传，构建网络共享资源库

（一）小组协作互拍展示视频

由于课堂时间和空间的限制，学生的探究成果无法得到充分展示和评价。教师鼓励学生借助平板拍摄小组探究成果的汇报视频，打破传统课堂的时空限制，让每一组学生都有大胆说出自己想法和展示成果的机会，培养自信大方的语言表达及团队合作精神。

（二）构建网络共享资源库

学生将自己的学习过程资料和探究成果上传至网络平台，构建网络共享资源库，培养使用信息技术帮助学习与生活的意识和能力。让学生的学习成果能走出教室，让教师、学生、家长都能通过网络平台观看各小组的学习成果。引导学生通过网络平台相互点评作品，让学生学会尊重每一份辛苦的付出，进行认可欣赏和点赞评价。

 案例评析

本案例历经两个多月的探究，学生通过查阅红军长征资料，课外研学实践体悟，课内学习活动体验；融合多学科知识和技能，设计多种人工智能作品，进行走新时代长征路的实践

探究,实现学科核心知识的建构,如迁移、应用、转换、产生新知、付诸实践,解决实际问题,并借助信息技术手段完成探究成果的公开展示和评价。

作为一线教育工作者,希望借助这样的跨学科项目式主题活动,让学生能持续保持积极的学习热情,掌握更多更新的技术,让自己在飞速发展的信息化社会中如鱼得水,与时俱进,让未来拥有无限的可能。

 专家点评

本案例聚焦"长征路"介绍大型红色展演活动,展现跨学科文创加科创的综合探索教育,主题有创意。通过编程,让悟空机器人走各种不同的场景,演绎走长征路的艰险,巧妙地将之与人工智能实体机器人进行了结合。设计制作有较大格局,内容介绍配有视频和照片,实施策略描述和教学设计较具体,学科融合有较多思考,创新解读有一定梳理。

扫码查看视频案例介绍

橡筋动力模型飞机的制作与飞行

湖南省常德市第一中学　唐　琦

 案例背景

本案例以"轻骑士"橡筋动力模型飞机的组装、调试、飞行为主线,采用了以教师主导、学生动手操作为主的体验式教学模式。通过此案例,为青少年普及航空知识,培养学生的创新思维和独立思考能力。

2015 年,我校被确定为全国 16 所空军青少年航空学校之一。学校专门成立了航空班,为空军提前培养飞行学员。为了培养学生对航空航天的兴趣,坚定学生的飞行梦想,我校开设了航空模型运动课程。橡筋动力模型飞机的制作与飞行作为航模入门的第一课,既可以让学生了解飞机的结构和飞行原理,形成系统的知识架构,也可以让学生在动手设计制作中主动探究,理论联系实际,增强了趣味性,提高了学习效率。

 案例介绍

一、教学实施

（一）航空知识入门

师问:"同学们,这里有一架固定翼航模飞机,你知道它由哪些部分组成的吗?"

生说:"机身、机翼、垂直尾翼、水平尾翼、螺旋桨、起落架等。"

师问:"你知道飞机的飞行原理吗? 飞机是如何完成起飞及转弯的?"

生说:"螺旋桨提供动力、伯努利原理、压强差,升降舵、副翼等实现起飞和转弯。"

教学目标:对飞机的结构及飞行原理能作出一定的理论分析,培养学生的技术素养。

设计意图:学生基本了解飞机的结构组成,但是大多数学生不知道副翼、升降舵的作用,此时需要教师带领学生开展受力分析,详细讲解飞机在飞行过程中如何通过改变升降舵舵面及副翼的姿态来实现起飞和转弯。这个知识点为飞机的调试提供了理论依据,教学中体现了与物理学科的融合。

（二）橡筋动力模型飞机的组装、调试、飞行

活动安排:给每一位学生发放一个"轻骑士"橡筋动力飞机套装,要求学生自主完成拼装。

教学目标:自主完成拼装,掌握调试飞机的基本方法并加以运用。

设计意图:学生利用飞机套件、剪刀等工具自己动手完成拼装,锻炼学生的动手动脑能力。特别是如何调试飞机,需要学生充分掌握飞行理论,使用控制变量法,逐步尝试,才能调试出飞机的最佳飞行状态。飞机的组装与调试体现与技术学科的深度融合,户外的放飞体现了与体育学科的深度融合。

1. 认识"轻骑士"橡筋动力飞机结构

"轻骑士"橡筋动力飞机包括机身、机翼、螺旋桨、水平尾翼、垂直尾翼、翼台、压片、橡皮筋等主要部件。

2. 组装说明

(1) 沿机翼前缘压痕线向下轻折(折出的弧度为飞机提供了升力)。

(2) 将翼台套入机身杆,并按图1调整位置。将定型后的机翼对准翼台中心装入,并盖上压片。再用橡皮筋捆扎进行加固(教学过程中提醒学生注意翼台的前后,注意橡皮筋安装中勿损坏机翼,并引导学生思考:翼台安装距离机头 10 cm 处的目的是什么? 它决定了飞机重心的位置)。

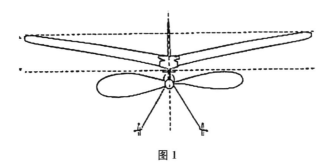

图1

(3) 橡皮筋缠绕两圈后,利用随机配套的扎丝辅助穿过机身后套入尾翼底座,另一端套入机头弯钩处(引导学生思考:为了改善橡皮筋性能,有什么办法? 比如,使用性能更好的进口橡筋,给橡皮筋抹润滑油,减少摩擦力等)。

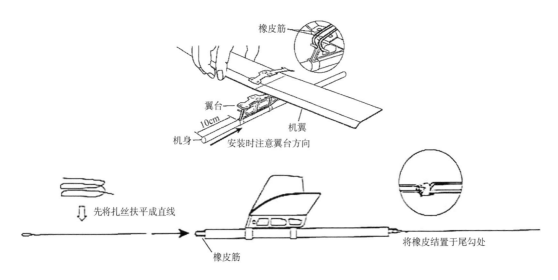

图2

（4）将起落架装入机头。

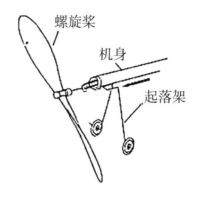

螺旋桨

机身

起落架

图 3

（5）安装水平尾翼时，注意对准尾翼翼座卡位，并使用压片进行固定。

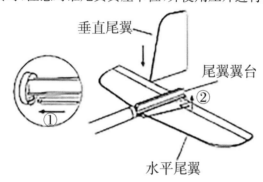

垂直尾翼

尾翼翼台

①

②

水平尾翼

图 4

（6）完成"轻骑士"橡筋动力飞机的制作。

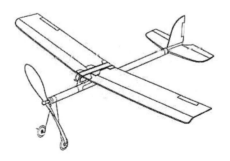

图 5

3. 飞行说明

（1）检查飞机，确保机翼无扭曲，且左右对称。

（2）测试调整，在调试中控制变量，逐步尝试。

如果机头过轻(a)，将机翼向后移动或将左右尾翼(B)轻微向下调节直到飞机平衡为止。

如果机头过重(b)，将机翼向前移动或将左右尾翼(B)轻微向上调节直到飞机平衡为止。

如果飞机偏右(c)，将垂直尾翼(A)轻微向左弯曲，即将右侧副翼(C1)轻微向下弯曲，将左侧副翼(C2)轻微向上弯曲，可辅助调节。

如果飞机偏左(d)，将垂直尾翼(A)轻微向右弯曲，即将右侧副翼(C1)轻微向上弯曲，将左侧副翼(C2)轻微向下弯曲，可辅助调节。

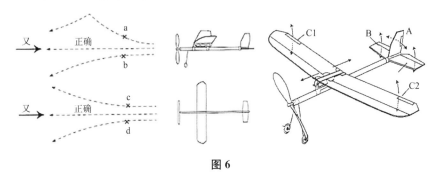

图6

（3）动力飞行。顺时针旋转螺旋桨120—150圈后，将飞机平滑向上掷出。如果旋转螺旋桨时出现打滑，将螺旋桨稍微向前拉出，使卡扣重新契合(提示:不要在障碍物附近飞行，如树、建筑物或电线;不要将飞机对着人或者动物，以避免受伤)。

二、飞行竞时赛

学生分组调试后进行飞行竞时赛，留空时间长者获胜(引导学生思考:如果要开展竞距赛，该如何调试飞机)。

三、拓展延伸

课后思考:学习了基本的航空知识和飞行原理后，如何开展模型飞机的设计？

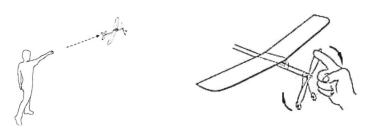

图7

设计意图:鼓励学生根据所学知识设计一款飞行性能更好、留空时间更长的飞机。通过选择飞机材料、绘制图样和制作模型，激发学生的创造性思维，提高动手实践能力。

 案例评析

"轻骑士"橡筋动力飞机适合航空航天主题的规模化科创教育。我校在科技节中开展了该项目,同时多次在省级比赛中获奖,具体如下。

由湖南省体育局、湖南省科学技术协会主办的"2018 年湖南省青少年'飞向北京—飞向太空'航空航天模型教育竞赛"上,我校学生在"橡皮筋动力滑翔机竞时赛"项目比赛中,共有 5 人获一等奖,8 人获二等奖,4 人获三等奖。

2021 全国青少年"红心向党·匠心育人"庆祝中国共产党建党百年红色主题系列模型教育竞赛(湖南赛区)暨湖南省青少年体育模型教育竞赛(常德市一中赛点)在我校举行,在"轻骑士"橡筋动力滑翔机竞时赛中,我校共有 6 人获一等奖,11 人获二等奖,13 人获三等奖。

 专家点评

这是一场以橡筋为动力的模型飞机制作、调试、飞行的科普活动,案例内容说明有学习任务反映,教学策略和步骤能分学习方式列出,注意在学科融合、所需工具等方面的简单罗列,也列出了数个创新点。如果对以学生为主体的创新教育内涵有更具体的实践描述,对学生科技素养提升的梳理阐述更丰富,校情、学情、域情背景的反映更充实,经验价值就会更大。

扫码查看视频案例介绍

城市污水处理生态砖

北京师范大学南山附属学校　罗东才

案例背景

如何结合跨学科(STEM)教育实现高中研究性学习课程和通用技术课程的实践能力、技术素养目标,一直是我校的探索课题,也是培养高素质劳动者的时代要求。

本案例根据高中研究性学习课程和通用技术课程对项目设计与制作的要求,开展对城市污水的调研、工程设计、技术实验、制作与调试等跨学科研习活动。从真实情境出发,由学生发现问题,提出改良方案并付诸实践。从城市污水处理工程的技术设计角度出发,让学生理解处理特种污水的生物反应器的结构、系统、流程、控制的一般概念,了解生态砖结构设计、系统设计、流程设计、控制设计的基本知识,以及这些知识与城市污水处理的联系和应用。

本案例确立的教学目标如下。

1. 关注自然环境存在的主要问题,积极寻求解决方案,并增强环保意识,形成主动服务社会的情怀,理解与强化责任担当意识,主动践行社会责任。

2. 通过实验探究,解决现实生活中的实际问题,初步掌握工程项目设计的一般程序和基本方法,能恰当选择实验材料,对其进行初步处理,并初步学会对工艺流程进行评价与作出改进。

3. 以本项目结构不良问题为引导,通过自主探究和合作学习,让学生融合运用多学科知识,在解决实际问题的过程中培养环保意识、发展技能。

案例介绍

一、课程设计思路

根据活性污泥法的原理和方法,设计了运用微生物技术——活性污泥生态砖来处理城市污水的思路,如图 1 所示。

图 1　课程设计思路

二、教学策略

通过跨学科的问题探究,将各学科知识进行融合,设定教学策略,如图 2 所示。

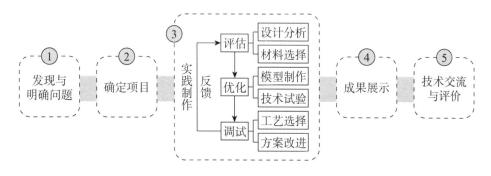

图 2　教学策略

在教学设计过程中,学生项目会经历多次评估、优化与调试,所以本项目的工程设计过程中按照三个不同阶段设置了循序递进的问题情境,活动流程如图 3 所示。

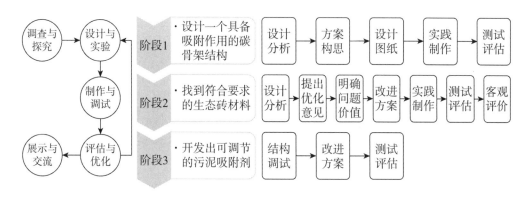

图 3　活动流程

三、学习评价

本课程采取过程性评价和总结性评价相结合的方式,具体内容见表 1。

表 1　学习评价内容

总结性评价	纸笔测试	不同于传统图片题、视频题的方式,主要考查学生的跨学科知识应用、工程设计等方面的能力。
	操作测试	选用简单材料,限时完成一个挑战性操作任务,主要考查学生的工程素养。
过程性评价	成长档案袋	结合高中综合素质评定要求,汇总过程性资料,形成"数字画像"。
	评价量表	主要按项目开展时间线分阶段设置,由小组成员互评和教师评价组成。

四、具体实施过程

(一) 调查与探究

针对当前城市生活污水处理中存在的问题进行深入调研,以便为全面提高城市生活污水处理水平提供必要的帮助。

活动1:文献研究(收集资料,撰写文献综述)。

活动2:考察访谈(参观水处理企业和走访环保部门,发现问题并初拟方案)。

活动3:实验探究(探索污泥透气即溶解氧问题,制作多孔污泥结构以过滤)。

(二) 设计、制作与评估

1. 第一阶段:活性污泥碳骨架设计

(1) 驱动问题:如何提高活性污泥法的处理效率?

(2) 问题分析:为避免造成二次污染,设计出以碳骨架为主架构且具吸附性的孔隙结构。

(3) 分析构思:通过微波诱导污泥有机物热解、挥发,形成以碳骨架为主体构成的孔隙结构的吸附剂。

(4) 活动过程如下:

第一,通过微波热解法制备污泥吸附剂,工艺流程如图4所示。

图4 可调污泥吸附剂开发流程图

按上述工艺流程,将污泥经处理烘干后放入干燥器中冷却,然后研磨,即可得到污泥吸附剂样品,再将其制成砖形结构(称其为"污水处理生态砖")。

第二,分别采用物理法、化学法对污泥吸附剂的处理吸附能力进行测试和比较,以期达到更理想的孔隙结构,并对其进行制作成本和所需资源再利用评估。

2. 第二阶段:生态砖工程设计

(1) 驱动问题:微波诱导热解污泥法不易形成理想的孔隙,因此有必要研究新技术。

(2) 问题分析:需设计孔隙分布均匀、热解后不塌陷、吸附性能好的理想结构。

(3) 分析构思:分析辅助添加物对污泥吸附剂性能的影响与选择,尝试在污泥中添加吸收微波能的物质,通过相关实验进行验证。分别采用物理法、化学法、生物法制孔,从"人、物、环境"角度评估、权衡方案,建构需求模型。(见图5和图6)

(4) 活性污泥生态砖模型技术实验。

探究1:试验添加过氧化氢诱导热解污泥制备。

探究2:试验酵母菌发酵法诱导热解污泥制备。

探究3:试验用活性炭法诱导热解污泥制备。

探究4:试验用植物纤维法诱导热解污泥制备。

经过多方甄选,丝瓜络多孔,且孔较密集,日常生活中常被用于清洗厨具,故适宜作为污泥载体。

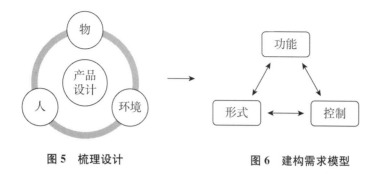

图 5　梳理设计　　　　　　　图 6　建构需求模型

3. 第三阶段:可调污泥吸附剂开发

(1) 驱动问题:当纤维球与污泥混合时,如何分布均匀? 热解是否充分? 制成砖后整体孔隙结构是否可调节?

(2) 问题分析:开发出可调节的污泥吸附剂。

(3) 分析构思:通过提高微波预处理的温度,可促进污泥破解,提高污泥后续干燥的速率。

(4) 选材思路:选择吸水后会自体膨胀的明列子作为污泥吸附剂的添加物,可有效调节吸附剂的孔隙大小、结构及分布。

(5) 活动过程:分别选用胖大海、明列子等能吸水膨胀的种子进行预实验,验证植物种子材料作为可调吸附剂的假设,探究出吸水膨胀率较好的明列子作为首选辅助添加剂实验材料,进而优化改进方案,以微波—明列子联用预处理污泥制备吸附剂。

(6) 可调吸附剂的设计:利用明列子富含纤维且遇水膨胀的特性,来控制膨胀程度,进而混入污泥后控制其孔隙大小。根据其比例、用量来控制污泥生态砖的孔径大小。

(三) 交流与评价

将创意想法、科创理念变成实在的科技感产品,"路演"是一个不错的选择。在路演(项目展示)中,可对跨学科知识应用、工程素养、活动过程、项目作品等方面进行组内与组间评价。其中,学生反思与交流也是一个评价点。

 案例评析

本案例中的学生能在生活中发现、解决问题,因此是一个很好的跨学科知识应用实践案例。

1. 问题驱动,运用跨学科知识创造性解决问题,培养高阶思维能力。

2. 责任担当,关注环境和用户真实需求,培养服务意识和服务能力。

3. 匠心入微,通过模型建构,实现实验探究、创意物化和细节见美。

4. 以生为本,巧设学习支架,养成严谨和实事求是的科学态度,掌握规范的科学研究方法。

 专家点评

本案例源于现实生活,项目实施中通用技术知识与生物、化学知识结合,是跨学科教学与素质教育相结合的理想载体。在案例的实验研究中,教师引导学生从"人、物、环境"三要素出发,梳理生态砖设计需求;从"形式、功能、控制"三方面建构需求模型;围绕生态砖结构、制孔材料筛选和研究,寻求突破口;经过多次预实验,最终完善了生态砖模型。活动环环相扣、层层递进,学生有层出不穷的创造性表现,可见为学生提供这样的舞台是值得的。

AI 承重天梯的设计与制作
——科技创新教育 STEM 课程案例

广东省深圳市坪山区东部湾区实验学校　耿晓龙　彭小艳

案例背景

　　近年来,科技发展的高度综合化和现实问题的复杂多样化,使得各类知识在各学科边缘急剧增长,社会各领域关键问题的解决必须跨越学科的界限以构建合理的合作机制。在《义务教育课程标准和课程方案(2022 年版)》中,明确提出各学科要安排 10％的学时用于学科的综合化实施。东部湾区实验学校作为"广东省人工智能实验学校",为打造"科技＋劳动＋生涯"特色学校,历来重视科技创新教育和跨学科课程的研发与实践。如何结合跨学科(STEM)教育实现信息科技课程的探索创新及 21 世纪核心素养的培养目标是本案例设计的理念导向。

　　"AI 承重天梯的设计与制作"是我校参加北京师范大学跨学科课题组进行跨学科课程研发中尤为突出的项目。本项目设计的初衷是解决贫困地区如何将重物运送到高处的问题,如有的农民伯伯需要把粮食挑到楼顶上晒,在无电梯的楼房的人们常常需要将家具等物品送到其他楼层,还有某些贫困山区的人们需要攀爬长长的藤梯去务工、上学。为了解决贫困地区将货物运送至高层的问题,我校开展了科技创新教育活动。项目确立的学习目标如下。

　　1. 学生能知道机械结构的相关知识;会运用计算机建立简单的非线性模型,了解平面绘图等初步的识图方法与科学知识;会使用图形化程序语言完成感测与控制,能使用标准连接线控制多路输入输出和马达等设备。

　　2. 初步体验机械工程师在进行工程设计中会循环或交叉使用五个步骤:提问、构想、计划、创建、改进。

　　3. 在交流中能阐述明确的消息,清晰地传递信息。

　　4. 能在团队合作中达成可以接受的共识,更看重团队成果而非个人成果。

案例介绍

一、课程设计思路

　　为解决悬崖村村民将货物运往山顶的问题,本案例根据机械工程师的工程五步法,运用机械结构原理和人工智能技术设计了 AI 承重天梯。具体的课程设计思路如图 1 所示。

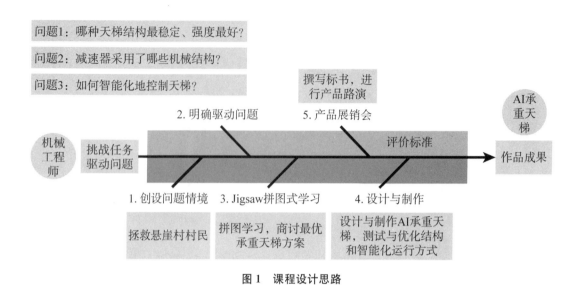

图1 课程设计思路

二、教学策略与实施步骤

（一）教学策略

本次活动基于 PBL 的学习模式,通过 Jigsaw 拼图式学习方式,学生主动探索、合作设计与制作。活动过程中,学生根据各自的特长负责相应的工程内容,需要运用物理、数学、地理、信息科技、人工智能等多学科知识解决复杂的真实问题。

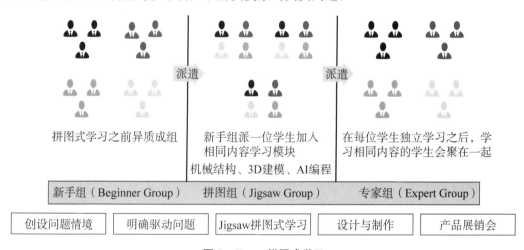

图2 Jigsaw 拼图式学习

（二）实施步骤

1. 创设问题情境

随着我国经济的快速发展,人们的生活质量显著提高,如生活条件和旅行方式都变得非常舒适和方便。虽然现在小康和富裕的生活比较普遍,但并不是所有人都过着这样的生活。在四川大凉山的深处,有一个处于海拔 1400 米到 1600 米的山坳中的村庄,叫作悬崖村。当村民想要外出、小孩要上学时,他们必须要小心翼翼地爬过一个落差有 800 米的悬崖,这可比参加攀岩活动惊险。因为在高空攀爬时,经常会发生失足坠亡的事件。为了避免失足事件的发生,当地政府也及时作出了反应,这件事在当时也引起了人们激烈的讨论。如果是你,你会如何去解决这个问题?

2. 确定驱动问题

问题1:三角形、四边形、金字塔形,哪种天梯结构最稳定、强度最好?

问题2:塔吊、电梯是如何提起重物的? 采用了哪些机械结构?

问题3:为了保障天梯的智能运行,如何借助人工智能技术进行控制,将吊篮停在指定高度?

3. Jigsaw 拼图式学习

将现场的40位学生分成8个新手组,分别派遣1位学生前往拼图组进行专题式学习。本环节邀请了心理、地理、数学、物理、信息技术等教师来到现场,他们以导师的角色参与各个拼图组的学习活动,有针对性地指导学生,如有的小组学习3D建模技术,有的学生学习AI编程技术,还有的学生学习机械结构知识。拼图组学习任务完成后回到专家组构思天梯设计方案,扮演导师角色的教师们从自己的专业角度给学生提出改进措施,引导学生从科学合理的角度优化承重天梯的方案。

4. 原型设计

根据完善后的承重天梯方案,小组成员分工完成承重天梯的设计。比如,动手能力强的学生利用桐木条搭建天梯,写作功底强的学生撰写标书,美术功底强的学生设计路演PPT,3D建模能力强的学生利用3D One教育版软件设计连接件和提升装置,编程能力强的学生利用mPython、掌控板、小方舟设计智能化运行程序。

5. 原型测试

学生根据单因素实验要求,来探究齿轮数量(扭矩大小)、天梯结构(形状)2个因素对天梯承重的影响。具体测试要求如表1所示。

表1 单因素实验表格

实验次数	齿轮数量(扭矩大小)	天梯结构(形状)	50 克砝码数量(重量)
1	2	正方体	
	2	三角形	
2	2	正方体	
	4	正方体	

学生经过多轮测试,探索不同齿轮、不同结构对天梯承重量的影响,进而提出创新的天梯搭建方案,比如有学生提出6个齿轮的提升装置,有学生提出利用建模软件设计锥体结构的天梯。

6. 产品展销会

本环节由小组合作完成项目路演,表达能力强的学生根据标书对本组的承重天梯进行简要介绍,如外观、功能、优势、改进措施。

三、学科融合

本案例中的学科融合点包括学科知识融合应用、科学与工程实践、核心素养，具体见表2。

表2 "AI承重天梯的设计与制作"中的学科融合

学科融合点	学科领域及大概念		项目目标
学科知识融合应用	物理	材料、扭矩	能知道不同材料的属性，认识不同机械结构的扭矩大小。
	数学	结构、成本	能描述结构的稳定性，根据结构和材料的特点控制运输机的设计成本。
	信息	3D建模、AI技术	会运用计算机建立简单的非线性模型，了解平面绘图等初步的识图方法与科学知识；会使用图形化程序语言完成感测与控制，能使用标准连接线控制多路输入输出和马达等设备。
	地理	地形、地势	了解四川大凉山悬崖村的地形、地势情况。
科学与工程实践	工程	设计思维	能利用工程设计过程和技术。
	物理	单因素实验	掌握单因素实验设计和误差平均值方法。
核心素养	综合	沟通、协作	能积极倾听，清晰描述事实、表达观点，关注团队目标。

四、评价要点及工具包

"AI承重天梯的设计与制作"课程的教学评价采取形成性评价和总结性评价相结合的方式。形成性评价主要从各小组的沟通与合作情况、任务分工情况、学生的参与程度、标书质量、外观结构、程序编写、路演表现等方面进行评价。总结性评价主要从项目作品的完整性、创新性、实用性、功能性、美观性等方面进行评价。

在工具材料上需要准备AI承重天梯工具包，主要包括mPython开发平台、掌控板、3D One教育版软件、盛思开源套件、小方舟，以及桐木条、钓鱼线、砝码、五金工具箱套装等。

案例评析

本案例着重避开传统科创教育活动只重技术的训练，而忽略学生核心素养的培育的问题。科创教育的推广与学习势必要基于真实的问题情境，实施跨学科学习的科创教育活动。于科创教师而言，应当增强学科素养，只有具备极强的学科转化或翻译能力，才能做好有价值的科创教育。具体来说，本案例主要有以下几方面的特色。

1. 跨学科教师共同参与指导

在Jigsaw拼图式学习期间，跨学科教师根据自己的专业特点设计相关的指导手册资料,供学生自主探究学习。在 STEM 教育活动过程中,深入拼图组和专家组,力争给学生提供专业背景方面的指导,引导学生根据所接触的领域知识去改进本组的承重天梯方案。

2. 创设真实的问题情境

本案例创设了大凉山悬崖村的村民需要攀爬钢条式天梯的真实情境,要求学生设计节省精力、人力、物力和时间的承重天梯。活动的每一个过程都是为解决这些问题而设计的。

3. 跨越纯技术性的科创教育

本案例中的学生需要掌握机械工程师的工作方式,利用 3D 建模技术设计机械结构连接件和减速器的齿轮,利用 AI 技术智能化地控制天梯的运行,还要不断地通过单因素实验改进天梯设计方案。未来的学习活动方式应该是在"做中学,学中做",纯技术的学习既不能激发学生的内在学习动机,也不能满足学生全面发展的需要。

 专家点评

本案例源于现实生活中的真实情境,以学生为中心,引导学生在学习活动中通过探究驱动问题、拼图式学习、设计与制作的形式,学习新技能和解决真问题,真正让学生成为学习活动的主体。此外,本案例聚焦核心素养,以三维设计和人工智能为技术支撑,培养了学生运用跨学科知识解决真实问题的能力,提高了学生沟通与合作、探究创新的素养。

扫码查看视频案例介绍

果酒酿造装置的设计与制作
——成都七中科技创新教育 STEM 课程案例

四川省成都市第七中学

 案例背景

成都七中获得首批"全国十佳科技教育创新学校"、教育部"拔尖创新人才培养基地"等多项荣誉称号。学校历来重视科学普及、科技创新教育,不仅注重必修课对学生科学精神和人文素养的培育,还注重组织学生科技创新活动,激发学生的科技创新兴趣,提高科技创新能力。从 2017 年开始,学校围绕 STEM 教育理念展开探索,依靠各学科特征和优势,设计了以英语课为主体,结合物理、历史、通用技术知识的"制作抛石机"课程;以生物课为主体,结合物理、通用技术知识的"果酒酿造装置的设计与制作"课程;以化学课为主体,结合物理知识的"难溶电解质的沉淀溶解平衡"课程;以通用技术课为主体,结合物理知识的"桥梁设计"课程等。

"果酒酿造装置的设计与制作"课程是成都七中开展的科技创新教育系列活动中特别突出的项目。果酒的制作是高二生物课的内容,学生会在生物教师的指导下开展课题,并将课本上的理论知识转变为生活中的一瓶瓶美味果酒、一块块色泽鲜亮的腐乳、一坛坛脆酸爽口的泡菜……通过小组合作、全体参与、制订方案、实施计划、成果展示、课题评价的形式,全面且深度地参与课题实践。比如,在果酒制作过程中,从水果的选择到发酵条件的摸索、发酵装置的改进、酵母菌种的筛选、发酵过程的监测、发酵效果的评价,最后再到全年级的果酒发布会、评酒会、酿酒经验的分享会等,学生相互协作并乐在其中!

 案例介绍

经过学校通用技术组和生物组教师多次深入研究、讨论,"果酒酿造装置的设计与制作"课程着重关注装置制作的两个方向性技术突破:温度控制和气压控制。温度控制又细分为升温控制和降温控制,主要的知识涉及开源硬件和系统控制;气压控制涉及内压产生和放气结构设计,制作材料可用现成的发酵罐、3D 打印瓶盖、亚克力板的外围结构等。

一、教学步骤

本案例的教学策略和具体步骤如下。

1. 引入工程问题。

2. 学生分组,展开头脑风暴。比如:(1)为了解决果酒酿造中的温度控制和气压控制问题,需要具备哪些知识?(2)需要确认哪些要求或者约束条件?(3)哪些材料可以用来制作装置？（4）如何评价设计方案和检验模型是否满足有效工作？

3.资料收集整理，完成方案的初步设计。学生根据教师给出的问题，收集、整理资料，完成项目文稿填写，进行方案初步设计，绘制出装置草图。

4.设计方案的优化与再设计。如在升温控制系统设计中，学生通过体验一个不完善的升温控制系统模型的工作过程，学会用数据作为依据，修正并改进之前的设计方案，最后与教师和同学交流，对方案进行再设计。

5.选择材料，制作原型。学生根据优化后的方案，选择适当的材料，制作装置原型。

6.检验原型，交流结果。学生检验装置是否有效工作，准备材料，分享交流成果。分享内容包括最初的设计、收集整理的资料，以及对原型做的哪些修改。以升温控制系统的设计为例，学生在前期累积了 Arduino 平台项目开发的相关知识，已掌握 Arduino 控制器的使用，相关元器件、传感器的使用，基本的算法设计，足够应对果酒酿造装置的设计。

二、学科融合

根据 STEM 教育的基本思想和构建维度，本课程关注的重点放在科学与工程实践上，从科学、技术、工程、数学四方面制定了以下教学目标。

科学（S）：S1.认识系统热惯性；S2.认识响应特性曲线；S3.体验热传导的过程。

技术（T）：T1.根据操作说明完成升温控制系统工作过程的体验；T2.利用 Arduino 串口绘图器采集数据；T3.利用截图工具将串口绘图器的曲线截图保存；T4.设置理想目标温度值。

工程（E）：E1.根据模型的体验，对设计进行修改；E2.评估方案时，要考虑约束条件，如安全、成本、美学；E3.客观评价自己和他人的方案，知道没有最好的设计方案，只有满足需求的设计方案。

数学（M）：M1.利用图表估算温度值；M2.计算系统热惯性值。

根据教学目标，在升温控制系统的设计专题中，教学流程分为以下五部分：（1）创设情境，引入新课；（2）分析升温控制系统的组成和工作原理；（3）体验升温控制系统的工作过程；（4）方案的优化与再设计。

学科融合的体现：除了开源硬件、电路设计外，还和 3D 打印融合在一起。其他学科知识，如生物的发酵知识，物理的温度、气压、力学结构，化学的发酵原理，数学的统计，地理的地区饮食特色等相互支撑，更有大学生物发酵专业、工业设计专业的相关专业人员指导，从而保障了课程的科学性。

三、评价要点和工具包

本课程的教学评价分为形成性评价和总结性评价：可通过工程过程量表以及学生的过程记录来进行形成性评价；项目结束后，撰写工程建议书，进行项目结题交流、展示，完成总结性评价。

果酒酿造装置制作的工具包：Arduino 开发平台、AutoCAD 2014、SolidWorks、DFRobot 开源硬件、OpenJumper 开源硬件套件、工具箱套装等。

案例评析

1. 项目创新点

本课程融合生物课程中的实验、化学中的发酵反应、物理的结构力学、技术的温度控制系统程序编制、工程中的装置制作等，让学生在实验设计、装置制作、精心操作、团队合作中，巩固了学科知识，提升了动手实践能力，培养了团队合作精神，并在获得醇香浓厚的果酒后，拥有了强烈的成就感和获得感，进而提高了学生的学习、研究、实践热情。

2. 项目的收获与体会

本课程关注每一个环节，力图让学生的思维发生碰撞，让学科知识产生融合。根据果酒酿造装置的工程问题，发挥每位成员的专长，全程开展实践研究，如：背景资料的收集整理；进行概念设计，确定工作流程；进行精细设计，选择相关传感器，编写程序，进行电路设计，选择装置的材料，设计造型，制作外形部件；搭建装置，测试系统；反复权衡、决策、整合，循环设计并进行过程的检测、预评价等。学生通过对知识的深度理解与加工，严谨地进行实践应用，形成专家型思维、知识的跨情境迁移，从而实现更高层次的认知和思维发展。在这种开放式的探究活动中，学生将习得的知识和技能转化为做事的能力，完成学科素养的培养。

基于热情推动，学生又提出关于项目延伸的一系列问题。如：在设计酿造装置时并没有找到很好的抓取数据的方法；在 Arduino 平台上，用串口监视器可以看到具体的温度数值，也有对应的时间，但关键点的抓取没有直接用秒表结合继电器开合的声音准确；用串口监视器得到的数值还要导入 Excel 这样的第三方软件进行处理，再生成一次曲线图，得到的视觉冲击力还不如串口绘图器高……通过课程，培养学生的思维和能力，利用形成的思维去继续发现问题，利用提高的能力去解决问题，在解决问题的同时又不断地实现成长……我们认为这才是 STEM 教育最终的意义。

 专家点评

本案例结合地方资源优势，积极关注社会产业，以醉酒工艺中的某些部位为突破口进行科创教育，并以情境问题解决为导向引导学生进行探索、创新与实践，值得肯定。本案例基于真实情境问题，围绕问题解决设定探究目标，教学策略和步骤比较清晰，学科融合能针对STEM 进行学科功能分析，评价能关注多种方法。对于创新分析回应"科创"特性等内容，还可以进行归纳、梳理和提炼。

扫码查看视频案例介绍

扬科技创新之帆,行机器人活动之船

四川省成都市树德中学　刘小波

 案例背景

　　机器人的使用范围已经遍布各行各业,社会发展对高新技术人才求贤若渴。人才的培养和学校的教育休戚相关。我校一直以来秉持"树德树人,卓育英才"的办学思想,将"支持、引领学生在最优兴趣、最具潜力的领域自由探索"作为育人目标之一。从学生角度来说,尽管学业压力比较大,但对新生事物和高新技术的好奇,使得很多学生都愿意在课余时间借助优质平台,在自己感兴趣的领域进行探索,以期激发学习兴趣,拓宽视野,提升综合能力。机器人技术综合了多学科的发展成果,代表了高新技术的发展前沿,具有强大的综合性。因此,机器人活动进入中小学校园,成为学校实现育人目标的重要平台之一,受到学校的大力支持、学生的热烈欢迎和社会的积极关注。

　　"扬科技创新之帆,行机器人活动之船"课程中,机器人活动是一艘"船",是一艘由学生、教师和课程资源组成的团队之船,它承载着社会关注、学生期盼和学校育人的需要;科技创新人才的培养是民族复兴和国家发展的战略需要,它是推动机器人活动稳步前行的"帆"。机器人活动是一项涵盖多学科知识的创新实践活动,在项目化任务中,要求学生之间团结合作,共同进步。育人不是一项一蹴而就的工作,它需要一个团队长久的坚持和努力。所以,如何打造一个行稳致远的机器人活动团队,是能否通过机器人活动达成育人目标的关键。2005 年,成都市树德中学机器人队成立。由此,我校机器人活动拉开帷幕。

 案例介绍

一、机器人活动的内容设计

　　针对目标指向,关注学生培育需求,借助机器人技术项目化学习载体,案例活动需要组织学生体现如下三方面过程性实践内容。

　　1.通过机器人队的创建与管理,让学生认识到自己是团队的重要一员。

　　2.通过普及课程的学习,让学生建立对机器人队的深厚感情和对机器人技术的浓厚兴趣。

　　3.通过高阶课程中竞赛活动的磨砺,让学生的团队精神和综合能力得到大幅提升。

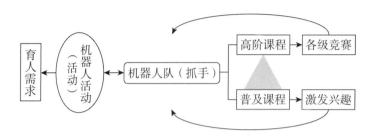

图1 "扬科技创新之帆,行机器人活动之船"过程性内容结构示意图

二、教学策略与实施步骤

第一,通过海报、讲座、到班宣讲、机器人展演等多种形式和途径,对学校开展的机器人活动进行宣传,吸引学生的关注。

第二,以校本课程的方式,利用信息技术课,开展机器人普及课程的教学。普及课程主要包括:(1) 认识机器人及机器人技术的发展状况;(2) 了解机器人的基本组件和基本搭建方法;(3) 认识核心控件和传感器,能成功搭建 2—4 种机器人结构;(4) 完成初步的编程,让自己搭建的机器人动起来。

经过普及课程的学习,学生对机器人及机器人的运行原理有了基本的认识,学习了基本的传感器技术、编程知识、结构搭建技术,锻炼了动手能力、逻辑思维,培养了学生对机器人技术的兴趣。普及课程适合学生人数众多时的科普性学习,满足学校开展机器人活动的基本目标,还可以吸引和鼓励学生积极参加机器人队。

第三,招募队员,成立机器人队。

(1) 机器人队有规范的管理章程和组织结构,每一位队员都是机器人队的重要一员,都要遵守管理章程,培育学生的团队意识。机器人队的主要任务是参加各级各类机器人竞赛活动。

(2) 机器人队分为普及项目组和提高项目组,并配备相应的课程。普及项目组的课程和相应的竞赛活动要求全体队员都要参加,每周的校本选修课是上课时间,竞赛前还会根据情况安排短期集训。提高项目组的队员从普及项目组中产生,由教师根据当年提高项目组竞赛的具体情况和队员在队内测试的综合表现来确定。提高项目组的课程只要求本组队员参加,上课和集训时间会比普及项目组多。

(3) 普及项目组的课程主要针对普及性竞赛项目来设置。机器人竞赛中最基本的技术是走轨迹,也就是通常所说的"巡线",是利用灰度传感器来矫正机器人行进方向的基本技术。教师每个赛季都会选择合适的普及性竞赛项目,让所有队员都能参加竞赛活动,并在竞赛活动中锻炼和提升创新精神与实践能力。在平时的训练和竞赛中,教师要引导队员以团队的视角看待竞赛,团结合作,共同进步,培育队员的团队精神。

某次"超级轨迹赛"的赛前训练情况参差不齐:A 队员在训练中总是不能很好地完成任务;B 队员因为掌握了 PID 算法,机器人的巡线控制得很好。客观上,两个队员在比赛中也是竞争关系,所以,A 不好意思去请教 B,B 也没有主动去帮助 A。教师关注到了这个情况,就找到了 B,对他说:"你的机器人跑得不错,看来你对 PID 算法掌握得比较好。你有没有注意到 A 的机器人总是跑偏,你觉得是什么问题?"B 说:"应该是他把程序写错了。"教师又说:"你愿不愿意帮帮他?"B 说:"明天我们参加同一个比赛。"老师继续引导:"对于比赛,你们是竞争对手,但比赛之后,你们是队员,是一个团队的。一个人再厉害也做不完所有的事情,很多事情都需要与人合作,相互帮助,共同进步。如果今天你帮助了他,说不定下次你遇到困难时,他也可以帮助你。对你们来说,共同进步了,对我们整个机器人队来说,大家会更团结。我希望看到所有的队员都能站在团队的视角来考虑问题。你觉得呢?"B 听了以后,愉快地跑去跟 A 交流了。

(4) 提高项目组的课程主要针对提高性竞赛项目来设置。比如,综合技能、FTC 等项目,要参加更高一级的比赛,就要在低一级比赛中进行选拔,项目难度比较大。通过对标项目要求和队员的综合表现,从普及组项目中选拔部分队员。在安排这个组别的比赛时,教师除了要考虑当季比赛的队员外,还要思考培养下一季比赛的队员,做到从团队视角战略性地考虑问题。

2016 年省级比赛"综合技能"项目中,我们有 2 支队伍参加这个项目的比赛,每个队伍只能由 2 名队员和 1 名教练组成。为了培养队员,我们安排了 2 名替补队员作为 2 支队伍的教练员参加了比赛,让这 2 名替补队员提前熟悉了比赛的全部过程,积累了比赛经验,而后在 2017 年的比赛中团队脱颖而出,以省冠军的名次参加了全国比赛并获得了全国一等奖。

三、学习评价与其他说明

(一)学习评价

关注学生在活动过程中的评价,通过问卷调查的方式,对学生进行课程学习前后的机器人基本素养的对比调查,再根据调查结果调整课程设置。通过分析活动开展一段时间后参加机器人队的学生人数增加的情况,判断活动设计与实施的方向是否适切。

(二)其他说明

机器人技术综合了多学科知识,学生在参与机器人活动中,将融合多学科知识来解决问题,也激发了学生在多学科领域探索的兴趣。

在工具材料上,需要机器人器材、机械加工工具等。

在创新表现方面,主要将团队建设作为机器人活动的抓手,形成"团队—机器人活动—团队"螺旋上升的激励机制。

 案例评析

本案例的意义和经验如下。

1. 以机器人队为抓手,有力推进机器人活动在校园的开展,达成活动育人目标,回应社会、学校和学生的期盼。

2. 在机器人活动的课程设置中着力关注对学生进行机器人素养普及,培育了学生的创新精神和实践能力,实现了学校在科技创新上的特色发展。

3. 在活动中注重学生团队精神的培育,符合国家对新型人才的培养要求。

专家点评

机器人竞赛是一项很有挑战性的科技教育活动,随着机器人活动的普及,该校从 2005 年至今取得了很多好成绩,也以机器人特色创建学校品牌。在本案例中抓住提高型队伍的同时,更为关注机器人普及性活动的开展,还打通了普及项目组与提高项目组两支队伍的瓶颈,从而引导学生基于机器人活动培养学习素养,也提升了机器人活动在学校科技教育中的品质。

扫码查看视频案例介绍

青岩古镇建筑及旅游资源的探索实践活动

贵州省贵阳市第六中学

 案例背景

STEAM 教育不仅可以让学生明白许多科学知识在生活中的基本应用和各门学科知识之间的联系,还能锻炼学生的动手能力,提高他们的空间想象能力。STEAM 教育的魅力就在于它包罗万象。

我们基于 STEAM 教育开展活动前,先考虑了我校学生的实际情况,对本校学生的学情进行了一定的研究。首先,高一、高二的学生在观察事物时比以前更全面、更深刻,他们喜欢探究事物的本质,而青岩古镇所包含的建筑知识、地理知识涉及地理原理和规律,能激发学生的学习兴趣。其次,高一的学生在初中学习中简单涉及了聚落与环境、聚落与世界文化遗产、地形地势与气候等相关知识,加之生活经验,对古镇旅游有一定的感知,这为本课程的开展提供了一定的知识储备。最后,虽然大多数学生未参加过地理研学考察,但学生对地理研学考察的效果持积极态度,表示出较高的参与意愿,这为本课程的教学提供了有利条件。

本案例基于 STEAM 教育开展了以青岩古镇建筑结构和作用为探究主题的实践活动,融合了技术(GPS 技术)、历史(屯军文化的历史背景)、化学(石灰岩的辨别方法)、艺术(古镇布局的美学特点)、地理(地理环境对聚落的影响)等不同学科,进行了跨学科 STEAM 课程研究。本次探究实践活动旨在让学生能说出青岩古镇屯堡文化的概念和历史,了解屯堡中的碉楼建筑、石头建筑的结构和作用,了解干栏式建筑的结构和作用,掌握 GPS 的使用方法,提升学生网上搜集资料和使用地图的能力,让他们能利用激光雕刻技术制造建筑模型。

 案例介绍

一、利用大数据云游青岩古镇

现在,人们在线观看旅游图文、目的地攻略、旅行直播等内容的时间不断延长。"云游"的用户比重也越来越高,人们可以在家观看全球旅行直播。上千旅行商家以及来自全球 30 多个国家和地区的旅行达人,每天可以为人们带来超过 100 场全球直播,让大家足不出户地游遍全球。

目前,青岩古镇运用大数据的优势开展智慧旅游,让游客不仅能体验古镇的"韵",还能感受古镇的时尚之风。学生既可以在出发前利用大数据技术分析青岩古镇最受欢迎的美食,分析不同年龄段的游客所喜爱购买的特产,也可以网上订票,还可以网上搜索查看点击量最高的青岩古镇视频,实现足不出户就能感受到青岩古镇的魅力。

二、对青岩古镇建筑的结构和作用进行实地探究

（一）集合前往青岩古镇

该过程主要组织学生按照指定时间到指定地点,并让班长进行点名,将考察任务单及相关工具发给各小组成员。

（二）探究分析青岩古镇的地理位置

该过程主要让学生学会分析某一区域的地理位置,并引导学生用 GPS 定位,从经纬度的绝对位置、贵阳市及贵州省的区域位置、作为贵州省四大古镇之一和贵阳市 5A 级景区的影响、屯堡文化下的特殊历史文化的影响等角度进行分析。

（三）小组合作分析特色建筑的结构及作用

首先,通过对每个门面的具体观察,引导学生探究分析重檐悬山式民居的成因。比如,门面作为商铺的民居,一般会显得高大一些,光有第一重檐是经不起风吹雨打的,更何况还有带着风的偏山雨,但总不能把门关上不做生意,就再加上一重檐,很好地保护了柜台,这样再大的雨也不怕了。如果再仔细观察,就会发现那双重檐就像人的眉毛和睫毛,保护眼睛的是睫毛而不是眉毛,眉毛起到的是一种装饰作用。这种仿生学的商铺式民居建筑,充分体现了古镇劳动人民的智慧和善于创新的精神。

其次,引导学生探究分析干栏式民居的成因。比如,虽然青岩古镇的建筑大多为典型的四合院,这与中原移民关系密切,但除此之外,还分布有山地干栏式建筑和根据地形而灵活修建的院落,这些主要是受气候和地形影响形成的。

最后,让学生用稀盐酸鉴别古城墙的岩石性质。通过鉴别,发现背街的古城墙是用石灰岩堆砌的,是运用古法糯米粉做黏合剂建成的。青岩境内喀斯特地貌盛产石材,易于就地取材,用石块垒墙,与当地布依族的建筑方式关系密切。

（四）小组合作探究军事建筑的结构及作用

通过测量碉楼的高度,观察结构并分析作用,了解到碉楼是屯堡军事防御上用的坚固建筑物,多用砖、石、钢筋混凝土建成,是整个古镇的视觉中心。作战时用于预警、指挥和避难,平时用于防匪和防盗。

（五）小组合作讨论古建筑的保护方法

引导学生养成保护传统建筑的习惯,并培养学生的人地协调观念,引导学生分别从游客层面、维护材料、经济层面等不同的角度思考保护建筑的方法。

实地探究主要以探索 STEAM 教育模式为教学目标,旨在强化学科融合,丰富科技教育课程内容。围绕科学、技术、工程三方面设定教学目标,该过程的目标不仅要让学生学习到相应的理论知识,还要掌握相应技术的使用方法,如掌握 GPS 的使用方法,能利用激光雕刻技术制造建筑模型,能绘画简单的建筑图纸。除了理论和技术的教学目标外,该过程还旨在培育学生的人文底蕴和科学精神,使其能通过探索建筑的结构美来培养自身的审美能力,同时在寻求建筑设计原理及作用中大胆设想、克服困难,勇于寻找证据,从而锻炼出求知求真

的科学精神。

三、利用 SPSS 建模，制作青岩古镇的智能停车场模型

学生先利用大数据分析工具对历年青岩古镇的客流量进行分析，结合人工智能控制对青岩古镇当地的交通信号灯和停车场进行智能模拟，然后利用 SPSS 建模，建立一个青岩古镇的智能停车场系统。SPSS 是一款专业的统计分析工具，提供研究常用的经典统计分析（如回归、方差、因子、多变量分析）处理。目前，SPSS 已经被广泛地应用于农业、工业、商业、医学、交通运输、社会学、市场分析、股市行情、旅游业等多个领域与行业。

经过学生们的奋斗，最终用简单建筑模型制作方法和激光打印技术建立了一个青岩古镇的智能停车场模型。

图 1　青岩古镇的智能停车场模型

 案例评析

1. 培养了学生的创新意识

本案例对青岩古镇建筑的结构及作用的研究性学习，激发了学生的科技创新兴趣。学生使用激光雕刻技术构造古建筑模型，利用 SPSS 建模创作青岩古镇的智能停车场系统，这些都是创造过程。创新教育是面向学生的教育，要着眼于学生的成长成才需求，这个实践过程培养了学生的创新思维和创新素养，提升了学生的创新精神和创新能力。

2. 建立学生间的分享交流空间，以活动促进科创教育

通过带领学生去青岩古镇实地走访，给学生之间的交流互动创造了空间，并且通过小组合作探究学习，增强了学生团队合作解决实际问题的能力，通过一系列活动促进学生思考，提高学生的科学精神和实践能力。

3. 建立了对 STEAM 跨学科融合学习的实践探究

STEAM 教育倡导将各个领域的知识通过综合课程进行连接，着力培养以"解决问题、逻辑思考、批判性思考和创造力"为核心的科技素养。本案例融合了技术、历史、化学、艺术、地理等不同学科的知识，进行跨学科 STEAM 课程学习探索。

4. 提升了学生的综合素养

通过本次探索实践活动,促进了学生全面素质的提升,培养和提高了学生的社会实践和创新能力,扩大了学生的视野,增长了学生的动手操作经验,延伸了常态课堂。这种活动以实践为主,强调学生的亲身经历,在"做""考察""实验""探究""体验"等系列活动中发现和解决问题,体验和感受生活,培养了学生的综合素养。

 专家点评

本案例以周边古镇为资源进行科学实践活动,让学生在感受古镇气息的同时,感悟古镇带来的人文关怀。本案例基于真实的情境问题,具有探究意义,切合乡土特点;教学策略和步骤比较清晰,对实践有指导;对所涉及学科的"融合"思路较合理;评价能关注多种方法和评价主体;创新点分析能基本回应"科创"特性,如能对可辐射方面进行价值阐述则更好。

扫码查看视频案例介绍

基于物联网控制的免接线电磁阀

贵州省贵阳市南明甲秀高级中学 杨昌全

 案例背景

我校任俊霖同学在某视频播放平台中了解到关于华为工程师的故事——2008 年 5 月 12 日 14 时 28 分,四川汶川发生里氏 8 级地震,华为第一时间派出工程师,空降到灾区搭建临时的信号基站,保证手机信息畅通。他查阅了大量资料,了解到现有的手机信号传输采用基站进行信号转发,如果附近没有基站,是无法拨打电话的。如果发生大规模地震或其他自然灾害,信号基站很可能会被破坏,导致手机无法使用。但在这种情况下,"手机是不是可以变身为求救工具",引发了他的进一步思考。难道人们只能利用声音或者灯光的形式进行求助吗? 这两种求助方式存在诸多缺点,例如,声音传输距离很短,而且人们的喊声、求助声不能够持续很长时间。利用 SOS 灯光求助,传输距离远,但是,仅仅知道有人求助,不能够与受困者进行信息交流。

带着问题,任俊霖进行了探索,幸运的是,当他向贵阳市南明甲秀高级中学孙渝兰老师提出"语音信号怎么变为数字信号? 数字信号又怎么传播"等问题的时候,孙老师没有草草作答且没有说这是超出高中学习范围的知识,而是叫他回去好好学习现有知识。这些问题引起了孙老师的重视,经过多方协调,学校专门找到高校的教师来为他提供系统指导。

仅仅经过一个学期的系统探索(每周高效利用 2 个小时,共计 40 个小时左右),任俊霖及其作品拥有了参加全市、全省的青少年科技创新大赛,获得市级一等奖和省级二等奖的突破,而这一奖项全市中学(初中+高中)组仅两人获得,任俊霖及其作品便是其中之一。

 案例介绍

一、发现问题

国际求救信号 SOS 灯光一般用强光手电发送,灯光闪烁方式为:三短表示 S,三长表示 O,以此代表求救信号。如果可以利用灯光进行语音传送,显然更容易被救助。通过网络检索发现,韩国发明了一种可以将语音转化为电码发送的手电筒。其中,摩斯电码(Morse alphabet)(又译为莫尔斯电码)是一种由"0"和"1"组成的信号代码的摩斯密码翻译器,这种信号代码通过不同的排列顺序来表达不同的英文字母、数字和标点符号,必须通过复杂的解码器进行解码,才能得到文字信息。看似合理,但是也存在译码、解码的复杂性和及时性不强的缺点,如果直接把光信号转化成声音信号会更容易被解析。笔者通过知网查询发现关于可见光无线通信的研究。

二、提出假设

为了解决以上困难,尝试利用树莓派开发板采集声音并播放,结合太阳能或者蓄电池供电,把声音信号转化成 LED 灯光,利用可见光实现复杂环境中的求助。

三、探索解决路径

以树莓派为平台,利用 python 控制麦克风录制声音,并利用 python 播放声音,然后将声音发送给发射模块,发射模块把音频信号转化成灯光,利用可见光传输音频。接收模块可以把收到的灯光(闪烁灯光)转化成相同频率的音频信号,最后利用喇叭播放音频。解决路径的原理如图 1 所示。

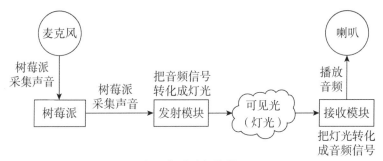

图 1　解决路径的原理

四、通过实验验证

装置主要由三部分组成,分别是树莓派、发射模块和接收模块。其中,发射模块主要由 LED 灯泡、LED 驱动电路、音频接口、信号转换模块等组成。接收模块主要由光敏接收器、光电转换装置、音频功率放大器和扬声器组成。发射端要发送的音频,经过发射转化加载到 LED 上,LED 发光发亮,把声音信号转化成光信号。当接收端通过光敏接收器将可见光的信号转化成微弱的电信号,然后经过音频放大电路把信号放大后,通过扬声器播放声音。

（一）信号发射模块和接收模块的结构原理

使用 LED 灯光传声音,基本原理是把波动的声音转换成 LED 灯光,然后 LED 灯光的振动信号被接收模块的光敏接收器接收,并且该信号被调制,以达到声音还原。传输距离与发射端的电压和 LED 的亮度有很大关系。信号发射模块的结构原理如图 2 所示,信号接收模块的结构原理如图 3 所示。

图 2　信号发射模块的结构原理

声音输出 → 光信号 → s8050 放大 → 光电转化 → 调制信号

图 3　信号接收模块的结构原理

（二）实验发射模块的制作

1. 发射模块的电路原理

LED 具有调制特性良好的优点，可以使 LED 光源在照明的同时传输音频信号。发射模块利用三极管 s8050 将音频信号放大后驱动 LED 发光，LED 的发光强度受音频的调制，当音频信号由音频口输入，经 4.7uf 电容 C3 的隔直作用后会在三极管的基极加上一组和音频信号一样变化的电流，在三极管的放大作用下驱动 LED 发光。因 LED 的发光强度与电流的大小成正比，所以 LED 的发光强度与音频信号的幅度大小同步调制，实现音频信号的发射。

2. 三极管 s8050 的研究

三极管也被称为半导体三极管、双极型晶体管、晶体三极管，是一种采用电流控制电流的半导体器件，其最为主要的作用就是将微弱信号放大成较大的电信号，常常被用作无触点开关。随着经济的快速发展，在我们的日常生活中三极管 s8050 被大量使用。

3. 根据图 4 焊接模块

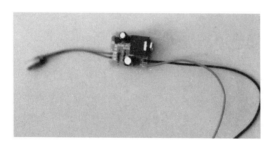

图 4　焊接模块方法示例 1

（三）实验接收模块的制作

1. 接收模块的电路原理

接收端利用光敏二极管接收调制信号，利用功率放大器放大功率，最后将音频信号输出，实现无失真音频传输。接收模块的电路原理如图 5 所示。

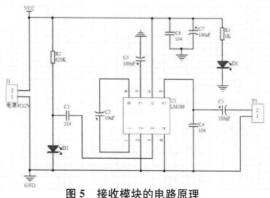

图 5　接收模块的电路原理

2. 根据图 6 焊接模块

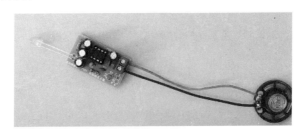

图 6　焊接模块方法示例 2

（四）实验树莓派开发版

1. 树莓派安装 pyaudio 库，用于录制音频并控制、播放声音。安装 RPi.GPIO 库文件，用于 GPIO 引脚控制，通过按键的形式控制录音。

（1）GPIO 按键的控制代码。

```
GPIO.setmode(GPIO.BCM)                    ♯引脚是 BCM 编号方式
GPIO.setup(5, GPIO.IN, pull_up_down=GPIO.PUD_UP)    ♯在 5 号引脚处设置上拉电阻
while True：
        if (GPIO.input(5) == 0)：♯当按键按下
录音代码
```

（2）录音控制的代码。

代码更改了官方示例代码，并且参考了类似录音控制的代码。其中，主要代码如下：

```
p = pyaudio.PyAudio()

        stream = p.open(format=FORMAT,
                        channels=CHANNELS,
                        rate=RATE,
                        input=True,
                        frames_per_buffer=CHUNK)

        print("recording...")
frames = []
        ♯for i in range(0, int(RATE / CHUNK * RECORD_SECONDS))：
        while GPIO.input(5) == 0：
            data = stream.read(CHUNK)
            frames.append(data)

        print("done")
```

```
        stream.stop_stream()
        stream.close()
        p.terminate()
        wf = wave.open(WAVE_OUTPUT_FILENAME, 'wb')
        wf.setnchannels(CHANNELS)
        wf.setsampwidth(p.get_sample_size(FORMAT))
        wf.setframerate(RATE)
        wf.writeframes(b''.join(frames))
        wf.close()
        time.sleep(1)
        i = 0
```

2. 录音播放代码。

```
def play():
    chunk = 1024
    wf = wave.open(r"output.wav", 'rb')
    p = pyaudio.PyAudio()
    stream = p.open(format=p.get_format_from_width(wf.getsampwidth()), channels=wf.getnchannels(),
                        rate=wf.getframerate(), output=True)
    data = wf.readframes(chunk)   # 读取数据
    print(data)
    while data != b'':   # 播放
        stream.write(data)
        data = wf.readframes(chunk)
        print('while 循环中！')
        print(data)
    stream.stop_stream()    # 停止数据流
    stream.close()
    p.terminate()   # 关闭 PyAudio
```

3. 利用多线程技术实现录音和播放同时进行。

```
thread1 = threading.Thread(target = rec.recwav)
thread2 = threading.Thread(target = playwav.play_wav)
print("-" * 50)
thread1.start()
print("-" * 40)
thread2.start()
print("-" * 30)
```

五、总结技术创新点

1. 利用可见光传输求救信号,不需要借助信号基站,可以实现语音发送。

2. 装置可以将音频信号转化成 LED 灯光进行传输,接收端可以将灯光转换成声音信号。

3. 利用 LED 兼顾小范围照明和音频传输两个功能,具有小巧、易推广、环保、无辐射等特点。

4. 为手机集成硬件求助模式,有效保障极端条件下的电力供应及基础通信提供参考。

 案例评析

1. 在整个研究制作的过程中,我深深体会到一个简单的语音传输也不是想一想就能够做到的,想到和做到之间还有很大差距。制作时的元件问题、信号问题、传输和接收实验问题都经过反复尝试,老师说要懂得坚持。同时我明白提出问题人人都会,找毛病张嘴就来,并没有什么了不起。假设结果、确立解决方案、制作样品、试验探索、验证假设,最后能得出结论、找到解决问题的方案才是一路经历过来最大的收获。

2. 通过这个项目,我还体会到撰写一篇论文原来是有框架的,这和平时写作文不太一样。老师说,科技类的论文必须每一句话都要有根据、有数据、有别人已经做过的实验结论才能写进论文,这个叫作言之以理、言之有据。我发现写科技类论文,虽然自己的水平还有待提高,但论文还是如期完成了,还有机会参加青少年科技创新大赛,我感觉很开心!看到作品初见成效,被评委老师认可,我激动不已,这也为我今后的学习打下了基础,建立了信心。

3. 增加了学习的动力。把自己已经懂得的知识和现实生活联系在一起的时候,有一种醍醐灌顶的感觉,同时在与其他同学的交流中,也深感自己的不足,还要继续探索,继续努力。

 专家点评

青少年科技创新大赛是一个展现学生科创教育活动的优质舞台。本案例以任俊霖的免接线电磁阀作品为例,介绍了在教师引导下,借助高校优质资源,学生经历了发现问题、设计与探索、创新与实践、调试与得出结论等项目式研究过程,从而阐释了基于学生个性化指导的重要性,但更为重要的是学校为此提供了科创教育的学习平台。

无人机在初中学校进行项目式教学的探索

贵州省贵阳市第十六中学　吴学涛

 案例背景

　　初中无人机课程的目标是让学生通过科技学习与实践,在发展身心的同时,养成良好的学习习惯和敢于直面困难、勇于拼搏的优良品质,让学生在学习无人机的过程中感受竞技体育的魅力,提升创造力、多维空间想象力以及动手能力等。但是从无人机课程在学校开展的现状来看,该课程仍存在一些问题,如训练场地的局限,飞行设备零件的高成本、高损耗,训练时间的长短不一,家长的不理解与不支持等。针对初中无人机课程的现状和问题,我们结合自身教学实践和训练比赛经验,从课程目标设置、教学实施开展、教学评价设计等方面,对初中无人机课程进行了深入的探索与实践。

 案例介绍

一、设计理念

　　(一)落实 STEAM 课程理念

　　STEAM 教育理念下的初中无人机课程是培养学生动手能力、创新能力以及多维空间想象力等综合能力的一门新型课程。它从学生主观能动性的角度激发学生的学习兴趣,培养学生发现问题、分析问题、解决问题的能力,以及良好的学习习惯。该课程不仅能让学生掌握基本飞行原理,提高科技认知能力,还可以让学生养成良好的思维习惯,掌握相关的学习方式。

　　(二)真正践行学科融合

　　传统的学科融合是浅层次的两门单一学科的相互使用,根据《基于项目的 STEAM 学习》中"明确的结果和模糊的任务"理念,本文所说的学科融合是指在 STEAM 教育背景下将多门学科知识加以整合运用,相辅相成,获得明确的结果。"模糊的任务"这个概念给学生的发展提供了无限的可能,学生可以用不同学科的知识进行实践创新。

　　(三)重构课程评价体系

　　对于初中无人机课程,课程教学的内容和细节都处在探索和发展的过程中,因此需要建立一套符合学校、学生现状的课程评价体系。同时,需要对评价流程进行改进,重构适合初中无人机课程的课程评价体系,即"实施—评价—计划—改进"。初中无人机课程是一门基于实践操作的课程,它没有复杂的文字需要背诵,将实施作为课程评价体系的第一个环节可以最为直接地培养学生的自主创造能力。实施后需要教师带领学生及时完成对结果的评价,总结整理后产生新的计划并通过动手完成改进。

（四）项目式学习提高能力

在 STEAM 教育理念中,项目式学习是经常被提起的一环。项目式学习是一种以学生为中心的教学方法,强调的是学生在试图解决问题的过程中发展出来的技巧和能力。基于这个理念,将初中无人机课程中原本复杂的各项技术,如了解飞行原理、器械零件组装、飞行控制等设计成项目式学习的各项任务,学习过程会变得较为轻松,也顺应了 STEAM 教育理念中项目式学习的理念。

二、实施内容

在开展初中无人机课程教学的过程中,学校将课程教学分为通用基础知识、大疆 TT 无人机、无人机传感器运用三个阶段。在这三个阶段中主要针对大疆 TT 无人机开展教学。

（一）教学环境

为了满足初中无人机课程教学的特殊要求,学校参考 STEAM 实验室的建设,并根据学校的发展理念,建设了"无人机创客实验室",设计了课程教学方案。

（二）教学安排

初中无人机课程属于校本课程,每学期教学分 6 个阶段（学习理论、制订计划、分解任务、重复练习、寻找规律、打破常规）,12 个课时。理论学习是让学生在脑海中建立一个基础的飞行框架,通过自身情况制订整体飞行计划,而后用树状图形式分解每一次任务,以小组或个人形式落实练习任务,在飞行过程中找到关键问题,摸索规律并在一定控制基础上不断创新。课堂安排上,根据学生能力的差异组成不同兴趣小组,从小组特色出发布置不同研究任务。课程将体育、美术、信息技术等多门学科的知识进行融合。在理论课的学习过程中,学生根据要求绘画出机械构成与飞行路线,运用编程技术检测与设计机械。在训练过程中,不仅要求掌握基本的机械,还会加入体能的训练,以确保学生能够长时间稳定控制无人机。

（三）项目实施

教学中,根据"实施—评价—计划—改进"课程评价体系逐步推进。准备充足零件,布置好教学场地后,第一节课是在实验室内进行理论教学并组织学生自主完成机械组装,第二节课是安排学生到飞行区域进行飞行。对第一次的飞行试验,教师应有心理准备,因为大部分的学生难以操控机械,所以会出现很多状况。教师要特别注意学生之间距离的大小、操作安全隐患等,及时就出现的问题组织学生思考与讨论,并作出评价。经过几个课时的练习后,回到实验室总结问题并提出整改方案。

（四）评价要点

我们主要对学生参与态度、能力表现、科学精神、分享展示、助人合作等方面的情况进行评价。

表 1 项目评价要点

评价项目	评价标准	评分
参与态度	认真听讲，积极参与每项活动	
	尊重教师，听从教师安排	
	活动中积极思考，努力探索	
能力表现	善于求助，或遇到问题主动解决	
	创新突破解决问题	
科学精神	实事求是，尊重客观规律	
	刻苦认真，锲而不舍	
	善于合作与交流，敢于修正与放弃自己的错误观点	
分享展示	积极分享，观点明确，思路清晰	
	分享或展示有新意	
	发表不同观点并合理有效论证	
助人合作	活动中关爱同学，帮助同学	
	出现困难勇于承担	
	团队内有效协助他人，共同完成任务	
合计		
自我评价		
教师评价		
说明	评分标准：1分不及格；2分及格；3分一般；4分良好；5分优秀。 导师评分：A优秀；B良好；C一般；D及格；E不及格。	

 案例评析

1. 教师层面

通过本项目课程设计与实践，教师遵循建构主义理论，教学方法逐渐从"填鸭式""讲解法"转向"以学生为主体"的分层教学，针对不同学生采取有差异的教学方法：对动手能力不太强的学生，借助一些构造性训练，从小部件组装到多种零件混搭，逐步提升其动手能力并使其获得一定的自我认同感；对三维意识较为薄弱的学生，开展一些想象性训练，通过在"慢跑"过程中设置障碍，模拟飞行轨迹，使其三维意识有了较为明显的提升；对操控水平一般的学生，进行一些操作性训练，通过相同状态不同控制模式的飞机飞行，记录每次的飞行数据，让学生在数据中找出不同操作下会产生的不同轨迹。

2.学生层面

通过本项目实践,学生借助无人机的技能训练提升问题解决能力,逐渐增强主动探索精神。第一,认知的获得。无人机课程使学生能在脑海里形成一种潜力无限的科学观,产生一种截然不同的求知欲,运用到学习中来解答自身对科技的困惑,打下良好的学力基础。第二,技能的获得。按 STEAM 教育理念,无人机课程培养目标是在正确情感、态度与价值观的引领下让学生掌握组装、搭建、控制飞行器械等基本技能并在参与过程中直接展示,技能的掌握过程同样是学生素养不断提升的过程。

在 STEAM 教育背景下,初中无人机课程的发展是充满潜力的,但在探索过程中仍有很多问题需要去解决,如课程不够规范、对场地设施的依赖性较高、飞行器械的损耗和成本较高等。另外,如何获得家长的理解、提升学生的重视程度、解决教学课时的冲突等都是未来初中无人机课程发展过程中需要解决的问题。

 专家点评

这是一个以无人机课程为载体的科创教学案例,具有一定的人工智能因素。案例注重从 STEAM 教育的跨学科角度描述其设计思想和实践过程,还附有相关视频和照片增强解释性;对实施要点的介绍比较清晰,对所需工具有所说明,对评价要点和创新特征的分析比较深入,还可以突出 STEAM 课程化的工程引领和项目化学习特征,使其经验价值放大。

扫码查看视频案例介绍

巡线机器人的设计与制作

——地方红色文化与编程教育的深度融合教学探究

贵州省遵义市新蒲中学　冷义波

案例背景

　　机器人曾经是人类的想象,但现在它们已经频繁地出现在我们的现实生活中,帮助或替代人类完成很多工作,成为人类的好帮手。虽然现实生活中存在着各种机器人,但是中学生对它们还是比较陌生的,为让学生充分了解机器人的工作原理及设计过程,在中学阶段开展机器人教学意义非常重大。

　　本案例以培养学生发现问题、分析问题、解决问题的综合能力为学习目标。

　　1. 培养学生动手实践能力,整个过程中学生亲自进行机器人搭建设计、程序调试。

　　2. 培养学生观察能力和分析、解决问题能力,在进行任务分解时,强调学生要仔细观察、认真分析,找到更好的解决方案。

　　3. 多学科知识的融合,让学生在学习机器人的同时学习其他学科的知识,在快乐中学习,提高学习效率。

　　4. 以"遵义会议—四渡赤水"为主题背景,带领学生学习机器人的设计与制作、程序编写,让学生在学习先进知识的同时,深入了解当地的红色文化。

案例介绍

一、课程引入

　　红军在长征途中召开遵义会议后,作出了北上四川的决定。由于当时情况的变化,在毛泽东同志的正确指挥下,中央红军四渡赤水,巧妙地穿插于国民党军的重兵集团之间,灵活地变换作战方向,在运动中歼灭大量国民党军,牢牢地掌握战场主动权,从而取得了战略转移中有决定意义的胜利。这是中国工农红军战争史上以少胜多、变被动为主动的光辉战例。

　　本案例立足遵义地方红色文化,以"遵义会议—四渡赤水"为主题背景,引领学生体验红色文化,学习设计一款巡线机器人,重走红军当年在遵义地区的行军路线及体验部分军事活动。主要学习内容有:遵义红色文化;机器人器材及组装、机器人工作原理、编程软件的使用方法、程序编写与调试和评价方法。

二、熟悉器材和编程软件

熟悉不同类型结构件的功能,注重在搭建过程中巧用不同类型的结构件,根据不同任务搭建出满足相应需求的结构件及任务道具。本项目使用的编程软件是 RoboExp v5.2,安装时默认安装路径。

三、寻迹原理

光电传感器可以检测其照射到地面的亮度值。光电照射到白色面时亮度较大,照射到黑色面时亮度较小。通过光电检测到的亮度大小便可以区分地图上的黑白部分,便于机器人巡线行走。

寻迹的基本过程是通过光电传感器判断出路线,然后控制马达做出对应动作。机器人在寻迹时有四种行走方法,即前进、左转、右转、后退,前进和后退没有问题,只需要注意前进、后退的触发条件就可以。

寻迹难度是转弯,通常需要注意两点。一是转弯触发条件的设置,即左边检测传感器达到阈值向左边转,右边检测传感器达到阈值向右转,这里注意现场阈值的检测。二是转弯方式的选择,通常有三种:第一种是一个马达不动,另一个马达前进;第二种是一个马达前进,另一个马达后退;第三种是一个马达快,另一个马达慢。比如向左边转弯,就可以选择左边马达不动,不让马达前进就可以实现了。需要注意的是在寻迹过程中,可能是直角转弯,也可能是规则的弧线转弯,也可能是不规则的曲线转弯,不同的转弯路线采取不同的转弯方式,如寻迹规则弧线时,采取一快一慢的方式最好。

四、编写程序

先是任务分解,主要有强渡乌江、遵义会议、文化宣传、攻打娄山关、四渡赤水(过浮桥)、崎岖碎石路、挑战任务等。学生需要搭建机器人并设计程序完成相应的任务,完成不同任务有相应的技巧。

以完成宣传任务为例来进行任务分解。首先是光电传感器检测到任务区,当机器人到达任务区后开始播放音乐或旋转跳舞做任务,任务完成后再巡线前进。其次是针对各个子任务编写程序,到达任务区域的触发条件是左右两边的传感器均检测到黑线,让机器人短暂缓冲后停下来,通过不断调试以获取缓冲的最佳时间。播放的音乐可以是系统自带的,也可以是录制上传或网上下载的,播放时间为 2 秒。任务完成后继续巡线,直到完成所有任务。

五、注意事项

注意电池在编程调试以及运行时的电量,过高或过低都会影响机器人的稳定性;任务地图要清洁干净,避免褶皱;外界光线影响较大,在调试采集场地光线阈值时一定要全面精准;

强调学生安全问题及工具的正确使用。

六、学习评价

根据任务,组织学生搭建不同的结构件,采取不同的设计策略,分段调试程序,逐一完成所有任务。任务完成后,组织学生进行成果展示及评价,主要从以下两方面进行:

1. 过程性评价

对学生在各个阶段遇到的各种问题进行分析和评价,同时找出新的解决办法,如组员分工、策略的选择、器材的挑选、程序的编写等;对优点进行表扬和推广。

2. 总结性评价

任务完成后,每个小组派一名代表对本组方案设计、程序调试、任务完成情况、成果展示等进行讲解。小组之间进行互评,教师进行总结性评价。

七、收获与体会

机器人教学高度融合多学科知识,涉及信息技术多个领域,融合了多种先进技术,代表了高端技术发展前沿,对师生要求相对较高,同时对学生能力的提升作用也非常大,是培养中小学生综合能力、信息素养的重要平台。本案例主要培养学生以下几方面的思维。

1. 工程(engineering)思维。学生在进行机器人搭建时,要思考采取什么样的策略、搭建什么样的结构件才能更容易、更快速地完成相应的任务。学生分工合作,分别负责撰写工程笔记、程序编写、结构件搭建等,有益于学生工程思维及团结协作能力的培养。

2. 数学(mathematics)思维。程序的灵魂是算法,学生在进行程序设计时就是在运用一种算法,不仅涉及时间、角度、速度、路程等数据的运算,还会锻炼其逻辑思维。

3. 科学(science)思维。在完成任务的过程中,学生会根据其难易程度进行科学分析和判断,进而进行设计和取舍。在练习调试、模型搭建的时候得出结论,使用光电传感器,会增加学生对光学知识的了解,培养学生的科学思维。

4. 技术(technology)思维。要求每组学生通过头脑风暴寻求科学合理的解决方案,画出设计草图和建模,并就某一技术领域对人、社会、环境的影响进行分析,能够培养学生的技术素养。

5. 艺术(art)思维。组织学生系统学习遵义会议、红军四渡赤水的史料、背景和意义以及当地人文习俗、地貌交通等知识;使学生在进行结构件搭建时具备一定的审美观念。

 案例评析

本案例的亮点是与地方特色文化的深度融合,在教学中具有以下意义:一是巧妙运用 STEAM 教育激发学生探究和学习地方特色文化的兴趣,把遵义地区的文化植根在学生的心里,培养学生的爱国情怀;二是培养学生发现问题和动手解决问题的实践能力;三是培养学生的科学思维和逻辑思维;四是体验技术改变人类、服务人类及影响人类的真实情境。

专家点评

　　本案例详细地介绍了寻线机器人设计与制作的活动过程。案例背景能反映基于真实情境,提出可以探索的问题,设定相应的探究目标,明确教学的策略和步骤,整体设计对实践具有相应的指导性;学科融合能反映所涉及的学科并解释"融合"的抓手,评价能关注多种方法和不同主体,体现多元特点,创新点分析能基本回应科创特性。

扫码查看视频案例介绍

智慧鱼塘，自主监控

贵州省赤水市第三中学　杨小波

 案例背景

在水资源充沛的赤水，养殖鱼是当地扶持农民脱贫的产业之一，但养殖鱼需要投入大量的人工管理成本，不仅效率低下，并且稍有不慎便会前功尽弃。本案例以 STEAM 教育理念为导向，学生经历身边渔民养鱼系列问题的调查，聚焦智能化养鱼，经过分析问题、拟订方案、制定步骤、规划并设计项目等一系列过程，利用开源硬件、创客工具和数字化编程平台，最终达成成果分享的过程。在整个研究过程中，学生从无到有，站在科学的角度，尝试去解决问题，并为养殖业的发展提供可能的技术支持和保障。

 案例介绍

一、项目活动的内容设计

在项目活动前，先组织学生对当地不同乡镇渔民养鱼情况进行实地考察和调研，通过对考察调研的结果进行分析，发现问题后找出合理的解决办法并拟订方案。本案例考虑先从自动化喂养、自动换水、鱼塘水温的控制、水含氧量监测和水浑浊度监测等方面入手，抛砖引玉，激发学生主动探索精神，全面模拟，实现养鱼无人化管理与运作。案例活动需要组织学生参与如下五项过程性实践内容，如图 1 所示。

图 1　过程性实践内容

二、教学策略与实施步骤

（一）教学策略

案例教学活动能否顺利开展，开展的效果能否达到预期，这不仅取决于教师教书育人的本领，同时也与学生知识建构和学习能力有关。因此，教学策略在教学活动中显得尤为重要。为了让此次教学活动顺畅开展，本案例采用了以下教学策略。

1. 启发式教学策略

利用周边养鱼存在的问题——如何实现自动化养殖鱼,激发学生学习动机,调动学生学习主动性和积极性,让学生在学习过程中自始至终处于主动地位,引导学生主动提出问题,思考问题,探索、发现并找到解决问题的办法,充分发挥首创精神,学会主动建构知识。

2. 探究式教学策略

学生通过主动参与调查,发现养鱼时存在的问题,并制定解决办法和需要实现的自动化功能,通过探究活动掌握开源硬件的原理和应用,并逐步实现项目中自动化功能。经过提出问题、形成假设、制定方案、实施方案、分析论证、评价交流和总结的过程,获得科学探究的能力和技巧,提升发现问题、解决问题的能力,形成勇于创新的意识。

3. 训练与练习教学策略

虽然这是一种比较机械的接受学习的教学策略,但是因为班级学生知识体系的多样性、学优生与学困生的学习能力差异较大等因素,我们在教学中需要考虑到学困生自主学习能力和对未知领域的探究能力不强。虽然训练与练习的教学策略不利于发展学生的思维和创新意识,但对于知识学习还是具有一定效果的。

(二) 实施步骤

1. 提出问题

如何解决当地渔民养鱼时遇到的系列问题(如因不能及时喂食,致使鱼类不能以最佳速度成长;不能及时置换活水,致使鱼类生活环境变差,影响生长;不能及时增氧,致使鱼类死亡等),如何才能实现无人化养鱼,从而解放渔民双手,促进农村养殖业发展,帮助渔民实现发家致富呢?

2. 调查与需求分析

利用业余时间,组织学生到当地农村实地调查养鱼的情况,与渔民面对面沟通,了解养鱼时特别需要注意的事项,分析总结为了实现自动化养鱼,我们需要解决哪些问题。

一是如何确保定时、定量喂食;二是如何确保水温在鱼类适合生长的范围内;三是如何确保水中含氧量维持在固定范围内;四是如何确保水不过于浑浊;五是如何快速有效地更换鱼塘的水。

3. 拟定解决方案

根据需求分析结果,设计并绘制出项目模型草图,如图 2 所示。

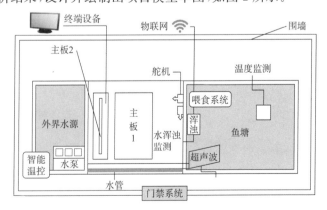

图 2　项目模型草图

自动化喂食的解决方案是，运用物理知识中定滑轮改变力的方向和动滑轮组成倍省力的原理，建构自动投食装置出食口的打开和闭合结构，难点是投食装置出食口的结构设计、定滑轮和动滑轮的灵活组合套用。自动换水的解决方案是，采用两套抽水设备，一套负责往鱼塘注水，另一套负责向鱼塘外抽水，难点是如何才能快速置换水，又不浪费水资源。水位高度的解决方案是，一个检测设备和抽水设备配合解决。水浑浊程度的解决方案是，一个检测设备和抽水设备配合解决。水温度控制的解决方案是，一个检测水温设备和抽水设备配合解决。本案例模型的制作难点是各功能模块的位置布局，结构的设计、制作和组建，由于没有精准的激光切割机，模型全部由手工制作，尺寸难免存在一些误差，因切口不平整和粘贴缺乏经验，鱼塘和蓄水池也容易出现漏水现象。

4. 选择器材，制作模型

根据已掌握的知识与技能，自由组建团队，合理分配任务，结合 3D 打印技术和物理学知识，利用创客工具制作各功能模块，搭建主体结构，选择合适的开源硬件设备，参照模型草图，将项目模型的整体架构安装好。搭建时要注意测量水位高度设备位置合理性、鱼塘的密封性、喂食仓出食口开关的活动性等。

5. 实践探索，调试运行，优化完善

实践1：探究利用舵机与滑轮的组合，模拟实现喂食出入口自动打开与闭合，实现自动化喂食功能。

实践2：探究利用超声波传感器和水泵组模拟实现自动调节鱼塘水位高度，实现自动化调节水位，确保塘内水量在合适位置。

实践3：探究利用水浑浊传感器和水泵组模拟实现自动换水功能，当水浑浊到一定程度时即自动启动换水系统，用活水替换塘内死水。

实践4：探究利用防水温度传感器和水泵组模拟实现自动控制塘内水温，确保水温在适合鱼类生长范围内波动。

实践5：探究利用 AI 视觉传感器、舵机、语音合成模块和物联网模块实现门禁系统功能和陌生人预警监测，确保鱼塘安全管理。

可进行优化的地方：一是卡食、开合动力不足，卡食可以将仓倾角设计大一点，动力不足可以增加动滑轮数量或者将舵机臂的长度适当缩短；二是监测设备转动过快，不易识别，可将舵机更换成电机，电机的转动速度和方向都是可控的，效果呈现更好；三是置换水时比较浪费水资源，可根据实际情况进行设定，如因水温过高致使换水，一般是上层水温过高导致，可以抽出鱼塘上层水后，再注入新的活水；四是增设远程监督和人工管理模式，当智能管理系统出现故障时，可切换到人工管理模式，工作人员远程监控鱼塘实际情况，远程发送指令，控制喂食、恒温、换水装置的运作，弥补智能化管理的缺陷。

6. 总结与反思

以传统教学原型为基础，以解决问题为最终目的，通过项目式的学习方式来进行教学活动，案例留给学生思考和发挥的空间非常大，学生可以自由地发挥想象力和创造力，以现有知识和技能为基础，通过实践尝试学习新事物、新方法，获得更好的解决问题的办法。案例不足之处，在于项目模型外形设计缺乏美感；案例中程序代码有冗余，非最优化算法；案例也许还存在其他一些仍未发现的缺陷，这些都是今后的教学过程中需要进步的地方。

三、学习评价与其他说明

（一）学习评价

评价主体多元化，评价实施时要注意教师的评价、学生的自我评价、学生的相互评价相结合，通过多层次、多类型交流和沟通，获得全面、真实的学习信息。评价指标多元化，除了学习内容的评价外，还要注重对学生学会学习、学会合作、学会做人进行综合性评价。评价方法多样化，评价方法灵活多样，有分项，有综合，有过程，有结果，既不能一成不变，又不能流于形式。

（二）其他说明

在学科融合上，需要灵活掌握动滑轮、动滑轮组的运用，通过杠杆原理和动滑轮组实现省力，模型的设计和制作需要美术学、空间感的摩擦和碰撞，结合 3D 打印技术，经过创新思维的沉淀，创造新的事物，案例教学还需要数学建模知识、物理力学知识、物理电学知识、水产养殖学知识等作为支撑，才能确保课程能够科学开展和实施。

在工具材料上，要求学生有基本的动手实践能力，运用创客工具制作有效的作品。制作模型的材料不渗水，易切割，厚薄适中，5毫米左右即可。

在创新表现方面，一是善于从新角度提出问题，探索他人未认识或者未完全认识的领域；二是善于提出新的假说，善于想象出新的形象；三是思维独辟蹊径，标新立异；四是提供新颖独特的、具有社会价值的产品思维。

 案例评析

本案例的实践意义主要提炼为四条。

1. 贴近生活。案例是从身边现实生活养鱼问题中得到的启发，让养鱼从人工管理到智能化管理，培养学生发现问题、解决问题的能力。

2. 学习形式新颖。案例通过项目式学习方式，让学生通过实践参与一个完整的项目，去发现问题、探索新知识、尝试解决问题，学生思维能力、动手能力能够得到最大限度的锻炼。

3. 关注社会。案例以精准脱贫为背景实施，让学生时刻关心社会动态，并通过自身的能力服务社会，培养学生的社会责任感。

4. 综合素质得以升华。案例要求学生具备较强的各学科专业知识，如分析问题考察了学生对数学建模的掌握程度，设计投食省力装置考察了学生对杠杆原理的理解和滑轮组的灵活运用程度，连接硬件线路考察了学生对电学知识和技能掌握的熟练程度，项目模型设计又需要结合美术学知识和空间知识等。

专家点评

本案例叙述了基于赤水本土水资源充沛的优势，引导学生关注鱼养殖业发展中的一些问题，聚焦渔场投食，以系统思维设计，经历"自动化喂食"模拟装置的建构与研究，从而促使学生开展深度学习，也切实提升了学生对生活的关注力，切实解决了一些生活问题。

扫码查看视频案例介绍

"塑料水管"低结构材料的创意开发

贵州省绥阳县绥阳中学　张荣琴

 案例背景

　　探索在通用技术学科教学活动中渗透、融入劳动教育,培养"有思考"的劳动,这既是教育创新的需要,更是新时代全面培养社会主义建设者和接班人的需要。教育本身就应该是因地制宜的,如何在场地、设备和资金等方面的条件下,开展好学科科创实践活动,是一线教师值得研究的课题。

　　本案例根据劳动教育指导纲要、通用技术学科对设计制作的要求,开展以"塑料水管"为主要设计材料的项目设计制作活动。"塑料水管"是一种低结构材料,在我们日常生活中很常见,具有结构简单、可变性强、可塑性强、来源广泛且价格低廉的特点,其设计制作过程中应用到的工具为日常生活中常见工具,是一个可广泛应用推广的科创案例。本案例以"车间创意"为主题,学生以车间为平台,结合生活需求,以团队合作形式,展开创意思考与设计,以管材为基础材料,经过一段时间的探究,完成各自的创意作品,并以车间创意秀场为平台进行成果展示。

　　本案例确立的教学目标如下。

　　1. 通过系统分析来整体筹划,兼顾设计的各个方面,从人、物、环境方面进行系统的限制因素分析,提升工程思维。

　　2. 通过探究学会设计方案、选择材料、按图施工,加深对工具的认知,增强安全使用工具的能力,提升劳动技能和技术素养。

　　3. 通过车间小组形式开展探究,有明确的分工和职责,提升职业认知和团队协作能力,提升表达沟通能力。

 案例介绍

一、设计思路

　　基于案例目标和问题情景,结合通用技术设计的一般过程和方法,案例主要分为两个实践阶段,如图1所示。

　　第一,方案制订阶段:基于创设的问题情境,引导学生发现问题,明确设计要求和限制条件,探究主要设计材料的特性,引发创意构思,制订设计方案。

第二,方案实施阶段:根据设计图样和加工条件按图施工完成产品,对产品进行测试和优化,最后进行展示交流,结合设计评价再次修改设计方案和制作产品。

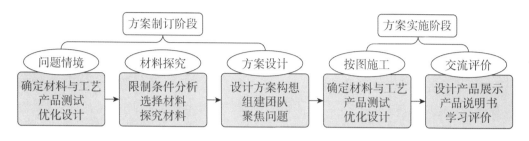

图1 两个实践阶段

二、项目过程

(一) 问题情境

学校接收了一批塑料水管及配件器材,并提供了一个教室作为学生活动空间,由此引导学生对这个教室进行车间营建与改造。项目以塑料水管及配件为主要制作材料,但需要学生基于空间和需求在一段时间内进行科创教育活动,以车间形式设计系统新产品,然后进行展评活动。

图2 加工场地和工具

(二) 材料探究

1. 寻找材料,提出想法

当学生第一次进入这个创意空间,就需要了解堆在那里的材料——塑料管材。学生通过咨询、上网搜索、自主分拣对塑料管材进行了解,经过一段时间的学习活动,从质地、结构、功能等方面初步了解塑料管材。部分学生对塑料管材的连接有了一些想法,且能把它们配接起来,形成了有一定结构与功能的零件。

2. 运用工具,尝试加工

对于塑料管材进行简单的连接是可行的,但学生同时提出自己的想法:要加工成某些用具,有的塑料管材只是简单连接还不行,能否对塑料管材进行剪切、弯制、连接等处理?这涉及了塑料管材加工工具的问题。于是,结合前期的准备,学校提供给了学生锉刀、砂轮机、磨刀石等工具。这些工具如何使用?打磨木板使用什么工具?加工塑料水管呢?在实际加工过程中如何安排工序?……看来,学生存在各种各样的问题。我们给予学生充分的时间去探究,有的可能只是剪切一个小小的塑料管材,有的可能是连接不同形状的管材,有的是运用不一样的管材拼接一些简单的形状结构……学生在这样的活动中对于塑料管材的性能以及工具的使用有了清晰的了解。学生在探究不同结构的同时,激发了创意设计的构思。

（三）方案设计

1. 提出问题,招募成员

为了更好地引导学生进行创意实践,我们以"车间创意秀"为主题,鼓励学生在班级中提出创意产品,在互动的过程中形成初步设想,形成一定的设计,制作产品,并能够实现一定的功能。同时,要求在班级中形成一定的团队,互动招募,形成有着共同兴趣的伙伴团队,每个团队以 3 至 5 人为一个车间,选举出车间主任,并进行分工合作。

2. 聚焦问题,形成方案

每个团队被界定为一个虚拟的车间团队,且在车间主任的策划、队员的共同探讨下形成一定的研究方向,具体指向为"如何设计出具有特点或特色的产品"。

每个小组针对自己的产品进行设计需求分析,综合考虑人(使用者)、物(产品)、环境的关系,采用工程思维的方式系统分析设计需求。聚焦设计关键问题,通过调查研究收集整理资料,完成设计方案。

3. 展示方案,思维碰撞

多数车间有了初步设计方案,在此基础上,我们开展了设计方案展示活动,运用集体智慧,产生思维碰撞。

学生展示了设计方案,"我们小组设计的是火箭发射模型……""水管是可以拼接的,可以转变成其他发射装置""提供火箭的动力不止水动力一种,还可以是气、橡皮筋、化学等""也可以拼接成投石器"……

（四）按图施工

如何保证实际加工出的产品与设计产品具有相同的功能和结构呢?这需要每个团队、每位学生积极思考并参与。学生讨论分析,提出解决方案。选择的材料不符合设计,便更换新的设计辅材;加工中选择的加工工艺不对,便转变加工工艺;借助其他设计力量;完成设计产品后需要不断进行调试修改等。

（五）交流评价

我们在学校内进行了一场科创成果展,为每一个作品提出改进意见和评价,评选出最佳设计制作产品,如图 3 至图 5 所示。

图 3　创意笔筒

图 4　坐姿矫正支架

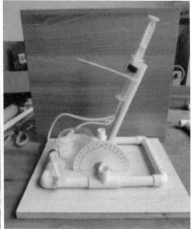

图 5　多功能火箭发射模型

三、学习评价

（一）个体评价

学生 A：我学会了分析设计制作的限制条件。我明白了项目设计制作会存在各种各样的限制条件，如果前期设计分析不到位，会使实物与设计图样出现很大的差别。

学生 B：我学会了使用电钻，第一次使用电钻在塑料水管上钻孔时会打滑，后面通过多次钻孔，我掌握了电钻的使用技巧。

学生 C：我学会了……

（二）整体评价

制作项目综合设计评价表，采取多维评价，即评项目、评成果、评物化、评合作。评项目是对车间提出项目课题、确定设计方案、材料准备、设计图样及工艺操作进行全过程评价。评成果是针对设计产品从功能、材料、结构、成本、完整性等方面进行评价。评物化是将创意想法、设计理念变成实际的产品，减少设计和实物产品的差异性，需要对选料的合理性、工具操作的规范性、设计分析的正确性等进行综合评价。评合作时，由于本案例是一个以车间为单位完成的项目，需要成员分工配合，应考察在生产中车间各成员的配合度。

案例评析

1. 案例可复制

本案例主要材料为塑料水管及其配件，这是一种低结构的材料，易于设计加工。各个车间的生产材料来源广泛且成本低，同时设计制作工具在生活中较为常见，因此本案例具有可复制性和推广性。

2. 车间式生产

以车间的形式开展，学生进行角色扮演，职责分工明确，能够实现有条不紊的设计制作，做到全员参与。

3. 产品有创意

学生设计制作每一个产品都是设计创意的体现，有实用性强的作品，如创意笔筒、坐姿矫正支架，也有创新性强的作品，如多功能火箭发射模型。

4. 收获知识和能力

在这个活动中，学生收获了课本以外的成长，学会了课本上没有的知识，实现了有思考的劳动教育。通过案例培养学生科学思维和实践能力，提高学生分析问题和提出问题的能力，让学生在不断解决问题的同时提升综合素养。

专家点评

"塑料水管"是日常生活中的常见材料，把它作为科创教育活动推进过程中的一个亮点来呈现，充分显示了低结构材料的选择与运用是科创教育活动中的一个重要关注点，常态化、低成本、高效益的特征显示了其活力。

扫码查看视频案例介绍

厚植家国情怀，共建绿色未来

——学科融合视角下的科创建模活动

贵州省贵阳市云岩小学　宋毓华　王　梅

案例背景

如何在年龄跨度较大且科创能力差异较大的学生群体中开展全校范围内兼具整体性与针对性的科创活动，一直是我校积极探索的教学方向。利用学科融合的方式提升学生的科创能力、社会公民意识以及家国理念也是当前基础教育阶段的整体要求。

本案例是针对小学一至六年级整体开展的科创、建模活动，在已有一定科学基础知识、历史知识以及美学素养的基础上，学生利用废旧物品搭建模型。一、二年级学生搭建家庭居住环境模型，三、四年级学生搭建中国桥梁设计模型，五、六年级学生搭建中国革命旧址模型。通过本建模活动，学生能够利用学习中获得的知识建立起模型，感知家国情怀以及环保意义。

本案例确立的教学目标如下。

1. 以筑牢底层价值观为根本目标。通过教学与实践的引导，使学生随年龄增长逐步形成"家—国—天下"的世界观、"为家、为国、为天下"的价值观和准确且正确的大历史观。同时在实践中培养学生的环保意识以及资源利用意识。

2. 以提升学科知识应用能力为基本目标。以科学教育与美学教育为出发点，使学生在实践中巩固学科知识，提升学科知识应用能力，并且在学科交叉中进一步理解与应用知识。

3. 以培养社会适应能力为重要目标。通过学生、师生、亲子及家校之间的合作与互评，培养学生的互助意识、同伴评价与学习能力、合作解决问题的能力。

4. 以激发成长驱动力为长期目标。在实践中培养学生的自主探索能力，发掘学生的热爱与天赋，在挖掘学生能力的同时给予留白空间，助力学生在文艺与科学方面的智慧双发展。

案例介绍

一、课堂活动的内容设计

针对本活动的目标，以不同学年段学生的知识储备及综合能力为标准，依托学科资源，以多方合作为辅助，组织学生开展以下四个阶段的活动：(1)观察与检索，深入感受家与国，体会科学美；(2)理解与设计，选定搭建主题并理解主题背后的意义，绘制设计图；(3)搭建与挖掘,搜集材料并合作完成搭建,在合作搭建中挖掘深层意义;(4)展示与交流,展示中学习与分享知识,互评中提升社会适应力。

活动整体内容设计如图1所示。

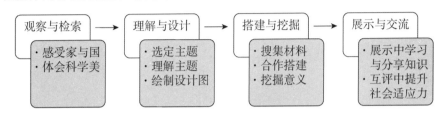

图1　活动整体内容设计

二、教学策略与实施步骤

(一) 感知家国意义和科学的力量

在校会上宣布科技活动的开始,并为学生播放钱学森的一段讲话视频以及我国基础设施建设的视频合集,视频内容紧扣家国情怀,以及科学在国家发展中的作用。

任课教师在活动前已参加了分年级段的集中培训,明确了活动目的与内容。随后由各年级任课教师向学生宣讲不同主题内容。

向一、二年级的学生提出:"你们熟悉自己家的样子吗?这一个月中,就让我们去更多地了解它,和爸爸妈妈一起想想,怎样用我们身边的废旧物,搭建一个你心目中最温暖的家。"并告知家长,这是一个家校共育的活动,目的是通过活动,促进学生与家人的沟通,并在活动中培养学生爱动脑、善思考的好习惯。

向三、四年级的学生提出:"祖国的桥梁建设为每一个地区带来了新的变化,让我们在这一个月中,去观察桥梁、理解桥梁建设的科学原理,并利用废旧物品尝试搭建桥梁模型。"

向五、六年级的学生提出:"让我们通过寻找祖国各地的革命历史遗迹,了解建筑背后的革命故事,并搭建建筑模型,牢记中国发展的历史进程。"

(二) 探索"身边的家与国"——在讨论与设计过程中展开

美术教师为一、二年级学生展示家庭房屋模型与图片,让学生了解模型制作可选择的材料、模型制作方法,绘制设计图,并引导学生进行模型制作时间规划。

科学教师为三、四年级的学生提供我国不同地区桥梁的视频图片资源,并介绍主要特点,指导学生选择自己最喜欢的一座桥进行选材和设计。

班主任组织五、六年级学生组成小组,收集整理各地的革命历史遗迹资料,明确设计方向并进行初步设计。

(三) 建设"我的家"和"我的国"——在废物利用的要求下进行搭建

教师向学生说明,所有搭建要在废旧物品的基础上开展。学生利用纸箱、塑料瓶、牙膏盒、雪糕棒、废电线等物品进行搭建。利用的废旧物品种类也在师生和生生的互相启发中逐渐丰富起来。

为了使学生全员参与,科学教师在了解了每班学生的准备情况后,对能独立设计制作的学生给予肯定和技术指导。对于无法独立完成的学生，帮助其组建"设计队"，并指导团队进行分工，学生的参与率与积极性得到提升。

搭建氛围遍布校园每一个角落，经常会看到学生们围着教师询问该如何改进，也有教师主动为学生出谋划策，校园内的师生融洽而有序地围绕着既定目标努力。

（四）分享"我们的家与国"——通过路演与"送星星"完成分享与互评

综合学科的教师在展示活动前，按照三个年级段的内容，在操场为学生搭设展台。先由各班进行介绍与投票评选，每个班级评选出来的五件优秀作品拿到展台进行全校展示，并由模型建设团队对作品进行解说。

进入全校展示的作品，由全校学生通过"送星星"的形式进行投票，学生在教师带领下有序地进行参观互评。最后由综合教师组成组委会进行评分，学生投票占比评分 30 分，组委会投票占比评分 70 分，综合计算总分，评选出全校优秀作品（如图 2 至图 4 所示）。

图 2　一年级某小组搭建的"姥姥家"模型　　图 3　三年级某小组搭建的"港珠澳大桥"模型　　图 4　六年级某小组搭建的"古田会议遗址"模型

三、学习思考与学习评价

（一）学习思考

在展示会上，各年级的学生分享了他们制作模型的选题思路。

一年级的 A 同学说："我和爸爸妈妈一起做了我姥姥家的模型，因为我喜欢我们老家，所以爸爸教我搭建了乡下的房子。我找了一些干草、鲜花，和妈妈一起来装饰。"

三年级的 B 同学说："这是我做的'港珠澳大桥'模型，我在电视上看到它已经建成，觉得我们祖国的桥梁很了不起，就找到这些纸盒和一些棉线搭建了起来。"

六年级的 C 同学说："我在做模型之前，了解了中国不少的革命历史遗迹，最后才选做了这个模型。"

（二）学习评价

一是学生的交流与互评。针对一个作品，评价者与设计者产生了这样的讨论。评价者问："这座桥的材料选得好，但有一个问题，该怎么上下这座桥呢？"设计者答："我搭建的模型只是整座桥梁中最重要的一部分。"评价者说："你如果搭建完整些就完美了。"设计者说："谢谢你的建议。"

二是师生的交流与互评。教师对学生作品的评价贯穿日常的指导过程。在模型评选时，组委会的评价量表中，是否用废旧物品制作占 20 分、搭建内容是否符合年级主题占 20 分、搭建成品美观性评价占 10 分、搭建成品结构合理性评价占 10 分、搭建成品背后的事件了解程度评价占 10 分。针对在搭建中利用废旧物的原则,我们对一个用成品积木搭建的作品,进行了客观的评价:"你们团队齐心协力搭建出这个漂亮的模型是很值得鼓励的,但老师希望你们能利用身边的废旧物品来搭建模型,这样会更环保和更有趣。"一名三年级的学生在教师辅助其搭建模型时说:"老师好厉害,可以帮我把很小的东西粘贴整齐,但我觉得我选择的颜色比老师帮我选择的颜色更好看。"

案例评析

从本案例反映的经验意义看,与实践相关的,主要提炼出三条。

1. 坚持公益性与普惠性。充分利用已有资源,使学生与家长零负担地参与活动,做到全员参与。

2. 保持高度的合作性。以学校为纽带,联结各学科教师、学生、家长以及校外专家,综合学校自主性与对外合作的开放性,高质量开展科创活动。

3. 坚持针对性与开放性。对学生分段布置主题、分段设置要求以及分段进行指引,做到有限资源下最大程度的针对性教育,同时给予学生充分的表达自由与实践自由。

专家点评

本案例以"家国情怀"为主题从学校整体进行科创教育活动的构建,针对不同的年级设置不同的探究主题,且这些活动是贴近学生日常生活的,让学生依托资源、多方合作,经历了观察与检索、理解与设计、搭建与挖掘、展示与交流等科创教育活动的经典过程,从而提升了综合素养,形成了"家—国—天下"的世界观。

扫码查看视频案例介绍

"创意天梯"科创案例

贵州省赤水市旺隆小学

案例背景

本项目的设计意图是,随着科技的发展,人工智能越来越被人们关注,人工智能技术与建筑行业各专业领域知识相结合,使得人工智能技术在建筑行业中有了非常广泛的应用。在人工智能领域,应用最为广泛的技术就是自动感应技术和语音识别技术,创造出了各种各样的高科技设备,针对冬季奥林匹克运动会上运送造雪机时需要将其提升到悬崖上的情境,为节省人力和物力,设计了一个天梯。

本项目的教育功能是,主要通过语音技术控制天梯自动提升、停止和下降,节省人力和物力,通过语音识别口令发送,唤醒控制,避免错误动作。

案例介绍

一、设计过程

1. 学生利用 3D One 软件设计提升装置和天梯连接件,如图 1 所示。

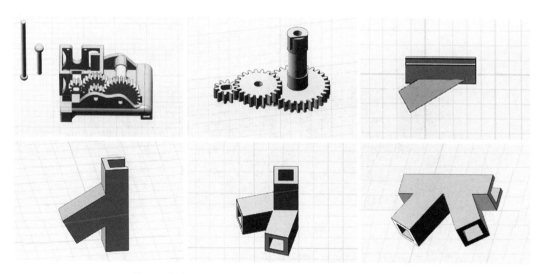

图 1　学生利用 3D One 软件设计提升装置和天梯连接件

2. 准备木条、碳纤维鱼线、砝码、卷尺、电子秤、TT 马达、动手客主板、平板等相关材料，如图 2 所示。

图 2　准备相关材料

3. 利用 3D 打印连接件和桐木条搭建天梯的主体，如图 3 所示。

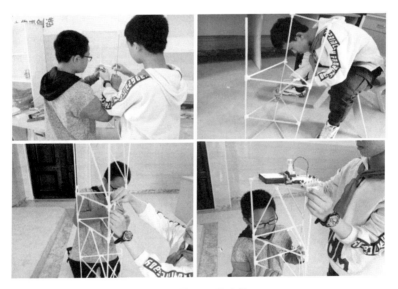

图 3　搭建天梯主体

4. 设计网兜，让重物在运送过程中稳定上升。

5. 程序设计，利用开源电子，在程序中运用语音模块，控制重物提升，如图 4 所示。

图4 进行程序设计

二、创意天梯器材清单

1. 硬件：打印机太尔时代 UP2、少年硅谷项目开源电子（动手客主板、平板）、笔记本电脑。

2. 软件：3D One 教育版 2.6。

3. 器材：桐木条（长 25 厘米，宽 0.5 厘米）、锯齿、美工刀、卷尺、砝码、电子秤、网兜、TT 马达、电池、碳纤维鱼线、动手客电源、3D 打印的塑料连接件。

三、测试天梯提升重物参数统计

测试天梯提升重物参数统计见表1。

表1 测试天梯提升重物参数统计

天梯重量	226.3 克
天梯高度	121 厘米
提升重量	3006.5 克
提升高度	103 厘米
提升用时	2 分 15 秒

案例评析

1. 创新点和学科融合分析

设计的创意天梯结构与信息技术、科学、数学、物理学科进行融合，由 3D 打印的连接件和桐木条组成，虽然木条很轻，但是三角形结构的天梯提升重物具有稳定性，采用了开源电子技术，通过语音模块控制马达转动提升重物。

（1）三角形结构稳定。

（2）整个作品的制作，充分发挥了创新思维。

（3）采用人工智能语音技术控制重物提升。

2. 反思与收获梳理

通过实验，发现天梯高度和提升重量还可以增加，天梯在提升过程中很稳定，没有破裂的痕迹;在搭建过程中发现,选择桐木条时,应注意观察桐木条木纹的方向,往同一方向的木纹,其承重力更强,设计的连接件在连接木棍时因径口过紧,在搭建中较为费时费力,可适当调整径口大小。

通过天梯设计,提高了学科教师的专业水平和科技创新能力,为学生提供了拓展和创新的平台,增强了学生的科技创新意识,培养了学生的动手能力和科技创新能力。

 专家点评

本案例提出具体情景并就问题及其解决形成天梯的设计与实践,学生的活动是多样化的,教学策略和步骤比较清晰,对实践有相应指导性;案例的最大特点是运用照片来具体反映学生在教师指导下开展的实践过程和主题探索,也注意通过评价设计来引导学生实践,通过对工具需求的清单罗列来保障项目实施。如案例陈述解释能更具体,对一件作品有拓展,对科创实践深意和创新有体现则更佳。

扫码查看视频案例介绍

基于生活实践的科技创新教育系列课程建设

陕西省西安市经开第一中学　高　迪

 案例背景

科技是国家强盛之基,创新是民族进步之魂,而创新的关键在人才,人才的成长靠教育。当前,我国基础教育中,学生科学精神、创新实践能力培养严重不足,学生思维定式明显,从众心理严重,学生因信息饱和而缺乏发现问题的能力,自主创新意识较低、解决实际问题能力也匮乏。基础教育尤其是高中阶段教育必须以学生发展核心素养为指导,着力培养学生科学精神,不断提升学生实践创新能力,保持教育定力,坚定培养符合国家、民族、未来社会需要的人才。

高中阶段需要引导学生提升个人科技素养,注重培养学生发现问题、解决问题、设计方案、动手制作模型等方面的能力,在解决实际问题过程中培养学生科学精神、提升学生实践创新能力。这是本案例的基本背景。

 案例介绍

一、设计目的和初衷

如何指导学生观察生活中的问题,运用科学思维分析问题、归纳问题和概括问题? 如何指导学生依据科学原理,独立思考、独立判断,多角度、辩证地分析问题并制定解决方案? 如何引导学生依据设计方案,综合运用工具,动手动脑、制作原型和模型并进行测试改进,从而解决问题并提升核心素养? 破解这些创新型人才培养的基本问题,是我校在科技创新教育选修课程中形成"基于生活实践、学生分组探究、师生协同解决问题的科技创新教育系列课程"的初衷。

二、课程的实施过程

面向高一、高二年级开设科技创新选修课程,学生可根据个人兴趣特长报名参加。采取多位教师协同工作、分组指导方式,必要时邀请大学、科研院所专家。课程实施场所为教室、实验室、创客中心。

（一）组织学生完成基本知识学习

主讲教师通过 4 课时与学生分享设计（创新发明）的一般过程:(1)发现与明确问题;

（2）制订设计方案;（3）制作模型或原型;（4）测试、评估及优化;（5）产品的使用和维护。重点学习从生活中发现问题的方法,即认真观察生活中不方便、不舒适、不安全的现象,归纳并分析问题,找出有价值、可解决的实际问题。

（二）深入生活场景,发现与明确问题

由教师带队,利用选修课时间或课余时间,学生分组走进各种社会生活场景开展实践。指导学生观察生活,从而发现问题、分析问题、明确问题。2021年9月,本选修课程班学生分为5组,分别对苹果园、渭河水道、城市道路（景观）、校园生活、家庭生活进行观察。学校安排一名教师带队,招募一名家长志愿者,不设定具体目标,在选定区域内开展生活实践观察。实践观察时间为2至4课时。参与的学生一共发现了8个有重要价值的问题,如表1所示。

表1 学生发现的问题

组别	准备工作	问题描述	问题概括
走进苹果园组	通过互联网搜索,访谈家庭成员和相关专家等,了解陕西苹果的种植、产地、品质等信息。	果园中的苹果360°均为红色,不符合自然规律,背对阳光的一面因为铺设塑料地膜反光而变红,地膜有污染环境问题,如何解决。	如何设计一款环保、价格低廉、方便使用的果园阳光散射装备。
考察渭河组	了解陕西省西安市关于渭河的保护政策,研究渭河环境保护等问题。	西安市城市规划中拟以渭河为中心建城,目前渭河两岸城市建设薄弱,如何践行绿色发展理念,实现规划发展目标。	如何以渭河为中心建设生态保护区、硬科技基地、宜居基地、生产制作基地。
城市公交组	了解城市公交、景观等公共设施的设置问题。	公交车站长泊车、港泊车过多,站在站牌下的群众无法看清车牌号,从而造成车站混乱,有安全隐患。	公交车站长泊车、港泊车停车位如何调整,以方便提示群众来车车号。
校园生活组	观察校园生活,通过问卷调查和访谈发现师生感到不舒适、不安全的需要改进的问题。	学生反映目前教师习惯用湿布擦黑板,但是冬天使用时手较冷,如何解决。	设计一款板擦,可以喷水并且方便教师使用。
家庭生活组	进入志愿者家庭观察生活,通过问卷调查和访谈发现师生感到不舒适、不安全的需要改进的问题。	洗碗时需要调整水流的大小,不方便、费时间。	设计一款三挡位水龙头,方便调整水流大小。

该课程注重学生深入学习、生活、家庭、社区等，在体验生活中观察和分析问题，强调基于生活实践、深入了解各种生活场景，教师引导学生分组合作发现问题。

（三）分组汇报、头脑风暴，确定问题解决方案

学生返校后，按小组研讨问题，分组汇报，全班学生对各组发现的问题进行点评并提出解决思路。之后，各小组在教师指导下，确定问题解决方案，如表2所示。即每个小组依据讨论明确问题，提出初步解决思路，然后分组探讨解决方案，教师巡回指导，最后各组向全班汇报方案，大家发表见解，小组再优化，该步骤预计需要4课时。

表2　学生提出的问题解决方案

组别	问题概括	研究方向	问题解决方案
走进苹果园组	如何设计一款环保、价格低廉、方便使用的果园阳光散射装备。	柔性片状果园反光膜	通过在苹果树干上固定一串组合片型反光板来反射阳光，当太阳自东向西运动时，由于单独片状板与太阳光夹角各不相同，能够形成全方位的反射。利于反射阳光，使苹果充分吸收养分，达到高品质。
考察渭河组	如何以渭河为中心建设生态保护区、硬科技基地、宜居基地、生产制作基地。	西安沿渭河建设硬科技集群带城市规划的设计	沿渭河两岸建立生态保护区、硬科技集群区、宜居基地、生产加工区，建立集生态保护、科研、居住和生产于一体的城市发展中心。
城市公交组	公交车站长泊车港停车位如何调整，以方便提示群众来车车号。	嵌于后视镜夹层的伸缩LED车牌提示器	设计一种嵌在后视镜夹层的可伸缩的LED车牌，车辆排队较长，影响群众观看车号的大型泊车港，司机按下按钮，LED车牌在机械臂的带动下伸出，可以斜向30°、45°、75°三个角度和30至70 cm的可变伸缩长度防止车辆LED彼此影响。车辆离开时，司机按下按钮，机械臂收回。
校园生活组	设计一款板擦，可以喷水并且方便教师使用。	基于湿布的防尘三棱柱	设计三棱柱板擦，三面可以安装干布、湿布、海绵：湿布除尘，干布可以加快黑板干的速度，海绵可以清洁较脏的部分。在使用过程中效果良好。
家庭生活组	设计一款三挡位水龙头，方便调整水流大小。	关于三挡水龙头的研究	三挡水龙头由普通扳手式水龙头改造而成，在不同的情况下使用不同的档位，通过转动手柄，带动第一个通水孔的流量调节阀片转动，实现其出水阀的启闭和控制。新型三挡式水龙头的性能特点是，可以使流量调节更加稳定快捷，便于使用，从而达到节约水资源的目的。

面对实际问题,各小组均有不同解决方案,需要通过集体研讨比较、筛选出最优方案,在方案设计过程中需要查阅大量资料、邀请专家提供帮助。

（四）制作模型并测试优化

各小组依照设计方案制作模型,测试优化,运用 3D 打印技术、单片机技术、木工和金工加工技术等,主要依靠学生团队,在教师、家长、专家的指导下完成模型的制作和测试优化。该过程强调学生运用技术、动手动脑。

该步骤需要教师开展联合指导,配备 3 至 5 名教师指导一组学生,组织大学、科研院所、创客空间力量加入学生团队,高质量完成模型制作和优化。该过程一般需要 6 至 8 课时。

 案例评析

从教师发展角度看本案例实践过程,可以梳理出如下收获和体会。

首先是要关注学生过程性评价和基于核心素养提升的评价,而不单纯评价结果。重点要评价批判质疑能力:关注学生能否用独到眼光发现问题;评价团队合作能力:关注学生小组合作协同能力;评价沟通表达能力:关注学生在小组中参与设计和沟通表达的能力;评价动手劳动能力:关注学生对制作模型的工具、现代技术的运用能力。

其次是培养创新型人才要注意四点:一要走出课堂,组织学生分组深入生活观察思考,在生活实践中分析问题;二要引入"多名教师联合指导"模式,科技创新课程由多名校内外教师和创客专家联合指导;三要充分运用观察、交流、反思等方式,引导学生自主、合作、探究学习;四要提升实践能力,为解决问题学习相关知识,实现创新素养提高。

 专家点评

本案例是一所学校的科创教育整体方案,呈现了多个创新教学成果。活动项目能关注真实问题,设定的探究目标注意体现素养立意的理念,教学策略和步骤能围绕问题及其解决展开,针对的内容比较清晰,对实践有相应指导性;创新点分析能契合"科创"特性。需要以此为基础围绕具有校本特色的重点项目进行系统梳理。

扫码查看视频案例介绍

摩天轮立体空间停车舱模型设计

甘肃省天水市逸夫实验中学　陈志刚　李佳润

 案例背景

随着社会进步和人们生活条件的提高,私家车辆已成为常见的家庭用品,随着车辆的增加,在室外停车难成为每一位车主头疼的问题,相关管理部门为了解决该问题也采用了许多措施,但是由于城市总面积紧张,在提供足量停车位的问题上也是心有余而力不足。基于这样的社会问题,我们让每位学生认真思考。许多学生提出,我们可以利用立体空间,让车辆停放在2层,甚至2层以上。但是车辆的质量又比较大,提高车辆的重力势能是我们面对的一个重要的物理课题。经过头脑风暴,结合生活中的摩天轮,学生认为,可以结合这种模型,把每一个舱体设计成可以停放汽车的空间,然后通过转动将汽车升起来,这样就可以利用立体空间了。这样,我们就可以回答城市停车难的问题了。

本案例确立的教学目标如下。

1. 结合学科知识解决实际生活中的问题,把学过的知识应用在实际生活中。

2. 通过不同学科知识的综合性应用,培养学生勤于思考的习惯,提升学生电脑编程的综合素质。

 案例介绍

一、模型设计

1. 参考社会上已经成型的可升降的停车间,结合自己要设计的摩天轮立体空间停车舱的运作原理,学习成熟的工作原理和制作技巧。

2. 参观游乐园里的摩天轮,观察摩天轮设计特点以及工作原理,然后对比将要制作的停车舱模型和摩天轮,总结在制作摩天轮过程中需要注意的内容,以便在自己制作模型的过程中使用。

二、教学策略与实施步骤

如何将以上设想付诸实践? 摩天轮立体空间停车舱具体步骤设计如下,可以作为各位学生设计模型的参考或指导。

1. 绘制模型图纸,将基本的外观、主要支架、各个部位所需要的零件、电路设计等绘制成参考图纸,为后面制作模型建立基础,在绘制图纸的过程中一定要注意各个部件的尺寸,以便后面拼接时各处可以严格铆合。这个过程中需要团队成员有良好的物理基础、美术素养和严密的逻辑思维能力。把木材作为整个模型的框架,利用已经设计好的模型图,做出模型所需要的支架、横梁、底座等,在这一步中,学生需要使用加工平台,可以先用小型木料裁割加工工作台,按照尺寸加工出摩天轮支架、横梁、底座,用小型抛光机对木料的表面进行抛光,然后将这些木料按照设计图黏合在一起。这一步要求团队成员具有动手操作能力。

2. 利用激光切割机制作舱体,按照设计尺寸切割出所需的舱体侧壁,然后将侧壁拼接成成品舱体。这一步需要团队成员具有电脑建模能力、动手操作能力。

3. 利用3D打印技术,将其中需要的齿轮、铆钉等小零件制作出来,然后将之前制作好的成品舱体利用打印出来的零件进行拼接安装,将停车舱的基本构架完成。这一步需要团队成员具有电脑建模、电脑编程能力和动手操作能力。

4. 电路安装,结合设计电路将所需的动力电机、必备电源等安装在停车舱模型上。这一步需要团队成员具有物理电学知识。

5. 外部扩建:(1)设置智能管理系统,在每一个舱体内设置超声波感应系统,如果检测到舱体内已停放车辆,通过下方大屏幕显示停车位的使用情况,提醒车主是否有空余车位可供使用;(2)在进入停车场的地方设置可识别的摄像头,当车辆进入停车舱的时候开始计时,当车辆离开停车舱的时候结束计时,通过计算机计算、记录某一辆车在停车舱中停放的时间;(3)为了优化管理,当车辆进入和离开的时候在屏幕上显示"欢迎使用立体空间停车舱"或"一路顺风,请注意安全"等字样,为了体现国际化,可以在屏幕中用中英文显示相关内容;(4)在停车场门口设计闸机,控制车辆的进入与离开,闸机可以通过电脑编程,以实现智能化管理。以上设计需要团队成员具有一定的电脑编程和基本的智能化元器件使用能力。

6. 模拟运行,在已经建立好的停车舱模型的基础上,进行模拟练习,测试停车舱模型能否正常工作。

7. 优化模型,考虑实际情况下出现的问题,进行停车舱模型优化,如进行风力测试、关注各部件老化等问题。

学生探究的过程见图1,探究的成果展示见图2。

图1　学生探究的过程

图 2　探究的成果展示

三、学习评价

1. 评价模型外观设计是否美观、合理。

2. 评价模型能否正常运作,能否达到最初的设计要求。

3. 评价其优化程度,是否有合理的能够实现的扩展功能,提高模型实际使用价值。

4. 学生解释其实际目的、功能实现情况以及制作过程中所遇到的问题,发表制作模型过程中的心得和收获。

案例评析

本次创作过程中通过智能化元器件的使用、学生手工制作平台的操作、电路设计等,提高了学生综合应用的素养,培养了学生团队合作的能力,激发了学生的学习兴趣,开发了学生的智力,锻炼了学生的思维能力。对教师而言,各任课教师配合指导,共同实现了综合教育的目的。

专家点评

案例围绕社会问题进行创新性实践活动,注意引导学生学以致用,融合不同学科的知识,目标内容能够针对问题,教学策略和实施步骤较为合理清晰,提供的照片附件对展现探索过程和了解项目特质有相应帮助,对作品成果的评价能与学习评价整合,促进模型作品改进,体现评价的增值性也值得点赞。在设计制作的具体模型展示上,还应有所提升。

扫码查看视频案例介绍

"IOT 远程生态基塘控制系统"科创教育

新疆维吾尔自治区乌鲁木齐市八一中学　赵　明

 案例背景

随着物联网时代的到来,智能物联逐步进入人们的生活,本项目基于跨平台水系生物呵护系统研究,提出了一种典型的智慧农业生态智能控制系统设想:IOT 远程生态基塘控制系统。在塘基上种植经济作物(如桑、花、蔗等),用其副产品或废物饲喂塘中养殖的动物(如鱼、蟹等),用塘水浇灌、塘泥施肥于基上植物。本项目研究如何通过空间配置与优化,与物联网紧密结合,节约人力、物力,实现远程自动控制,通过物联网手机 App 远程控制(换水、喂食、浇灌),从而使水陆两个生态系统联结成一个互利共生、良性循环的复合生态系统。

 案例介绍

一、项目实施过程的教学策略及步骤

依据教育和学生身心发展的规律,从学生视角发现问题,按照"呵护好奇心、激发求知欲、鼓励动手探索、培养创新意识、提高创新素养、形成创新品质"的总体思路,引导学生树立科学思想、科学态度、逐步形成科学的世界观和方法论,为今后创造性地参与科技活动和社会实践打下基础。从教学目标出发,设计实施完整的研究过程,完成各项技术知识学习。融合学科知识,弱化学科界线,采用合理的评价方式,对项目整个过程进行监控评价,使学生在整个案例学习过程中收获知识、技能,提升科学素养。

(一)项目教学目标

使学生在科技实践中形成合作精神和创新精神(创新意识),能主动获取与生活和周围环境有关的科技基础知识,并对一些科学现象进行描述(创新思维、创新方法);培养学生的参与能力、动手能力和解决社会实际问题的能力,使学生形成一定的科创技能(创新品格)。

(二)项目分阶段教学实施过程

1. 发现问题

学生从生活实际问题(家庭水系生物管理系统)出发进行市场调研,从水系生物呵护系统入手,延展认知,提出了一种典型的智慧农业生态智能控制系统设想。通过远程控制系统进行管理,从而使水陆两个不同的生态系统通过智能物联结成一个互利共生、良性循环的复合生态系统。

2. 分析问题

生态基塘系统在传统农业时期发挥过重要作用。近些年,由于受到诸多人为不利因素的影响,其环境趋于劣化,农业生产功能日益萎缩。

如何通过空间配置与优化,与物联网紧密结合,节约人力、物力,实现远程自动控制,是本项目案例研究的主要内容。

3. 解决问题

整个项目系统分为两个部分。

一是以 Arduino 为核心的控制部分,实现对传感器信号的提取,在服务器中分析处理,并输出多路信号实现对基塘系统相应功能的实时控制。完成 App 下发的指令控制,包括换水系统开关、加氧开关、喂食等。

二是以 ESP8266 为核心的同传数据部分,通过采集传感器的数据信息,感知基塘系统的一系列的环境数据变化;运用手机自制 App 将 Arduino 处理传感数据和模块状态数据实时上传至服务器,两部分之间用 Wi-Fi 进行交流,实现对基塘系统控制器的智能管理(如图 1 所示)。

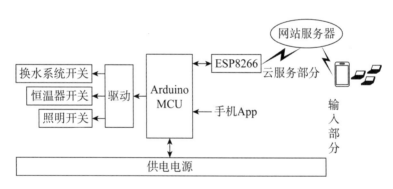

图1　设计示意图

二、项目技术知识架构

(一)项目核心基础知识

开源硬件学习,实现物联,学习 Arduino IDE 软件基于 C++语言程序设计,利用 ESP8266 控制并上传数据至服务器,然后在网页上操作控制 LED 灯。由此明白了 ESP8266 的操作原理。利用 ESP8266 库文件,设置并连接 Wi-Fi,访问 Wi-Fi 及服务器。完成物联通信请求(如图 2 所示)。

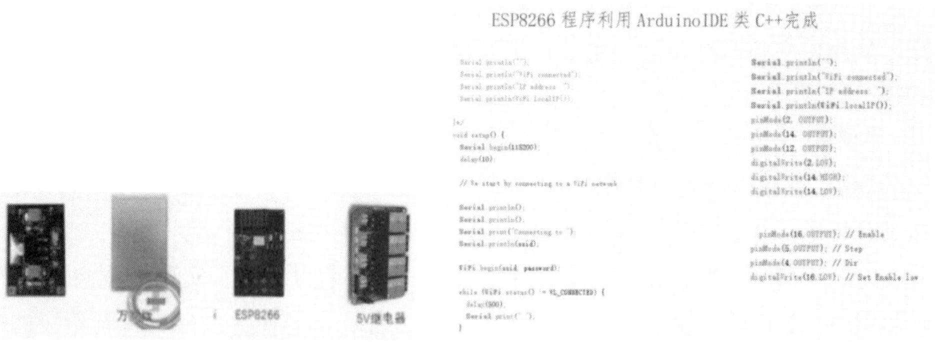

ESP8266 程序利用 ArduinoIDE 类 C++完成

图 2　硬件及代码示意图

（二）项目联通技术知识

手机 App 开发学习，App 程序设计学习，完成手机端 App 设计，实现手机 App 执行操作，后台调用客户端执行 POST 文本请求。创建四段列表。调用 WEB 浏览框访问网址 http://www.codexj.com/abk/abk.txt，摘录数据（图略）。

（三）项目外观设计知识

通过 3D 设计软件学习 123D，设计项目外观（如图 3 所示）。考虑模拟效果采用基本体设计，通体为中空长方体，侧面留有卡槽，方便挂置基塘系统壁，底部开槽，放置过滤棉，侧面留有导线口，3D 打印材料适应基塘系统工作环境，防水，强度足够支持设备运作。

（四）执行端安装

将 3D 打印的外壳挂置在基塘系统中，利用锡焊、胶枪等工具进行连线，注意加氧器械、步进电机、阿基米德螺旋、水泵、灌溉设备、海绵垫安装牢固（如图 4 所示）。

图 3　外观 3D 设计示意图

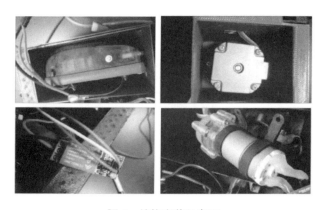

图 4　结构安装示意图

三、项目学科融合

本项目案例结合信息技术学科（程序设计）、生物学科（生物养殖）、地理学科（基塘地形）、环境保护（水陆互养、能量循环）、人工智能（物联通信）、技术设计（3D 设计）等学科的知识，打破学科界线，实现了跨学科融合。

四、项目评价要点

本项目从创新品质、创新知识、创新技能、创新成果四个维度，用思想境界、道德品质、创新历史、创新过程、创新方法、学科应用、学习效率、设计技能、操作技能、表达技能、参赛获奖、成果发表等指标进行客观评价。在评价方法和形式上，注重评价的多元化和全程性，以学生自评、小组互评、教师评价、家长评价和前置性评价、形成性评价、结果性评价为主要形式，充分发挥评价的激励性功能。

案例评析

1. 本案例的设计创新点

创新思维：提供思维素材，让学生搜集材料，掌握思维方法，学会逻辑推理，从具体材料中找到其内在联系及规律，提高学生思维的品质和效率。

科学方法：创设情境，让学生在实践过程中实现方法迭代。有助于提高学生的学习效率，提升其创新精神和实践能力，为其今后学习和工作及创造发明奠定了基础。

学科融合：融合信息技术、生物、地理、环境保护、人工智能、技术设计等学科的知识。

科学品格：培养学生的参与能力、动手能力和解决社会实际问题能力，使学生形成一定的科技技能。

2. 项目实施的创新点

本项目有自主开发 App 程序，不限制距离，只要设备联网即可控制其运行，不受单片机限制，随时随地操控，方便快捷，真正实现了"物联网"技术理念，安装操作简单，只需要将它放入基塘系统，下载手机 App 即可。

本项目包含所有传统基塘系统相关功能，如恒温、照明、换水、水循环等。设备实现物联，不需要第三方服务器，节省租赁费用，产品可在网站上进行数据交换，不会受到第三方的影响，即确保无额外费用，也保证了使用者的数据隐私。

本项目由于是物联网设备，可以摆脱距离限制，只要连接无线网络即可操控设备，而且不需要遥控器，只要下载配套 App 即可使用多种生态养殖功能。

3. 对项目的总结收获

本案例通过创设情境让学生进行市场调研，根据背景"头脑风暴"，通过对项目功能分析，运用旧、新方法迭代，提高学习效率。学生通过科学方法掌握、文献与思维材料搜集和选择、创新思维方法培养、科技思维导图训练、对程序设计（c 语言）、开源硬件 Arduino、3D 设计、手机 App 设计、物联网等相关知识的学习运用，科技素养明显提高。

本案例参加 2019 年全国中小学电脑制作活动并获自治区一等奖；在新疆首届智能设计

与创意编程大赛中获一等奖;在 2020 年青少年科技创新大赛中获省级一等奖;在 2020 年互联网＋创新创业大赛萌芽赛道获省级"创新潜力奖",入围全国奖。

 专家点评

本案例关注社会现象,就生态热点问题基于物联网提出综合解决方案,值得肯定。整个探究能反映基于真实情境问题,探究目标、教学策略和步骤比较清晰,注意突出对学生创新实践能力和社会情怀的培育,对创新点分析能契合科创的基本特质。对编程基于软件实地解决措施的具体落实和对所涉及学科的融合还可以更加凸显。

扫码查看视频案例介绍

"达文西之光"之声光控灯
——创客教育中的项目式教学探究

新疆农业大学附属中学　伍云川

 案例背景

创客教育以项目式学习为主要学习方式,学习者通过项目式学习来完成学业,获得知识与技能,同时提升创新能力。以项目式学习为基础的学习环境,培养了学习者的项目学习能力。基于 STEAM 教育的理论知识,创客教育的重点在于将想法付诸实践,可以说,创客实践是 STEAM 教育的最终目的,知识体系只有帮助实物创造才能发挥作用。创客课程应该具备三个核心特征,分别是跨学科、智能化和软硬件相结合。创客教育中的创客课程应该让学生能够参与到实践活动中去并且能够在创客活动中明显提高能力。

本案例主要是让学生完成开源项目——声光控灯,从项目开始到项目完成全部需要学生自主参与、小组合作。每个学生都要在项目的实施过程中提出问题、思考问题、找到解决方法、完成并分享整个过程。在项目内容完成后,让学生能有所提升,运用所学到的知识创新设计,提出更多的想法,并去实施。完成一个可以看见的创意作品,而不是仅仅停留在纸面上和文本中。做中学,遇到什么问题就解决什么问题,知识的学习与问题的解决是同步进行的。

本案例确立的教学目标如下。

1. 学生应能初步了解传感器的原理、使用方法,了解光线传感器在生活中的应用;完成简单的设计、硬件装配、程序编写、功能调试等任务;在已有知识和技能的基础上,融合创意解决更多实际问题,在过程中培养创新精神,提高实践能力。

2. 在教师指导下,学生通过模仿和创意,能够完成硬件装配、程序编写、简单调试等任务,使开源硬件能够解决简单的问题。

3. 感受开源硬件技术的基础性以及 Arduino 平台的便捷性,培养学生对开源硬件课程学习的兴趣以及动手解决实际生活问题的兴趣,提高学生的问题意识以及 STEAM 素养,促进学生全面而有个性的发展。在帮助学生进行创客活动的过程中,培育学生提出问题、研究问题、解决问题、动手制作的综合能力,初步融合科学研究、技术制作、艺术创作的全过程,培养学生的主动探索精神、自主创新能力、合作研究能力、语言表达能力、艺术创作能力等。

案例介绍

本案例以开源硬件为主要载体,以软件编程为手段,通过创设的项目来完成观察、思考、硬件连接、代码编写、整体调试、展示分享、思维拓展,让学生能够完整体验创客教育流程(如图 1 所示),从而激发学生自主探究、动手制作、主动分享的能力。

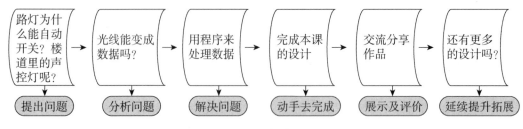

图 1　创客教育流程

一、课堂活动的内容设计及教学

(一) 创设情境,引发创新意识

【引入】同学们害不害怕天黑啊? 独自走在黑乎乎的楼道里,你们会觉得害怕吗? 这时候该怎么办呢? 拍拍手或者发出点声音,楼道的灯就亮了。马路上的路灯又是谁在控制的呢?

【互动】提问:为什么发出点声音,楼道的灯就可以亮了呢?(学生相互讨论,自由回答)。提出问题:为什么楼道的灯在白天的时候不亮呢?

【解答】光线传感器就像眼睛,能分辨白天和黑夜。声音传感器就像耳朵,能听到声音。

(二) 引入开源硬件

【引入】传感器是怎么工作的呢? 我们怎么才能读取到传感器传回来的信号呢?

【解答】Arduino UNE 就像大脑,可以处理数据并执行命令。认知传感器,解读工程元件。

介绍光线传感器引脚定义、工作的必备条件,引导学生区分正负极以及模拟输出值的概念。我们怎么才能读取到传感器传回来的信号呢? 需要用到读取数字输入模型。活学活用,让学生自己去连接声音传感器的引脚,相互检查是否连接正确。

(三) 学用串口,调试传感器

【提问】怎样才能看到传感器的数据呢?

【讲解】接下来,我们就用串口打印出来看看有声音和没声音的时候传感器传回的信号分别是什么样子的。

1. 教师演示将串口打印和数字读取命令合并。

2. 学生自己尝试。

3. 教师将结果记录在黑板上。

现象描述：有声音时串口打印 1，没有声音时串口打印 0；

　　　　　有光线的情况和光线遮挡的情况下数据变化。

通过现象让学生看到传感器的返回数据，通过数据去观察变化，并记录下来不同条件下的数据数值。

（四）代码编写及调试

（接线并分析逻辑）带领学生完成声控灯电路，分析逻辑：如果监测到有声音——亮 2 秒，如果没有声音（否则）——不亮。加入光线传感器的条件判断，在光线较暗的时候才启动声音传感器，有了声音点亮小灯。熟悉数字输入、"如果……（否则）"语句的用法。引导学生编写代码，设计出流程图（如图 2 所示）。学生相互讨论调试传感器和程序，完成声光控灯的功能性测试。

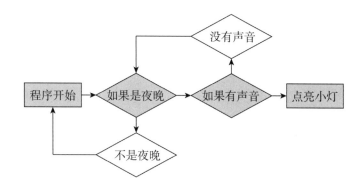

图 2　流程图示例

（五）项目外观设计及创新

提供相关材料（硬纸板、彩色卡纸、吸管等），让学生发挥自己的想象，设计出来声控灯的外形和使用场景。不局限于教师提供的材料，学生也可以使用身边能用的各种资源，发挥想象。学生可以相互探讨设计使用的场景和适用的对象等各种情况。

（六）展示分享

每组学生用两分钟的时间向大家展示作品，并且对自己的作品进行阐述，重点是对设计中的亮点进行说明，分享在制作过程中遇到的问题以及是怎么去解决问题的。

二、学习评价及其他说明

学习评价以学生相互评价为主，填写评价表（见表1）。每个学生从外观设计到程序调整都要进行说明，展示自己的完整设计。评价者从技术运用、工程设计、审美情趣等方面进行评价。

表1 评价表

小组名称	项目(产品)名称	工程完整度	程序设计	外观评价	设计亮点

说明:总分100分,其中,工程完整度、程序设计、外观评价每个分项为30分,设计亮点为10分。

注重创新,可以产生更多的想法,让学生敢于去想,敢于动手去做。利用已经学到的硬件知识和编程方法,拓展思维,把学到的知识运用到更多的领域,让学生自主想象和实践,把项目融入生活。

本案例结合了物理、工程、数学、程序设计等学科的知识,通过完成项目来引导学生学习多种知识,了解不同学科的相互作用,在活动中探究问题解决方法。

 案例评析

1. 以实践性活动来开展课堂教学。让学生在设定的硬件下完成项目内容,根据项目内容学习知识。

2. 创客项目的魅力就是让学生敢于探究身边的一切,并寻找答案,与人分享,通过制作活动提高动手能力。使用开源硬件能让学生快速完成设计,让学生从中体验到成功的喜悦。多给学生成功的机会,增强学生的兴趣,激活学生的思维,唤起学生学习的主动性、积极性和创造性。

3. 让学生敢于表达,和同学分享自己的创意设计,在项目制作活动中让学生能相互交流自己的想法和程序设计等,让学生提升交流、合作能力。

4. 以产品化成果来评价学生学习,项目式教学最终呈现的是完整的作品,可以整合多学科的学习与评价。

 专家点评

本案例提出了声光控灯的方案,学生在教师的引导下,完成了知识储备的学习,完成了问题解决的设计、程序编写、硬件装配、功能调试等任务,以Arduino为平台最终完成物化模型的呈现。本案例激发了学生基于开源平台的课程学习兴趣,促进了学生信息素养的提升,促进了学生对社会生活的关注。

后记

彰显大成智慧,提升科创品质
——关于科创教育案例的观感

由中国教育学会科创教育协作体发起的 2021 年度中小学科创教育案例征评项目,引来全国 16 个省级行政区众多学校教师申报参加,342 个案例送全国进行交流,其中高中学段 95 个,初中学段 93 个,小学学段 111 个,还有幼儿园学段 43 个,学段分布比较均衡。案例申报者所在地区覆盖华北、东北、华东、中南、西南和西北六大经济协作区,其中上海、安徽、福建、贵州和重庆等省市的案例数量均超过 10 个,安徽达 51 个,上海达 211 个。案例内容所涉及的领域也十分丰富,包括工程技术大类,如空天科技、环境科技、信息科技、生物科技等,还有地球科学、心理科学等,另有艺术与科技整合案例、跨领域综合科技案例,展现了"科创"特质具有的广域性。

这次案例征评所遵照的指标及其标准共有以下六项。

(1) 主题内容:选题应联系社会生活的实际,具有真实性,所列目标和任务两者关系合理一致,符合主题反映的真实需求。

(2) 策略与步骤:指向目标要求,具有策略的理性、方法的针对性、步骤的清晰、过程环节的贯通等,能整体彰显其科学性。

(3) 多学科融合:强调在素养立意和主题引领下,相关学科内容能有机融入,以项目整合多学科基础知识和基本技能、方法,体现宽域性。

(4) 评价要点设计:案例自带对科创过程与结果的评价反思环节,能回应目标,设计清晰可测的标准要义,引导项目实践,具有增值性、针对性。

(5) 所需工具包:包括学习的工具、设计的工具、物化的工具等,能够从"工学"视角,将工艺性配套、工序性配合介绍清楚,显示其可行性。

(6) 创新点表现:创新指向可多元,如功能发挥、材料运用、色彩匹配、外形美感、创意法则等方面,可多可少,但均有先进性。

多位专家按此统一评选标准,针对同一案例独立审阅,再进行综合,大大提升了征评工作的客观度。最后有 100 个中小学案例达到推介水平。本汇编即以此为主要对象,再以一校一案例为基本原则,另加上部分其他案例和幼儿园案例,旨在为今后科创教育的有效开展提供参考。

获得推广的案例主要在以下六个方面呈现出亮点。

一是基于课程,彰显品质。案例基于课程的理念来实践和梳理,因为内容或主题多源于日常生活中的真实问题,贴近学生认知的项目化情境,故而比较丰富。同时,目标、内容、实施、评价等课程基本要素均齐全,规范性增强了;实施的过程比较完整,注重学生在科创活动中的全程体验,实感性体现了;主题选择的校本优势得以彰显,具有学校的名片效益,特色感放大了。

二是注重素养,立德树人。案例能够回应不同领域本质上具有的素养内涵,即"价值观引领下的关键能力和必备品格",如工程素养,注重工艺、工序,讲究设计、物化等素养;信息素养,注重编程、感应,讲究智能、安全等素养;审美素养,注重欣赏、体验、展示、创造等素养;创新素养,注重质疑、集成、建构、法则等素养。也就是说,学校对这些素养特征的重视程度均能在可推广案例中得到印证。

三是打通学科,体现综合。这是这次案例征评活动的一个倡议导向,也是经济合作与发展组织(OECD)对素养培育的一个世纪倡导,在实践中得到了广大学校的响应。从方法论层面看,案例展现了两种跨学科的思路:一个是反思学科本身,从"学科交叉"来解决某主题的质疑元素;另一个是从现实存在的社会生活中理出核心问题,运用多学科知识来解决。培育的价值正像OECD所言"对跨学科学习内容、求生背包概念、为未来生活准备的综合能力"之所在。

四是拓展时空,强化经历。可推广案例实施策略均有"项目化学习"的特点,在一定主题目标下,空间利用是开放的,教室、实验室、校园、博物馆、野外,是一种大课堂形态。资源利用是多元的,情报资料、技术支撑、专家平台、经费保障等,均有较周全的考虑。专业指导是系统的,提供文献、现场答疑、设计辅导、混合教学,均能按需服务。成效展示是客观的,过程记录、阶段展示、评价档案、推介解释等,实证性和说服力均较强。

五是依托项目,深化学习。这反映的是可推广案例的质地,体现在实施方法上,以有主题的项目为载体,实现或追求的是深度学习。基于项目的深度学习有流程的保障和功能的导向。从流程上看,从真实问题梳理能够探索的主题,到确立探索的目标、围绕主题目标的探索计划设计、计划落实,包括寻求资源、方法、制作、物化、展示、评价等。从功能上看,是将项目化学习核心任务落到实处的思维能力培育,既需要批判性思维找到问题,又需要建设性思维解决问题。这些要求基本都能在许多案例中得到体现。

六是高阶思维,促进创新。这与项目化学习的全程体验是相伴共进的,也是科创教育的核心要求。从文字上解读,高阶思维能够促进创新素养提升,而创新素养培育必须在思维层次达到高阶水平。优秀案例基本上都能从这种相关性入手进行实践探索与成果表达。无论是借用布卢姆的目标层次理论，还是借助钱学森院士的"大成智慧学"教育思想，可推广科创案例对思维品质的追求和对创新点的分析解释，基本都能展现这样一个亮点。

2021年度科创教育案例征评项目是一种初步尝试，积淀的实践经验将为今后项目常态化、规模化奠定良好的发展基础。如要进一步完善，则建议在规范性、均衡性和充分性方面有所增强，并就如何扬长补短做好探索。

增强规范性，需要在体例科学、要素齐全、逻辑一致和特色鲜明方面下功夫。增强均衡性，需要在课程共享、平台互动、教研补短、机制优化方面，营造一个科创教育深入所有学校、深入全体学生、深入社区环境的新局面。增强充分性，需要在研发资源、深化项目、提升特色和辐射经验方面，做强科创示范功能，做宽区域影响程度，力争使科创教育协作体的初心使命成为素质教育的有力支持。

应该说，本案例的汇编出版是中国教育学会策划驱动、科创教育协作体主持以及所有相关学校等办学机构共同组织落实的结果，是目前国内科创教育协作单位、专家团队参与的阶段性合作成果。在此，衷心感谢大家的积极实践与探索。

中国教育学会科创教育协作体

2022年10月

图书在版编目（CIP）数据

中小学科创教育推广案例选 / 中国教育学会科创教
育协作体编. — 上海：上海教育出版社，2023.3
ISBN 978-7-5720-1912-8

Ⅰ. ①中… Ⅱ. ①中… Ⅲ. ①科学知识－教案(教育)
－中小学 Ⅳ. ①G633.72

中国国家版本馆CIP数据核字(2023)第036344号

责任编辑　荼文琼　汪海清
封面设计　周吉

中小学科创教育推广案例选
中国教育学会科创教育协作体　编

出版发行　上海教育出版社有限公司
官　　网　www.seph.com.cn
地　　址　上海市闵行区号景路159弄C座
邮　　编　201101
印　　刷　上海昌鑫龙印务有限公司
开　　本　787×1092　1/16　印张 29
字　　数　706 千字
版　　次　2023年3月第1版
印　　次　2023年3月第1次印刷
书　　号　ISBN 978-7-5720-1912-8/G·1719
定　　价　98.00 元

如发现质量问题，读者可向本社调换　电话：021-64373213